El Carlismo de Franco: Carlos VIII

Serie / Seriea
Investigación sobre el carlismo

Título / Izenburua
El Carlismo de Franco: Carlos VIII

Autor / Egilea
Juan-Cruz Alli Aranguren

Edita / Argitaratzailea
Gobierno de Navarra / Nafarroako Gobernua
Departamento de Cultura, Deporte y Turismo / Kultura, Kirol eta Turismo Departamentua
Dirección General de Cultura-Institución Príncipe de Viana / Vianako Printzea Erakundea-
Kultura Zuzendaritza Nagusia
Servicio de Museos. Museo del Carlismo / Museoen Zerbitzua. Karlismoaren Museoa

Diseño y maquetación / Diseinua eta maketazioa
KEN

Impresión / Inprimaketa
Zubillaga

ISBN
978-84-235-3710-5

DL NA 1196-2024

Promoción y distribución / Sustapena eta banaketa
Fondo de Publicaciones del Gobierno de Navarra /
Nafarroako Gobernuaren Argitalpen Funtsa
Navas de Tolosa, 21
31002 Iruña / Pamplona
T. 848 42 71 21
fondo.publicaciones@navarra.es
https://publicaciones.navarra.es

JUAN-CRUZ ALLI ARANGUREN

El Carlismo de Franco: Carlos VIII

Museos
de Navarra
Nafarroako
Museoak

Gobierno Nafarroako
de Navarra Gobernua

Índice

Introducción

Este texto es una versión reducida de la tesis doctoral *El carlismo de Franco. De Rodezno a Carlos VIII*, presentada en el Programa de Doctorado en Historia e Historia del Arte y Territorio de la Universidad Nacional de Educación a Distancia (UNED) en 2023, dirigida por el catedrático Juan Avilés Farré. Fue defendida ante un tribunal formado por los profesores García-Sanz Marcotegui, Azcona Pastor y Pardo Sanz, a quienes agradezco sus observaciones, sugerencias y el haberme otorgado la máxima calificación.

Su contenido estuvo dedicado a exponer diacrónicamente el proceso de legitimación y deslegitimación carlistas del franquismo. En la primera parte se analizaba el carlismo y su lucha contra la II República, la guerra civil, el alcance de la cuestión dinástica y el protagonismo de un personaje relevante de la época, el conde de Rodezno. En la segunda se estudiaron las relaciones entre el tradicionalismo y el franquismo en su ideología, régimen político, incidencia de la II Guerra Mundial, leyes fundamentales, ley de sucesión y la instauración de la monarquía. En la tercera se plantearon las opciones monárquicas carlistas existentes y su relación con el régimen. Esta obra se centra en la última parte.

La entusiasta y activa participación del carlismo apoyando la sublevación militar y la guerra civil dio a esta la legitimación de un levantamiento popular. El régimen político configurado fue la dictadura militar-clerical-conservadora del generalísimo Franco, que fue a la postre mortal para el movimiento político y la organización tradicionalista.

La pretensión del dictador de controlar la Comunión Tradicionalista, institución-organización del carlismo, incorporándola *manu militari* a la unificación impuesta, inició los desencuentros. Suponía arrebatarle la memoria histórica e identidad, diluida en el partido único, Falange Española Tradicionalista y de las JONS, inspirada en el nazismo alemán y el fascismo italiano, con el control militar forjado en la guerra. Mientras mantenían el apoyo militar, las principales autoridades carlistas fueron separándose de las estructuras políticas del nuevo régimen. Por su contribución al fracaso de la unificación impuesta por el caudillo este les marginó del régimen, y la mayor parte de los dirigentes y las masas carlistas se distanció, tratando de deslegitimar con una actitud crítica lo que habían legitimado con la sangre de sus requetés.

Para debilitar la oposición monárquica de la Comunión Tradicionalista –dirigida por el regente Javier de Borbón-Parma y su jefe-delegado Fal Conde–, y del movimiento monárquico de Juan de Borbón, Franco promocionó un pretendiente y una nueva organización carlistas. Estuvo formada por carlistas unificados-colaboracionistas que apoyaban la dictadura y secundaban su política. Fueron el nieto de Carlos VII, hijo de Blanca, Carlos de Habsburgo-Lorena, Carlos VIII, y la Comunión Carlista o Comunión Católico-Monárquica. Esta fue heredera del «núcleo de la lealtad» de los «cruzadistas», caracterizados históricamente por su rechazo de la dinastía liberal y su dogmatismo ideológico. Con ellos buscó deslegitimar la oposición carlista y dar una nueva legitimidad de la misma naturaleza al régimen.

Simultáneamente, persiguió a la Comunión Tradicionalista, sin abanderado tras la muerte de Alfonso Carlos sin descendencia, y en estado de regencia. La sometió a una libertad vigilada, hasta convertirla en un grupo marginal de un Movimiento en el que estaba integrada formalmente por la Unificación, pero manteniéndose como organización diferenciada. Ese comportamiento incrementó la rebeldía, oposición y rechazo al régimen, limitados por la contradicción que suponía su conducta en la sublevación y la guerra.

En la difícil relación entre el carlismo y el franquismo se diferencian tres fases. La primera de legitimación carlista de la guerra y el nuevo régimen (1936-1939), en la que se produjo el primer intento de control franquista por medio de la unificación y el partido único, apoyada decididamente por una parte del carlismo, representada por el conde de Rodezno y la Junta Central Carlista de Guerra de Navarra, ante el silencio impotente del resto. La segunda de deslegitimación limitada por el carlismo regencialista-javierista-falcondista (1939-1957), el apoyo por el carlismo carlosoctavista (1943-1953) y por el colaboracionismo javierista (1957-1967). La tercera de deslegitimación absoluta del régimen franquista por el carlismo javierista-carloshuguista y el Partido Carlista (1968-1977), actuando como oposición democrática y progresista.

En todo momento el carlismo tuvo, interna y externamente, comportamientos contradictorios, porque defendieron la patriótica «cruzada» de la guerra civil, «por Dios y por España», hasta que la desilusión les llevó a la crítica y a sentirse engañados por los militares y por sus propios dirigentes, personificando en el generalísimo todos sus males y errores. Evitaron el intento del dictador de crear el francocarlismo, que solo se produjo con el carlosoctavismo. Su conducta les condujo a una historia manifestada en la narrativa, la memoria y sus lugares buscando legitimar el poder de los vencedores de los que formaban parte. Posteriormente, tras su marginación y persecución por el franquismo, practicaron un doble comportamiento. Por una parte, el «olvido» de la guerra, la ocultación y el silencio de los «enemigos vencidos» y de los «vencedores» perseguidos y humillados, si no se habían adherido de forma inquebrantable al caudillismo franquista. Por otra, un acercamiento oficial al régimen pensando que les sería útil para aportar y conseguir la restauración monárquica por Franco en su pretendiente, que fue el colaboracionismo.

Esta obra, como toda la historia reciente, «deberá ser en cierta manera provisional y podrá ser desmentida por la aparición de nuevas fuentes o enfoques» (Tusell, 1996: 115). Aunque se han utilizado fuentes documentales de algunos protagonistas, seguimos a merced de nuevos datos, sin lograr jamás alcanzar la verdad, sino sucesivas y distintas aproximaciones, permanentemente cuestionadas: «Una obra de historia es una construcción científica y un producto social. No está nunca terminada, no es jamás definitiva, y, por tanto, hemos de volver sobre ella inacabablemente» (Aróstegui, 2006: 24).

Se ha realizado una labor de documentación, exposición, análisis y comprensión de un momento y unas circunstancias históricas, de unos acontecimientos del pasado próximo. Muy consciente de que el relato histórico lo realizamos desde una

> interpretación subjetiva que convierten al historiador en un polemista que camina en un sendero estrecho que se desliza entre la imaginación y la rutina, entre la ideología y la novela, abusando de su potestad de dar referencia a un testimonio sobre otro, a una interpretación sobre las contrarias, fabricando sin apelación héroes y villanos, patriotas y traidores (Nieto, 2021: 101).

A partir del conocimiento y reconocimiento de los comportamientos, incluidos los violentos protagonizados por los «hunos y los otros» (Unamuno), solo con una voluntad pacífica y pacificadora, se pudieron sentar las bases para una convivencia democrática, que repudiase los comportamientos extremistas y antidemocráticos (Álvarez Junco, 2019).

Desde esta opinión mayoritariamente compartida, todo lo expuesto en la obra es hoy historia de un pasado cuyas consecuencias entonces no se previeron y se ignoraban, pero ahora se conocen. Aquel futuro es hoy un pasado que «nunca podremos enjuiciar [...] Nuestra única y verdadera posibilidad racional es entenderlo» (Aróstegui, 2006: 18-21).

En el momento de los agradecimientos he de hacerlo, en primer lugar, una vez más, a mi mujer Loli Turrillas Roldán, a nuestros hijos Juan-Cruz, Luisa, Ignacio y Fermín, y a nuestros nietos Tomás, Santiago, Isabela, Gabriela y Teresa.

De entre los amigos que me apoyaron en la investigación origen de este libro he de destacar a Ramón Muruzábal, que me proporcionó el archivo de Ignacio Plazaola, bibliografía y vivencia carlista. A José María Aznar Altares, conocedor de la época y el carlosoctavismo, cuya biblioteca ha sido una fuente de información.

La aportación realizada por Carlos Olazábal, de la Fundación Popular de Estudios Vascos/Euskal Ikasketetarako Fundazioa Popularra-FPEV-EIFP, me ha permitido acceder a una fuente directa como son las notas de Carlos Ibáñez, destacado carlosoctavista vizcaíno.

Expreso un agradecimiento especial a Tomás Gaytán de Ayala, marqués de Tola de Gaytán y conde de Valdellano, nieto de Tomás

Domínguez Arévalo, conde de Rodezno. Gracias a su generosidad he podido utilizar documentos propios sobre su actividad carlista.

A los historiadores Ángel García-Sanz, Gregorio Monreal y Roldán Jimeno, compañeros de la Universidad Pública de Navarra, por su amistad y sus valiosas observaciones y aportaciones, que me abrieron un nuevo camino de desarrollo personal e intelectual.

Muchas gracias al director de la tesis doctoral origen de esta obra, Juan Avilés Farré, cuyos consejos y aportaciones fueron imprescindibles para poder culminarla.

Al técnico de la Biblioteca de Navarra, Roberto San Martín, que me ha ayudado en la búsqueda de informaciones de gran interés para el momento.

Las documentalistas y personal de la biblioteca del Parlamento de Navarra, Araceli Iturri, Carmen Alegría y Anabel Esnoz han sido imprescindibles para la obtención de bibliografía y documentación para este y otros trabajos. Una vez más, gracias por su paciencia y buen hacer.

Cierro este apartado con el agradecimiento para todo el personal del Archivo General de la Universidad de Navarra-AGUN, gestor de importantes fondos privados de protagonistas de la época, que he podido utilizar (Arrese, Fal Conde, Lizarza, Valiente y otros). Especialmente para la subdirectora María Inés Irurita, quien me abrió sus puertas, lo mismo que Carmen Jané, Carmen Jáuregui, Esther Eslava y José Ramón Martínez.

Finalmente, agradezco al Museo del Carlismo de Estella, especialmente, a su director Iñaki Urricelqui, por acoger la tesis en su fondo bibliográfico y hacer posible esta edición.

Gracias a todos.

Opciones monárquicas y franquismo

Tras la unificación que impuso Franco a la Comunión Tradicionalista, el carlismo se manifestó en tres posiciones políticas, demostrativas de la insatisfacción con que el decreto unificador les reconocía que constituían «el sagrado depósito de la tradición española, [...] con su espiritualidad católica»:

La primera y oficial de la Comunión Tradicionalista, que representaban el príncipe-regente y el jefe-delegado, a la que apoyaba el «carlismo sociológico» de base, era la de una oposición controlada a la imposición, sin enfrentamientos ni beligerancia que pudieran ser considerados como rebeldía, tratando de mantener sus diferencias y distanciamiento del partido único (FET y de las JONS), sin avalar y, por el contrario, rechazando lo que hiciesen a título individual quienes aceptaban cargos y prebendas, llegando incluso a su expulsión. Fue una oposición crítica prudente y moderada, que trataba de no molestar excesivamente al régimen, particularmente al jefe del Estado. En los finales años 50 llegó a proponer un «colaboracionismo» con el régimen, que les diese presencia e imagen, pero nunca oportunidades de poder y colaboración en la sucesión monárquica. Mantuvo su legitimación de la guerra, el caudillaje y el régimen, aunque con una crítica teórica de principios.

La de los carlistas, dinásticamente alfonsinos o juanistas, que secundaban a Rodezno, o «rodeznistas», formada por personas de la élite histórica, que había sido apartada o, al menos, marginada parcialmente de los centros de poder por Fal Conde. Tenían reconocimiento y prestigio social, económico y político, que les proporcionaba capacidad de control caciquil de la estructura del partido y del «carlismo sociológico». Su pragmatismo les llevó a apoyar el proceso desde el primer momento, tanto en la adhesión al golpe militar como en la unificación, participando en los máximos órganos del partido único y gobierno de Franco. Fueron los primeros y más importantes colaboracionistas, hasta que se decepcionaron por la colonización falangista del partido, que los excluyó o se excluyeron. Mantuvieron la legitimación de la guerra y el franquismo, sin el esfuerzo político de crítica moderada y separación del grupo anterior.

El tercer grupo fue el de los cruzadistas-carloctavistas que, siendo inicialmente puristas dinásticos antiintegristas y antialfonsinos-juanistas, introdujeron una nueva opción dinástica y configuraron un nuevo partido, apoyado por el régimen, dentro del cual se situaron en cargos del Gobierno y del Movimiento. Fueron los colaboracionistas beneficiarios del compromiso de los militares de entregar las instituciones locales navarras y quienes lo hicieron a través del partido unificado. Situados fuera de la organización carlista, adoptaron una actitud de manifiesta oposición a las posturas críticas de los órganos de la Comunión Tradicionalista, apoyando a Franco y el régimen.

A partir de la unificación, Franco y los dirigentes del partido único comprobaron que el carlismo no se dejaba someter y se rebelaba ante sus designios, porque «resultaba imposible llegar a establecer un verdadero compromiso entre el programa monárquico regionalista de los tradicionalistas y el totalitarismo de partido único de los falangistas» (Payne, 1965: 193). Para el dictador era necesario eliminar su insumisión actuando por procedimientos distintos:

a) Vistos los rechazos a la unificación, el Secretariado de FET y de las JONS publicó la circular 1 de 9 de septiembre de 1937, con la advertencia de que «toda resistencia pasiva, toda tibieza o estratagema para aplazar o desviar la tarea unificadora debe, por eso, considerarse como acto de deslealtad para el Caudillo y, por consecuencia, para la Patria». Abría el camino de la represión y del aislamiento.

b) Fue el punto de partida del control por parte de Franco del partido único para configurar la «Falange de Franco» y el «francofalangismo», que encomendó a Arrese, quien depuró, burocratizó y profesionalizó el partido convertido en el «Movimiento» (Gil Pecharromán, 2019: 46-47). No practicaba el radicalismo de Ledesma, ni el voluntarismo humanista de Primo de Rivera, aunque invocase su nombre y sus principios en la actualización doctrinal que realizó sometiéndolo al autoritarismo militar, apoyado en el catolicismo, en los sectores económicos conservadores y en un sistema estatal intervencionista.

c) Una vez comprobado que no podía someter a los «rebeldes» tradicionalistas carlistas y el fracaso de la unificación para hacer desaparecer a la Comunión Tradicionalista, se planteó producir defecciones y división con una nueva alternativa dinástica en un momento difícil por no haberse concluido ni resuelto la regencia.

La situación política del régimen y de las fuerzas que habían contribuido al triunfo militar fue descrita:

> Los jefes carlistas y falangistas, Fal Conde y Hedilla, lo descubrieron en abril de 1937 cuando sus seguidores les abandonaron para aceptar la supremacía de Franco sin protestas significativas. [...] Los carlistas representaban la única formación relativamente sólida pero su gran defecto era su anacronismo, que les impidió expandirse de manera importante fuera de su provincia natal de Navarra (Malefakis, 1986: 621-644).

Conseguido el control franquista del partido único, era preciso hacerlo con el carlismo organizado, pero no integrado. Para crear un «carlismo de Franco» era imprescindible estructurar una nueva organización liderada por algún miembro vinculado a la dinastía carlista. Esa labor la realizó Arrese, quien había demostrado su capacidad para construir la «Falange de Franco» (Payne, 1965: 227-237) (Thomàs, 2001). Los partícipes en la maniobra solo podían surgir de entre los carlistas unificados colaboracionistas con el generalísimo y su régimen, algunos ocupando puestos en las estructuras del Gobierno, partido único y corporaciones locales, calificados de «carlofascistas» (Ferrer, 1946: 62). Arrese distinguió en la Comunión Tradicionalista un «grupo integrista» o «rama agria» y otro «grupo colaboracionista» por el que reconoció predilección, con el que formó en su primera etapa como secretario general del partido único el «carlosoctavismo» (Arrese, 1982: 154).

La mayor parte de los primeros rehusaron someterse a la dictadura del caudillo y la Falange, y algunos pocos líderes fueron excluidos de la Comunión, adhiriéndose a la causa monárquica en la persona de Juan de Borbón, representante de una dinastía repudiada históricamente por el carlismo. Otra pequeña fracción de los más colaboracionistas implicados en las estructuras del Movimiento apoyó la configuración de «francotradicionalismo» / «francocarlismo» o «carlismo de Franco», que fue el «carlosoctavismo» liderado por el archiduque Carlos de Habsburgo (Carlos VIII).

Someter a los indomables

El decreto de unificación produjo la absorción de la Comunión Tradicionalista y sus requetés por parte de la Falange Española y de las JONS, pasando de ser una entidad política histórica a un adjetivo superfluo. Fue sometida a la homogeneización ideológica de los 26 puntos, que no habían sido motivo de su movilización militar y participación en la guerra, y eran ajenos a su ideología. Así lo confirmó el falangista Ridruejo: «Parece que el 19 de julio la Falange fue elegida para una gran obra: constituirse en agente unificador de las fuerzas que bajo un aglutinante negativo habían coincidido en el Alzamiento» (Ridruejo, 1976: 140).

El partido único reforzó el poder personal del generalísimo, acalló a los líderes falangistas dándoles espacios de poder político o sindical y tranquilizó a los poderes conservadores que le apoyaban porque era útil para sus propósitos: «Se hizo para la estúpida derecha española, para los moderados de siempre que siempre ganan las guerras que hacen los demás» (García Serrano, 1983: 18)[1].

Para Thomàs el generalísimo y caudillo era el hombre «frío, desapasionado, insulso y gris» que disponía del «pequeño talento que se requiere para poder sobrevivir: Franco era el Octavio de España». La principal razón de su victoria fue «la alianza política que consiguió entre sus seguidores» (Thomàs, 1962: 997-999).

La unificación fue un fracaso en sus objetivos políticos, pero un medio útil para convertir a la Falange en una fuerza política dependiente, subordinada y agradecida que apoyaba al caudillo, con la colaboración de algunos carlistas. A la Comunión Tradicionalista, sus autoridades y afiliados, que no fueron sumisos, se les castigó con la marginalidad y, a veces, con la represión.

Los comportamientos en las organizaciones unificadas fueron muy distintos, ya que los liderazgos eran muy diferentes. En la Falange había desaparecido Primo de Rivera y Hedilla había sido apartado. En la Comunión Tradicionalista existía la encomienda de la regencia a Javier de Borbón-Parma y continuaba su jefe-delegado, Fal Conde. Sus miembros tenían diversos tipos de adhesiones y devociones respecto a sus líderes y muchos de los que se posicionaron y comprometieron con Franco, como Rodezno, fueron separándose de la línea que marcaban sus autoridades y terminaron adhiriéndose a la dinastía liberal contra la que luchaban desde el siglo XIX. Quienes no se prestaron a participar en el régimen por rechazar la unificación y el caudillaje fueron descalificados por ser «integristas separados del Movimiento»[2].

Los conflictos en el régimen, o «situación» como también se denominaba, no fueron solo entre los grupos o internos en los grupos, porque otros se produjeron por la propia configuración del poder personal en todas sus variables: un caudillaje mesiánico, que dominaba lo militar, político e ideológico. Hubo conflictos por el control del partido único y por la desconfianza militar sobre su papel. Pero todos estaban sometidos a un poder omnímodo, que los superaba mejorando o perjudicando las posiciones políticas, personales y grupales de los contrincantes.

Dentro del partido único se creó una élite formada por los miembros de la organización premiados con su control y, en el primer momento, con la dirección ideológica del mismo, hasta que en las posteriores adaptaciones se sustituyó por la ideología franquista y el reparto del poder con otras familias con la idea de que «los gobiernos deben tener una representación de las fuerzas que han contribuido a la victoria» (Franco Salgado-Araujo, 1976: 230). El partido se convirtió en «un apéndice del ejército [...] Parecía un Estado paralelo, pero en la realidad era más una burocracia de sinecuras» (Thomàs, 1999: 808-809. Riquer, 2010: 425), «grupo político subordinado destinado a ser recipiendario, no protagonista excluyente, del devenir del Nuevo Estado. Para bien y para mal» (Chueca, 1983: 399-400).

La jefatura del nuevo partido dio forma político-jurídica al «franquismo como dictadura» de quien ostentaba el máximo poder militar, con un Ejército garante del régimen (Tusell, 2005: 21-29). El generalísimo controló a la organización subordinada a su mando, así como a las fuerzas políticas que potenció como la Falange, consiguiendo «afianzar el partido único, predominar en él y convertirlo en instrumento totalitario de la acción política» (Ridruejo, 1976: 114), dentro de los límites que estableciera el poder militar. Llevó a un «partido fascista a la composición de un conjunto social heterogéneo, que en último extremo conllevó como precio su destrucción» (Chueca, 1983: 404. Jerez, 1982: 415).

El alcance y resultado de la unificación fue expuesto por el principal colaborador y «mente gris» de Franco, Carrero, en un informe de agosto de 1941 cuando advirtió del error del nuevo partido de «admitir en su seno, sin minuciosísima selección, a muchas gentes», «sin una política definida, un credo concreto y terminante, porque sólo la suprema autoridad de V. E. puede establecerlo»: «en un régimen totalitario, como el actual, no puede haber más que una doctrina política; sólo puede haber una definición, clara y terminante, de la orientación nacional». Criticó al partido cuya masa «no tiene más base de homogeneidad que un uniforme y un carnet», desconfiando de su capacidad de adoctrinamiento, por lo que proponía al Caudillo una forma distinta de acción de gobierno (Palacios, 1999: 350-352).

Atentado de Begoña

Las tensiones entre falangistas y carlistas tuvieron un punto álgido en el atentado de Begoña en Bilbao del 16 de agosto de 1942 por parte de falangistas contra carlistas, cada día más críticos y enfrentados con el régimen y la Falange, que causó más de cien heridos[3]. Sirvió al general Varela y al ministro de la Gobernación Galarza, antifalangistas y contrarios a la participación de España en la guerra, para considerarlo una agresión contra el Ejército.

El atentado produjo una de las mayores crisis del franquismo. Aunque en apariencia Franco no le dio mayor importancia, rechazó que se tratara de un ataque al Ejército, lo usó para imponerse a sus compañeros de armas e iniciar el proceso de desalojo falangista del Gobierno. Con la separación del Gobierno de Serrano intentó cambiar la imagen del régimen, sustituyendo la Falange por el Movimiento y los signos externos de tipo fascista y nazi, distanciándose de las potencias del Eje. El nuevo ministro Jordana y los ministros católicos y tradicionalistas Bilbao, Ibáñez Martín y Benjumea eran partidarios de una «hábil prudencia» de separación de Alemania, una vez producido el desembarco aliado y la perspectiva de cambio del signo de la guerra (Suárez, 2005: 228).

A partir del 23 de septiembre de 1943 se dejó de hablar del «partido» para llamarle el «Movimiento Nacional» El 27 de noviembre se transmitieron instrucciones sobre el cambio de léxico y nuevos contenidos doctrinales, sin «hacer referencia a textos, idearios o ejemplos extranjeros al referirse a las características y fundamentos políticos de nuestro movimiento», que «ha de encontrarse siempre en los textos originales de los fundadores y en la doctrina establecida por el Caudillo» (Díaz-Plaja, 1976: 139-140).

En el episodio de Begoña se manifestaron los conflictos entre las fuerzas que participaron en la guerra. La Falange imponía con violencia totalitaria un predominio que no admitían los militares ni los carlistas. Para estos fue la confirmación del fracaso de la unificación y el inicio del fin del poder de aquella. Muchos tradicionalistas que habían aceptado la unificación volvieron a la Comunión, que los admitió si abandonaban sus cargos y vinculación con FET y JONS, aceptaban por escrito a las autoridades tradicionalistas y aclaraban sus actuaciones confusas[4]. Fueron excluidos Rodezno y compañeros colaboracionistas destacados, quienes desde antes de la unificación habían manifestado una actitud de rebeldía respecto a las autoridades de la Comunión y de adhesión y colaboración con el Caudillo.

Ese comportamiento, que se mantuvo a lo largo del conflicto, tuvo un punto álgido en los nombramientos para el III Consejo Nacional de FET y de las JONS por decreto de 23 de noviembre de 1942[5], que provocó la expulsión de algunos miembros significativos el 5 de diciembre (Borbón-Parma, M. T. y otros, 1997: 324).

Anticarlismo militante

Para su supervivencia y la de su régimen ante los cambios internacionales, Franco introdujo cambios de responsables políticos y de imagen. Encomendó al ministro secretario general del Movimiento Arrese la depuración y reconversión de la Falange renovando el ideario falangista «en un sentido social-católico y conservador» (González Cuevas, 2000b: 397).

Arrese desmontó los grupos de oposición interna y configuró una organización comprometida con el Caudillo, la «Falange de Franco» o «francofalangismo» (Carr y Fusi, 1979: 39), sometida al Ejército, porque no cabía enfrentamiento entre los elementos «más espléndidos y actuales» que eran el Caudillo, el Ejército y la Falange[6].

Franco no logró controlar el carlismo, salvo al reducido número de «unificados» y «colaboracionistas», mientras que la organización y la mayoría tenían una actitud cada vez más contraria, y eran objeto de represión continua por confinamientos, detenciones, clausuras, multas (Martorell, 2010). Sin embargo, no renunció a hacerse con un «Tradicionalismo de Franco» o «franco tradicionalismo». Desde el momento de la negociación de Mola con la Junta Central Carlista de Guerra de Navarra, y de los contactos del Generalísimo para la unificación, pudo apreciar que Rodezno y compañeros quedaban satisfechos con un trato cortés, buenas palabras, la recuperación de la bandera bicolor, vagas referencias a una monarquía tradicional, la unidad religiosa, la confesionalidad del Estado, la derogación de la legislación republicana contraria a aquella y al modelo de sociedad tradicional como el divorcio, el aborto o la libertad de cultos, labor que encomendó al conde, con el fin de que procediera a la destrucción del orden jurídico republicano en los aspectos sociofamiliares y a la «recatolización de España» (Blinkhorn, 1979: 405-407). Todos estos aspectos se llevaron a cabo por el tradicionalista Rodezno, que siguió y ejecutó las demandas de la Iglesia que, en su mayor parte, no estaban dispuestos a realizar los falangistas, entre los que existía un sentimiento anticlerical, que pereció en beneficio del nacionalcatolicismo y el franquismo (Ridruejo, 1976: 112).

El Caudillo trató de liquidar el carlismo en varias fases. Primero desvertebró las estructuras de mando de su milicia, poniéndola bajo mandos y en unidades militares. A continuación, suprimió su organización, la Comunión Tradicionalista, integrándola por absorción en FET y de las JONS, dando a la Falange el poder interno del nuevo partido único. Seguidamente privó a los tradicionalistas de poder político e institucional, incluso de su obra social más significativa que era la Delegación Nacional de Asistencia a Frentes y

Hospitales. Finalmente le usurpó la mayor parte de sus medios patrimoniales y publicitarios de acción política, que pasaron al nuevo partido. Supuso el total control por la Falange al desmantelar lo que llamaban «el último reducto carlista» (Larraz y Sierra-Sesúmaga, 2010: 918, 921 y 922). En definitiva, tras aprovechar los frutos del carlismo, podó las ramas del árbol y trató de matarlo de raíz.

Su actitud antitradicionalista, incluso la persecución de quienes no le secundaban, fue reflejo de su frustración por no haberse hecho con el control total, como lo había conseguido con la «Falange de Franco». Para él, los tradicionalistas que no le apoyaban eran «integristas seguidores de un príncipe extranjero, apartados desde primera hora del Movimiento»[7]. Con estas palabras demostró su deslealtad con quienes habían contribuido al triunfo militar, al mismo tiempo que evitaba se le complicase la sucesión prevista.

El «príncipe extranjero» no era otro que el regente de la Comunión Tradicionalista, Javier de Borbón-Parma, uno de los protagonistas de la movilización de los requetés, que no había apoyado ni autorizado algunos comportamientos de la Junta Central Carlista de Guerra de Navarra, ni de Rodezno y su corte colaboracionista. En una entrevista con Franco el 5 de diciembre de 1937, le dijo: «Si no fuera por los requetés, dudo mucho que usted estuviera donde está». Tras una visita a los frentes y antes de que lo expulsara de España, en una última entrevista del 21 de diciembre, Franco le acusó de apoyar a quienes se oponían a la unificación y de hacer una campaña en favor de la monarquía, a lo que le contestó el regente: «Creo que la razón principal de que usted quiera que yo marche de España es que los alemanes e italianos le han insistido en ello». Así lo reconoció Franco: «Si permanece usted en España, alteza, ni los alemanes ni los italianos nos entregarán más material de guerra». A lo que le contestó el regente: «No olvide que soy el último lazo que queda entre los requetés y usted. Estoy dispuesto a trabajar todo lo que pueda por España, a la que está vinculada mi línea dinástica, pero no personalmente por usted, no me fío» (Borbón-Parma, M. T. y otros, 1997: 168).

Esta desconfianza mutua, convertida en rechazo y oposición personal y colectiva, la expresó el regente afirmando «que no lucharía por Franco en una segunda guerra civil» (Payne, 1987: 361. Ugarte,

1998: 85-86). Tras el destierro de Fal por la creación de la Real Academia Militar del Requeté, anotó don Javier: «Nosotros colaboraremos hasta la victoria, pero no lucharemos en beneficio de Franco» (Borbón-Parma, M. T. y otros, 1997: 318-319).

El regente, en un «Manifiesto a los carlistas» de 25 de julio de 1941, censuró el comportamiento del régimen. Se refirió al «cumplimiento de [sus] obligaciones militares, anteriores a aquel encargo e inexcusables para todo hombre de honor», porque su «nacimiento y circunstancias personales no son los que definen la causa que sirvo según aquel mandato [el de don Alfonso Carlos con la regencia] y cuyo carácter en la Comunión Tradicionalista Carlista, nadie puede poner en duda»: «colaborar en el levantamiento armado contra el Frente Popular y la República, dejando en suspenso, entre tanto, toda aspiración política». Denunció que «el ensayo político realizado [...] justo es reconocer que no ha correspondido al cúmulo inmenso de sacrificios realizados y, en cambio, ha defraudado las esperanzas del país» que no se podían esperar del partido único. El tradicionalismo se había apartado, con «espontánea unanimidad», del ensayo para conservarse al margen del régimen. Demandaba el restablecimiento de una monarquía sustancial, popular e histórica, que exigía «la radical sustitución de un sistema»[8].

En carta de Fal Conde al jefe regional de Navarra, Baleztena, de 30 de enero de 1942, afirmó que para el carlismo el régimen de Franco era «totalitario al que negamos a colaborar porque constituye un error más funesto que el propio liberalismo, declina y tendrá que abandonar el poder». Se refirió al cumplimiento «con creces», del compromiso con el Ejército para el Alzamiento y a la «deslealtad que hemos padecido de parte de los representantes de aquél que han presidido el ensayo político que padece España. Esperaban «recoger el Poder en día no lejano, bien entendido que no podemos pensar en violencia alguna que lesionaría a la Patria, pero tampoco hemos de conseguir que cualquier ambicioso repita la audacia de Sagunto»[9].

Los miembros de la Junta Auxiliar de la Jefatura Delegada de la Comunión Tradicionalista en carta al regente de 23 de junio de 1942 se refirieron al «malestar general que hay en nuestra Patria producido por este Régimen que contra toda razón y todo derecho se ha impuesto, [...] intruso y usurpador, que ha llevado el desgobierno y el malestar a todos los órdenes de la Administración pública y de la vida nacional» (Santa Cruz, 1942: 89).

Le expusieron que «todos nosotros hemos permanecido apartados de él, y aunque alguno de los que creyeron que su cooperación pudiera ser beneficiosa, comprenden su error y con toda lealtad vuelven a nuestras filas». Se refirieron a la «persecución y atropellos» sufridos (Santa Cruz, 1941: 155-162).

Actividad opositora

Franco premió a los carlistas colaboracionistas, unificados y carlosoctavistas, pero nunca olvidó los comportamientos de la Comunión Tradicionalista y Fal Conde que no se acomodaron a su voluntad autoritaria, dificultando el control de España por la Falange. El compromiso de Javier de Borbón-Parma con los movimientos católicos antinazis, la lucha contra la ocupación de Francia y su apoyo a la Resistencia fueron mal vistos por los nazis y por sus aliados españoles.

La liberación del regente por los aliados en 1945 del campo de concentración nazi de Dachau supuso que, una vez recuperado, asumiera las funciones de la regencia, para «llevar a buen término íntegramente los ideales de nuestra Santa Causa». Se encontró con la Comunión Tradicionalista desmantelada por el franquismo, a unas bases desalentadas y a una dictadura que iniciaba la adaptación estratégica de su imagen a los cambios derivados del triunfo aliado. Los enfrentamientos con el régimen y la Falange eran habituales, con una oposición activa que se expresó el 3 de diciembre de 1945 en la plaza del Castillo de Pamplona, con un intento de manifestar un poder carlista similar al de la concentración del 18 de julio (Santa Cruz, 1945: 154 y ss. Villanueva, 1997: 629-650).

El carlismo, como las fuerzas políticas perdedoras de la guerra civil, esperaba que las potencias triunfantes eliminaran el franquismo. En su caso, con la dificultad derivada de la contradicción que implicaba oponerse al régimen a cuya instauración había aportado tributo de sangre, sin renunciar a los motivos que le habían llevado a la guerra ni vincularse con las fuerzas derrotadas. Aceptaban la causa, sus fundamentos y medios, pero rechazaban el resultado que era la dictadura franquista. Optó por el convertirse en la «voz de la conciencia del Alzamiento de julio de 1936 clamando por la fidelidad a los principios políticos de éste» desde una situación interna de desmoralización.

La evolución del conflicto armado internacional tuvo efectos en el orden interno. Abrió nuevas expectativas a los monárquicos, que se movilizaron a partir de 1941 solicitando la restauración de la monarquía. Provocó el cese de los que tenían cargos en el Movimiento y una nueva táctica para dividir más las fuerzas monárquicas, que ya lo estaban entre los partidarios de Juan de Borbón y los carlistas de la regencia. Se introdujo un nuevo pretendiente en la persona de Carlos de Habsburgo (Carlos VIII). Arrese asumió su participación y la del Movimiento en esa operación de crear y enfrentar candidatos, mientras el regente carlista no resolvía su encomienda y se frustraba la restauración monárquica juanista (Payne, 1965: 231).

Desde el carlismo se observaban con preocupación los gestos de Franco en relación con la monarquía liberal, como el decreto dictado con motivo de la muerte en Roma de Alfonso XIII el 28 de febrero de 1941, que declaraba el 1 de marzo día de luto nacional.

Su hijo Juan, en el documento de aceptación de la corona, se refirió a los «sufrimientos padecidos por nuestro pueblo con ocasión de esta gran Cruzada Nacional» y pedía restaurar «el sentido político y social de nuestra Monarquía Tradicional», en un gesto de aproximación al carlismo y a las condiciones establecidas por Alfonso Carlos para considerar a la rama liberal heredera dinástica de la carlista, en congruencia con su carta a Javier de 8 de marzo de 1940. Esta aparente ruptura con la tradición liberal de su dinastía confirmaba su intento de conseguir adhesiones a la restauración monárquica en su persona, que fue su aspiración permanente.

En esta dinámica se encuadra su propuesta a Franco en carta de 23 de octubre de 1941, contestación a la del generalísimo de 30 de septiembre, de dotar a España de una regencia «orientada clara y públicamente hacia la Monarquía» y sugiriéndole que «durante su vida deberían de liquidarse los asuntos de justicia relacionados con la Cruzada». En correspondencia posterior le insistió en la restauración de la «Monarquía tradicional». El 14 de mayo de 1942 le contestó el generalísimo pidiéndole se identificara con FET y de las JONS, prohibiendo «a cuantos se titulan vuestros amigos el estorbar o retrasar este propósito, convencido de que así serviréis al interés supremo de vuestra Patria y a la continuidad histórica de vuestra dinastía», invocando la «monarquía totalitaria».

Fal Conde publicó una carta-circular de 10 de marzo de 1941 en la que criticó los intentos de convertir a Juan en el rey carlista, previa aceptación del tradicionalismo que propiciaban algunos miembros de la Comunión, en lo que Rodezno venía insistiendo. Observó cómo había sido disuelto el partido carlista para «intentar su integración en un compuesto heterogéneo de mal disimulada absorción»; «¿Para esto tanta sangre?». El Movimiento era un «quiste enervador de actividades y una parálisis necrosadora de la vida social», un «partido naufrago que se hunde. Para eso se disolvió el partido carlista. Para esto se nos condenó a perpetuo silencio» (Clemente, 1994b: 400-403).

Los juanistas contestaron con la difusión de la intervención de Rodezno en la asamblea de Pamplona de 16 de abril de 1937, con motivo de la unificación y su afirmación del fin del carlismo, por la desaparición de sus causas históricas y el establecimiento del nuevo régimen, para evitar que cayeran en los «equivocados caminos» anteriores[10]. Era un intento de que los carlistas se adhirieran a la causa juanista, que lideraba Rodezno, con pocas posibilidades de éxito por la actitud que contra la dinastía se había manifestado a partir del reinado de Alfonso Carlos, por sus propias convicciones, por la presión del núcleo de la lealtad y por el rechazo generalizado de sus bases.

Javier solo era el regente de la Comunión Tradicionalista y no participaba en la liza monárquica, dudando sobre a quién atribuir la legitimidad carlista que le había encomendado Alfonso Carlos. Aun así, en la condición que ostentaba como máxima autoridad de la Comunión, inició una intensa actividad política con los manifiestos «A mis queridos carlistas y requetés» y «A los españoles» de 25 de julio de 1945. Reivindicó la restauración de la monarquía por medio de la «reanudación del pacto histórico entre la dinastía y la Nación». Afirmó que al pueblo «se le ha venido privando de todos sus instrumentos de auténtica expresión en siglo y medio de liberalismo y de poderes personales», que hacía necesario «crear un órgano» para que preparase las instituciones. Este era la «Regencia

Nacional y Legítima», que había propuesto en el manifiesto de 25 de julio de 1941[11]. Como regente seguía preocupado por cumplir su misión en carta a Fal de 24 de agosto de 1945 en la que expuso las posibles soluciones al «problema español de la Monarquía»: reconocimiento de Juan; reconocimiento del hijo de Jaime; cambio de dinastía[12].

Fal Conde se dirigió a Franco el 19 de agosto de 1945 exponiendo el fracaso de la pretensión de absorber a la Comunión y del cambio de las circunstancias mundiales, recordando las propuestas que le había realizado para organizar el país en lo político y social, la necesidad de implantar la Regencia Nacional y la libertad política para propagar sus ideales, «cerrando así el paso a cualquier intento contrario al significado del Alzamiento, hasta llegar a la Instauración de la Monarquía Tradicional, que demanda el interés de la Patria» (Santa Cruz, 1945: 69-72).

Decepción y abandono

Tras la unificación, el fin de la Guerra Civil, la exclusión por Franco y su automarginación, la Comunión Tradicionalista, teórica y jurídicamente, había desaparecido lo mismo que la FE y JONS. Sin embargo, esta se mantuvo como el partido único y aquella vivió en una situación de tolerancia y «libertad vigilada», en un exilio interior de sus dirigentes no colaboracionistas, con reducida presencia social y ninguna política relevante, «situada en una suerte de limbo político» dentro del conglomerado de la gran coalición política, social y económica que era el franquismo: «carecía de existencia legal y rechazaba cualquier colaboración con el Partido Único; donde, en buena medida gracias a ello, los falangistas no tenían rivales» (Gil Pecharromán, 2019: 173).

Desde el régimen se fomentaron las tensiones y escisiones internas en varias tendencias: los colaboracionistas unificados, a los que se asimilaban los carlosoctavistas hasta 1953, los juanistas que reconocían la legitimidad dinástica de Juan, los sivatistas de RENACE y los regencialistas-legitimistas-integristas, posteriormente javieristas-falcondistas. Solo los primeros estuvieron presentes en las estructuras del régimen, principalmente en el ministerio de Justicia (Rodezno, Bilbao e Iturmendi), en las Cortes españolas (Bilbao) y en ámbitos locales en Navarra, País Vasco, Cataluña y Valencia, participación que se fue reduciendo hasta desaparecer.

El pueblo carlista vivió la desafección política, el desencanto, la frustración, los desencuentros y los conflictos con el régimen, que se acrecentaron en los finales 50 y principios de los 60. En una carta de Javier a María Teresa Aubá de 1964, le decía: «Después de los años de guerra, y de muchísimas desilusiones, que fueron la consecuencia, la victoria quedó vacía para la Monarquía Tradicional» (Santa Cruz, 1964: 169).

Desencuentros y hostilidad

Las relaciones de la Comunión Tradicionalista, representada por el regente Javier de Borbón-Parma y su jefe-delegado Fal Conde, con Franco nunca fueron buenas ni durante la guerra ni una vez concluida, aunque fue «simpático» con el primero mientras le justificaba su expulsión de España en la entrevista del 25 de diciembre de 1937. Desde el primer momento tomaron distancia respecto al Caudillo y su régimen, así como de los carlistas colaboracionistas.

Los desencuentros con el generalísimo y su régimen fueron continuos, traduciéndose en actitudes del poder como las expulsiones del príncipe-regente, el destierro y confinamientos de su jefe-delegado, la militarización de los requetés, su control por oficiales del ejército, la prohibición de la Real Academia Militar de Requetés, la unificación, la privación de sedes y medios de comunicación, las multas, prohibiciones y detenciones, mientras, potenciaba la presencia de la Falange en el nuevo régimen y sus estructuras de gobierno. Todas fueron acciones planificadas para romper la Comunión Tradicionalista y la cadena de mando de los voluntarios con sus estructuras orgánicas, dejándolos sin el apoyo de sus organizaciones.

Franco utilizó al carlismo durante la guerra, se apoyó en los pocos carlistas «colaboracionistas», le impuso la Unificación y su control por el partido único que surgió de ella. En todo momento impidió que, salvo un reducido grupo de fieles a su autoridad, sus miembros tuviesen presencia activa en el nuevo régimen. Al contrario de lo ocurrido en el siglo XIX, en que los carlistas ganaron batallas, pero perdieron las guerras, en la que hicieron posible el triunfo fueron excluidos de la conquista del Estado, que fue objetivo reconocido y practicado por la Falange, como si aquellos hubiesen desaparecido en el combate, siendo «vencedores subordinados» (González Calleja, 2000: 286). Lo hizo desde su visión del carlismo que

> no le gustaba nada como causa dinástica. Como movimiento político lo consideró anacrónico, sin capacidad para movilizar las masas –más y más urbanas– del siglo XX. Además, creía que los carlistas, en términos políticos, eran siempre fautores de la división como disidentes perpetuos, mientras para Franco el principio fundamental fue siempre la unidad, como definida y determinada por el propio Franco, huelga decir[13].

Algunos tradicionalistas-carlistas, aplicando un fatalismo histórico, lo sublimaron considerándose nuevos «mártires de la Tradición», porque habían sido «sacrificados» en el altar de la dictadura personal. Otros, con la gran fe religiosa que les llevó a la «cruzada», invocaron los inescrutables designios de la providencia divina para explicar el resultado. El regente consideraba que la persecución era «signo de Dios»[14].

En la concepción de los voluntarios carlistas, Franco, la Falange y los colaboracionistas incrementaron el número de los «mártires de la Tradición», en sentido figurado, jugando con la similitud de esa expresión con la de «mártires de la *traición*», porque así se autodenominaban muchos de los que sobrevivieron a la guerra. Sufrieron la derrota política y la represión, dentro de los vencedores protagonizada por el caudillo que habían encumbrado al poder y por quienes les acompañaron, pero no querían competencia en el mundo franquista.

Por otra parte, salvo por las referencias a la unidad católica, al organicismo y a elementos historicistas, se culminó el proceso histórico carlista de no «salir triunfante de ningún combate en el campo del pensamiento, que es donde definitivamente se liquidan las grandes querellas» (Vegas, 1940: 9). Por tanto, respecto al Estado surgido de la guerra civil «no son los doctrinarios tradicionalistas los únicos en no explicarse el Estado nacido cronológicamente el 18 de julio desde el tradicionalismo político» (Santa Cruz, 1980: 124).

Para ayudar al proceso de liquidación del carlismo como movimiento político, derivado de la «derrota» y la «marginación» interiores, el régimen le privó de los medios, practicó la represión, explotó las propias contradicciones y desconfianzas, aumentando las tensiones internas de liderazgo dinástico. En este aspecto el carlosoctavismo y la presencia en España de Carlos VIII condujo, necesariamente, a dividir el carlismo entre quienes se mantuvieron fieles a la regencia y la Comunión y quienes se adhirieron al nuevo pretendiente.

Del entusiasmo a la cotidianeidad
La paz hizo perder a los carlistas los rituales de guerra y adaptarse a los de la paz, comprobando que Franco y la Falange no tomaban en consideración ni sus ideas ni propuestas. Por el contrario, destruyeron las estructuras militares, asistenciales, sindicales, propias de un proto-Estado carlista, permitiendo la subsistencia reducida de las organizativas, que la Comunión había construido durante la República y al inicio de la guerra (Tusell, 1992: 46-49).

Colectivamente, creó en las filas carlistas un sentimiento de frustración, desengaño, desencanto, agravio y enemiga respecto al caudillo y a su régimen. En estas actitudes hubo también autocompasión profunda por el maltrato recibido, desde una cierta arrogancia y satisfacción por su aportación al éxito. Habiendo sido una parte importante y sacrificada de los vencedores, eran tratados y perseguidos, lo que les llevó a apartarse y rebelarse contra Franco y la Falange, causantes de sus males, pero sin poner en riesgo ni su liderazgo ni al régimen. Algunos lo sublimaron en el premio eterno, convencidos de que en la nueva España que construía Franco no había sitio para ellos (Ferrer, 1950: 239). Expresó Rodezno:

> No dejaba de sentirse cierta tristeza por el desengaño y decepción que producía la disparidad entre el esfuerzo prestado y el rumbo amenazante de las cosas para el porvenir, pero este pueblo, noble y desinteresado, lo daba todo por bien empleado. El deber estaba cumplido[15].

Una vez salvada la religión, la patria y un modo de concebir España, gran parte de los afiliados abandonaron su militancia y volvieron a su origen. Comprobaron que «se nos persigue otra vez con saña y crueldad». La discordia y la saña aplicadas durante la guerra contra los enemigos se volvía contra los aliados que habían compartido la victoria, demostrando el cainismo y la violencia innata en el país respecto al más próximo. Al elenco de «retaguardiacionistas» y «camuflados» durante la guerra se añadieron en la paz los «enchufistas» (Larraz y Sierra-Sesúmaga, 2010: 217), que destruyeron las esperanzas y el esfuerzo de personas idealistas y sacrificadas.

Su idealismo y generosidad estaban por encima de su beneficio, dejando siempre claro que el resultado político no era el previsto, que para establecer una dictadura militar y un régimen fascista «no murieron nuestros familiares y amigos», «ni nos jugamos la vida». A la vista del resultado había un interrogante recogido en los diálogos y panfletos clandestinos carlistas: «¿Para eso el 18 de julio?». Un destacado carlista aportó su conclusión pesimista, trágica y fatalista, poco providencialista: «Cuando recuerdo aquellos requetés siento una gran tristeza, gran añoranza de toda aquella gente leal. ¡Tanto sacrificio! Los que cayeron, los que sufrieron persecución... pero la historia nunca ha sido justa con nosotros» (Larraz y Sierra-Sesúmaga, 2010: 824).

La motivación religiosa había movilizado al carlismo: «Nos levantamos contra la República por instaurar una monarquía carlista y porque iban contra la religión. [...] en las zonas rurales el pueblo estaba muy cercano a la Iglesia, y los ataques contra el clero hicieron que mucha gente reaccionara». Faltó actitud política: «Quizá, si al principio de la guerra hubiéramos hecho menos beatería, menos novenas y más política, podíamos luego haber exigido más [...] Sólo se pensó en España y la religión, y no en nuestros intereses» (Larraz y Sierra-Sesúmaga, 2010: 215). Franco había sido para el carlismo «el peor Caín y Judas»: «Resultó todo una traición: fuimos a la guerra pensando en hacer una España carlista, tradicional, con sus fueros, con cultura y riqueza para todos y políticamente resultó un fracaso» (Larraz y Sierra-Sesúmaga, 2010: 905-906).

Así lo expresó el documento de la Comunión Tradicionalista «La representación nacional y el espíritu de las nuevas Cortes» de 14 de noviembre de 1942: «Los muertos de nuestra guerra, murieron de verdad y para que de verdad se restaurara la gran España tradicional; no para que una ruin comparsa montara sobre sus tumbas una farsa infame» (Santa Cruz, 1942: 43).

En 1947 Javier dirigió una carta a uno de los jefes del requeté, el general Utrilla, analizando críticamente las causas de la posición del carlismo y del «desengaño producido» tras el fin de la guerra. El punto inicial lo estimó consecuencia de los acuerdos con Mola y los jefes militares y políticos del Alzamiento Nacional. Habían intentado no tener «participación directa en las responsabilidades del gobierno», porque «era imposible a los verdaderos carlistas participar en el Gobierno (arrastrando así la responsabilidad de la Comunión Carlista), que era compuesto en su mayoría de enemigos de nuestra Tradición y presidida por elementos alíenos hostiles». Se manifestó contrario a un Régimen que había «combatido contra nuestra tradición fuerista y nuestros anhelos monárquicos, ha desterrado a nuestros jefes para instaurar un Régimen contrario a nuestro glorioso pasado, creando una parodia de Monarquía, que nada ha de ver con la verdadera» (Borbón-Parma, M. T. y otros, 1997: 191).

La desmovilización y despolitización carlista no solo participó de la general, sino que fue, también, muestra del cambio de la «cultura de la identificación» a la «cultura de la alienación», que, en muchos casos, concluyó en un claro compromiso sociopolítico contrario al régimen (Payne, 1965: 195).

Tras la muerte de Franco el 20 de noviembre de 1975, Javier de Borbón-Parma realizó un juicio sobre lo que había significado el franquismo como «régimen fascista» y su pacto con las oligarquías para «engañar a los que combatían», agravado «después de la guerra civil por la brutal represión de toda libertad política hasta intentar liquidar física y políticamente a todos los del campo republicano o del Carlismo que nos oponíamos al fascismo, encarcelando y desterrando a quienes se negaron como nosotros a ese pacto». (Borbón-Parma, M. T. y otros, 1997: 230).

La inmensa mayoría carlista formó parte de los «héroes de la retirada», porque, aunque triunfaron en la guerra, «no representan el triunfo, la conquista, la victoria, sino la renuncia, la demolición, el desmontaje» de sus ideales y proyecto político que, aunque hubiese sido asumido parcialmente por el dictador triunfante, lo hizo no por afinidad ideológica, sino por consolidar su poder personal.

Franco montó un régimen basado en la utilización y el engaño. Los carlistas no fueron el único grupo engañado por Franco, porque cumplió los compromisos de Mola con los gerifaltes navarros entregándoles los Ayuntamientos por un tiempo limitado, hasta que la jefatura del Movimiento designó los alcaldes falangistas. Ningún compromiso existió sobre el establecimiento de la monarquía tradicional. Tampoco los falangistas consiguieron hacer la revolución nacionalsindicalista, convirtiéndolos en burócratas de un partido a su servicio y al de los grupos socioeconómicos dominantes. Los católicos colaboracionistas de los años 50 fueron utilizados para reducir el poder de los falangistas y mejorar la imagen del régimen, hasta hacer desparecer los aspectos totalitarios iniciales, sustituidos y marginados del poder por los católico-tecnócratas. Los monárquicos alfonsino-juanistas no vieron la restauración de la monarquía, demorada hasta que, por su exclusiva voluntad, Franco creó un reino sin rey, para terminar en una instauración ajena al régimen sucesorio histórico, que se produjo en el momento final de su vida. Por tanto, de un modo u otro, utilizó a todos en su propio beneficio. Al final, la Comunión Tradicionalista que fue marginada y, además, se automarginó pudo decir que fue la menos engañada, porque su intransigencia integrista le separó del poder desde los primeros tiempos.

La conclusión de este último episodio de la épica histórica del carlismo la formuló crudamente el líder del Partido Nacionalista Vasco, hijo de requeté, Xabier Arzalluz: «El carlismo era una de las fuerzas más importantes de Euskal Herria, y Franco los anuló, los machacó y los desterró de la vida política. Da tristeza recordar a tanto hombre venerable, íntegro y amante de su país, muchos de los cuales murieron con la tristeza de haber sido engañados y manipulados» (Juaristi, 1999: 318). Esta opinión era compartida por quienes, en sus mismas circunstancias familiares, oyeron los testimonios de los voluntarios carlistas.

Críticas y propuestas
Antes de que concluyese la guerra civil, el príncipe-regente, el jefe delegado y todos los dirigentes de la Comunión Tradicionalista habían podido comprobar la actitud de Franco y de la Falange respecto a su organización. Mientras la mayor parte de sus hombres y mujeres volvía a sus domicilios y trabajos, desmotivados y sin

confianza en el buen fin de tanto sacrificio y sangre, los dirigentes pensaron en la resistencia, todo menos someterse.

Un año después del fin de la guerra se produjo una muestra del rechazo al régimen, a su ideología y a las maniobras monárquicas. Tres capitanes de requetés, que actuaban como comisionados de más de cien, publicaron una «Manifestación» de 18 de julio de 1940, conocido como el «manifiesto de los 100 capitanes»[16]. Se le puede considerar el punto de partida de una actitud crítica y contraria al franquismo. El documento tiene el valor de ser un testimonio del estado de ánimo de los protagonistas de la guerra un año después de concluida. Fue la denuncia de una traición y la imposición de la ideología nacionalsindicalista radicalmente contraria al tradicionalismo, con el engaño de invocar alguno de sus conceptos, exponiendo la persecución que sufría el carlismo y una situación irremediable que llevaba a la descomposición y la caída del régimen.

Aludieron a la «ruin política de sembrar la discordia entre los requetés y las autoridades de la Comunión» y rechazaron a los que «claudicaron que, [...] sólo llevarían tras sí la propia traición y su vergüenza». Las aspiraciones fueron «lastimosamente burladas» y «los males que padecemos son el fruto natural del mal sistema y de los vicios esenciales del régimen», que era un «artilugio mal montado, bajo el cual la victoria se malogra y el país se descompone y agoniza». El sistema estaba basado en «la mentira, en la falsedad cínica, en la suplantación de derechos y en la escandalosa injusticia con los que, más y mejor, lucharon en la guerra, que ha envilecido la Cruzada, convirtiendo en un pleito personal, la Causa generosamente nacional, que salimos a defender en julio de 1936». Se realizaba «una política de secta y camarilla, sin más recursos que la discordia y el despecho y la corrupción». El régimen era «débil e inestable, fundado sobre los mismos errores liberales, que causaron la ruina de nuestro pueblo», que ahora se «encarna en el de un hombre [...] que asume todos los derechos y se declara única fuente de los mismos». El «desdichado partido oficial donde todo se ha corrompido y desfigurado», «significa arribismo, ficción, corrupción de procederes, de humillantes copias de lo ajeno, de improvisación e incompetencia, de aprovechado retaguardismo, de concepción social y política y de irritante burla de los ideales y sacrificios de todos, sin ninguna historia guerrera». El régimen era «fundamentalmente contrario a la Monarquía Tradicionalista», Concluyeron con la necesidad del «establecimiento de un Poder político digno de nuestra Historia y de la guerra, continuador de nuestras instituciones, monárquico y legitimista» (Santa Cruz, 1940: 60-77).

En la dinámica de enfrentamientos entre carlistas y falangistas, que actuaban de represores al servicio de Franco, hay que situar numerosos incidentes destacando el de la concentración de estudiantes en Burgos del 12 de octubre de 1937, el atentado de Begoña en Bilbao de 16 de agosto de 1942, los incidentes de Pamplona de 3 de diciembre de 1945 y otros muchos. Fueron invocados en documentos carlistas como expresión del «totalitarismo solapado, imperante en nuestra todavía desgraciada patria», afirmando «la absoluta incompatibilidad, con ellas, de su propia política, la mentira de sus protestas de democracia, libertad, Monarquía Tradicional, su miedo a todo lo auténticamente carlista y, en definitiva, su debilidad (Borbón-Parma, M. T. y otros, 1997: 177, 189-190).

Los incidentes del 3 de diciembre de 1945 fueron una parte importante de la emboscada preparada por Franco contra el carlismo, «cuando ya los carlistas habían dejado los fusiles y tomado otra vez las layas», cuando estaban lejos los episodios de la guerra y su utilización en las vanguardias como «carne de cañón». Aquel día «todo estaba amañado para no fallar en aquel tiro de gracia», con uso de armas de fuego por parte de carlosoctavistas[17], actuando como «auxiliares honorarios de la autoridad» y de la policía, que justificase el cierre del círculo carlista por el gobernador Junquera[18].

La tolerancia de los restos de la organización fue utilizada por Fal Conde para profundizar en la doctrina, posicionarse sobre iniciativas como las leyes fundamentales y ofrecer propuestas a Franco y a la sociedad sobre las cuestiones de interés para España, como la constitución de una regencia nacional para instaurar la monarquía tradicional sobre los principios tradicionalistas.

Todas las iniciativas cayeron en saco roto, pero el carlismo fue una voz que planteaba alternativas, tanto a la sucesión dinástica en la regencia, como al cambio del régimen. Incluso, en momentos de dificultad, se formuló un nuevo colaboracionismo por parte del nuevo delegado sustituto de Fal, Valiente, quien consideraba que dentro del Movimiento debía haber dos alternativas: la que representaba la Falange y la carlista, como se lo propuso a Arrese, excluyendo a los monárquicos juanistas.

En un manifiesto de 3 de abril de 1954 se refirió el regente a la utilización por el régimen de «algunos de nuestros postulados –principalmente en el orden religioso– pero no lo ha hecho sin mezcla de conceptos extraños al ser nacional». Expresó su disposición a «prestar nuestro concurso a cualquier labor –que ya es inaplazable– de enderezamiento de la política hacia finalidades en consonancia con la doctrina que venimos manteniendo por espacio de varias generaciones». Lo concretó en una monarquía con «la sociedad constituida según su propio ser, con sus entidades plenas de personalidad, sus fueros, sus libertades y su auténtica representación» (Borbón-Parma, M. T., 1997: 408-409).

El régimen utilizó todos los medios a su alcance para fomentar las tensiones y divisiones internas. En este comportamiento hay que situar el apoyo que desde el Movimiento se dio a un nuevo pretendiente carlista a la Corona de España, Carlos VIII. Franco utilizó a todas las familias y los grupos ideológicos del sistema, sus líderes y pretendientes. Así lo constató su primo y secretario: «El Caudillo juega con unos y con otros; nada promete en firme y con su habilidad desconcierta a todos. Él no es más que franquista y será Jefe del Estado hasta que muera». Su actitud no era favorable a la instauración de la monarquía: «mientras él pueda no ha de dar paso a otra persona para la jefatura del Estado. Repito que Franco es franquista cien por cien, y que él voluntariamente no cederá el poder a ninguna otra persona» (Franco Salgado-Araujo, 1976: 126 y 156).

Por ello, «tampoco es falangista de corazón», «se desprenderá de este partido cuando vea que le conviene [...] él sólo es franquista y desde luego patriota, eso sí, cien por cien»; «El Caudillo sigue siendo "franquista" por gustarle el cargo y estar convencido de que ha sido designado providencialmente para hacer la felicidad de los españoles» (Franco Salgado-Araujo, 1976: 175, 179, 243).

La consideración que a Franco merecían la Comunión Tradicionalista, los carlistas y su entonces regente Javier la expuso en unas declaraciones al periodista Herráiz del diario falangista *Arriba* de

27 de febrero de 1955: «Esos tradicionalistas […] seguidores de un príncipe extranjero, no pasa de ser la especulación de un diminuto grupo de integristas, apartados desde primera hora del Movimiento, sin eco en la nación»[19].

Le replicó el tradicionalista Senante el 10 de marzo de 1955 rechazando sus palabras. Contestó Franco el 6 de abril de 1955 invocando la unidad, diciéndole que «conocía bien la actitud de Fal Conde que, con sus exigencias de que el Alzamiento se hiciera a nombre de un solo grupo, puso a Mola en gravísimo peligro y estuvo a punto de hacer fracasar la sublevación». Volvió a invocar la unidad en declaraciones a *ABC* de 2 de abril de 1957, criticando la postura de Fal en el momento previo al alzamiento: «nadie pensó entonces en negociar para su matriz o peculiaridad el sacrificio que cada uno se imponía»[20].

Tuvo razón Franco en lo de «apartados desde primera hora del Movimiento», que eran cuantos no se habían prestado a subordinarse a sus designios o aprovecharse del esfuerzo y sacrificio que supuso la guerra, por no colaborar con su dictadura, que fueron la inmensa mayoría de los miembros y voluntarios. Su no integración, incluso su rechazo, al partido único, supuso que el generalísimo les aplicase la doctrina totalitaria amigo-enemigo, adicto-desafecto, adherido-disidente, entrando a formar parte de los reprimibles por contrarios al nuevo orden, a pesar de haberlo construido. Como expresó Franco: «El Movimiento Nacional aceptó por completo la doctrina de Primo de Rivera, y el actual partido falangista es la unión de los partidos políticos que lucharon en la Cruzada; por lo tanto, los que no aceptan las teorías del Partido son disidentes del régimen» (Franco Salgado-Araujo, 1976: 282).

Franco no tuvo interés por los partidos históricos salvo en lo que le fuesen útiles en la guerra y en algunos conceptos políticos que, de un modo retórico, incorporó a la ideología franquista. Prefirió aprovechar la Falange, partido joven y de aluvión, con ideología adaptada a la imperante en el momento inicial y susceptible de cambio, para convertirlo en su medio de dominación que, contra lo que ocurría en el fascismo, no controlaba ni al dictador ni al gobierno. La complejidad de las fuerzas y familias políticas permitió al dictador utilizarlas sin darles posibilidad de convertirse en exclusivas y dominantes en la posesión y ejercicio del poder limitado que les encomendaba.

Incluso los carlistas integrados en el franquismo tuvieron diferencias con los falangistas, cuando estos pretendían organizar el régimen con los principios totalitarios y anticatólicos, a pesar de que desde la jerarquía católica no hubo un enfrentamiento total, sino una actitud prudente. Sin embargo, fue la Comunión Tradicionalista la que, desde el primer momento, los rechazó en sus postulados ideológicos y comportamientos prácticos personificados en la Falange. Pero no suponía ni enfrentamiento ni deslealtad radicales a Franco ni al Movimiento, sino tensiones limitadas a aspectos puntuales, que el Caudillo utilizaba para reducir las pretensiones falangistas, en esa su labor de manejar y jugar con todos.

La situación del carlismo fue nueva respecto a las derivadas de los conflictos bélicos anteriores, en los que había sido derrotado. Ahora, solo en teoría, era uno de los triunfadores de la «cruzada», el nuevo régimen había incorporado elementos de su ideología, se había restaurado la «unidad católica», el nacionalcatolicismo reconocía la esencia católica del ser hispano, el papel fundamental de la Iglesia y que en España todo era «católico» y fiel a su ser. Había derrotado a sus enemigos históricos –la «revolución liberal, su monarquía, la República, los partidos de la izquierda y los nacionalistas–, pero como «vencedor subordinado», fue víctima del generalísimo del ejército vencedor y de su milicia subordinada la Falange.

El régimen por el que tanto había luchado y tanta sangre había derramado lo excluía de su orden político e institucional en beneficio del poder militar, de un partido nuevo y de los poderes fácticos. Tuvo que malvivir en esa contradicción, porque «el primer gran triunfo político y militar del carlismo en la historia contemporánea de España iba a significar, paradójicamente, el inicio de su andanza hacia la definitiva marginalidad» (Canal, 2006: 347).

Instauración de la monarquía

Establecer una monarquía tradicional fue siempre la aspiración ideológica del carlismo, que intentó instaurar derrocando la monarquía liberal en tres guerras civiles. Para conseguirlo se armó contra la República. Solo en este último objetivó coincidía en parte con los militares sublevados. No hubo compromiso por su parte de restauración monárquica, mucho menos de Franco, quien, desde el primer momento, como reconoció Rodezno, demostró su afán de poder personal total y de construcción de una dictadura.

Es cierto que el ambiente político europeo del momento no favoreció, ni antes ni después de la II Guerra, la instauración de una monarquía tradicional como pretendían los carlistas, porque tanto el totalitarismo como la democracia liberal eran contrarios al tradicionalismo político. La misma ambigüedad de la fórmula que invocaba Franco la utilizó Juan de Borbón para captar apoyos de las filas de un carlismo acéfalo y con crisis de liderazgo.

La monarquía y el juego al equívoco sucesorio con los pretendientes fue un señuelo del generalísimo para dar continuidad a su dictadura y al régimen. Para el caudillo su régimen «no puede cambiar el día en que yo me muera. Podrá haber modificaciones en lo accidental, pero en lo fundamental sería una enorme traición y suicidio de la nación» (Franco Salgado-Araujo, 1976: 389).

La promulgación de la Ley de Sucesión fue un maquillaje del régimen fascista y totalitario, bajo el principio de que el monarca absoluto era él, investido de «magistratura vitalicia» (Franco Salgado-Araujo, 1976: 88), instaurador de la monarquía, «padre de reyes», que ejercía las prerrogativas regias como la concesión de títulos de nobleza y grandezas de España a sus partidarios. Fue, también, un señuelo para engañar a los monárquicos jugando con los pretendientes, dándoles vanas esperanzas, mientras debilitaba sus posiciones y aspiraciones.

Franco era un monárquico agradecido que, aparentemente, solo veía en esta forma de gobierno el sistema arraigado históricamente en España, salvo su propio poder dictatorial. Para quien había recibido de Alfonso XIII condecoraciones militares, el ascenso al generalato y había sido su padrino de boda, la única opción era la monarquía en su dinastía y herederos, como reconoció reiteradamente. Para Mola, «al fin de cuentas el general Franco es un gentilhombre de Alfonso XIII. Carlistas y falangistas eran y son enemigos de Alfonso XIII» (Maíz, 2011: 353).

Franco excluía de la monarquía a instaurar, continuadora de su régimen, a los pretendientes de la rama tradicionalista: «Todas las ramas tradicionalistas no son hoy legítimas, y a sus representantes nadie les conoce en nuestro país» (Franco Salgado-Araujo, 1976: 252). Dejó claramente sentada su opinión excluyente: «la monarquía vendrá con estos príncipes (don Juan o don Juan Carlos) o con un regente, pero nunca con los reyes tradicionalistas». Carlos Hugo «no me parece el príncipe adecuado para ser el rey de los españoles», «con ningún derecho a la corona de España», «desde luego, ni don Juan ni don Hugo, los dos quedan descartados, pues el primero aspira a una monarquía liberal y el segundo no es español, digan lo que digan sus seguidores». Para el caudillo la única legitimidad dinástica era la de los sucesores del último rey, Alfonso XIII (Franco Salgado-Araujo, 1976: 208, 252).

En alguna ocasión pareció no excluir a Juan de Borbón, aunque lo consideraba liberal y contrario al Movimiento, pero le exigía un requisito para que pudiese ser el rey de su monarquía: «aceptar los postulados del Movimiento sir reserva alguna, no existe motivo legal para excluirle», porque «no hay otros príncipes que don Juan y don Juan Carlos, su hijo, que son por este orden los herederos legales» (Franco Salgado-Araujo, 1976: 236-237).

Aunque aceptaba la dinastía rechazaba de plano la monarquía liberal a la que reprochaba todos los males de España que llevaron a la guerra civil, porque «trajo la república, y ésta el comunismo. Todo esto haría estéril el triunfo de la Cruzada y esta vez ya no cabría la esperanza de una lucha. Sería la mayor traición que se pudiera cometer contra la patria y los que lucharon por librarla de la tiranía de Moscú» (Franco Salgado-Araujo, 1976: 343).

El caudillo era contrario a cualquier forma de régimen liberal-democrático como «una gran mayoría de los españoles, que tienen miedo a una restauración monárquica fuera del Movimiento Nacional. No se puede abrir las puertas al liberalismo y a una democracia no controlada, pues se aprovecharía el comunismo, que no ha perdido la esperanza de dominar nuestra nación» (Franco Salgado-Araujo, 1976: 336).

Como lo había pensado, lo hizo: configuró España como reino y reguló la sucesión de su régimen en una monarquía instaurada por él. Excluyó al heredero de Alfonso XIII porque «aspira a una monarquía liberal» (Franco Salgado-Araujo, 1976: 465) y designó a su hijo Juan Carlos, a quien trajo a educar a España. En ningún caso entraba en sus cálculos la posibilidad de otra dinastía, siempre que quien designase como rey aceptase las condiciones de ser la «Monarquía falangista», «del 18 de julio» o «del Movimiento», de modo que el franquismo continuara, cuando decidiera o falleciera, bajo la autoridad de un rey.

Balance de la relación entre el carlismo y el franquismo

Durante la guerra el generalísimo contó con las milicias carlistas de los requetés que habían puesto a disposición de Mola la Junta Central Carlista de Guerra de Navarra, en un comportamiento rebelde y faccioso respecto a las máximas autoridades de la Comunión, a cambio de restaurar la enseña nacional y mantener el control político-administrativo de Navarra en la Diputación Foral y los Ayuntamientos (Canal, 2006: 333). Esta decisión consumada fue confirmada por parte de Alfonso Carlos, de su representante Javier y de las jerarquías de la Comunión Tradicionalista en apoyo de la sublevación, compromiso y presencia carlista en la guerra civil.

El tradicionalismo carlista malvivió durante el franquismo en la contradicción entre haber contribuido de forma decisiva a la creación del régimen, cierta lealtad a Franco incompatible con el desprecio por «traidor», y la conciencia del engaño, que le llevó al cansancio, a la decepción y a un cada vez mayor rechazo. Lo fue haciendo «construir el enemigo», convirtiendo a Franco en el adversario a batir. Lo centró en la Falange, respecto a la que era más fácil comparar una ideología y un sistema de valores. Históricamente, la existencia del enemigo liberal le había resultado útil en tal sentido, pero ahora era distinto, había contribuido a ganar la guerra, había apoyado a un ejército, que les había derrotado en las guerras carlistas, a su generalísimo y había hecho posible un régimen que invocaba sus doctrinas y era apoyado por la Iglesia. Solo le quedaba el resquemor y la posibilidad de la automarginación en la que consolarse, abandonando el espacio público, reforzando su identidad al margen del nuevo orden, aunque careciese de valor real al haber sido excluidos del mismo sin reconocimiento ni honores. Los carlistas fueron rechazados y sancionados por rebeldes a la autoridad de quien encarnaba la voluntad divina, a cuyo caudillaje tanto habían contribuido: «La guerra va bien, la ganamos, pero los carlistas la hemos perdido» (Antoñana, 2018: 207).

El Consejo Nacional de la Tradición del 30-31 de mayo de 1952 puso fin a la regencia y proclamó a Javier de Borbón-Parma sucesor de Alfonso Carlos y jefe de la dinastía, decisión postergada a unas Cortes tradicionales (Santa Cruz, 1952: 5-117). También supuso el fin del proyecto de regencia nacional para España que preconizaba la Comunión, desde el convencimiento de que los años transcurridos, la consolidación de la dictadura y la inclinación de Franco, *sine die*, a una opción monárquica en la dinastía liberal le había hecho perder sentido. Limitó el alcance de aquel acto en la carta a su hijo Carlos Hugo del día 31 y en la declaración de 17 de enero de 1956, dándole un significado interno ante el Consejo, «restringido con el fin de garantizar a los consejeros la sinceridad mía de ser abanderado de la Comunión». No pareció totalmente decidido cuando poco después afirmó que fue un «acto prematuro [...] una imprudencia humana y un error político mío». Finalmente, aceptó y confirmó el 17 de enero de 1956, «la realeza de las Coronas de España en sucesión del último Rey, «para mí y para mis descendientes la sucesión legítima de la Monarquía española y la pesada carga de la corona en el destierro» (Santa Cruz, 1956: 28-29).

Ese acto puso fin en el carlismo a los riesgos internos sobre la solución juanista de la regencia. La Comunión tenía ya su abanderado para reactivar su política, primero superando la oposición al régimen de la etapa Fal Conde por la del colaboracionismo bajo la dirección de Valiente y, más adelante, como oposición bajo la dirección del heredero Carlos Hugo, que se hizo cargo a partir de mayo de 1957, y su «Secretariado», que, desde la oposición, trataron de adaptar la ideología a la transformación de la sociedad española durante el franquismo.

La sucesión dinástica y la regencia

Tras el fallecimiento de Jaime de Borbón el 2 de octubre de 1931 sin descendencia, su tío y sucesor Alfonso Carlos tuvo que enfrentarse a varios conflictos internos durante su corto reinado (1931-1936). La sucesión en la Corona carlista produjo inquietud por la avanzada edad del nuevo rey y la existencia de sectores enfrentados sobre la legitimidad dinástica.

En la Comunión Tradicionalista los proalfonsinos y juanistas reconocían la legitimidad de Alfonso XIII y su hijo Juan. Para ser reconocidos como titulares de la legitimidad tradicionalista-carlista debieran aceptar los principios de la monarquía tradicional concretados por Alfonso Carlos. Rodezno era la persona más relevante, conocido y reconocido por su larga trayectoria política. Su actitud posibilista y abierta respecto al diálogo, colaboración y acción política conjunta con otras opciones ideológicas conservadoras y católicas próximas configuró una corriente interna que fue el «rodeznismo», crítica con el «comportamiento histérico, radical y negativista de las masas carlistas»[21].

Los integristas eran radicales en lo religioso e ideológico, accidentalistas en lo dinástico, hasta que reconocieron a Alfonso Carlos y se incorporaron a la Comunión Tradicionalista. Su hombre más destacado fue Fal Conde, que gozó de la confianza real como jefe-delegado, tras cesar a Rodezno quien, aunque formó parte de los órganos directivos y mantuvo su condición de diputado, dejó de ser la cabeza de la Comunión y el hombre de confianza del rey.

La sucesión carlista la dejó pendiente de resolver al instituir la regencia y nombrar príncipe-regente al sobrino de su mujer, Javier de Borbón-Parma y Braganza (1889-1977). Desde la visión del carlosoctavismo se estimó que era producto de una «interesada intriga familiar», con un «Regente francés, que nos han regalado unas princesas portuguesas», en una «intriga familiar contra Doña Blanca y contra lo que era la voluntad y el pensamiento del Rey Don Alfonso Carlos» (Fernández Gasparini, 1951).

Dentro de la Comunión Tradicionalista las diferencias dinásticas seguían vivas y se agravaron por las actitudes enfrentadas entre los dirigentes que las representaban: Fal Conde con el poder que la daba su condición de jefe delegado y la confianza del rey y del príncipe-regente: Rodezno con su indiscutible prestigio ante las bases y dirigentes, incluso con el reconocimiento de Franco. Los dirigentes carlistas y los monárquicos alfonsinos-juanistas creyeron que el generalísimo restauraría la monarquía y que sería rey quien más se hubiese comprometido con la guerra civil, se acercase a una monarquía tradicional y se distanciase de la liberal. El problema era buscar quien fuese al titular de la corona con mejor derecho al trono.

Los carlistas tenían un problema de partida. Había terminado su dinastía y estaban en una regencia para que se designara el rey carlista. Sin embargo, para algunas partes sobraba el instrumento porque solo había en la monarquía española un posible titular en el que se unían las legitimidades de ambas ramas dinásticas, que era Juan de Borbón. Para otras se debía designar un sucesor en uno de los miembros de la familia por vía femenina, que sería la hija mayor de Carlos VII y hermana de Jaime, Blanca y sus descendientes. Mientras el regente resolvía el problema, propiciaban para España una regencia nacional en una monarquía sin monarca.

Para quienes reconocían la legitimidad dinástica en el sucesor de Alfonso XIII, este debía asumir los principios tradicionalistas para ser proclamado como heredero de la dinastía carlista. La acumulación de las legitimidades carlista y liberal resolvía la cuestión y el único rey posible era Juan de Borbón.

Mientras, concluyó la guerra civil con el triunfo de los militares sublevados, y Franco inició la institucionalización de su dictadura personal, sin disponer nada sobre la monarquía. El regente estaba en Francia y luego en campos de concentración nazis, sin que pudiese resolver la encomienda recibida. En esta complicada situación la restauración de la monarquía y su monarca dependían de la voluntad de Franco.

Dinámica monárquica restauradora

Una vez rechazado el acuerdo de Territet por parte de Alfonso Carlos, las sucesivas conversaciones con los representantes de la rama liberal chocaban con las convicciones dinásticas del monarca, la mayoría de los dirigentes y del pueblo carlista, cuya intrahistoria les hacía contrarios a cualquier aproximación o reconocimiento de aquella. En este sentido las claras posiciones de Alfonso Carlos y Fal Conde les tranquilizaron, incrementando los recelos y la desconfianza respecto a los dirigentes que propiciaban el reconocimiento dinástico a favor de Alfonso XIII y su hijo Juan, dirigidos por el conde de Rodezno.

Este movimiento lo formaron personas relevantes de la Comunión Tradicionalista, algunos de ellos directos colaboradores de Mola y Franco como Rodezno, Arellano, Oriol, Arauz de Robles y Melgar. Tras el fin de la guerra civil los monárquicos tradicionalistas-carlistas projuanistas intentaron aprovechar las dificultades derivadas de la detención por los nazis, las indecisiones del regente y la presencia del carlosoctavismo para promover la restauración de la monarquía en la persona de Juan. El movimiento lo habían iniciado Rodezno, Manglano y otros desde el Pacto de Territet en 1931. Fracasado el intento, lo hicieron por sí mismos, como una opción carlista que aceptaba la dinastía liberal, adornada de proclamaciones tradicionalistas como las Bases de Estoril de 24 de febrero de 1946.

Como había expuesto a propósito de la unificación, el conde creía que había desaparecido la razón de ser de la Comunión Tradicionalista. No existían ni el régimen liberal ni la dinastía legítima, de modo que en la «dinastía usurpadora o ilegítima» se unificaban los derechos hereditarios, si aceptaba los principios tradicionalistas. La regencia carecía de sentido, porque, sin monarca, no era una solución política. Desde su convicción dirigió el movimiento tendente a la incorporación del carlismo al juanismo.

Durante la guerra, los carlistas juanistas organizaron una aproximación de Juan al carlismo, acompañado de Vegas Latapié, Eliseda y Vigón, para incorporarse de incógnito a las fuerzas combatientes de requetés, con un pasaporte a nombre de «Juan López», vestido con un mono y boina roja. El propósito era «que tome la significación doctrinal de la boina encarnada». En opinión de Rodezno «lo hicieron mal», porque, hecho de otro modo, «hubiese quizá quedado mal a algunos carlistas intransigentes, pero ante Europa y ante España la cuestión monárquica hubiera quedado insignificada con un buen programa, el nuestro, con un buen caudillo el único Príncipe español que existe»[22].

Tras el destierro de Fal después del intento de crear la Academia Militar de Requetés, se trató a propuesta de Rodezno la cuestión sucesoria en la Junta Nacional celebrada en Insua (Portugal) los días 13-15 de enero de 1937. No la veían clara: «Nosotros no tenemos solución ninguna que ofrecer. Los otros tampoco porque Alfonso XIII, que es la única representación colocada, es persona que repele a todos, incluso a los de Renovación, que comprenden que eso no se puede propugnar». Pero si renunciase, «a don Juan no le concibo caudillo en el destierro; cosa que sería imposible que obtuviese el concurso de amor de los tradicionalistas, tal como necesita un caudillo cuyo montaje en el trono se propugna». Si, por el contrario, «fuese un príncipe de la otra estirpe el objeto de nuestras preferencias, les ocurriría lo mismo a los otros monárquicos», proponiendo la regencia de Franco. Ante la situación, la Junta propuso se apoyase una regencia nacional con Franco el 25 de julio de 1941.

Recogió Rodezno que el jefe delegado Fal «convino en que no había más camino que el de orillar la dificultad que había de significar la designación de la persona, y eso en efecto, solo se conseguía con la Regencia de Franco», sin que fuera viable designar al regente, que «tenía su función dentro de la Comunión como representante del principio monárquico, depositario, mejor dicho». Además, «nos encontramos ante un poder que consideramos legítimo en función de transición. Luego hay que ayudarle y al representante de la Comunión le tocará apreciar en nombre de ella si ha desembocado en legitimidad». El planteamiento agradó al conde, que concluye su anotación: «En fin, muy bien Fal y abriendo camino para cosas eficaces»[23].

Oriol y Valiente propusieron que se oyera a Juan. Afirmó el conde que su tesis «no ha gustado a Fal. Se ve en la junta, sobre todo en Fal, inquina contra Franco y una gran indecisión para todo sea abordar todo camino de solución monárquica»[24]. En una entrevista del conde con Franco celebrada el 17 de enero de 1937, le insinuó el «desemboque en la monarquía atravesando un periodo de Regencia», el general le pidió que le «expusiera en unas cuartillas los puntos principales de nuestro ideario»[25].

En aquel momento, ante los hechos consumados, no preocupaba al conde el destierro del jefe-delegado, ni el control total de Franco, ni la progresiva desaparición de la Comunión, sino que el dictador estuviese receptivo a dejar de serlo. Era el futuro monárquico lo que inquietaba al conde y a los dirigentes tradicionalistas, siendo así que el regente Javier tenía la encomienda de resolverlo. Su auténtico propósito era lograr un mayor compromiso del carlismo oficial con la causa proalfonsina que venía defendiendo.

A pesar de sus esfuerzos, ni Rodezno ni sus compañeros juanistas lograron convencer a las bases carlistas. En una hoja publicada en 1940 firmada por veinticuatro capitanes de requetés rechazaron «a la rama usurpadora, cómplice de la revolución liberal. Don Juan, hijo de tal padre, educado por los ingleses, ha hecho bueno lo actuado, pensado y dicho por su padre».

Juan realizó una aproximación a la exigencia establecida por Alfonso Carlos en carta dirigida a Javier del 8 marzo de 1940 expresando su aceptación de la monarquía tradicional: «no puedo concebir para España otro Estado que un Estado católico, ni otra forma de Gobierno que la Monarquía, ni otra Monarquía que la tradicional, con sus consejos y con sus Cortes» (Canal, 1994: 380-381).

Fal Conde planteó que si el pretendiente liberal «somete sus aspiraciones a lo que resuelva la Regencia Nacional el día que esté constituida», no habría reconocimiento a su favor «ni para ahora ni para después, y sí solo comprometidos a desarrollar el programa tradicionalista mediante la Regencia Nacional»[26]. Estaba convencido de que Juan nunca aceptaría la fórmula de la regencia ni lo que implicaba de hacerlo con el carlismo tradicionalista y su monarquía[27].

En la correspondencia de 20 de abril de 1943 entre Juan y Rodezno, el pretendiente le trataba como su representante en el espacio político tradicionalista, le manifestó su deseo de conocer su opinión «en cuanto a la táctica y procedimiento a seguir para el triunfo de nuestros comunes ideales». Era «especialmente preciosa, dada su destacada personalidad y consecuente actuación al servicio de los principios salvadores». Se refirió a la restauración de la monarquía tradicional conforme a los «principios fundamentales en que habrá de basarse mi política [...] establecer la unidad moral de la patria española. [...] Monarquía tradicional con sus Consejos y Cortes». Invocó su condición de heredero de ambas dinastías y el «Volveré» de Carlos VII. Trataba de reforzar su posición con la exigencia de Alfonso Carlos de aceptación de los principios tradicionalistas formulada el 8 de marzo de 1940[28].

Le contestó Rodezno en carta de mayo de 1943 exponiendo su complacencia sobre las «claras y resueltas afirmaciones de adscripción a los principios tradicionales que consigna en su carta». Solo veía en España «dos fuerzas expansivas capaces», el Ejército y la Comunión Tradicionalista, a las que vinculaba «la esperanza y posibilidad de la restauración de las Instituciones tradicionales».

En un documento de la Comunión Tradicionalista de 23 de mayo de 1943 dejó sentada su posición oficial sobre la situación del país. Tras exponer su papel en la guerra expresó sus discrepancias con el partido único y el caudillaje, su concepción totalitaria, incompatible con el régimen desde la carta de Fal a Franco de diciembre de 1937, la renuncia a formar parte del Consejo de FET y JONS, el documento de marzo de 1939, sus destierros, «mientras todos los demás partidos sin excepción –CEDA de Gil Robles, Renovación, juanistas– daban órdenes de incorporación al partido único para vivir en él». Por eso la Comunión tenía autoridad «para llevar a cabo un cambio total del actual régimen capaz de «pacificar el país, restablecer las libertades». Pretendía la restauración de la monarquía tradicional por medio de una regencia, pero hacerlo sobre Juan llevaría a la «disolución y anarquía que caracterizó la segunda República española»[29]. No obstante, los tradicionalistas juanistas «estaban radiantes y trabajan para que Rodezno sea nombrado delegado del rey. [...] jefe político de esta restauración y aun el presidente del primer gobierno de la monarquía» (Gil Robles, 1976: 351-352).

El conde de Rodezno, consciente de los recelos que su propósito projuanista levantaba, buscó, sin conseguirlo, el apoyo de la Junta Regional Carlista de Navarra en su intento de aportar un grupo carlista importante. Seguía como miembro de la Comunión Tradicionalista, pero sin cargos de responsabilidad interna, porque «siempre ha sido en las Juntas una verdadera rémora, que ya mucho nos hizo sufrir antes del Movimiento»[30]. Su proselitismo projuanista y «sus orientaciones particulares de sobra sabemos que constituyen en él antigua característica de su personalidad política», según Fal[31]. También Arauz de Robles mantenía y desarrollaba la relación entre los tradicionalistas, Juan y sus monárquicos.

Los contactos entre la Comunión Tradicionalista y su jefe delegado con Juan de Borbón continuaron a partir de marzo de 1944, lo que produjo en la Junta Nacional un enfrentamiento en el que triunfaron los partidarios de mantenerlos, provocando la dimisión de uno de los más antijuanistas, Sivatte.

La imposibilidad de acuerdo se acrecentó con la publicación el 19 de marzo de 1945 del Manifiesto de Lausana, exigido por los aliados vencedores de la guerra para la instauración de la monarquía en la persona de Juan, que pondría fin al franquismo. Su invocación de la monarquía tradicional fue retórica, porque defendió el régimen constitucional, una asamblea legislativa elegida por la nación, la amnistía política y un régimen de libertades, propios del liberal democrático.

La Comunión Tradicionalista replicó con una declaración del jefe delegado a la agencia Associated Press y una circular a sus autoridades regionales de 6 de abril de 1945. Lo rechazaron por contrario a los principios tradicionalistas y porque «pone en manos de Franco argumentos fuertes»: «Se vuelve de espaldas al 18 de julio; lanza inconscientemente una idea de sufragio y subordina al mismo una Constitución política, que de necesidad sería muy avanzada; ese anuncio de amnistía es intolerable». Declaró la oposición a una restauración monárquica en Juan de Borbón[32].

Esta postura la consideró Arauz falta de realismo e ineficaz, porque era «hacer doctrina, no política, y para aquello, ya no es hora». Entendía que el futuro de la monarquía estaba en aquel «para la mayoría y va a venir al trono, hablándole como hablaban nuestros padres a los reyes y poniéndole las debidas condiciones»[33].

En carta de Rodezno a Fal de 29 de junio de 1945 insistió en el acuerdo con otros grupos monárquicos y la superación de la regencia por la propuesta del regente Javier a favor de Juan, que era la posibilidad que abría la historia para la restauración monárquica y poner fin al franquismo. Redactó un proyecto de acta de unión con los principios irrenunciables para configurar la nueva monarquía del Estado monárquico, confesional, social y representativo tradicionalista. Se invitaba a Franco a retirarse y al ejército a apoyar esta opción[34].

Fal le contestó el 22 de julio de 1945 reprochándole que la pretensión de los juanistas no era que la Comunión liderara el proceso monárquico, sino utilizarla «bajo una expresión abstracta de Tradicionalismo» para sumarla al reconocimiento a Juan. Insistió en el proyecto de la regencia nacional, pidiéndole que pusiera fin a las conversaciones que mantuviera con personas y grupos ajenos a la Comunión, que debía continuar sin infiltraciones ideológicas[35].

El 8 de diciembre de 1945 Fal Conde remitió a Juan una carta que se había redactado por destacados dirigentes con la participación del regente Javier. Expuso la postura oficial de la Comunión respecto a crear una regencia nacional para la unidad monárquica y el futuro[36].

Adhesión al tradicionalismo

Rodezno visitó a Juan de Borbón, aparentando representar «a la mayor parte del tradicionalismo», el 23 de febrero de 1946, anunciándole la adhesión del tradicionalismo carlista[37].

Según Gil-Robles, el conde daba a «entender que la masa está con él, pero la Comisión (*sic*, por Comunión) tradicionalista no le ha dado a él la representación», que la tenía Fal Conde, «quien sigue firme en su disparatada tesis de la Regencia». Reconocía a Rodezno que el rasgo de «venir a ofrecerse a don Juan tiene un innegable valor», pero estaba lejos del pensamiento político con el que se trabajaba para conseguir el apoyo de los aliados, ya que invocaban los tópicos del tradicionalismo carlista como el «glorioso movimiento», la «cruzada salvadora», la «sangre de los mártires».

Para Gil-Robles, Rodezno estaba «empapado del espíritu intransigente y cerril de la mayor parte de las derechas españolas», y la carta entregada como «verdaderamente lamentable» y «derrotista», «destila incomprensión e intransigencia. No concibe Rodezno más que la identificación del rey con la "cruzada", el aplastamiento indefinido del vencido y la prolongación *sine die* del ambiente de guerra civil». Rodezno y sus tradicionalistas estaban «deseosos de conservar el cacicato en la Diputación de Navarra, no quieren indisponerse con Franco; cada vez más cerriles y xenófobos, ni quieren enterarse de lo que pasa en el mundo, ni se deciden a hacer nada». Tenía «una concepción política muy propia del casino de Tudela. [...] cuando se toca el punto concreto de las fuerzas que trae a la monarquía, Rodezno no hace otra cosa que enredarse en la madeja del eterno pleito del carlismo» (Gil Robles, 1976: 205, 219-229, 250).

Para que el pretendiente cumpliera las exigencias de Alfonso Carlos de aceptación de los principios de la «Monarquía tradicional, católica, social y representativa» del tradicionalismo, se redactaron las «Bases Institucionales para la Restauración de la Monarquía en España» de 24 de febrero de 1946, conocidas como «Bases de Estoril», redactadas por Vegas, Sáinz, Fontanar y Gil-Robles con los tradicionalistas Rodezno, Oriol, Arellano, Iturmendi y Ortigosa. Entregadas a Juan, se estimó este hecho «la incorporación a la monarquía de todo el carlismo histórico. Quedará sólo al margen el pequeño grupo integrista de Fal Conde» (Gil Robles, 1976: 186-187).

Resultó que el grupo minoritario era el de Rodezno frente al mayoritario que seguía en la disciplina de la Comunión Tradicionalista y de sus dirigentes, el príncipe regente Javier y el jefe delegado Fal Conde. El esfuerzo de aceptación de postulados tradicionalistas realizado por los monárquicos juanistas resultó un fracaso. Además, provocó el rechazo de Prieto y los socialistas, a los que Gil Robles trataba de atraer a la causa monárquica.

En carta de Fal a Rodezno de 26 de abril le manifestó que su visita al pretendiente de 8 de diciembre de 1945 contradecía la línea regencialista de la Comunión, actuando con contumacia. Fue el origen de una tensa correspondencia entre ambos, que continuó en la réplica de Rodezno de 3 de mayo y en la dúplica de 4 de junio[38]. Supuso la ruptura entre ambos y el inicio de una serie de documentos, escritos y panfletos de rechazo de la fórmula de la regencia nacional propiciada por Fal: «la Comunión tradicionalista, sin apoderado regio, podrá ser una escuela filosófica, pero nunca una solución política [...] Pienso igualmente que mientras otra solución no se ofrezca, nuestros cuadros se merman de día en día, nuestras gentes se consumen en el desengaño» (Burgo, 1970: 461).

En la del 3 de mayo de 1946 que el conde dirigió a Fal Conde explicó su entrevista con Juan, su actuación y su opinión sobre la Comunión, su futuro y el de la monarquía, ante la confusión producida «por no haber aclarado suficientemente la distinción entre mi opinión y la de la Comunión». Tuvo el carácter de un «descargo» frente a los reproches que desde las filas carlistas se le hacían. Criticó la fórmula de la regencia nacional en la persona del príncipe regente por no enlazar con «ningún concepto con el de nuestra legitimidad, es totalmente desconocido nacionalmente y no tiene raigambre alguna en nuestro tradicional desenvolvimiento». Sus facultades eran «dar solución, sin más tardanza que la necesaria, a la cuestión sucesoria, ateniéndose a la Ley y a la obligada administración de los principios». Tras los diez años transcurridos sin resolverlo, «la Comunión tiene algo más que hacer que sestear en hipotéticas e inactuales elucubraciones». Tras haber «desaparecido nuestra dinastía», la Comunión Tradicionalista «precisa saber quién es su Rey, porque esa es su pieza integral y consustancial con su existencia». Si no se resolvía este «problema fundamental», se mantenía a «nuestras fuerzas en incapacidad para toda proyección nacional y de convertir a la Comunión más sustantiva y activamente monárquica en simple coro de teorizantes, de monárquicos sin Rey, al servicio de minúsculos rencores». Negó haber realizado pactos en Estoril ni con Gil Robles y Sáinz Rodríguez, «ni con nadie», limitándose él y quienes le acompañaron a visitar a Juan de Borbón, «Príncipe en quien, como usted me ha confesado en diferentes ocasiones, concurren las mayores probabilidades de reinar, si es que en España ha de haber Monarquía, y propugnamos ante él nuestros principios y convicciones» (Clemente, 1994b: 395-399).

Rodezno vivía en el mundo de la guerra y de su idealismo, como manifestó a D. Juan de Borbón en una carta de 23 de abril de 1947, tras sus declaraciones a *The Observer*, que le disgustaron tanto como para afirmar, muy decepcionado, que conducían hacia «un régimen liberal, parlamentario, progresivo y europeo». Recordó el Manifiesto de Lausana y otras actuaciones que difuminaban su manifiesto tradicionalista y las «Bases de Estoril» de 1946, que conducían a que «en los sectores de opinión que yo me muevo, [...] ha calado el desengaño, y la amargura con la que veo venirse abajo lo que, con tanto esfuerzo, tenacidad sostenida y patriótico empeño, fui elaborando en mis actividades» (Meer, 2001: 250).

En junio de 1948 los tradicionalistas juanistas entregaron al pretendiente un escrito firmado por Oriol con una nota de los principales miembros del grupo y dos anejos, manifestando que «abrazamos, primero, ideológicamente, y a partir del 18 de julio de 1936, como hecho nacional e histórico, el Movimiento Nacional». Pedían los tradicionalistas juanistas el claro compromiso con la causa del Movimiento, frente a las posturas de corte ideológico liberal-democrático como el Manifiesto de Lausana. Según Gil-Robles, le planteaban la "entrega total de la monarquía a la Comunión Tradicionalista, no solo por dar toda la autoridad a Rodezno, [...] contiene abiertas censuras a la política seguida por el rey, anhelos de claro colaboracionismo con Franco, y ataques a los que estamos al lado de su Majestad" (Gil-Robles, 1976: 263-264).

En entrevista a la agencia United Press de abril de 1946, reconoció Rodezno su condición de tradicionalista y miembro de la Comunión. Defendió la «Monarquía legítima, tradicional y representativa», cuyos fundamentos esenciales serían la religión católica, los derechos y libertades personales, la autarquía de las entidades infrasoberanas, la concepción orgánica de la sociedad, la protección y estímulo del trabajo, las Cortes con participación de la soberanía representativa y la Justicia independiente. Adoptaba un lenguaje nuevo próximo a los conceptos del régimen liberal[39].

El mayor ataque a Rodezno y su línea política lo realizó el historiador Ferrer en su obra *Observaciones de un viejo carlista a unas cartas del Conde de Rodezno*, publicada en 1946. Denunció su actuación franquista y projuanista, porque

lo que quiere Rodezno es lo que no queremos los carlistas. [...] El carlismo no se entrega, porque quedaría por entregar la bandera que sostiene S. A. R. el Príncipe Regente [...] el carlismo no se entregó cuando Bilbao y otros se fueron a la Unión Patriótica; el carlismo no se entregó cuando el conde de Rodezno y sus correligionarios se fueron con el general Franco a la Falange, ni el carlismo se entrega ahora, aunque Rodezno y todos los que como él piensan, vayan a Lisboa a «reconocer a su Rey» (Santa Cruz, 1948: 167-207).

En un acto celebrado en Estoril el 20 de diciembre de 1957 los tradicionalistas liderados por Gaytán de Ayala (conde consorte de Rodezno), Arauz de Robles, Arellano, Melgar y Oriol reconocieron como rey y cabeza del tradicionalismo a Juan de Borbón, quien hizo profesión de fe tradicionalista[40]. A partir de ese momento fueron conocidos como los «estorilos». Aceptó y juró los principios e invocó el *Oriamendi*, recibió y se cubrió con una boina roja, manifestando su deseo constante de ser el «rey de todos los españoles».

El regente Javier quitó importancia al acto de Estoril en carta a los jefes regionales de 28 de enero de 1958, porque los asistentes no tenían ni cargos ni presencia en la Comunión, y en el mismo acto se habían separado de la lealtad al Abanderado «y a los principios defendidos por los verdaderos carlistas, por lo cual no pueden ser ya considerados como tales»[41].

En febrero de 1958, editó la Comunión Tradicionalista un documento titulado «La verdad sobre los hechos de Estoril», con una detallada exposición de los comportamientos y significado, concluyendo que no se trataba de una «mera cuestión dinástica lo que ahora se discute, sino una cuestión monárquica» en dos concepciones enfrentadas: «la monarquía tradicionalista, popular y social, que defiende el carlismo con su legitimismo dinástico, y la monarquía liberal, capitalista y reaccionaria, que sostiene el juanismo, fiel al significado de su línea dinástica ilegítima».

En octubre de 1958 en Lourdes se celebró una peregrinación en la que Juan volvió a aceptar el tradicionalismo y el espíritu del 18 de julio. Estas identificaciones tradicionalistas provocaron nuevas discusiones entre los juanistas, los liberales y personas de ideología izquierdista en la cena del hotel Menfis de Madrid del 29 de enero de 1959.

Los actos de los tradicionalistas «estorilos» satisficieron al pretendiente, pero no a Franco porque, lejos de lograr la «unidad» de los monárquicos, supusieron la división entre los juanistas históricos liberales y los nuevos tradicionalistas, que lograron pocas adhesiones (Franco Salgado-Araujo, 1976: 234). Le molestaba que, además, la mayoría carlista siguiera al regente, «príncipe extranjero», a quien negó siempre la nacionalidad española, separado, consciente y voluntariamente, del régimen.

El 25 de junio de 1957 Juan se dirigió por carta a Franco, renunciando a actuaciones pasadas, invocando la entrevista de Las Cabezas (29 de diciembre de 1954), muestra «del patriotismo y buena intención» con una afirmación tradicionalista. Dio por desaparecido el monarquismo liberal con la llegada de la República y «no quedó más monarquismo que el que combatió a la República». Una monarquía parlamentaria era un «fantasma inexistente». Invocó como actualizadores de la doctrina tradicionalista filoalfonsina a Calvo Sotelo, Maeztu y Pradera. De la «nueva orientación de la doctrina monárquica y de la aproximación de los tradicionalistas nació una inteligencia con José Antonio Primo de Rivera [...] llegándose a firmar un pacto» de apoyo mutuo, incorporando la acción violenta, que le ofreció. La monarquía debía «nacer como una evolución natural y lógica del Régimen mismo hacia otras formas institucionales de Estado; de Estado fuerte y autoritario que salvaguarde los valores nacionales y morales en cuya defensa surgió el Movimiento Nacional» (Suárez, 2005: 501-502).

Mientras se producían los intentos de reconocer a Juan como monarca del tradicionalismo-carlista, la mayor parte de sus bases populares carlistas encuadradas en la Comunión Tradicionalista esperaban la propuesta del regente.

Las expectativas de una restauración monárquica como resultado de la derrota del Eje se desvanecieron por el cambio del orden internacional con la guerra fría, que supuso el mantenimiento de Franco por los Estados Unidos por su anticomunismo. En el interno, quedó claro que el régimen no variaría, sobre todo a partir de los acuerdos entre el generalísimo y Juan en el Azor y «Las Cabezas» sobre la presencia y educación de Juan Carlos. Como España era un reino por su voluntad, la sucesión y el sucesor estaban en sus manos.

Conflicto de legitimidades e indecisión del regente

La Comunión Tradicionalista vivía desde el 23 de enero de 1936 en la situación de regencia, pendiente de que el príncipe regente resolviese conforme a la encomienda de «regir los destinos de nuestra santa causa y proveer sin más tardanza que la necesaria la sucesión legítima de mi dinastía». Las circunstancias españolas e internacionales no la favorecieron. La primera fue la guerra civil en la que el carlismo dio prioridad al triunfo militar, mientras perdía cualquier posibilidad de triunfo político tras el arrumbamiento de que fue víctima. A continuación, la guerra mundial y las dificultades de aislamiento, compromiso militar y cautiverio del regente por parte de los nazis, así como su propio carácter prudente y dubitativo. Mientras, en España se producía el desmantelamiento de la organización tradicionalista y la persecución de sus militantes no unificados ni colaboracionistas por parte del régimen y el Movimiento. Franco marcó el espacio de la tolerancia del movimiento tradicionalista-carlista y de la presencia de los miembros de la familia Borbón-Parma.

Con motivo de la publicación por la Comunión Tradicionalista de la «Manifestación de los ideales» de 10 de marzo de 1939, se produjo una correspondencia entre el pretendiente Juan y el regente. El primero, que buscaba el reconocimiento carlista y su proclamación, rechazó en carta de 9 de marzo de 1940 que se cuestionase su legitimidad de origen y ejercicio, asumía su «infortunio» pero rechazaba cualquier culpa sobre la conducta de sus antepasados. Afirmó sobre su legitimidad que «por herencia de mi padre, viniesen a converger en mí los derechos de las dos opuestas ramas dinásticas» (Santa Cruz, 1940: 22-24).

Le contestó el regente por cartas de 15 de marzo de acuse de recibo, y de réplica de 24 de junio de 1940. En esta expuso el comportamiento de los monarcas liberales contra los reyes y príncipes carlistas «sustentadores de las verdades objetivas del Derecho Público cristiano. Y excluidos están por leyes y por las declaraciones de nuestros Reyes, todos aquellos que sirvieron o reconocieron la dinastía liberal». Concluyó el regente: «Te he contestado desde el orden de la legitimidad cuyos postulados son irrenunciables y sin más aspiración personal que el cumplimiento del sagrado deber» (Santa Cruz, 1940: 29-33).

El jefe delegado el 21 de octubre de 1940 expuso las ventajas de la regencia y su consideración de los candidatos. El conde de Barcelona, Juan, «por gravísimas y fundamentales razones de legitimidad, bien común y honor patrio tiene que ser excluido, en cuya misión de apartamiento definitivo el partido carlista tiene un gran deber». El compromiso real con el carlismo era la conducta que «se ha debido seguir con Carlos» (de Habsburgo). No siendo así «sólo un mal pensamiento, alentado por el Ministerio del Interior, puede explicar esa campaña realizada subrepticiamente, con procedimientos desleales y empleando la falacia». Pudiera ser designado. Tras relacionar su candidatura con una «labor» del régimen, enumeró una serie de dificultades que, a su juicio, eran un obstáculo para conseguirlo.

La desilusión por la situación, la preocupación por el futuro y la crítica al régimen se manifestó en noviembre de 1940 en una carta de Gambra al jefe delegado, en nombre de los Centros de Orientación Tradicionalista, creados por la AET para profundizar y formar en la ideología. Lo hacía por «fidelidad y acatamiento a su autoridad». La Comunión había sido «nuevamente engañada, traicionada, empobrecida y entregada a un tiránico poder social y extranjerizante que confunde, al mismo tiempo, los espíritus con falsas declaraciones de Catolicismo y aun de Tradicionalismo, y desorienta a las gentes, ante este nuevo fracaso».

Existía «división de pareceres» respecto al regente por parte de «grupos que pretenden la proclamación, de espaldas a su autoridad, de un sucesor carente de todo derecho y beneficio para la patria, lo que constituiría una gran disidencia». Sobre la dificultad que planteaba la búsqueda de un «Rey legítimo y tradicionalista», propuso la convocatoria de una asamblea de representantes carlistas de todo España, presidida por el príncipe regente. No se debía dejar pasar el tiempo, porque era «una catástrofe para la Patria y la Comunión la orfandad actual de Monarca, catástrofe quizás irreparable si no se aprovechan estos instantes supremos» (Santa Cruz, 1940: 83-85).

Mientras, se produjo un movimiento de carlistas preocupados por la situación que producía la falta de solución a la regencia, que utilizaban los juanistas y octavistas para reforzar sus posiciones en sus intentos de hacerse con la Comunión Tradicionalista, y el régimen para debilitar a las fuerzas monárquicas.

Dos miembros destacados de los Centros de Orientación Tradicionalista, Gambra y Ortiz, se dirigieron a Fal Conde en carta de 7 de marzo de 1941 planteándole la absoluta y urgentísima necesidad de nombrar el sucesor de Alfonso Carlos para que uniese a los miembros de la Comunión, «en la que se observan hoy signos fatales de desaliento y desmembración que no sólo podrían acarrear su decadencia, sino su muerte, y con ella la de España». Se trataba de «abrir una esperanza y un horizonte de solución inmediata a la nación», de «cumplir con el deber señalado en el documento de la Regencia [...] sin más tardanza que la necesaria», de «aprovechar una suprema crisis en nuestra Patria y una ocasión de triunfo quizá única en que un Rey verdaderamente tradicionalista y entusiasta podría sumar todos los nobles anhelos del pueblo español». Era preciso superar «un estado de Regencia indefinida que se contradice con la más elemental visión de las necesidades actuales y que nadie justifica ni aplaude ya ni apoya» (Santa Cruz, 1941: 40-49).

En la carta-circular del jefe delegado de 10 de marzo de 1941 contestó que resolver la regencia no podía hacerlo de modo personal, pero sí dar su juicio derivado del de la Comunión. Trató de la cuestión dinástica y la relación con el juanismo a partir de los comentarios sobre una restauración en la persona de Juan de Borbón. Afirmó que «el interés de la Comunión como partido, nunca podrá conciliarse con don Juan. [...] Ni don Juan podrá sentir el carlismo, ni el carlismo podrá nunca sentir a don Juan» (Clemente, 1994b: 306-316).

La demora sufrida en la solución de la regencia tuvo un concurso de causas y circunstancias históricas que no fueron propicias, como las guerras civil y mundial y la prisión y cautiverio de Javier en campos de concentración nazis. Por otra parte, el propio carácter del príncipe regente, persona espiritual de gran religiosidad, con prácticas de vida ascética, moralidad estricta, rectitud de conciencia, gran sentido de la responsabilidad y sin ambición de poder, le crearon dudas y escrúpulos sobre la decisión en tan delicado asunto, mostrándose irresoluto. Era consciente de que mantenía un difícil equilibrio entre el contenido del encargo de la regencia y lo que se le proponía, que el procedimiento no se acomodaba al de proclamación por las Cortes, como se defendía por la Comunión, aunque «siempre fue su propósito servir a España en el tradicionalismo leal con la trayectoria familiar».

En el mundo tradicionalista carlista, leal a sus dirigentes y a la encomienda de Alfonso Carlos al príncipe regente, preocupaba que no estuviese designado el sucesor cuando ya estaban en liza los pretendientes Juan de Borbón y Carlos de Habsburgo, sin que una

Comunión acéfala pudiera presentar el propio. Esta situación de interregno explica las presiones sobre el regente para que tomase una decisión, que procedían de los posibles candidatos, de sus entornos y de las bases carlistas, unos por interés en ser favorecidos, otros por preocupación sobre una situación provisional que generaba desconfianza y miedo a la descomposición por la falta del liderazgo real y los conflictos internos.

Al no producirse la decisión del regente y ante la dinámica de reconocimiento y acercamiento a Juan y su hijo Juan Carlos por parte de Franco, los órganos de la Comunión Tradicionalista propusieron en 1952 que el regente Javier fuera reconocido como rey, quien terminó aceptando en 1965 en la declaración de Pucheim. Un reducido grupo dirigido por el carlista catalán Sivatte optó por constituir la «Regencia Nacional y Carlista de Estella» (RENACE) sin rey e integrista, y fue separado de la Comunión el 8 de mayo de 1950.

Lo mismo que le ocurrió con la incorporación de la Comunión Tradicionalista a la guerra, las circunstancias del entorno le obligaron a tomar la responsabilidad de ser el abanderado de la causa. A la hora decidir sobre el fin de la regencia se veía obligado por la exigencia interna y, sobre todo, por la imperiosa necesidad de dar al carlismo un pretendiente en un momento en que estaba huérfano de dinastía y presionado por las iniciativas juanista y carlosoctavista. Si se decidió, con reservas mentales, fue por responsabilidad, cumpliendo el encargo de Alfonso Carlos. Así se explica la simultaneidad de su asunción del liderazgo dinástico y la transmisión a su hijo.

El acto supuso el fin en el carlismo de los riesgos internos sobre la solución juanista. La Comunión tenía ya su abanderado para reactivar su labor política, que hizo primero como fuerza colaboracionista bajo la dirección de Valiente y, más adelante, como oposición bajo la dirección del heredero Carlos Hugo, que se hizo cargo a partir de mayo de 1957, y su «Secretariado», que trataron de adaptar la ideología a la transformación de la sociedad española durante el franquismo.

Iniciativas para la resolución de la regencia

La inquietud por la falta de propuesta de la regencia movió a Lizarza y otros destacados carlistas navarros, cruzadistas del núcleo de la lealtad, a remitir el 4 de abril de 1941 una propuesta a Fal Conde. Los «carlistas verdaderos» temían que «por no tener nosotros candidato, nos vayan a dar un rey, mejor, un fantoche liberal». Sostuvieron la opción carlista en la persona del nieto de Carlos VII y archiduque de Austria Carlos de Habsburgo, pero «puesto que contra ella se dice concurren circunstancias que la hacen difícil, punto menos que imposible e inconveniente, propusieron el nombre de Roberto Carlos de Austria, hijo segundo de la emperatriz Zita de Borbón-Parma, hermana del príncipe-regente. El propósito era «cerrar el paso a toda restauración monárquica de tipo liberal –y esa no puede ser más que la alfonsina o juanista– que acabamos de oír últimamente de labios autorizados».

Una carta del regente, distribuida como circular de Fal Conde de 24 de marzo de 1941, observó el desengaño que habían experimentado los que «defraudados en sus ambiciones vuelven la espalda al régimen» y preparan «soluciones peores que ese régimen y más confusas aún porque las envuelven en forma política monárquica y verbalismo tradicionalista», cuya conducta era una «frivolidad política». Invocó la «legitimidad de origen, de título y de ejercicio» de la dinastía carlista y las razones de Alfonso Carlos para establecer la regencia, ante una «sucesión dudosa en orden a la determinación o concreción de las personas». Ponderó la «noble y dignísima figura de nuestro Príncipe, de gran abolengo carlista, de formación ideológica purísima, de voluntad abnegada al servicio de la Causa» (Clemente, 1994b: 317-320).

Con motivo del fallecimiento de María de las Nieves de Braganza, que tuvo lugar el 15 de febrero de 1942, el príncipe regente remitió una carta anunciando que le correspondía «la facultad de designar al Príncipe de mejor derecho, como continuador de la legitimidad en el Trono de España». Dejaría a salvo, con «absoluto desinterés personal», los «intereses de la legitimidad que me han sido confiados». Propuso una «Regencia legitimista que, como Poder político y soberano de España, dé en su seno cumplimiento al encargo que tenemos del Rey y queremos así llevar con toda generosidad, a un plano de consideraciones nacionales» (Clemente, 1994b: 301-302).

Desde las filas de la regencia Gambra y Hernando de Larramendi dirigieron al jefe delegado una carta de 22 de febrero de 1943 planteando el fin de la regencia, con un análisis pesimista sobre la situación de una Comunión acéfala y sin liderazgo real (Santa Cruz, 1943: 114-119).

Desde la organización tradicionalista se siguió exponiendo la doctrina sobre la regencia Nacional previa a la restauración monárquica, adoptando previamente las medidas fundamentales de suspensión del partido único oficial y de los sindicatos; restauración de la legitimidad en el poder, la católica, la orgánica, corporativa y regional; reorganización del poder central y de la representación nacional, y la reivindicación de los fueros de la personalidad humana[42].

En 1943 se inició otra vía monárquica dentro del carlismo con la presencia en España del pretendiente Carlos de Habsburgo, , que apareció como el titular de la legitimidad dinástica recibida de su madre Blanca de Borbón, sucesora directa de su padre Carlos VII, de su hermano Jaime y de su tío Alfonso-Carlos. Era la opción del «núcleo de la lealtad», que le había reconocido en la Asamblea de Zaragoza de 1935. Con el apoyo del régimen pretendió condicionar a su favor la decisión del regente y oponerse a las pretensiones de una posible restauración en Juan de Borbón.

El regente Javier, que colaboraba con la Resistencia durante la ocupación alemana de Francia, fue detenido y recluido en campos de concentración nazis durante el verano de 1944. Hasta su liberación del de Dachau el 8 de mayo de 1945 no tuvo posibilidad de volver a tomar las riendas de la regencia. Poco más de dos meses después de su liberación, el 25 de julio de 1945 publicó un manifiesto a los españoles, y tuvo presencia en España a partir de 1951.

En esta situación se produjeron movimientos para que concluyese el estéril periodo de la regencia. La Juventud Carlista de Navarra, presidida por Zubiaur, se dirigió el 7 de octubre de 1944 a la Junta Regional y solicitó que la regencia decidiese, «con imparcialidad, buena fe y urgencia», el rey necesario para dirigir el carlismo[43].

En octubre de 1944 se difundió un texto denunciando que «cinco jefes del requeté navarro han sido desterrados». Concluyó: «no podemos tolerar ese comienzo de persecución ni toleraremos que se pretenda llevar adelante. Todo lo contrario. Nuestra reacción contra los perseguidores del carlismo es santa y justísima. Porque nuestra causa es una vez más la Causa de la Nación»[44].

Los miembros de la Junta Carlista de Navarra en carta a Fal Conde de noviembre de 1944 denunciaron que la regencia practicaba la política integrista por «no sentir prisa por la designación del Caudillo», lo que afectaba «al sentimiento monárquico puro, o a caer, con el tiempo, en el reconocimiento de las instituciones liberales». Los firmantes eran en su mayoría octavistas y se referían al pasado político integrista del jefe delegado, criticando que el regente y la Comunión trabajaban a favor de Juan[45].

Las demandas al regente para que designara el sucesor fueron constantes, por temor a la presión para que recayera sobre Juan. Contestó por carta de 24 de noviembre de 1945 con la necesidad de utilizar el procedimiento establecido, sobre cuya propuesta se pronunciaría conforme a la función que le había asignado Alfonso Carlos (Santa Cruz, 1945: 133-134).

Esta preocupación viva en los dirigentes y bases carlistas se manifestó por el jefe regional carlista de Cataluña Sivatte, exigiendo comportamientos realistas efectivos. Criticaba la posición del regente. Debía asumir la condición de caudillo y regente hasta tanto cumpliese su misión y designase el sucesor en la corona de Alfonso Carlos: «Regente real, legítimo, político y carlista S. A. don Javier. Nada de Regencia teórico-juridicista». Pidió a Fal Conde que, junto con el regente, asumiesen la dirección política y rompiesen su «vasallaje con Franco»[46].

En enero de 1946 un grupo de dirigentes navarros de tendencia carlosoctavista dirigieron una carta al regente insistiendo en la urgencia de dar fin a la regencia «sin más tardanza que la necesaria» (Santa Cruz, 1940: 52-57; 1943: 129-132).

La inquietud que la parálisis de la regencia producía en la actividad política del carlismo la expuso la Junta Regional de Cataluña dirigida por Sivatte, en una carta-exposición al regente de 5 de septiembre de 1947. La falta de dirección política tras los diez años de la regencia había colocado al carlismo en una «gravísima y progresiva enfermedad [...] y al inminente peligro de muerte a que ha llegado». Advirtió que un «ser naturalmente monárquico, no debe ni puede vivir diez años sin saber quién es su rey o, mientras esto fuera imposible, sin tener regente efectivamente entregado a su cargo. [...] bajo una dirección no política». Pidieron al regente «la real y efectiva consagración de la vida de V. A. a la Comunión Tradicionalista-Carlista», reprochándole que su «alejamiento y aislamiento casi completos durante años y años de nuestra vida y problemas, fue el principio y la causa fundamental de su progresivo debilitamiento, desde la pujanza de 1936 hasta su actual miseria y mortal peligro».

La Junta catalana acusó al jefe delegado de una «cerrada actitud», y le pidió que, «tomando vos mismo el mando efectivo de la Comunión, cambiéis radicalmente esa política que [...] ha llevado al fortísimo Carlismo a debatirse en su actual impotencia» (Clemente, 1994b: 404-417).

El Consejo Nacional de la Comunión Tradicionalista se planteó la situación en la sesión de 8 y 9 de noviembre de 1947. La candidatura del carlismo cruzadista impulsada por el régimen aparecía como nueva opción frente a la de Juan de Borbón. El regente, además de la encomienda, no había sido excluido sino reconocido en su legitimidad por el propio Alfonso Carlos en sus cartas de 10 de marzo y 8 de julio de 1936. Según la primera, la regencia no le privaba de «un eventual derecho a mi sucesión, lo que sería mi ideal». En la segunda dirigida a Fal pedía a Dios arreglase la sucesión en su sobrino Javier Carlos y en sus hijos, decisión que no dejó resuelta con un acto expreso de designación, en vez de instituir la regencia, encomendándola a quien, según sus palabras, consideraba debía ser su sucesor, tanto por afirmación expresa como por exclusión de la rama liberal en la persona de Juan.

El Consejo se inclinó por el regente y acordó iniciar una campaña en ese sentido, que fue el origen del folleto de Ferrer *La legitimidad y los legitimistas. Observaciones de un viejo carlista sobre las pretensiones de un Príncipe al Trono de España*, publicado en 1948.

A finales de 1947 podía apreciarse la situación de debilidad política de la Comunión Tradicionalista, carente de liderazgo dinástico y con conflictos por su ausencia. El intento de trasladar la fórmula interna al país por una regencia nacional que diera una salida al franquismo no había tenido ningún éxito. Los contactos de Franco con Juan en agosto de 1948 abrían una nueva perspectiva para la instauración de una monarquía en la que no tenía sitio el carlismo y su propuesta de monarquía tradicional. Los conflictos de pretendientes solo habían servido para dividir el movimiento monárquico en beneficio del generalísimo, convertido en un monarca absoluto instaurador de un nuevo reino.

Nuevamente fue Sivatte quien en carta al regente de 2 de enero de 1948 denunció el «actual estado del carlismo», carente de política de tal nombre. Trató de extender la dinámica iniciada a Navarra, buscando adhesiones a su causa, que fueron escasas. Fue destituido como jefe regional de Cataluña por el príncipe regente el 1 de marzo de 1949. Este hecho provocó la rebeldía de la Junta Regional de Cataluña, que acabó con la ruptura el 20 de noviembre de 1949 y la separación de la Comunión el 8 de mayo de 1950.

Su principal interlocutor en Navarra fue uno de los más significados sacerdotes carlistas, «D. Bruno» Lezáun, junto con «D. Macario» San Miguel. Promovió aquel una carta de 1 de enero de 1949 de 287 sacerdotes al regente planteando que había llegado «la hora de la determinación de su sucesor [de Alfonso Carlos] con el concurso de las verdaderas Cortes, representativas y orgánicas, no sólo tarda, sino que se ha esfumado». Propusieron la reunión de todas las autoridades carlistas presididas por el regente para que «deliberen y procedan a lo que los momentos actuales demandan». Recordaron que el monarca no le había excluido, sino que lo había indicado para «ser uno de los candidatos, porque tenía la persuasión de que, mejor que otros, sería el salvador de España»[47]. Preocupaba a los firmantes que la situación sirviera para que la dinastía liberal pudiera hacerse cargo de la legitimidad carlista, aunque con un mayoritario rechazo a la posibilidad que defendía un reducido grupo de tradicionalistas juanistas liderados por Rodezno.

En respuesta a Fal, que cuestionaba la posibilidad de encontrar algún príncipe «que no sea mercenario como el don Carlos VIII», dispuesto a aceptar la encomienda, «D. Bruno» propuso el 15 de febrero de 1949 la del príncipe regente: «es opinión universal, firme y constante que don Javier sea declarado rey efectivo de la Comunión Tradicionalista en los momentos en que nos encontramos»[48].

En la reunión del Consejo Nacional de la Comunión Tradicionalista de 19-21 de febrero de 1949 se planteó poner fin a la regencia interna, con la dificultad de superar su bucle, y de la propuesta política de la regencia Nacional que había sido la base de toda la política y de las propuestas al generalísimo para institucionalizar España. Concluyeron que las masas carlistas demandaban la superación de la regencia, reconociendo que «sea el propio Príncipe quien ocupe el trono de España, el día que la oportunidad política lo permita»[49].

El príncipe contestó el 25 de julio de 1949 a la carta de 287 sacerdotes navarros de 1 de enero de 1949, recordando lo que era obvio: su condición de regente y su labor de buscar «el príncipe de mejor derecho», que reúna las legitimidades de origen y ejercicio, que «no ha de ser un rey de partido, sino el rey de todos los españoles, que reine sobre España conforme a nuestros principios tradicionales»[50]. Esta contestación nada resolvió y a nadie satisfizo, demostrando la situación de incertidumbre del propio regente y de la Comunión. Sivatte aprovechó la circunstancia para atraerse a un grupo de carlistas navarros[51].

Quienes estaban a la espera de la decisión del regente terminaron en gran parte apoyando la opción de Javier, la de los «javieristas» (Blinkhorn, 1979: 430-431). La basaban en su legitimidad de origen y ejercicio, avalada por las palabras favorables de Alfonso Carlos. Este movimiento llevó a que la jefatura delegada asumiese la inquietud y los riesgos que se planteaban a partir del comportamiento de Sivatte y gran parte del carlismo catalán, que influían en Navarra. Desde la jefatura delegada se insistió ante el regente en que incrementara su dedicación a España y a la causa, sugiriéndole que asumiese para sí la solución dinástica[52]. Haciendo desparecer la regencia se justificaría retirar o abandonar la propuesta de regencia nacional, que carecía de viabilidad una vez consolidado el régimen en la dictadura vitalicia, la ley de sucesión y los acuerdos con Juan de Borbón sobre la educación de su hijo.

Se trató en 1949 por el Consejo Nacional y los jefes regionales en una reunión en Roma el 7 de mayo de 1950. Javier manifestó su actitud favorable, si no encontraba un sucesor a proponer, sin olvidar que «la Casa de Parma —españolísima de origen y leal a la Legitimidad— sabrá recoger la herencia de mi abuelo don Felipe V junto con todos sus derechos y gravísimos deberes»[53].

El regente asistió en Madrid del 23 a 25 de junio de 1950 al Consejo de la Tradición. Se analizó la situación del país y la dificultad que las medidas policiales y la propaganda implicaban para que las actividades de oposición pudieran «tener eficacia para sacar a los españoles del marasmo y desaliento en que viven», que también afectaba a la Comunión Tradicionalista. Sobre la sucesión dinástica, recogió el compromiso de la casa de Parma con la herencia de Felipe V, asumiendo lo dicho por Alfonso Carlos, el 10 de marzo de 1936, de que el regente «sea el instaurador de la dinastía restauradora de la tradición, que recoja la herencia legítima de nuestros gloriosos reyes». El procedimiento para la proclamación del rey sería convocar una asamblea representativa carlista[54].

Javier ratificó su compromiso de mayo en Roma, pero posponiendo la decisión por si pudiesen existir derechos preferentes a los suyos: «no pasaré por encima de los príncipes que me preceden, si no es por las exclusiones en que hayan incurrido por los imperativos del bien común». En su mensaje de 25 de junio se comprometió a «ejercitar los derechos y deberes de mi cargo de Regente, [...] hasta llegar a la proclamación en Cortes del rey continuador de la dinastía»[55].

No se pudo entender que se había producido el fin de la regencia, pospuesto sin plazo, aunque parecía dispuesto a asumir el liderazgo tradicionalista. El Consejo demostró su antijuanismo al rechazar la propuesta de Arauz de Robles a favor de Juan de Borbón.

Entre los días 8 y 11 de mayo de 1951 hubo en Pamplona una huelga general por los problemas de subsistencia por el racionamiento de bienes de consumo, los bajos salarios, la carestía de la vida y las situaciones de pobreza. Con ella se inició el movimiento obrero en Navarra, que prosiguió con las huelgas de 1954 y 1956. Para el Gobierno, las instituciones navarras y las clases dominantes, fue alarmante que doce años después de la Guerra Civil se produjera un movimiento en el que participaban muchos excombatientes requetés implicados en la Hermandad Obrera de Acción Católica (HOAC).

Ante los hechos, el gobernador civil expuso la «actitud en extremo curiosa» del grupo de Rodezno, que «no se ha presentado a mi autoridad con ninguna clase de ofrecimientos». Sospechó del comportamiento de los que llamaba «integristas» –los falcondistas, regencialistas o javieristas– «por su odio y hostilidad al régimen», vigilando los movimientos de algunos miembros por sus posibles contactos con los nacionalistas porque «los elementos selectos de los antiguos sindicatos controlados por los tradicionalistas se han mostrado más peligrosos y activos y con comunes actitudes a las de los elementos marxistas»[56].

En los primeros meses de 1950 se produjeron contactos entre los grupos carlistas para participar en las elecciones municipales de noviembre de 1951 con candidatura única. En el informe de Fal al regente de 12 de septiembre de 1951, le comunicó que no había esperanza de acuerdo con los carlosoctavistas «ni a nadie interesan, están con el Gobierno y sufren en Navarra el mayor desprestigio político y moral», no convocándolos por ser una facción «proclive al régimen totalitario que ahora domina»[57]. Participaron los juanistas que seguían siendo parte de la Comunión, ya que solo se habían excluido Rodezno, Arellano y Ortigosa.

El Consejo Nacional de la Comunión Tradicionalista se reunió en Madrid del 12 al 14 de octubre de 1951, con varias cuestiones. Nada se había avanzado en el fin de la regencia, pero se abría un nuevo horizonte político como el levantamiento del destierro del regente y la posibilidad de una nueva relación con un Gobierno de «católicos propagandistas» de la ACNP y una Falange que perdía poder. Fal y los consejeros Bustamante, Cabrero, Gambra y Hernando de Larramendi volvieron a insistir en la solución de la regencia, porque cada vez se veía más claro que Franco y los grupos monárquicos, con peso en el mundo económico-social, incrementaban los gestos favorables a la opción juanista en su hijo Juan Carlos.

El regente estuvo en España entre el 16 de noviembre y el 4 de diciembre de 1951, visitando Madrid, Andalucía, Valencia y Cataluña. Fue criticado por los sectores más radicales del carlismo catalán calificándolo de «acto de sumisión y reconocimiento más o menos tácito de los poderes públicos constituidos»[58]. El 3 de diciembre juró los fueros catalanes en Montserrat[59]. No hubo pronunciamientos sobre la regencia y su aceptación de la condición de monarca, en lo que le insistió Fal, contestándole que era «el rey de la Comunión, pero que todavía no lo era de España»[60].

El voluntarismo del jefe delegado y de quienes apostaban por el fin de la regencia por la autodesiginación chocaba con las dudas y escrúpulos de Javier. Si Alfonso Carlos las tuvo en su momento, era comprensible que las tuviera el regente al que le había encomendado una función concreta, por muchos apoyos que le hubiera hecho en los documentos de 10 y 12 de marzo y 8 de julio de 1937[61]. Para llegar a las declaraciones del regente de 30-31 de mayo de 1952 se recorrió un largo camino de presiones del jefe delegado y los miembros del Consejo y de resistencia, dudas y escrúpulos del regente[62].

El Consejo elaboró un manifiesto y un dictamen que sometió a consulta regional. Reconoció la imposibilidad de que la regencia realizara su misión. Respecto a la «función restauradora», «la actual dictadura viene prolongando indefinidamente su permanencia en el poder» y la resistencia a acabar la regencia había impedido «formar un frente monárquico que hubiera reclamado con eficacia la instauración del régimen monárquico tradicional». Sobre la designación del sucesor, el tiempo había demostrado que «en ningún otro príncipe se encuentran las condiciones adecuadas». Además de los argumentos legitimistas introdujo la justificación de su propuesta a favor de Javier en el principio de bien común y la «fidelidad a los principios» del regente: «son la garantía más completa de que V. A. representa con toda autenticidad esa monarquía que reclama el bien de España».

En la reunión celebrada por el Consejo Nacional del 27 de mayo a 1 de junio de 1952 en el monasterio de Montserrat de Barcelona el órgano afirmó «el criterio definitivo de que a V. A. le corresponde la sucesión legítima a la Corona de España». El día 31 culminó la dirección marcada por Alfonso Carlos, manifestando «el criterio definitivo de que a V. A. corresponde la sucesión legítima a la Corona de España». A esta proclamación respondió el regente con dos pronunciamientos y dos momentos: «asumir el derecho real vacante y el de su promulgación oficial y juramento con mi hijo, llamado a heredarme y que ahora está impedido de concernir»[63].

El regente aceptó la realeza carlista: «no paso de ser, pues que así lo pedís, y así lo impone mi deber jurado, más que rey de los carlistas, rey de la representación ideal de España, rey de la monarquía ideal». Superó esta aceptación limitada para asumir la de España: «Fijaos bien que al aceptar la realeza de derecho de España no hago sino radicar en mí la suma copiosa de deberes sagrados que a mis mayores unió a esta noble nación». Pero, seguidamente, cuestionó la declaración, porque «sin oportunas circunstancias y preparación adecuada, una proclamación de derechos al trono puede ser inoperante, cuando no contraproducente»[64].

Javier planteó la implicación del hijo y futuro heredero. En el juego de declaraciones ambiguas del regente sobre su voluntad y compromiso futuro, dirigió una carta a su hijo mayor, Hugo Carlos de Borbón-Parma y Borbón-Busset, del 31 de mayo de 1952, en la que combinó las consideraciones piadosas con las monárquicas. Se refirió a la encomienda de la regencia y a como en estos dieciséis años, «ni ha sido posible esa consulta a la nación, ni príncipe alguno ha querido echar sobre sí esta misión penosa de la realeza legítima». Tras invocar a María Santísima y a la divina realeza de Jesucristo, resolvió «asumir la realeza de las Coronas de España en sucesión del último rey, aunque pendiente la promulgación de ese acuerdo de la oportunidad que espero próxima para su publicación y para nuestro juramento»[65].

Fue una declaración un poco más precisa que la anterior, de asunción de la realeza, pero sin promulgación ni plazo, pendiente de la capacidad de discernir de su hijo, *in pectore*. Como recogió el acta del Consejo: «hay que esperar delicadamente antes de hacerla oficialmente pública hasta que el Señor considere oportuno hacer la proclamación»[66]. Quedaba, por tanto, con el alcance limitado que el mismo regente le dio: «determinación interna de nuestra Comunión»[67]. Como le había dicho a Fal, se consideraba «rey de la Comunión, pero no de España».

A pesar de ello, sus dudas eran graves y de fondo, demostrando que no creía en la solución y acción realizadas, ni en el fondo ni en la forma, que pensaba en clave de regente conforme a la encomienda de Alfonso Carlos. Lo reconoció en carta de 2 de noviembre de 1955: «En la cuestión sucesoria, lo que me produce tantas dificultades, no he tenido hasta ahora ningún contacto directo con el Gobierno, ni con Don Juan».

Sus escrúpulos los plasmó en cartas privadas de 18 de diciembre de 1955 destinadas a los más íntimos (Fal Conde, Galmés, Fagoaga y Valiente):

El hecho de Barcelona fue un error o una anticipación prematura. Ese acto es contario a mi natura, a mi sentido legitimista y al sentido común, dentro y fuera de España. Entiendo bien que mantener indefinidamente la Regencia no era otro que continuar un interregno sin salida. Pero eso no fue falta nuestra; fue el resultado lógico de la prolongación indefinida de un Régimen (que debía ser provisional) de Franco y de su grupo falangista, copia de los movimientos nazistas y fascistas.

Reconoció que «la exclusión de la rama de Alfonso XII en verdad no ha facilitado nuestra tarea». En el tiempo transcurrido entre 1873 y 1955 habían transcurrido ochenta y dos años «y el mundo y España se habían transformado»: «No es lógico excluir toda una rama por la falta de su autor. Recordó que Jaime trató con Alfonso XIII y Alfonso Carlos con Juan: «Los dos intentos fracasaron por culpa de los partidarios juanistas ciegos y recelosos. Desde 19 años que llevo con Fal la Regencia no he tratado con nadie, fuera con el generalísimo ¿Y hoy no sería posible de estudiar la posibilidad de acuerdos?».

Se planteaba el problema de la legitimidad: «¿Y quién tiene hoy la legitimidad? Franco de hecho, y de la Monarquía estoy el depositario. ¿Quién sabe además si J. Carlos no pudiera ser un día un Rey perfectamente tradicionalista?».

Analizó la realidad del carlismo en España y su reducida presencia social y política. No veía el paso del régimen de Franco a una monarquía sin una preparación con los elementos gobernantes, aunque «si dejamos pasar y perdemos la posibilidad de restablecer la monarquía, ¡no servirá a nada esperar un siglo más!». A partir de ese análisis trazó un camino: buscar «un príncipe preparado a esa alta misión». Se propuso llevar la cuestión a la Junta Nacional, y «deseo tener asegurada la conformidad de los principales consejeros y jefes».

En su valoración propuso un nuevo camino a la Comunión Tradicionalista: la colaboración con el régimen en ejercicio de una política realista, para superar el aislamiento, reorganizar y establecer nuevos liderazgos, mejorar las relaciones y cesar a Fal Conde, sustituido por un hombre con otro talante. Valiente tenía un origen político cedista y mantenía mejores relaciones con el régimen, como para hacer visible el cambio y posibilitarlo.

Con la declaración de Javier en Barcelona, a efectos puramente internos, no se resolvía la situación, aunque se reconociese que

zanja definitiva e irreversiblemente las posibilidades de un entendimiento de los tradicionalistas con don Juan de Borbón y Battemberg; ya no sería posible la tan manida «unidad de los monárquicos», siempre invocada en beneficio de don Juan, [...] se prolonga y se consolida la supervivencia política de Franco, al cual facilitará no poco el camino para saltar a don Juan y designar sucesor a su hijo, don Juan Carlos[68].

Las declaraciones del regente con alcance limitado de 15 de mayo de 1952, contradichas por la carta de 2 de noviembre de 1955, fueron objeto de una decisión más comprometida en la sesión de 17 de enero de 1956: «Sabed por esta declaración pública y terminante, que cuanto manifesté en 1952 en Barcelona queda hoy plenamente ratificado ante este Consejo de la Comunión que reúne en su seno la representación plena del Carlismo» (Riquer, 2010: 115). A partir de ese momento Javier fue el pretendiente carlista a la Corona de España por la Comunión Tradicionalista. Carlos VIII había fallecido en Barcelona en diciembre de 1952.

Sin embargo, seguía sin tener claro cuál era su compromiso. En carta privada de 3 de marzo de 1956, firmada como príncipe regente, afirmó que era un acto por medio del que pretendía superar el riesgo de la escisión sivatista y del efecto juanista: «La declaración privada de Barcelona, hace tres años, que era un acto secreto, destinado a los solos jefes presentes, en momentos trágicos, donde la Comunión iba a una escisión, honda e irremediable, para mantener la unidad y la confianza. Pero aceptando los derechos para un futuro».

El destacado carlista Samitier le recordó en la de 18 de marzo lo incorrecto del título que se daba, porque tras lo ocurrido en Barcelona «no puede ser hoy regente de la Comunión Tradicionalista Carlista», porque la regencia "terminó en mayo de 1952 en Barcelona y en la sesión del Consejo de la Tradición de 17 de enero de 1956 y en su declaración ante los consejeros»[69].

La decisión de mayo de 1956 provocó la reacción contraria del régimen y los colaboracionistas. Arauz de Robles le presionó para que la revocara, lo que hizo de forma velada en un documento posteriormente contradicho por carta a Carlos Hugo, en quien abdicó el 8 de abril de 1975.

El carlosoctavismo

La opción tradicionalista-carlista de los «cruzadistas» del «núcleo de la lealtad» planteó históricamente la solución al problema sucesorio de los reyes sin descendencia, Jaime y Alfonso Carlos, con la designación de sucesor dentro de la dinastía, a favor de la hija de Carlos VII, Blanca, y su hijo Carlos de Habsburgo. Fueron los «octavistas» o «carlosoctavistas». Su posición la reflejó un titular de su periódico *El Cruzado Español*: «¿Los alfonsinos? ¿los juanistas? ¡Esos jamás!»[70].

Los cruzadistas se opusieron a la presencia en la dirección de la Comunión Tradicionalista de los integristas, que, en su origen dirigidos por Nocedal, habían sido contrarios a Carlos VII y a su hijo Jaime. Durante la Segunda República rechazaron el acercamiento a los monárquicos alfonsinos de Renovación Española y a la coalición electoral TYRE. Tras la muerte de Alfonso Carlos, llegó el momento en que se debía resolver la sucesión por medio de la regencia de Javier de Borbón-Parma, pero las guerras civil y mundial, la incomunicación con el regente y su indecisión para resolver la regencia negaron el paso a la hija mayor de Carlos VII y su descendencia. Terminada la guerra civil, la Comunión Tradicionalista estaba en regencia, dirigida por el integrista jefe-delegado, y el príncipe regente directamente implicado en la guerra mundial y en cautiverio. Además, tenía una actitud hostil hacia Franco y el régimen.

Tanto los cruzadistas como la familia de Blanca vieron la posibilidad de reiniciar la cuestión sucesoria interna. La regencia era una situación provisional para proponer un nuevo monarca, y ni la Comunión, ni el príncipe regente, ni el jefe-delegado tenían «buena prensa» con Franco y el régimen, sino todo lo contrario. Además, internacionalmente, la monarquía pudiera ser una solución para sustituir a Franco, en la que pensaban todos, monárquicos y republicanos, izquierdas y derechas. Con esta perspectiva se pusieron en marcha destacados carlistas cruzadistas, que eran unificados y colaboracionistas con el régimen. Para dar este paso contaron, necesariamente, con la autorización, conformidad y compromisos del generalísimo, por medio de personas de su total confianza. Así lo reconocieron los protagonistas y personajes del momento.

Consideraron que había llegado el momento de promover a Carlos de Habsburgo. Una parte del grupo promotor que se había reunido con Alfonso Carlos el 9 de marzo de 1933 –entre ellos Plazaola, Sáenz, Deán, Cora y Olazábal–, diseñaron el procedimiento, distribuyéndose los encargos en función de sus relaciones y amistades personales dentro del régimen.

Plazaola tenía medios económicos, capacidad de movimiento y relación con las hijas de Carlos VII, manteniendo contactos, correspondencia, visitándolas y actuando como su representante. Cora por su condición de miembro del Consejo Supremo de Justicia Militar y su grado en la Armada era un buen enlace con Franco y Carrero, a quienes conocía y trataba. Olazábal era miembro relevante por sus cargos en FET y JONS, uno de los mejor situados de los carlistas unificados-colaboracionistas, con relación antigua y directa con Arrese, ministro secretario general del Movimiento, jefe real del Partido unificado, persona de total confianza del caudillo. Deán no tenía influencias en el Estado, pero era muy conocido dentro del carlismo.

En los territorios en que el carlismo tenía fuerza (Navarra, Cataluña, Valencia), quienes se consideraban antiintegristas, continuadores del cruzadismo, discrepaban de la regencia y mantenían la lealtad a Franco y el nuevo régimen. Consideraban una traición al 18 de julio y a la sangre de los mártires el comportamiento político de la Comunión. Fueron el núcleo en que germinó la idea de separarse y potenciar la alternativa a aquella con la consagración del nuevo pretendiente Carlos, en el que personificaban su pensamiento tradicionalista y su identificación con el Movimiento.

Eran carlistas unificados integrados en el régimen, «colaboradores en FET los de más relieve», que lo hacen «activamente y están sin reserva al lado de la autoridad, habiendo prestado buenos servicios»[71]. Sin embargo, el gobernador civil de Navarra, analizando la situación de la provincia en octubre de 1944, incluyó a los carlosoctavistas dentro de la política «caciquil y de bandería» practicada en Navarra; en relación con el conde de Rodezno, vicepresidente de la Diputación, afirmó: «Sería difícil precisar hoy qué considera más perjudicial para España, si la Falange o Carlos VIII, aunque en algunos momentos llega a identificarlos»[72]. Formaba parte de la corporación foral el diputado Marco, subjefe del movimiento y destacado carlosoctavista, por lo que no debe sorprender la identificación[73].

La presencia del pretendiente Carlos de Habsburgo y su actividad fueron propiciados y apoyados por el régimen para dividir, debilitar y desacreditar al monarquismo en general y al carlista en particular. Se denominaron «Comunión Carlista» o «Comunión Católico-Monárquica», fieles al tradicionalismo del «núcleo de la lealtad». A pesar de que atribuían el carácter integrista a la Comunión Tradicionalista por su rigurosa oposición al franquismo, los carlosoctavistas eran ideológicamente integristas, antijuanistas y defensores del Movimiento Nacional y del régimen de Franco.

Algunos de ellos dieron el tono tradicionalista al régimen, ocupando cargos relevantes como Bilbao, ministro, presidente de las Cortes y del Consejo del Reino, o Iturmendi, que desempeñó los dos primeros cargos como el anterior. Desde los inicios del movimiento, el general auditor de la Armada y leal franquista Cora y Lira fue el promotor y doctrinario del nuevo partido y el asesor directo del pretendiente. Perdió su papel tras el fallecimiento de este, e intentó mantenerse con su sucesor, su hermano Antonio, por ser el enlace con el régimen, a pesar de la marginación de que fue objeto.

Todos ellos fueron utilizados por Franco y el régimen en una maniobra antimonárquica contra el carlismo oficial que representaba la Comunión, la regencia y sus dirigentes, Javier y Fal Conde, para controlar el carlismo, perpetuar su poder y debilitar las pretensiones de restauración monárquica de Juan. En este sentido el «núcleo» actuaba congruentemente con su lealtad al caudillo, su aceptación de la unificación, su colaboracionismo y enemiga al juanismo liberal. El Movimiento fue uno de los instrumentos que sirvió para apoyar y organizar la presencia y actividad en España de Carlos VIII.

El carlosoctavista Ibáñez expuso los tiempos iniciales de la operación, siendo miembro de la organización en el Señorío de Vizcaya:

> Después de la Victoria se manifestó [Cora] claramente por Carlos VIII. Cuando Franco, acosado por las exigencias de D. Juan, preguntó a Esteban Bilbao si los carlistas no tenían Rey, mandó a Cora y Lira que inmediatamente lo trajeran a España. Fue Cora a Italia acompañado de Carlos Abraira[74]. Ignoro cómo llegó a ser nombrado secretario general. Por lo que veo en cartas no lo aceptaron muchos personajes carloctavistas. Su política fue de colaboración con Franco, esperando que de ella viniera la proclamación del nuestro. [...] Cora siguió invariable en su táctica política aun cuando fueron apareciendo signos de que la solución de Franco era D. Juan Carlos[75].

Franco y Arrese vieron en el carlosoctavismo la posibilidad de dar la vuelta al fracaso de la unificación, construyendo un carlismo propio, como lo habían hecho con la Falange. En esta opción se podía ser carlista y franquista, leal a un monarca que lo era al generalísimo, y a este. Así se explica la integración en el movimiento carlosoctavista de los carlistas unificados y colaboracionistas, y su militancia contra los que representaban actitudes contrarias. De estas participaba la mayoría del pueblo carlista y su organización institucional, la Comunión Tradicionalista, aunque matizadas por los antecedentes de participación en la guerra, sin que en nada pudiera poner en riesgo al régimen, quedando extramuros del mismo, pero sin ser «el carlismo de Franco» ni «carlistas-franquistas». Esta función la desempeñó el carlismo liderado por Carlos VIII.

Ferrer se refirió a Carlos VIII como el protagonista de una «farsa carloenchufista que encubre un carlofascismo de ocasión» (Ferrer, 1946: 62). En sentido contrario se pronunció el historiador norteamericano Payne:

> Pero los carlistas no fueron capaces de cerrar filas detrás de Carlos VIII, en buena parte debido a la oposición decidida de Fal Conde. Este había venido a hacerse un antifranquista extremista tenaz, y definió a Carlos VIII como una hechura de Franco con que combatir a Don Juan (Payne, 1994: 142).

La operación carlosoctavista inició el declive tras la entrevista de Franco con Juan de Borbón en el Azor el 25 de agosto de 1948, abriendo el horizonte de la sucesión monárquica en su dinastía. Tras este momento, sirvió para que sus leales carlistas atacaran a la regencia y a su príncipe con la encendida defensa del régimen y del caudillo que les caracterizó desde sus orígenes. Continuó hasta la muerte del pretendiente en 1953 y acabó con su sucesor Antonio, sin que la presencia de su hermano Francisco José pudiera darle vida.

La dinastía Habsburgo y Borbón

En la corta historia de este proyecto de nueva dinastía en España, el primer periodo corresponde a su establecimiento con Carlos de Habsburgo como pretendiente, desde su llegada a España en marzo y el manifiesto de Viareggio de 29 de junio de 1943, hasta su fallecimiento en Barcelona el 24 de diciembre de 1953. El segundo abarca desde la proclamación de su hermano Antonio el 16 de enero de 1954 hasta su renuncia definitiva en 1961.

Carlos VIII

Carlos Pío de Todos los Santos de Habsburgo y Borbón nació en Viena el 4 de diciembre de 1909. Era el cuarto hijo varón del archiduque Leopoldo Salvador (1863-1931), príncipe de Toscana, hijo primogénito de Carlos Salvador de Habsburgo y de su segunda esposa María Inmaculada de Borbón Dos Sicilias[76]. La madre fue Blanca de Castilla de Borbón y Borbón-Parma (1868-1949), hija de Carlos VII de Borbón y Austria-Este y de su esposa Margarita de Borbón-Parma.

Del matrimonio entre Leopoldo Salvador y Blanca nacieron: Dolores (5 de mayo de 1891-1974); Inmaculada (9 de septiembre de 1892-1971), esposa de Neri Sernori; Margarita (8 de mayo de1894-1986), esposa de Taliani de Marchio; Raniero (1895-1930); Leopoldo (30 de enero de 1897-1958), con matrimonio morganático; María Antonia (13 de julio de 1899-1977), casada con Orlandis y en segundas nupcias con Pérez Sucre; Antonio (26 de marzo de 1901-1987), casado con Ileana de Rumanía; Asunta (10 de agosto de 1902-1999); Francisco José (4 de febrero de 1902-1999), y Carlos Pío (4 de diciembre de 1909-1953), casado con Christa/Cristina Satzge de Bálványos (Viena 1914-Nueva York 2001)[77].

Tras las revoluciones austriaca y húngara de 1848, la derrota de los imperios en la Primera Guerra Mundial (1914-1918), el desmembramiento del imperio austrohúngaro, la proclamación de la primera República austriaca el 12 de noviembre de 1918 y el exilio, la familia imperial residió en la Tenuta Reale de Viareggio (Toscana, Italia) y Barcelona gracias al apoyo de Alfonso XIII, que les concedió la ciudadanía española en 1922. La emperatriz Zita de Borbón-Parma, hermana de Javier y esposa del emperador de Austria Carlos I, residió en Lekeitio.

El hijo menor, Carlos Pío, fue el predilecto de su madre hasta el punto de asignarle la sucesión en sus derechos al trono de España, tras exigir la renuncia de los hijos mayores. Su hermana María Antonia de Habsburgo, en una carta de 14 de marzo de 1943, detalló las características personales, las relaciones familiares y las de su cuñada («más antipática que la Reina Victoria»). Plazaola era «el único carlista que escribe a Carlos. [...] hace dos años en Barcelona quiso a todo trance que firmase tomar la Regencia por Carlos». Entraba en detalles sobre sus estudios, comportamiento con su madre y medios de vida. Terminaba diciendo: «Esta es la perla que algunos tontos quieren por Rey y Reina, mientras que Antonio es otra cosa y Iliana (sic) una mujer buena, inteligente, que antes no se casaba con Antonio que cambiar de religión»[78].

Este relato de la familia ayuda a entender el comportamiento de Blanca en favor de su hijo menor Carlos. Ambos dieron por muertos a los 27 príncipes que, según Alfonso Carlos, eran de mejor derecho «anticipándose a sus derechos y a los principios dinásticos de la casa de Borbón, según expresó el marqués de Rozalejo sobre la sucesión por vía femenina, solo posible «cuando se extingue *totalmente* toda línea de varón descendiente de Felipe V (y esto lo han silenciado por malicia o ignorancia esos carloctavistas). Y hoy queda viva la línea principal de varón por la descendencia de Don Francisco de Borbón, bisabuelo de Don Alfonso XIII: derecho primero y preferente»[79].

Carlos Pío estudió en las Escuelas Pías de Sarriá y en la Escuela de Ingenieros de Barcelona. Tras un incidente por llevar símbolos monárquicos fue detenido e ingresó en la cárcel modelo en 1932.

Fue excarcelado y salió para Austria, donde intervino en los conflictos políticos. Olazábal informó al ministro Arrese que, tras la ocupación nazi de Austria, se le propuso ingresar en las S. S., a lo que se negó por su condición de español, «pero colaboró de paisano con los miembros de la S. S. para el feliz desarrollo de aquel acontecimiento histórico». El informante veía en este hecho una circunstancia favorable al pretendiente[80]. No fue el único miembro de la familia que lo hizo, porque su hermano Antonio fue oficial de la aviación nazi.

Estuvo casado desde el 8 de mayo de 1938, en matrimonio morganático, hasta que su esposa le abandonó a finales de junio de 1949 y se divorció en Estados Unidos en diciembre de 1950, para contraer matrimonio civil con el pianista húngaro György Sándor, y canónico tras su viudedad. Sus hijas Alejandra Blanca (*Zaza*) (1941) y María Inmaculada Pía (*Peque*) (1943) fueron reconocidas como condesas de Habsburgo el 30 de noviembre de 1990 por el archiduque Otto de Habsburgo, jefe de la casa imperial.

Carlos, en su condición de «rey», se presentaba con el título «de pretensión» de «Duque de Madrid», el mismo que se había asignado su abuelo Carlos VII. Concedió catorce títulos de nobleza, que no fueron reconocidos por el régimen[81]. Creó la Orden de San Carlos Borromeo, con cuyo «collar» condecoró a Franco en la audiencia del 1 de junio de 1952 en el palacio de Pedralbes[82]. Al legado papal al Congreso Eucarístico de Barcelona de 1952, cardenal Tedeschini, le concedió la Gran Cruz, y a su director espiritual el P. Lisbona le nombró comendador con placa, lo mismo que a muchas otras personas, otorgando también el título de caballeros. Designó «Cronista de Armas» al hedillista y exjefe de prensa y propaganda de Falange Cadenas y Vicent (1915-2005), al que se reconoció el albalá del último «Rey de Armas» de España, por el carlosoctavista ministro de Justicia Iturmendi el 11 de mayo de 1952[83].

Entre el 27 de mayo y el 1 de junio de 1952 se celebró en Barcelona el XXXV Congreso Eucarístico Internacional. El día 30 el Consejo Nacional de la Comunión Tradicionalista proclamó en Barcelona a Javier de Borbón-Parma sucesor de Alfonso Carlos y rey carlista, lo que, teóricamente, puso fin a la regencia, aunque su aceptación no fue ratificada hasta su mensaje de 12 de diciembre de

1957. Supuso que había ya un abanderado de la Comunión Tradicionalista, lo que reducía las posibilidades de Carlos y de Juan de Borbón, respecto a las adhesiones carlistas.

El 24 de diciembre de 1953 falleció en Barcelona Carlos VIII[84]. Dos días después fue enterrado en el monasterio de Poblet con honores y previa autorización del ministro de Educación Nacional, con asistencia de autoridades del régimen a las honras fúnebres, presididas por el ministro de Justicia Iturmendi. Se celebraron funerales en la iglesia de San Jerónimo de Madrid el 16 de enero de 1954 con la presencia del presidente del Consejo del Reino y de las Cortes, Bilbao, de los ministros de Asuntos Exteriores Martín Artajo, de Justicia Iturmendi[85], de Obras Públicas, Suárez de Tangil, y del secretario general del Movimiento, Fernández-Cuesta.

Con motivo del fallecimiento, Gil-Robles expuso el acontecimiento:

> Muere en Barcelona el hijo de doña Blanca de Borbón, al que Franco, secundado por ciertos titulados tradicionalistas, mantenía como pretendiente al trono de España, con el título de Carlos VIII. ¡Dios le haya acogido en su seno! Era un simple aventurero, muchos menos responsable que quien se sirvió de él para introducir un germen de confusión en la causa monárquica[86].

El apoyo de Franco fue constatado por el carlosoctavista Lizarra Inda, hijo de quien había sido la máxima autoridad de la organización, Lizarra Iribarren[87]:

> Franco le dispensó pruebas de personal afecto, como cuando aceptó su condecoración de la Orden de San Carlos Borromeo, al tiempo que rechazaba el Toisón de Oro que le había ofrecido D. Juan de Borbón. La entrevista en el palacio de Pedralbes, en Barcelona, el 1 de junio de 1952, fue prueba de confianza y amistad. Pero la definitiva sería cuando, al morir Carlos, el 24 de diciembre de 1953, autorizó su enterramiento en el monasterio de Poblet, el Escorial de los monarcas de la Corona de Aragón. El reinado sentimental de Carlos (VIII), de apenas diez años, había terminado[88].

A final de enero de 1954 la Junta Nacional de la Comunión Tradicionalista se manifestó sobre la situación creada tras la muerte de Carlos VIII. Calificaron el carlosoctavismo de «tinglado montado por el Gobierno y cuyos dirigentes obran y han obrado por la mala fe y la ambición personal». Su sucesión era «aún más absurda e ilegítima» que la situación anterior, pero se produciría «porque las personas interesadas en vivir dentro de la situación, sin dejar de llamarse carlistas, persuadirán fácilmente al Gobierno de la conveniencia de habilitarla, tanto más cuanto a éste le conviene que así sea para tratar de seguir perjudicándonos». Para ello «busquen una solución y vuelquen en ellos unos miles de duros para intentar consolidarla». Las varias posibilidades sucesorias que se mencionaban podrían resolverse en la entrevista con Franco del archiduque Antonio y Cora. La presencia oficial en el entierro y los funerales de Carlos VIII probaban «que el octavismo es una creación del régimen, de carácter franco-falangista y totalmente ajena al Carlismo»[89].

Antonio y sucesores
Tras la muerte de Carlos VIII su hermano Antonio fue llamado a la sucesión por renuncia del mayor Leopoldo.

Había nacido en Viena el 20 de enero de 1901, y falleció en la misma ciudad el 22 de octubre de 1987[90]. Estudió en la Universidad de Deusto de Bilbao y en el Instituto Católico de Artes e Industrias (ICAI) de Madrid, y trabajó como ingeniero.

Contrajo matrimonio el 26 de julio de 1931 con Ileana de Hohenzollern-Gotha, Elena de Rumanía, hija del rey Miguel I y de la reina María de Rumanía. Sus padrinos de boda fueron los reyes de España, Alfonso XIII y Victoria Eugenia. Sus hijos fueron Esteban, María Ileana, Alejandra, Domingo, Isabel y Magdalena. Tras su divorcio en mayo de 1954, Ileana contrajo nuevas nupcias con Stefan Nikolas Issaresku, fue a residir a Estados Unidos, se divorció y entró en religión en un monasterio ortodoxo del que fue abadesa.

Durante la Segunda Guerra Mundial, Antonio fue movilizado, participó como piloto de la aviación alemana en la campaña de Polonia, y dirigió la Escuela de Aviación de Berlín. Fue desmovilizado en 1944.

Después del funeral de su hermano Carlos se reunieron en Barcelona el 27 de diciembre de 1953 los máximos representantes de la

Comunión Carlista, a iniciativa de Cora y Lizarza[91], reconocieron «la existencia del Príncipe en quien por orden sucesorio recaen aquellos derechos, quien será designado con el nombre de Carlos IX», confiando hacer pública la aceptación y promulgación. Acordaron que el legítimo sucesor de Carlos era su hermano Antonio, a quien proclamaron rey en Madrid tras el funeral del 16 de enero de 1954, aclamándole como Carlos IX, nombre que nunca utilizó. Se declaró «nieto de don Carlos VII y representante desde ahora de la Rama Tradicionalista, por renuncia de mi hermano mayor el Archiduque Leopoldo[92], me hago cargo de sus deberes y de sus derechos». Manifestó su disposición «para defender con el mayor entusiasmo los altos ideales de Dios y de la Patria y los que representan la gran familia de la Comunión Carlista»[93]. Algunos de los asistentes observaron que había dicho que «vendría a reinar a España si le reclamaba la mayoría de los españoles»[94].

En un primer momento aceptó, pero en un mensaje de 16 de febrero de 1954 anunció su regreso a Austria: «No dejo representante político alguno, sólo os dejo a vosotros que sois los descendientes de los gloriosos leales vinculados a mi augusta familia, que murieron por Dios, por la Patria y el Rey». Se produjo tras la circular de Cora de 13 de febrero en que comunicó su confirmación en la representación y gobierno de la Comunión, aunque suponía en sus términos literales que no le representaba. Así lo dejó definitivamente sentado en carta de 23 de mayo de 1955.

Durante la estancia en España y en su breve ejercicio, recibió la visita de dos destacados miembros de la Comunión Tradicionalista, Zamanillo y Sáenz, para expresarle, en representación de aquella, el pésame por el fallecimiento de su hermano. Trataron de la unidad carlista. Se manifestó de modo «discreto y prudente», y les expuso su entrevista con Franco, quien no le aclaró lo que debía hacer. Les explicó su versión del acto del 16 de enero de 1954, tras el funeral de su hermano. Se le había dicho que había un grupo de personas para saludarle, y se encontró con un grupo muy numeroso que le aclamaba y pedía un discurso, que no pronunció, limitándose a leer el texto que llevaba preparado y les entregó, que aclaraba su actitud: se hacía «cargo de sus deberes y derechos», residía en Austria, pero si le reclamara «no una minoría, aunque me sea muy grata y querida, sino la mayoría del país», estaría dispuesto a «defender con el mayor entusiasmo los altos ideales de Dios, de la Patria, y de los que representan la gran familia de la Comunión Tradicionalista».

Trasladó su carta de despedida de 16 de febrero de 1954 a Zamanillo y Sáenz-Díez. Tuvieron la impresión de «que ha dado de lado a los dirigentes que tenía su hermano, a quienes ha conocido, suficientemente, para no fiarse de ellos, y ha evitado todo compromiso para el futuro». Había dejado abierta la puerta para negociar, «se ha elevado a una «altura muy superior a la de su hermano», dando pruebas «de buen talante político. Su conducta es perjudicial para el grupo octavista, sobre todo para sus actuales dirigentes»[95].

En carta de 22 de junio de 1954 Antonio comunicó a Cora que su esposa había solicitado el divorcio aduciendo que «no quería ir nunca a España, que no podría vivir en un país totalmente católico». También dijo que tenía mucha amistad con la esposa de D. Juan, etc.».

El 7 de agosto de 1954, en carta a Cora, le informó de que su decisión se explicaba por las dificultades personales del momento durante la primera mitad del año, con un divorcio y traslado de la familia a Estados Unidos. Entendió que no podía hacerse cargo de la responsabilidad asumida, que «será para ti y muchos otros un gran desconcierto, pero hay que resignarse y buscar la solución»:

estoy completamente decidido a no tener en el futuro ninguna actuación política y a renunciar también a esa para mis dos hijos y que no se hable más de los archiduques como pretendientes al trono de España. Sería inútil intentar convencerme de volver atrás sobre esa decisión, pues es irrevocable y no la cambiaré.

El pronunciamiento era "a no tener en el futuro [...] a renunciar», de modo «irrevocable y no cambiaré», pero no lo hizo en presente, con renuncia clara y expresa, como lo demostró con toda su actividad posterior. Le encomendó la «misión difícil y desagradable de encontrar la forma de comunicarlos», y pidió evitase «que los javieristas consideren mi decisión como triunfo de ellos o una renuncia a favor de D. Javier».

Ante la situación que se creaba, le propuso se pusiese «de acuerdo en primer lugar con el Generalísimo Franco y pedirle que él haga las declaraciones que juzgue convenientes pues este asunto es un asunto de España y no mío». Las razones de su decisión fueron:

- «no sería para el bien de España que yo o alguno de mis hijos o hermanos sea pretendiente al trono de España»;
- «si hoy hiciesen elecciones libres en España, solo una minoría insignificante elegiría a los archiduques, por mucha propaganda que se haga»;
- «Si la idea de una monarquía ha de prosperar un solo pretendiente al trono debe existir. [...] Se deben unir todos los partidos en bien de la monarquía»;
- «[era] el deseo del jefe de nuestra familia, el archiduque Otto, heredero del trono de Austria, que yo me abstenga de toda actuación política en España, a lo que he accedido. Él me dijo también que su tío Javier no tenía ningún interés en su asunto de España»[96].
- Tenía nacionalidad austriaca: «nunca he solicitado la nacionalidad de otro país y no la solicitaré».

Expuso Antonio haber celebrado una audiencia con Franco en la que quedó en declarar «ser el jefe de esa rama de la familia», pero nada más[97]. Había rechazado el tratamiento de Majestad «pues no me corresponde». Denunció que sus declaraciones «han sido cambiadas, alteradas y en parte tachadas y en nombre mío se escribió palabras que nunca fueron mías». Invocó al generalísimo: «El General Franco sabrá dar una solución a los carlistas que satisfaga a todos los españoles. La solución que él hubiese dado, si después de la muerte de Carlos yo hubiera dado la declaración que doy hoy»[98].

En estas palabras finales está la clave de su actitud política. Era el causante quien debía resolver el futuro de su régimen, quien quería seguir ejerciendo el poder hasta el final de su vida, al percatarse de que el juego de pretendientes lo realizaba Franco engañando a todos con equívocos y falsas expectativas sucesorias. Antonio, que no lo había pretendido y se había encontrado aclamado como rey, no se dejó engañar ni utilizar, y trató de que tampoco lo fueran sus hijos. Ya que lo había aceptado, renunció y siguió sin seguir, dejando que desapareciese por inanición política[99].

Tras esta decisión, que les dejaba sin pretendiente ni posible alternativa, Cora envió una circular pidiendo se escribieran cartas y tarjetas a los hijos de Antonio –Esteban y Domingo– para que asumieran la sucesión de su padre. En Cataluña promovieron crear una Junta Nacional que diese cohesión y continuidad, al margen de la Secretaría Política que encabezaba. Molestó a Antonio la intromisión de Cora promoviendo y realizando gestiones para que sus hijos vinieran, diciendo que tenía el compromiso del ministro del Movimiento Fernández Cuesta de disponer de una subvención a través de él.

Fue la confirmación por Cora de que las había y de quien era el receptor y gestor, sobre el que cada vez había más rechazos, haciéndolo responsable de la crisis que había obligado a Antonio a apartarse[100].

La Comunión Carlista quedó sin pretendiente, en crisis interna por la discusión del liderazgo de Cora y la escisión de grupos. Se venía produciendo en algunos jefes regionales una actitud de desconfianza por entender que aprovechaba su condición de jefe y de ser el contacto con El Pardo, limitando y controlando las actuaciones del señor y poniéndolo al servicio del régimen; con menos énfasis se referían a la gestión de las subvenciones y aportaciones. Entre ellos estaban Plazaola, Lizarza y Gassió, que mantenían una correspondencia críptica respecto a aquel. Los miembros del Real Consejo manifestaron su desagrado con el secretismo de Cora en la sesión de 2 de agosto de 1954. Dimitieron de sus cargos y convocaron el Consejo en Santiago de Compostela para el 12 de septiembre.

Así lo recogió el informe del Comité de Navarra a la Asamblea de Jefes de 12 de septiembre de 1954, celebrada en Santiago, exponiendo los hechos relativos a la esposa del pretendiente, a su divorcio y traslado a Estados Unidos, que había afectado al monarca y a los seguidores al romper la imagen de familia modélica y esposa ejemplar, a la que se había referido en el manifiesto de Viareggio. Desde su «infantil y buena fe en la proclamación» de don Antonio como «nuestro Señor», refiriéndose a los «acontecimientos políticos y familiares de la máxima gravedad, que confirman el terrible error cometido y nuestra estúpida imprevisión». Constató: «Estamos, pues, en el más absoluto y completo de los ridículos. Abandonados por nuestro Príncipe. Y con un futuro por demás oscuro». «Estamos sin Rey». Propuso encomendar a la Diputación Permanente de Jefes Regionales la «resolución del problema dinástico» dentro de la familia de Carlos VII, «de la cual sus hijas Doña Blanca y doña Alicia, constituyen cabezas de línea, con plena legitimación de origen, según la ley de 1713». Concluyó que se producían «circunstancias gravísimas que afectan a la misma existencia de la Causa»[101].

El informe fue aprobado, y se dispuso, por el apartamiento en la sucesión de los archiduques Antonio y Esteban, llamar a Domingo cuando alcanzase la capacidad legal. Pero, «no nos sentimos desalentados por esta contrariedad [...] Dios no nos abandonará y ocupará su puesto, a pesar de todo, el Príncipe legítimo»[102]. Se propusieron soluciones en los nietos y biznietos de Carlos VII, que hizo observar a Lizarza: «En fin, volvemos a empezar. Parece que hemos pasado 20 años inútiles. Sin embargo, tenemos el deber de no desamparar la Causa, de levantarla y mantenerla»[103].

En sesión de la Junta General Carlista de Navarra de 9 de octubre de 1954 se analizó la situación y la carta de Antonio de 7 de agosto, que se entendió como su inhibición en toda actuación política. Del Burgo propuso apoyar a la princesa Alejandra como «hija del último rey reinante». Pidió en la reunión urgente de la Diputación Permanente proponer a la princesa Alejandra, con la «afirmación de nuestra fe y lealtad en los principios carlistas. Navarra no admitirá nunca ni a don Juan-Carlos, ni a don D. Javier de Borbón». La propuesta fracasó[104].

El 10 de octubre de 1954 Cora se dirigió a Antonio renunciando «en una situación espiritual de tristeza, de abatimiento, de desolación que era preciso respetar dejando transcurrir tiempo necesario para dar lugar a que la serenidad y la calma devolvieran la lucidez al conturbado espíritu de V. A. y la claridad de perspectiva a su juicio». Adujo que, de estar en España, hubiese podido tener otros apoyos. Le manifestó la alegría de verle en España, como amigo, caudillo y abanderado de la causa, pidiéndole «rectificar ese paso dado en momentos de amargura y que V. A. hoy, y después Vuestro hijo, el menor, sean, los sucesores del generalísimo Franco en la Jefatura del Estado Español, en el gobierno de mi amada patria, la sin igual España».

Los días 10 y 17 de octubre de 1954 el periódico *The Observer* publicó el supuesto «Plan de Franco para la restauración de la monarquía» en la propuesta de Franco a Juan de Borbón, sobre los aspectos conocidos, incluso la posibilidad de crear una regencia hasta los treinta años del príncipe. El camino iniciado en el yate *Azor* continuó en la reunión celebrada en Las Cabezas de Cáceres el 29 de diciembre de 1954.

Franco no confiaba en Juan, porque «obra muy ligeramente, como si no existiera el actual régimen y el Movimiento Nacional. Está apartado y entregado a los enemigos de la actual situación, no tiene remedio, estoy muy descorazonado con él». Sin embargo, las reuniones confirmaron que seguía sin contar con el carlosoctavismo, ahora con su pretendiente Antonio, lo mismo que sin el javierismo y su abanderado Javier, o sus descendientes. Para el generalísimo «la rama tradicionalista no puede ser la solución, pues legítimamente la sucesión monárquica está en D. Juan o en su hijo D. Juan Carlos» (Franco Salgado-Araujo, 1976: 250 y 252).

A pesar de todo lo acaecido con su sorprendente renuncia de 16 de febrero de 1954, Cora, que continuaba ocupando el cargo de la Secretaría Política, que nadie le había renovado, se dirigió a Antonio el 18 de diciembre de 1954, exponiéndole: «Los hombres del Régimen están ansiosos de que nosotros volvamos a la palestra, con un Príncipe pretendiente a la cabeza, y en la duda de que no lo consigamos, empieza a jugar el nombre del Archiduque Otto de Habsburgo a quien se le supone con aspiraciones al Trono Español».

Terminó exponiendo que no había dado respuesta a cartas anteriores, lo que le hacía «temer que no le ha sido grata la expresión de mis sentimientos que en ellas se contenía», rogándole excusa y perdón[105].

Tras la reunión entre Franco y Juan en Cáceres, la carlosoctavista Diputación Permanente de la Comunión Católico Monárquica Española el 23 de enero de 1955 manifestó su oposición «a toda solución monárquica que en una u otra forma tienda a poner en el Trono de España a un miembro de la familia usurpadora»[106], que era «indigna del beneficio y el honor de asumir la culminación institucional del Alzamiento, a cuyos inmutables principios y motivaciones rinde fidelidad».

La Junta Regional de Navarra del 6 de enero de 1955 se mostró favorable a la reestructuración interna y pidieron a Cora gestionase la venida del hijo de Antonio, príncipe Domingo, o buscar otra solución, preparar y lanzar un manifiesto «contra don Juan y su familia». Era preciso indicar los órganos competentes para gestionar la unión carlista, que veían imprescindible, tras la crisis del liderazgo planteada por la muerte de Carlos y el abandono de Antonio[107].

Los carlosoctavistas se encontraban con un dilema entre la fidelidad a Franco y la disconformidad con su previsión dinástica, y la resolvían invocando la discreción, pero dejando constancia, puramente interna, de su desencanto y desacuerdo silencioso, con un «uso absolutamente discreto y confidencial de estas noticias. [...] Por dignidad, por nuestros muertos de cuatro guerras por la Causa, ¡no toleraremos la restauración de esa familia! ¡Ni D. Juanito ni su hijito!» ¡Viva Carlos IX!»[108].

Los líderes octavistas buscaron entre los familiares de Carlos VIII posibles cabezas para su opción como el hijo menor de Antonio, Domingo, y otros: Renato de Borbón-Parma, Carlos de Schonburgo o la hija mayor de aquel, Alejandra, propuesta por Del Burgo como «abanderada provisional». Incluso sugirieron su matrimonio con Jaime, hijo de Renato Borbón-Parma, que «para los javieristas sería solución, doblemente para nosotros [...] porque somos legitimistas, habría que apurar todas las posibilidades. Primero con Domingo, luego con Carlos de Schomburg». Proponían utilizar a Domingo como cortina de humo para evitar los ataques a la propuesta, que podían venir de dentro (Cora) y fuera (Fal). Así lo comentaba Lizarza, partiendo de «nada con D. Juan-Carlos ni con Javier». Plazaola se inclinaba por la opción de Renato y su hijo Jaime por ser de la rama primogénita de los Borbón-Parma y Borbón Nápoles[109]. Tras numerosos intentos, el cada vez más reducido grupo carlosoctavista controlado por Cora fue proclamando como «reyes», sucesivamente, a Domingo I, hijo de Antonio, y a su hermano Francisco José.

La Diputación Permanente de la Comunión Católico-Monárquica Española acordó, en una declaración en Zaragoza el 23 de enero de 1955, reivindicar la participación en la «gestación y desarrollo del alzamiento» y «custodio de la integridad de los principios y fines del Movimiento Nacional», rechazando la dinastía liberal y las connivencias republicano-socialista de D. Juan de Borbón», la colocación en el trono de una miembro de la dinastía usurpadora, rindiendo fidelidad a los «principios y motivaciones del Alzamiento, [...] amenazadas, ante aquella perspectiva, la integridad y la pureza del ideal por el que se lanzaron al combate»[110].

En febrero y marzo de 1955 hubo reuniones de los órganos y al margen de ellos en las que se criticó el comportamiento de Cora, sus engaños o faltas de información sobre la venida de Domingo, la desconfianza en su conducta y gestión de los recursos económicos recibidos del régimen y su autoritarismo, pretendiendo renovar por sí los órganos territoriales para encomendarlos a gente afín. Era opinión común en el mundo carlista que estaba utilizando la causa, las reales personas y el partido para promocionarse ante el generalísimo y conseguir ser ministro.

La Junta regional de Navarra conoció la situación viendo el riesgo que representaba el poder omnímodo de Cora, internamente y respecto a la creada por la entrevista de Franco y Juan. Ante el intento de reformar la organización y su total sumisión al generalísimo, dispusieron que «no se den todos los poderes a una sola persona concretamente a D. Jesús de Cora y Lira». Supuso la ruptura total con él que compartían la mayoría de los jefes regionales. Cada vez estaba más asumido que servía a los intereses de Franco, quien se había decidido por Juan Carlos[111].

La vinculación del carlosoctavismo al generalísimo y su régimen se manifestó, una vez más, en el «Boletín reservado» n.º 2 de abril de 1955 en el que, al analizar la situación política, se dijo: «El Tradicionalismo, para el jefe del Estado está a su lado, al lado del Movimiento, mejor dicho con la única excepción de ese minúsculo grupo integrista», «minúsculo y sin importancia, y al Príncipe francés – don Javier de Parma– primera vez que sale su nombre públicamente para repudiarlo, por eso, por ser francés, en tanto privadamente, se afirma que es un agente del gobierno de París». Para justificar su promoción del hijo de Antonio dijo que «le deja el puesto, que él, por circunstancias que no son del caso consignar aquí, no se siente con fuerzas para desempeñar». Daba noticia de la aceptación por parte de Carlos-Domingo de Habsburgo, Carlos IX, «Príncipe, Caudillo y Abanderado», contra el que se organizaba una conspiración por Londres, América y el Inteligence Service «para dominar al carlismo, haciéndole fracasar, como se intentó hacer pacientemente con el llorado Carlos VIII. [...] La Masonería anda por medio, desde luego, ¡alerta!»[112].

De nuevo Cora se dirigió a Antonio el 5 de abril de 1955, reconociendo que no tenía noticias suyas, pero le informaba de varias cuestiones. No le convocaban al Consejo de Familia de las huérfanas de Carlos, por lo que había protestado ante el Juzgado, porque entre el tutor y Plazaola, «de quien se asegura es agente del *Inteligente Service*, lo gobiernan todo»[113]. Le informó de que el archiduque Otto de Habsburgo era miembro del Servicio de Documentación Europea del Ministerio de Asuntos Exteriores y tanteaba el terreno para ser pretendiente a la Corona española. Había tenido audiencia con Franco y le había autorizado «para traer a España al Archiduque Don Domingo para que estudie aquí y cumpla la misión que cumplieron el Archiduque Don Carlos primero y Vuestra Alteza después»[114].

Fue un reconocimiento de su condición de gestor de los medios económicos que le proporcionaba el régimen, ahora para el viaje y estancia del nuevo pretendiente y familia. Ya había sido asumido que era así por los líderes carlosoctavistas en las reuniones recogidas, aludiendo a la falta de transparencia de su gestión política y económica, además de su actuación autoritaria.

Lizarza transmitió a Antonio, el 11 de abril de 1955, que aceptaba sus decisiones y la voluntad de su hijo, aprovechando para atacar a Cora, de modo que «evitaremos que políticas personalistas, servidas por hombres egoístas, hagan repetir la trágica mediatización, que sacrificó inútilmente a Vuestro hermano y lo llevó a la tumba[115]. El carlismo debe ser algo más que un simple peón en el juego político del actual régimen»[116].

Era una denuncia del comportamiento de Cora al servicio del juego político de Franco con las aspiraciones de los pretendientes al trono. Había «que evitarlo de manera absoluta, pues sería la repetición de la ignominia de que se hizo objeto a nuestro inolvidable Don Carlos. [...] Nadie como tú para conocer todas las marrullerías y malas artes del General (Cora)»[117]. Los cargos en su contra eran manipulación de las actas a su gusto, no asistir a la sesión de la Diputación Permanente de Zaragoza de 23 de enero de 1955, calificándola posteriormente de rebelde y mintiendo sobre lo tratado y acordado, encerrona en Madrid del 17 de febrero de 1955 para obtener «poderes absolutos, totalitarios y dictatoriales, antitradicionalista», y «enredos en Navarra intentando violar el régimen foral privativo» y sustituir sus órganos para colocar a uno de sus colaboradores118. Era habitual en las conversaciones y correspondencia acusarle de inventarse situaciones y logros políticos nunca vistos, habiendo abusado de la confianza y buena fe de Carlos, y de falta transparencia en su gestión política y económica. Así se lo dijo en carta de 6 de mayo de 1955 en réplica a una petición de explicaciones:

> El asunto de cómo se financió, en parte, la Comunión Carlista en vida del llorado Don Carlos, ha venido siendo siempre objeto de muchísimos comentarios últimamente. En materia tan grave y delicada, ni puse ni quité rey, esperando que alguna vez se aclarara este punto, por quienes en él intervinieron[119].

Antonio no le resultó a Cora tan crédulo, confiado ni manejable como su hermano Carlos. Fue poniéndole las cosas en su sitio. Frente a las afirmaciones de que traería a su hijo a España, le comunicó que «nunca he autorizado al general a hacer pasos para llevar a España a mi hijo, al contrario, no he cambiado mi punto de vista reflejado en mi carta de 7 de agosto de 1954. Mi hijo Domingo decidirá él mismo», ni las gestiones que realizaba en Estados Unidos para que viniese su hija Minola. Dio su opinión sobre el personaje:

> que me fue presentado como jefe del partido de Carlos VIII, me dejó muy mala impresión de vuestro partido, pues tuve que suponer que vuestro partido era como vuestro jefe. Empezando con el engaño del 16 de enero 1954 han seguido otros, hasta que finalmente llegué a mi declaración de 7 de agosto de 1954[120].

Antonio siguió actuando como cabeza de la Comunión Carlista, como lo hizo saber a Cora en carta muy dura y crítica a su gestión y actividades de 23 de mayo de 1955, después de no haber contestado a otras anteriores[121]. Fue un punto de inflexión de las relaciones con el secretario general. Le manifestó su disconformidad a las gestiones que realizaba para que su hijo Domingo se hiciera cargo de la jefatura dinástica, proponiéndole disponer de una subvención: «sin mi autorización y contra mi voluntad has intentado convencer con ofrecimientos financieros [...] Antes de que me entere de tus pasos, fracasaron tus intentos pues has recibido desde USA la contestación debida que "NO"», porque

> no puedo autorizar [...] me desagrada profundamente que alguien pueda pensar, sobre todo el Generalísimo y también el señor Fernández Cuesta, que mi decisión política pueda depender de que por un mezquino interés material, pueda hipotecar mi conciencia y mi actuación y la de mi hijo. No ignoro que yo y mi familia tenemos derecho a vindicar bienes que fueron arrebatados a mi abuelo Don Carlos María Isidro y a todos sus descendientes, pero esto debe hacerse, por quienes así lo estimen, de una manera clara y abierta, dándole forma legal.

En esta carta salieron a relucir varios aspectos. En primer lugar, su preocupación por las opiniones de Franco y del jefe del Movimiento. La segunda sobre la utilización de fondos ofrecida por Cora como «subvenciones económicas» para que se trasladase a España su hijo Domingo que rechazó por ser «yo el llamado a subvenir a mis necesidades económicas y a las de todos mis hijos y no autorizado a nadie a intervenir ni a realizar gestiones de tal índole». Le preocupaba que «mis amados carlistas, los cuales se sentirán ofendidos, como yo mismo, ante la idea de que su Abanderado vivía de fondos secretos». Confirmaba que el negociador y gestor de las «subvenciones» oficiales era Cora.

Dejó claro que no tenía «delegado alguno en España, ni personal ni político», por lo que eran las Juntas designadas por Carlos las que tenían la responsabilidad y gestión del carlismo hasta que el nuevo príncipe designase otras. Le pidió «dejes ocuparte de gestiones en mis asuntos de familia, [...] Y es también mi voluntad como representante de la Dinastía Carlista, dejes de considerarte Jefe de la Comunión Carlista, cargo que no puede existir»[122]. Era una total desautorización a Cora, que no representaba al monarca, quien le vetaba en sus actuaciones. Comunicada el 7 de agosto, confirmó el cese de Cora como delegado y secretario general el 23 de mayo de 1955[123].

Si la carta de 23 de mayo fue el rechazo de Antonio a Cora, en la Junta Permanente celebrada en Zaragoza el 11 y 12 de junio de 1955 se produjo la crisis que venía fraguándose por todos los jefes regionales de Aragón, Castilla la Vieja, Cataluña, Navarra y Vizcaya. Elogiaron la carta real que había «servido para acabar con la influencia nefasta y perniciosa del Sr. Cora». Se acordó convocar una Junta Nacional para el 2 y 3 de julio en Barcelona, «que acordará la separación del Sr. Cora de un cargo que nunca ha existido y que lo ha creado para sus combinaciones». En la Junta se plantearon críticas tanto a la falta de reconocimiento al esfuerzo carlista en la guerra como a la desviación del Movimiento y a la actividad de Cora, de quien se admitió que había recibido subvenciones sin justificar su empleo[124].

Antonio, a pesar de sus abandonos, siguió actuando como el cabeza de la causa. El 29 de junio de 1956 comunicó a Lizarza su voluntad de ejercer sus obligaciones dinásticas, porque no podía defraudar las expectativas de sus fieles. Se esforzaría «para unir a todos los carlistas españoles sin excepción bajo una sola bandera y en la obediencia y concordia de un solo príncipe». Se atribuyó el título de duque de Madrid como pretendiente a la Corona y nombró a Lizarza el 20 de agosto de 1956 «Delegado Nacional de la Comunión Carlista». Supuso excluir a Cora y Lira de su confianza y cualquier responsabilidad interna, pero este siguió creando dificultades utilizando a Francisco José de Habsburgo desde agosto de 1956, fecha en que apareció en Madrid.

En la sesión de la Diputación Nacional de la Comunión, celebrada en Barcelona los días 2 y 3 de julio de 1955, el primer asunto tratado fue la «situación actual de confusionismo y desorientación de la Comunión» creados por Cora en momentos en que parecía posible la restauración de la monarquía liberal. El primer acuerdo se refirió a la carta real de 23 de mayo y lo afirmado por el monarca, «rechazando cualquier propuesta que de modo directo o indirecto pueda coartar la libertad de acción de la Comunión o empañar la limpieza y ejemplaridad de sus sacrificios seculares». En el segundo rechazaron la usurpación del trono y la entronización de persona alguna de la dinastía usurpadora «sea cual fuere el programa político en que pretenda ampararse: Todo intento o maniobra que se realice sobre el particular, cuenta, pues por anticipado, con la oposición más firme de la Comunión Tradicionalista». Dispusieron el apartamiento de Cora de su cargo de miembro y presidente de la Diputación Nacional y de la Permanente. Lo hicieron a partir de la documentación aportada y de la carta de Antonio,

> a causa de su arbitrario ejercicio del mando, [...] por pretender contra todo derecho y toda lógica, seguir en el ejercicio del mando delegado que cesó con la muerte del llorado Rey Don Carlos VIII; contra su actuación y proceder contra varios dignísimos jefes regionales y sus juntas [y] por haber tratado de minar la libertad de la Causa, prestándose a ser vehículo de compromisos y ofrecimientos que afectan al honor mismo de la Comunión y a la independencia política de la Real Familia.

Entre otros acuerdos, se creó la Secretaría General de la Diputación Nacional con régimen de sesiones y facultades[125].

Eran conscientes del daño que les causaba la opinión común sobre su relación con el régimen y sus ayudas políticas y económicas, que no otra cosa eran las «subvenciones económicas» de que hablaban en la correspondencia, conseguidas y distribuidas por Cora[126].

Cara a la reunión de Barcelona, representantes de las Juventudes de Madrid, Salamanca, Sevilla y Navarra redactaron un documento invocando como «cargos» contra Cora los contenido de la carta de Antonio de 23 de mayo, que concretaron en intento de hipotecar la conciencia y actuación del monarca y su hijo, tergiversando sus palabras, titularse delegado del rey sin encomienda, usurpación de prerrogativas de las juntas regionales, abandono de las infantas y titularse jefe nacional, cargo inexistente, que corresponde al rey, utilizando prerrogativas reales de nombramiento y destitución de jefes regionales.

El 11 de octubre de 1955 Cora remitió una carta circular con críticas a Antonio por la suya del 7 de agosto de 1954 y su anuncio de renuncia a la sucesión del trono. Le había dolido por su afirmación de mantener su nacionalidad austriaca, no haber solicitado otra, pedir que no se hablase de sus hijos los archiduques como pretendientes, reprochando su utilización por «los alborotadores que se reunieron en Barcelona con ínfulas ridículas celebrando con aires de triunfo –sospechosísimo– la carta del Archiduque del 23 de mayo». Se refirió a la reunión de 2 y 3 de julio de 1955. Anunció el pase de lista «para saber quiénes seguimos en nuestra posición carlista» en una Asamblea Nacional de jefes y de personalidades representativas[127].

El testigo de los acontecimientos Ibáñez expresó el momento difícil que se vivía:

> El hecho es que para 1956 el carloctavismo podía darse por desaparecido. Quedaron dos grupos: uno contrario a Cora que pretendía resucitar la figura de D. Antonio e incluso le hizo una visita en Austria en el verano de aquel año, y otro, más reducido aún que seguíamos con Cora. Éste inició unas conversaciones con D. Francisco José que pareció inclinado a ponerse a nuestro frente. Yo estaba muy receloso porque las noticias que sobre D. Francisco José nos habían llegado, eran que se trataba de un pillo. Francisco José vino a España repetidas veces: en 1958 y en 1962 a Madrid. Posteriormente, antes de 1964, a Poblet, a la tumba de su hermano. Las tres veces estuve con él. Pero no acababa de llenarme. [...] con D. Francisco José no había nada que hacer. Que lo único que buscaba era una compensación económica del Estado a cuenta de los bienes que habían sido incautados a D. Carlos V[128].

Francisco José de Habsburgo llegó a Madrid el 2 de febrero de 1958 «patrocinado por el rencoroso Sr. Cora», con la pretensión de que lo recibiera el generalísimo[129].

El ministro Iturmendi gestionó una entrevista con Franco de Antonio, «dignísimo Príncipe e indiscutible heredero de Carlos VII». El momento era propicio: «cuando los seudocarlistas que fueron a Estoril presionan tanto, y cuando el Sr. Cora, con fines inconfesables, ha traído a D. Francisco José a España». Así lo comunicó Lizarza a los responsables de la Comunión[130].

El nuevo pretendiente propiciado por Cora se convirtió en un personaje que, mientras muchos octavistas reconocían a Javier y se afiliaban a la Comunión Tradicionalista, felicitó en 1969 a Franco por no haber designado a Carlos Hugo. Pretendió que el Ministerio de Justicia expidiese cartas de sucesión o rehabilitación de los títulos de conde de Molina y duque de Madrid, utilizados por Carlos V y por Carlos VII, que no le fueron concedidas, porque los títulos de la Casa Real están excluidos del régimen general de los demás títulos del reino, según resolvió el ministro de Justicia Iturmendi el 29 de abril de 1964 (Heras, 2004: 204-205). También interpuso varias demandas contra sus sobrinas Alejandra e Inmaculada, hijas de su hermano Carlos, sobre la administración del patrimonio heredado de su padre que, sostenía, era propio de la dinastía y le correspondía. Otorgó dos títulos de condesa y uno de señor. También litigó contra Carlos Hugo por usar el título de duque de Madrid, que utilizaba su hermano Antonio, cuyo delegado regio, Lizarza, calificó a Francisco José de «la oveja negra de la Real Familia»[131].

Iniciativa cruzadista e impulso franquista

Concluida la guerra civil, el grupo cruzadista reinició su actividad política en favor de su propuesta dinástica, con el argumento de hacer frente a la dinastía liberal e impedir que esta se alzase como la única existente.

Cora había celebrado en los años 1939 y 1940 entrevistas con los falangistas Serrano Suñer y Gamero del Castillo «para postular la posibilidad de la candidatura de Carlos en una hipotética monarquía falangista unificada», gestiones que culminaron en 1943 con el secretario y el vicesecretario general de FET y de las JONS, Arrese y Valdés Larrañaga[132].

En junio de 1940 Jaime Lasuén visitó en Viareggio a Carlos de Habsburgo, quien lo comunicó a Plazaola, sugiriendo que una comisión se entrevistase con su madre Blanca, que estaba en Barcelona.

El grupo cruzadista del «núcleo de la lealtad» promotor de la candidatura de Carlos estuvo liderado por Cora, Plazaola, Izaga, Deán, Arana, Ramos, Torresano, Romá, Anabitarte y otros. Reivindicaron la propuesta sucesoria a favor de Blanca para su hijo Carlos. A partir de ese momento fueron llamados «carlosoctavistas», «carloctavistas» y «octavistas», por su adhesión a Franco, «francocarlistas», y por Cora, «coralistas» o «coristas».

Visitaron en Viareggio a Blanca para que aceptase la sucesión y transmitiera los derechos hereditarios a su hijo Carlos. El resultado de la entrevista fue el documento de aceptación de la transmisión que formalizó en 1945 (Lizarza Iribarren, 1953: 189).

La iniciativa de Cora estuvo en todo momento sometida y condicionada por Franco, quien encargó a Carrero trajera desde Italia a Carlos con todos los gastos del viaje sufragados por el Gobierno. Ni Carrero, ni Arrese, ni Cora lo hubiesen promocionado sin contar con instrucciones y autorización del generalísimo. Buscaron la adhesión y participación de carlistas unificados y colaboracionistas, apoyados por las autoridades oficiales. Toda su actividad estuvo al servicio del caudillaje y del régimen.

Fueron colaboradores en la operación los carlistas colaboracionistas Olazábal, Pombo, Gómez Ruiz, Marco y Del Burgo. Enviaron al primero a Viareggio «para que puntualizara con don Carlos la capitanía de la tradición a base de identificarse con el Movimiento», siendo el interlocutor con Arrese y Carlos. Plazaola contactó en Navarra con Del Burgo y este con el sacerdote D. Luis López, el P. Barbarin[133] y otros.

Plenamente convencido de la necesidad de resolver la regencia, Del Burgo vio en la persona de Carlos VIII la forma de encuadrar el carlismo en el régimen al que había contribuido, comprometiéndolo con el nuevo proyecto dinástico. Podían seguir siendo carlistas y leales a Franco y al Movimiento. En su caso, prestando servicios a FET y JONS y uno de los impulsores de la causa de Carlos VIII[134].

En carta de Fal Conde a Del Burgo de 28 de julio de 1940 le comentó una conversación con Cora y que la postura de la Comunión era la de la regencia interna y nacional. El líder navarro era de los que veían en la situación un gravísimo riesgo, porque «la prolongación de la Regencia acabará matando el sentimiento monárquico, mejor diríamos legitimista, de nuestras masas, y que es la mejor carta que tienen a su favor los juanistas»[135].

Fal Conde se refirió el 21 de octubre de 1940 a los aspectos negativos de la candidatura de Carlos VIII, a la falta de compromiso del pretendiente con el carlismo y por no participar en la guerra a pesar de su nacionalidad española[136]. Añadió que existía un impulso oficial de la candidatura: «Sólo un mal pensamiento, alentado por el Ministerio del Interior, puede explicar esa campaña realizada subrepticiamente, con procedimientos desleales y empleando la falacia» (Santa Cruz, 1940: 91). Observó y denunció la acción concomitante del pretendiente y el régimen franquista, de lo que había abundantes pruebas[137].

Doña Blanca pasó por Sevilla camino de Cádiz, donde embarcaría para América, y se entrevistó con Fal Conde el 4 de noviembre de 1940, quien elaboró una nota, entregándosela junto con varios documentos para que recordara los acontecimientos, como lo relativo a la regencia (decreto de creación, carta reservada a Javier y otra de 3 de julio al jefe delegado). Le recordó que era un «punto capitalísimo para el Partido Carlista», por razones de legitimidad y honor del apartamiento de los miembros de la dinastía liberal, queda perfectamente garantizado [...] No siendo ningún Príncipe de esa dinastía, la Comunión Tradicionalista no tiene prejuicio alguno ni favorable ni adverso en relación a ningún Príncipe». Se refirió a la opinión manifestada por Blanca de que «mientras no acabe la espantosa guerra mundial no dirá si se cree o no con derechos a la sucesión al Trono de España», comunicándole que estaba «aconsejada por ciertos elementos más o menos separados del Carlismo, que tratan de influenciarla en el sentido de una quimérica declaración de derechos». Observó que «la declaración de cualquier príncipe será perturbadora en lo nacional, causa de división profunda en el Carlismo, descredito de la Causa en lo internacional, y el mejor ambiente en favor de don Juan». Recogió el jefe-delegado «la frase de V. A. sobre el deber de los príncipes en este momento», afirmando que «hacen mal los que hablan a don Carlos del supuesto deber, que ciertos señores le atribuyen, de levantar bandera de derechos personales en este momento. No puede haber deber en contra de la lealtad a la Causa, y en contra de la gran conveniencia nacional». Expuso la pena de la Comunión por «no haber recibido de manera más inmediata y próxima, el calor, la asistencia moral, de todos los Príncipes que comulgan en nuestras ideas, que llevan sangre de nuestros reyes, que no claudicaron ante las tiranías usurpadoras del liberalismo»[138]. Blanca o estaba convencida de cuanto decía, que suponía rechazar su pretensión y la de su hijo, o salió al paso contradiciéndose.

El 6 de noviembre de 1940 Fal Conde (*Vázquez*) informó al sacerdote Biurrun de la entrevista con Blanca, atribuyendo a la hija de Carlos VII las siguientes palabras: «La señora, lo de Carlos VIII como una locura» y me ha asegurado que durante la guerra no consentirá que se haga labor alguna sobre derechos suyos que ella duda mucho que tenga, pero que jamás los invocará contra el partido»[139]. El carlista vizcaíno Careaga y su esposa fueron a Cádiz a despedir a Blanca. A su regreso visitaron a Fal Conde el 10 de noviembre de 1940, quien redactó una minuta de la conversación el día siguiente. Estaba distanciado de la Comunión desde 1918-1920 y había pasado la guerra en Madrid. Era favorable a actuar en FET y de las JONS «para infiltrarse y dominarlos, pero luego ha comprendido lo inútil de esta política». Apoyaba el reconocimiento de los derechos dinásticos de Carlos, «por lo que se proponía dar cuenta al señor Serrano Suñer y esperaba que habían de serles concedidas ciertas facilidades y medios de propaganda»[140].

El antagonismo de las posturas entre los carlistas regencialistas-javieristas y los carlosoctavistas se daba

respecto de Franco. Don Carlos no perdía ocasión de alabarle, y Don Javier, y sobre todo su jefe delegado don Manuel Fal Conde, no perdían las de atacarle. Nacía, pues, así […] el mismo reproche doctrinal, pero muy cargado de afectividad, que venían haciendo a Rodezno y a don Esteban Bilbao, de alabar y servir a su perseguidor. […] la aparición de Don Carlos (VIII) en excelentes relaciones con Franco, les brindó la posibilidad, que aprovecharon, de salir de su franquismo vergonzante sin necesidad de dejar de llamarse tradicionalistas. El octavismo fue el carlismo de los franquistas, o el franquismo de los carlistas, poco doctrinarios, blandos y acomodaticios. […] Para Franco, el octavismo fue un relevo entre grupos colaboracionistas con él (Santa Cruz, 1943: 7-8).

El distinto tratamiento que el régimen daba a los carlistas de uno u otro signo lo expuso Fal Conde, jefe delegado del regente y cabeza visible de la Comunión Tradicionalista, contestando en 1952 a Lizarza:

entre nuestros dos criterios y actuaciones presentes existe un abismo infranqueable. Pues mientras tú vienes viviendo alegremente y gozando (en mayor o menor grado) del favor oficial, por tu entrega incondicional al régimen –implícita o explícita– yo malvivo penosamente y he sido víctima de una persecución implacable por él (siete veces encarcelado, seis meses de confinamiento y 10.000 pesetas de multa, dan buena fe de ello), precisamente, por mantener con honor el mismo espíritu carlista de siempre y la misma dignidad política que me arrastró a la locura141.

El príncipe-regente era objeto de críticas del franquismo, de los cruzadistas y alfonsinos por su nacionalidad francesa y su compromiso militar contra los alemanes, presionándole para que resolviera la regencia a favor de sus respectivos candidatos. Publicó el «Manifiesto a los carlistas» de 25 de julio de 1941 censurando al régimen y a todos los que pretendían convertir «en cuestión personalista, lo que debe ser cuestión nacional». La amplia crítica del regente en este y otros documentos, la realizaba desde su perspectiva de titular y responsable de una institución de la que dependía, desde la perspectiva carlista, el futuro de los pretendientes. Fue particularmente contundente su réplica a Juan de 15 de marzo y 24 de junio de 1940 sobre que le reconociese la legitimidad dinástica total, rechazando el pacto de Territet como había hecho Alfonso Carlos.

El jefe delegado dirigió una carta a Blanca el 1 de agosto de 1942, informándole de que el movimiento se producía «sin gran interés en nuestra gente», por parte de «los que ya conoce «haciendo propaganda en favor de D. Carlos». Entendía «que no quieren separarse de nuestra disciplina ni cometen acto alguno atentatorio a la misma», sino de «un simple desahogo espiritual que yo miro con el mayor respeto. Por su parte, D. Carlos no creo que les escriba ni les de muchas esperanzas». A pesar de ello: «Bueno será, sin embargo, que S. A. no deje de escribirle animándole a conservar la actitud… y estando pendiente del futuro en el que la Regencia nacional pueda tener su nombre en la consideración y estima dignísima que se merece»[142].

El 4 de diciembre de 1942 volvió Fal a informar a Blanca sobre la conducta de los «carlistas del Cruzado, que ya S. A. me demostró cuan bien los conoce, a promover propagandas en favor de Carlos, sin contar con él y abusando del nombre de V. A.»: «Es un movimiento notoriamente producido para dividir el carlismo y restarnos ambiente en el Ejército y la opinión. […] Yo ruego a V. A. que cuando escriba a D. Carlos le recomiende que obre con cautela y no se deje sorprender»[143].

En una reunión celebrada a principios de 1943, Plazaola, Olazábal, Cora y Careaga diseñaron las líneas generales de la ruptura con la Comunión Tradicionalista de la que el último había informado a Fal Conde. Se les planteaba el primer problema sobre el comportamiento del régimen con su propuesta, «cuando la candidatura de D. Juan contaba con la benevolencia oficial, o al menos así se interpretaban las comunicaciones cruzadas entre el caudillo y D. Juan». En segundo lugar, el modo de hacer la propaganda para ganar a los tradicionalistas a la nueva causa.

El 2 de marzo de 1943 un grupo de alumnos del colegio capuchino de Lecároz (Navarra) solicitó a Blanca asumiera la sucesión de D. Alfonso Carlos: «recoger la bandera de la tradición [...] porque de un momento a otro, el partido carlista de purísimo historial, va a traicionarse, reconociendo a D. Juan, el príncipe de la usurpación, con grave perjuicio de la rama legítima por excelencia, de la rama de Carlos VIII»[144].

Participación de Arrese

Arrese había propuesto a Franco el 15 de agosto de 1942 el «enfoque y solución del problema monárquico» y las condiciones para instaurar la monarquía, que pasaban por la aceptación del nacionalsindicalismo, del régimen y de su caudillaje, por encima de la persona de Juan. Su referencia a Duarte de Braganza era anecdótica, porque solo era un nombre a barajar para salir de la regencia en que estaba metida la Comunión Tradicionalista, sin monarca que la abanderase.

Informado el ministro secretario general del Movimiento Arrese de las actividades de los partidarios de Carlos, invitó a Olazábal a comer el 18 de marzo de 1943[145], exponiéndole la «conveniencia de tolerarlo en las mismas condiciones que el de D. Juan», considerando la «necesidad de asegurar la continuidad del 18 de julio», por existir «un único candidato al Trono con principios políticos distintos» a los de aquel. Era conveniente «levantar otro candidato que represente esa continuidad, a fin de obtener cualquiera de estos dos efectos: «a) Transigencia por parte de D. Juan en los principios políticos del 18 de julio. b) Posibilidad de utilización definitiva de la candidatura de D. Carlos que representa esa continuidad requerida».

Las condiciones de Arrese eran plenamente asumibles para quien no tenía otro bagaje que su consanguinidad con la dinastía por vía femenina, con la ventaja de que el momento histórico de la *anschluss österreichs* nazi le había acercado al autoritarismo nazi-fascista, que se practicaba en España por el nacionalsindicalismo[146]. Todo el comportamiento del archiduque y de quienes le apoyaron demostró que habían aceptado las condiciones de Arrese, siendo un punto clave su apoyo a la Ley de Sucesión en la Jefatura del Estado (1947). Como expresó el ministro, el César era el Caudillo, que nombraba y coronaba al sucesor en una monarquía «instaurada» para dar continuidad a su régimen.

Sobre si había o no una propuesta a favor de Juan, que era el príncipe único sobre el tablero, la opinión de Arrese fue que ni la Falange ni el Estado se habían pronunciado sobre ningún príncipe y «no cabe considerar como candidato oficial ni oficioso a D. Juan», y que con las mismas facilidades contaría Carlos. Si el Partido tuviera que pronunciarse, tendría en cuenta «las soluciones que aportara el sector tradicionalista del mismo, [...] y que muy bien pudiera asegurar la continuidad del 18 de julio y de la obra del Caudillo, que representa el Movimiento Nacional». Ese sector tradicionalista era el formado por los carlistas unificados, que se mantenían en la FET, ocupasen o no cargos orgánicos en esta y el régimen, los llamados por el resto, con el mejor de los términos, colaboracionistas.

El ministro secretario general del Movimiento dejó abierta la puerta al movimiento carlosoctavista, por ser quienes estaban con Franco, formaban parte del Partido y aseguraban la continuidad del régimen. Por todo ello Arrese pudo afirmar: «Yo inventé a Carlos VIII» (Arrese, 1982: 154). Hizo posible el proyecto y estableció las condiciones que aceptaron los promotores.

Por sugerencia de Arrese, Olazábal se adelantó a verse con Carlos antes de la reunión que tuviera con los promotores, para «evitar que la falta de visión política de alguno de los iniciadores pudiera condenar al fracaso en su iniciación». Según el intermediario, el ministro «cifraba todas las garantías de acierto [...] en mi designación como representante personal de S. A. R.», función que entonces tenía Plazaola. Confirma la relación de confianza entre Arrese y Olazábal y desconfianza en este, a quien atribuían falta de visión.

Este viaje «particular» previo de Olazábal, marginando al resto de los demás promotores, les molestó, particularmente a Cora[147]. Olazábal permaneció en Viareggio del 25 al 27 de junio de 1943 elaborando con Carlos la propuesta al ministro:

A) La transmisión a Carlos de los derechos a la Corona de España.

B) Manifestación de su derecho en carta al Caudillo y designación de representante personal cerca del jefe del Estado español.

C) Con referencia a los tradicionalistas, elaboración de manifiesto y normas.

Sobre cada uno de ellos se realizaron las siguientes actuaciones y propuestas, que concretaron cada uno de los puntos anteriores:

a) Respecto a la transmisión a Carlos de los derechos a la Corona de España:

En las conversaciones con Blanca, su hermana María de los Dolores y su hijo Carlos, fundaron la transmisión en la ley de Felipe V y la facultad de las hembras de transmitir los derechos sucesorios a falta de varón descendiente de D. Jaime y D. Alfonso Carlos, como venían sustentando los cruzadistas. En relación con los hermanos mayores, constata que el Reich, tras contacto de Antonio con Hitler, sólo reconocía a los hijos de D.ª Blanca y, conforme al régimen establecido por el Reich, renunciaría a sus posibles derechos a la corona de España y se reservaba para las de Austria o Hungría. Francisco José había perdido sus derechos por matrimonio morganático. En consecuencia, «con consentimiento de D.ª Blanca el archiduque Carlos de Austria asume los derechos a la Corona de España".

b) La manifestación de su derecho al Caudillo:

Se realizaría por medio de carta con afirmación de su derecho al trono de España, incorporando los derechos históricos del carlismo y de la aportación del requeté al 18 de julio, añadiendo en directa relación con el Caudillo y su régimen:

Incorporación del sentido político-filosófico del 18 de julio, en el que el Ejército, la Falange y el Requeté, a las órdenes del Caudillo salvan a España, a la Tradición Española.

Reconocimiento del Caudillo como salvador de España, llamado a hacer justicia a la dinastía legítima, única que no ha tenido participación en la decadencia española.

Seguridad de que el Caudillo ha sido providencialmente designado para regir los destinos de España en esta hora de conmoción universal, por lo que la dinastía legítima espera sin impaciencia el momento en que sea llamada a incorporar la obra del Caudillo a la Gloriosa Tradición Española, continuando nuevamente la Historia de España bajo las águilas imperiales de la Casa de Austria[148].

La que se le remitió se refirió a tales aspectos, con un párrafo elogioso al caudillo como salvador de España y continuador de su historia que era la historia de la tradición y, unida a ella íntimamente de la dinastía legítima, que siempre luchó contra las fuerzas del mal y no tenía responsabilidad ni participación con los que motivaron la decadencia española, puesto que combatió siempre insobornablemente a las doctrinas liberales que la motivaron.

c) Transmisión a los tradicionalistas:

Se plantearon la redacción de un manifiesto y unas normas. El primero estaría subordinado a la carta-comunicación al Caudillo y las normas de organización a lo indispensable para transmitir la decisión de D. Carlos, «sin que esto pudiera interpretarse jamás como organización clandestina ni opuesta al Partido».

Aportó Olazábal, además, al ministro Arrese unas «observaciones fundamentales» que explicaban el alcance que se pretendía dar a las propuestas anteriores y a los hechos que las tradujesen, dejando siempre presente su plena identificación con Franco, el régimen y el Partido. En primer lugar, una declaración de principio: «el extraordinario afecto al Caudillo»; la segunda el «concepto de instauración de la monarquía, no de restauración»:

La «extraordinaria adhesión al Caudillo del archiduque» le llevaba a aplazar sus legítimas aspiraciones al Trono, «sin renunciar a ello, naturalmente, para cuando se juzgará momento oportuno». Lo hacía con «verdadera y plena confianza» en la decisión del Caudillo, porque «no espera la corona de decisiones populares ni de influencias extranjeras, la reclama por su propio derecho administrado por mano del Caudillo. [...] nada se hará en el camino que conduce al Trono sin contar con la voluntad del Caudillo», cifrando en su decisión «la mayor garantía de acierto para su actuación posterior.

Coincidía Carlos con el «concepto de instauración en lugar del de restauración», porque «no se trata de restaurar una monarquía vencida el 14 de abril por su propia culpa [...] se trata única y exclusivamente de instaurar un nuevo y a la par viejo concepto de la monarquía». Comparó el 18 de julio con el 6 de enero de 1492 y la conquista de Granada, por ser aquella «la fecha máxima en la que culmina la unidad política del pensamiento nacional frente a la antipatria y la unidad territorial frente a los separatismos que ya habían germinado en nuestro suelo». Era la fecha inicial de una «nueva etapa de la Historia del mundo en cuanto señala el comienzo de la lucha entre una nueva y vigorosa concepción política y la iniciada con la Revolución Francesa que matizó otra época de la Historia conocida como contemporánea».

Olazábal terminó el documento de las gestiones ante el pretendiente encomendadas por Arrese, recordando los anteriormente remitidos al ministro, e informando que se había obligado a Cora a «rectificar en su política centrando el problema tal y como yo reiteradamente le tenía expuesto». Le informó que la representación de Carlos la ostentarían conjuntamente aquel, Careaga y él mismo[149].

El programa de actuación diseñado conjuntamente por Arrese y Olazábal, aceptado por Carlos, se fue cumpliendo en todos sus términos:

a) La transmisión de los derechos a la Corona fue declarada por el documento firmado por Blanca en Viena el 30 de mayo de 1936 y su manifestación de 1943, sobre transmisión de los derechos de la corona a su hijo Carlos, «pues que fallecidos sin descendencia Mi augusto hermano don Jaime y Mi augusto tío don Alfonso Carlos, y por la renuncia y otras circunstancias de mis demás Hijos Varones, a Ti corresponde legítimamente la Sucesión». Le recomendó «no olvides jamás los extraordinarios servicios que a nuestra religión y a la Patria viene prestando, con la manifiesta ayuda de Dios el Generalísimo Franco»[150]. Blanca formalizó la renuncia de sus derechos en su hijo Carlos notarialmente en San Feliu de Llobregat (Barcelona), el 12 de noviembre de 1945.

b) En varias cartas dirigidas a Franco lo hizo en los términos pactados, aceptando en todo su caudillaje y régimen, con manifiesto propósito de colaborar para incorporar el carlismo a su obra.

c) El manifiesto de Carlos a los tradicionalistas-carlistas se publicó en Viareggio de 29 de junio de 1943. En la misma fecha nombró a Cora y Lira su secretario general.

El pretendiente llevaba dos años en España porque Franco lo hacía posible. Todos eran conscientes de la operación política que significaba y de la necesaria reciprocidad, como se constató en los documentos del proceso y en los posteriores emitidos por la nueva organización carlista.

El movimiento carlosoctavista y sus fieles estaban con el Alzamiento y con el generalísimo. Nunca olvidaron que fue posible gracias al consentimiento y apoyo del régimen, que los utilizó en su beneficio. El pretendiente siempre mantuvo un gran respeto y lealtad hacia el caudillo, valorando en mucho cualquier gesto que entendía le era favorable y mantenía su opción[151]. Las sospechas sobre su origen oficial se desvelaron y fueron reconociéndose a lo largo del tiempo, pero no hay que olvidar el entusiasmo y esfuerzo, incluso económico, de los leales seguidores de la causa.

Con la presencia de Carlos, propiciada y apoyada por las autoridades franquistas, iniciaron actividades de difusión con libertad de movimientos, apoyo y protección del Movimiento y agentes públicos. Contó además con la docilidad de los periódicos e informativos; el NO-DO oficial y obligatorio proyectaba imágenes de su presencia pública. Así resumió Payne la nueva situación «una amplia operación conjunta en favor de don Carlos, para dividir a los monárquicos españoles. Con ello se privaría al candidato oficial de los Borbones, don Juan, del apoyo cuasi unánime que necesitaba para imponerse al régimen». Concluía: «La debilidad y la hostilidad mutua de sus enemigos constituían el fundamento esencial de la fuerza de Franco» (Payne, 1965: 231).

Todo ello motivó la sospecha de que los contactos de un hombre del régimen como Cora con el miembro de la casa del generalísimo el carlista unificado Muñoz Aguilar[152] explicaban que se había organizado una operación para crear un enfrentamiento entre los monárquicos, con el que se trataba de debilitar a los partidarios de don Juan y, a la vez, al carlismo opositor con el que no había podido Franco hasta entonces. El diseño de la operación se realizó en la Secretaría General del Movimiento entre el ministro Arrese y el carlista unificado Olazábal. El ministro presumió de lo que era cierto, que había inventado a Carlos VIII con el apoyo de Franco en su política sucesoria que, en realidad, era la de garantizarse la permanencia.

Arrese no veía con posibilidades ni a Juan ni a Javier, ya que Franco no los apreciaba por sus actitudes políticas y extranjería. Carlos podía ser un buen peón con el que poder contar si se le daba popularidad y se configuraba una estructura monárquica. Todo ello lo controlaría el Movimiento bajo la dirección del caudillo[153].

Carlos VIII en Barcelona

El 1 de marzo de 1943 llegó a Barcelona la comitiva formada por Carlos de Habsburgo, su madre Blanca, su esposa e hija. Se trasladaron a los pocos días a Andorra y regresaron al poco tiempo a Viareggio. En marzo de 1944 decidió volver a Barcelona, y pasó una temporada en Andorra[154]. En la primera estancia en Barcelona fueron alojados en el hotel Ritz y, posteriormente, en la zona alta, sin demasiada holgura económica en cuanto a los recursos que le suministraban sus partidarios y las autoridades franquistas. Debido a la guerra sus cuentas europeas quedaron bloqueadas. Igualmente, su madre vivía de una colecta mensual de sus partidarios y una asignación del Gobierno Civil.

Su instalación en Barcelona estuvo motivada por varios factores, como la mejor comunicación con Italia, la fortaleza del carlismo y las raíces austracistas, que favorecerían a un monarca de la casa de Austria que quería aparecer diferenciado de la dinastía Borbón, aunque su reivindicación dinástica fuera puramente borbónica.

El día 8 de marzo de 1944 Javier de Borbón escribió al jefe regional de Cataluña Sivatte haciéndose eco de la noticia de la llegada a la ciudad condal del hijo de Blanca y del archiduque Leopoldo, exponiendo que le «preocupa mucho porque puede dar ocasión a una escisión en la Comunión Tradicionalista especialmente en Cataluña». Para el regente tenía «la misión probable de crear una oposición a la Regencia y a nuestros planes». En su opinión, repitiendo lo dicho por Alfonso Carlos, «por su nacimiento no tiene derecho al trono, y menos por lo que representa personalmente». Era un pretendiente sin derechos, utilizado por quienes tenían interés en dividir el carlismo y debilitarlo[155]. Sivatte contestó a Javier informándole que «se cumplieron con rotundo éxito, especialmente en Cataluña, vuestras órdenes acerca de D. Carlos, que continúa viviendo en Barcelona [...] gracias al apoyo oficial»[156].

La carta anterior la remitió en la misma fecha por intermediación de un amigo común el Sr. Lasmartre, a quien explicó la razón del comunicado, sobre la persona de Carlos de Austria: «No tiene derecho a la Corona de España por su nacimiento, y todavía menos por su pasado, y el de su familia». Representaba un riesgo de división para el carlismo en un momento crítico en el que «la unidad de acción era indispensable. Suponía que había sido enviado a España «con el consentimiento de nuestros ocupantes [los nazis], para crear confusión entre los realistas y contrabalancear la influencia de D. Juan o la mía. D. Juan era el favorito británico». Por eso defendía la regencia nacional «para restablecer las bases monárquicas y llamar a continuación con el acuerdo de todos al país al Príncipe que dará todas las garantías de dignidad, capacidad y voluntad para formar la dinastía y hacer la continuidad de la unidad española»[157].

La Comunión Tradicionalista publicó el 9 de marzo de 1944 un documento que calificó la actuación anterior de «inicua maniobra», de un «viaje ideado, organizado y pagado por [...] esferas oficiosas».

La ofensiva propagandística en favor de Carlos provocó la reacción contraria regencialista-javierista, negando su legitimidad, acusándole de ser un pelele de FET y de las JONS, si tenemos en cuenta que las publicaciones se encabezaban y acababan con vivas a Franco y a Carlos VIII.

En un acto celebrado en Pamplona el 10 de diciembre de 1946 con motivo de la retirada de embajadores, Lizarza se puso a las órdenes de Franco: por el «designio providencial, tú, mi general, que riges y gobiernas los destinos de España, tremolando y flameando la bandera bendita. No tengo más que decirte: ¡tú mandas! ¡A tus órdenes mi general» ¡Viva España! ¡Viva Franco! ¡Viva el Rey!»[158].

El nuevo pretendiente estaba apoyado por tradicionalistas unificados y colaboracionistas como Bilbao e Iturmendi[159]. El primero era «claramente partidario y apoyo en las instancias gubernamentales y se le invoca en todo momento. El segundo «es completamente de nuestras ideas»[160], y da todo su apoyo a la causa por medio de Cora. Este le transmitía informaciones optimistas de sus gestiones en Madrid y del comportamiento de los gobernadores civiles y los carlistas que le apoyaban en las provincias[161], frente a los fracasos de todo tipo de la regencia[162].

Inició su actividad política con el «Manifiesto de Viareggio» de 29 de junio de 1943[163]. Afirmó sus derechos sucesorios por la renuncia a su favor de su madre y de sus hermanos, asumiendo plenamente la doctrina tradicionalista. Al no haberse cumplido las previsiones de la regencia se proclamó rey de la Comunión Tradicionalista. Vinculó su compromiso como pretendiente a Franco, al que siempre apoyó. Se presentó como «representante de la dinastía legítima» enfrentada a la revolución, recordando que «la misión del carlismo no está acabada ni cumplida. Por el contrario, cada vez se ven más claros los horizontes de su porvenir. […] valladar de la Revolución liberal o marxista».

Cora trasladó el manifiesto a Fal el 23 de julio de 1943, informándole de su condición de representante del pretendiente en España y la necesidad de poner fin a la regencia, y sugiriéndole la conciliara con el reconocimiento del derecho a la sucesión, opinión y actitud que suponían apartarse de los mantenidos por la Comunión Tradicionalista. El jefe delegado le contestó el 1 de agosto de 1943 comunicándole que la Comunión actuaría «bajo las orientaciones que la dejó impresas el rey don Alfonso Carlos y sin otra disciplina que la del Príncipe Regente»: «Pueden Vds. fuera de la misma y separados de dicha disciplina, levantar o deponer rey. Ni nuestro patriotismo, ni nuestra fe carlista, ni nuestra lealtad, nos permiten seguirles ni prestarles el menor concurso»[164].

El nuevo pretendiente juró mantener los principios y el programa de Gobierno de la dinastía carlista, consciente de que «la Tradición Española que recibe su fuerza y su vigor de la Fe Católica y que es el alma, que no muda ni muere, de la Patria, no desaparecerá jamás mientras España exista». También se refirió elogiosamente al jefe del Estado y Caudillo de España.

Siguió la doctrina tradicionalista, antialfonsina y antijuanista de los cruzadistas, siendo sus aportaciones las referencias a Franco y a su adhesión al Movimiento y al régimen, propia de los unificados-colaboracionistas, que no se veían representados por las actitudes críticas de la regencia y de los órganos de la Comunión Tradicionalista. Lideró, por tanto, el carlismo de Franco, cumpliendo la finalidad para la que fue impulsado por Carrero y Arrese.

En agosto de 1943 inició Fal una ofensiva contra la operación de Carlos VIII con una carta a los dirigentes de la Comunión, acompañada de varios documentos para darles difusión interna. Observaba que los promotores pretendían «acreditar al Caudillo un servicio de su máxima estimación, sólo procuraban dividir la Comunión para merecer unos cargos, que ya en Barcelona y Valencia han recibido». Cora y los que le seguían habían sido expulsados. Frente a la afirmación de que la regencia y la Comunión favorecían a Juan, insistió en su antijuanismo «no por vicios o defectos de la persona de D. Juan, sino por su significado político». Era una maniobra, «buscando el sentimiento antijuanista de nuestras masas, lo que viene es a procurar una tardía y más que desacreditada colaboración con Franco». Sobre la predilección de Blanca por su hijo menor, aportó una carta de 14 de enero de 1943 de su hermana la archiduquesa María Antonia, crítica con su educación, comportamiento y matrimonio de Carlos. Recordó Fal que en el entierro de Alfonso Carlos «podemos certificar el desdén, la frialdad, la indiferencia más ofensiva para nuestras boinas rojas. [...] Y ese mismo desdén es el que ha tenido siempre sin una sola excepción, hacia nuestra política y hacia nuestras aspiraciones».

A la carta acompañaba Fal un informe de agosto de 1943 analizando la situación derivada de la presencia en España de Carlos «con cierta oficialidad»:

Una maniobra de Franco y la Falange, que se han propuesto con ella, contestar a las desavenencias surgidas en las relaciones con don D. Juan y a la vez, dividir a los monárquicos y principalmente a los carlistas, difiriendo el momento de la restauración y presentar un Príncipe que se ofreciese –al menos en apariencia– a ser un continuador del ensayo totalitario.

Se trataba de un «ensayo falangista», cuyo poco éxito «los mismos gobernantes, que aparentemente lo estimularon, han comenzado a desestimarlo abandonándole a su propia suerte». Así se explicaba su «empalagosa adulación al Generalísimo Franco, […] hasta el extremo de venir a sintetizarlo en el grito: "Franco y Carlos octavo"». Rechazaba colaborar con «el régimen totalitario, cuyos primeros pasos fueron la negación de la persona moral del carlismo, los destierros del Príncipe y del jefe delegado y la superposición de un partido artificial y engañoso a los nobilísimos sentimientos inspiradores de la Cruzada»:

> El movimiento Carlos octavista, nacido con engaño para el propio Príncipe, al calor de la llama mortecina del régimen y bajo auspicios de apetitos conocidamente personales ha fracasado apenas nacido; aborto de una tentación a cierta cartera ministerial. Pero va a servir para demostrar que la Comunión ni se divide, ni se doblega ante Franco, ante D. Juan o ante D. Carlos[165].

Los carlosoctavistas se defendían acusando a la Comunión de actuar en favor de Juan:

> Los falcondistas tratan de meternos a D. Juan de contrabando. Y nosotros, que hemos visto claro, les decimos que no; que D. Juan, el hijo y el nieto de los que usurparon el trono a nuestros Reyes, no será jamás el rey de los carlistas. Porque sería una burla sangrienta a la memoria de los que pelearon y murieron durante más de cien años contra la Masonería y el Liberalismo[166].

Una circular del nuevo movimiento francocarlista de 15 de diciembre de 1943 informaba de la existencia de grupos regionales. El más importante era el de Barcelona, cuyo jefe era Roma Campí, carlista unificado y delegado provincial del Movimiento[167]. La mayoría de los miembros y dirigentes catalanes, lo mismo que en el resto de España, eran personas de origen carlista, unificados y colaboracionistas, implicados activamente en el régimen con cargos y empleos, miembros activos de FET y de las JONS, que justificaban su posición en haber luchado juntos y querer participar para orientar a Franco en sentido tradicionalista.

Lizarza, que había sido un destacado carlista navarro organizador del requeté y negociador con Mussolini, se incorporó a la causa carlosoctavista el 26 de octubre de 1944, a propuesta de Del Burgo a Cora, que lo hizo al monarca. Fue nombrado jefe regional de Navarra el 12 de mayo de 1947, confirmado el 12 de octubre de 1953[168].

El movimiento no progresaba de la mano de Del Burgo y otros en un espacio tan carlista como Navarra. En carta de Carlos a Deán de 26 de octubre de 1944 expuso el mal trato que recibían: «No es posible contestar a todos y cada uno de los infundios que se propalan por nuestros enemigos, siendo lamentable que personas de buena fe los admitan con grave daño para nuestra Comunión». Invocando el manifiesto de Viareggio afirmó: «Nadie puede proclamar sin inferirme la gravísima injuria de suponerme perjuro, que yo pueda admitir otros principios que los que con integridad defendieron mis egregios antepasados. Seré Rey tradicional o no seré Rey»[169].

La afiliación y actividad de la nueva organización política era muy reducida y conflictiva. Con motivo de la elaboración de la candidatura para el Ayuntamiento de Barcelona y del pobre resultado, el presidente de la Junta Municipal se dirigió al jefe regional el 11 de diciembre de 1948 aludiendo a la existencia de unas «bases de inteligencia con el Gobernador y candidatos», resumiendo su postura: «mi decisión terminante la dicta el sentimiento que tengo de actuar de lacayo del gobierno [...] Por lo tanto, en beneficio del actual régimen, hemos de pasar a la oposición [...] pues de continuar como hasta ahora, negaríamos nuestros propios postulados»[170].

Al servicio de Franco

Por si había dudas del origen de la «Operación Carlos VIII», lo confirmó el hombre que había sometido la Falange a Franco, e intentaba crear el «carlismo de Franco», el ministro del Movimiento Arrese:

Cierto: yo inventé a Carlos VIII, pero no sólo con intención de llevar a su cauce a los tradicionalistas que añoraban un Rey; sino además y sobre todo, con la de llevar a la Falange y a la Tradición a un camino de unidad positiva en materia de monarquía, pues siempre había juzgado más próxima a la norma falangista un Rey auténticamente tradicional que un Rey sobrecargado por la herencia del liberalismo[171].

Arrese explicó que, cuando Rodezno no había iniciado el acercamiento de la masa carlista a Estoril y don Javier era solo «un regente albacea testamentario del recién fallecido D. Alfonso Carlos», «levanté la bandera de su sobrino para convertirlo en el pretendiente que luego había de ser conocido con el nombre de Carlos VIII»[172]. Palmaria confesión de quien era parte principal del nuevo proyecto dinástico. También se refirió al fracaso de la operación por el fallecimiento de Olazábal y a la poca actividad de Cora. Además, la «defección matrimonial de la Reina»[173], y la muerte del pretendiente «hizo fracasar este episodio [...] pudo ser importante, aunque sólo llegó a tener el bonito color romántico que siempre ha acompañado a la gesta gloriosa del carlismo»[174]. Nada reconoció de que ya había cumplido su objetivo y perdido interés, porque Franco había iniciado otro camino, como se demostró con su hermano y heredero Antonio, al que no dieron el mismo apoyo, porque ni era necesario, ni se prestó a que Cora le utilizase y a sus hijos con la promesa de la «subvención».

Arrese se sirvió, también, de destacados carlistas unificados como Olazábal, Gómez Ruiz y Pombo Angulo. En Navarra, con Del Burgo, Marco[175], Ozcoidi, los hermanos Ciganda y otros. Recuperaron antiguos cruzadistas que mantenían su lealtad al régimen y oposición al juanismo y a la regencia, terminada por la presencia en España de Carlos para hacerse cargo de la Comunión. Hacían responsable a Fal de la situación y dificultades que tenían: «En lo sucesivo será usted lo que siempre fue: integrista, nocedalista, falcondista. Pero no carlista. PORQUE EL CARLISMO NO FUE JAMÁS TRAIDOR A ESPAÑA y no lo será ahora que tiene un rey y un capitán valeroso, que se llama Franco»[176]. El objetivo de D. Carlos y Cora era propiciar una línea política de «acercamiento a Franco y reconciliación con él», contraria a la oposición de la Comunión Tradicionalista, Javier y Fal[177].

Dentro y fuera del mundo tradicionalista, era opinión común que la candidatura de Carlos VIII estaba promovida y financiada por el régimen, concretamente por la Secretaria General del Movimiento, con la aprobación del palacio de El Pardo, para debilitar a Juan, a su movimiento de restauración monárquica y a la regencia de la Comunión Tradicionalista de Javier (Blinkhorn, 1979: 414).

Su identificación con el franquismo era evidente en todos sus textos, apoyando iniciativas de Franco como la Ley de Sucesión. Desde la perspectiva carlosoctavista de Plazaola, con esta ley «roba a Fal Conde el programa que habían sustentado todos estos últimos años»178, que era el de crear una regencia nacional. Se había redactado la ley en favor de Juan, confirmado por el viaje a Estoril del Subsecretario de la Presidencia, Carrero, considerándole el «Príncipe de mejor derecho». Esto «rigurosamente exacto y, después del manifiesto de Lausana de 1943, es más que significativo», criticando al secretariado político (Cora), «pues está palpablemente demostrado que se quiere olvidar nuestra historia de sacrificios durante 115 años y lo mismo de nuestra Dinastía. Hemos defendido la ley de Felipe V y ha habido miles y miles de mártires por ella y ahora ni siquiera el recuerdo»179.

El mismo pretendiente Carlos expuso su confianza y apoyo al generalísimo y a su ley de sucesión invocando «la unidad nacional tan importante, demostrada en el reciente referéndum, es una fuerza que bien encauzada puede salvar, por el espíritu patriótico la situación de España»180.

La postura sobre la ley y ella misma provocaron serias diferencias en las filas octavistas y críticas sobre la postura oficial y los comportamientos de unos y otros, desde el convencimiento de que era el final de su opción restauradora, porque se instauraba la monarquía que garantizaba la continuidad de Franco. Solo cabe pensar que creían en las posibilidades de que su pretendiente pudiera ser el beneficiario. Como expresó el jefe regional de Aragón Sesén: «ya tenemos ley de sucesión, ¿y ahora qué? Este régimen proclamará a Carlos cuando las ranas críen pelo, es decir, ni a él ni a nadie, y si le obligan las circunstancias irá a la deriva de ellas»181. En carta al jefe asturiano Valdés le comentó que las aguas políticas habían ido a favor de Juan182.

A pesar de que suponía la marginación de la opción dinástica que defendían, su dependencia del régimen les llevaba a incorporar a sus manifiestos y octavillas de propaganda vivas a Franco y a Carlos VIII. En una publicación de Jaén de enero de 1949, concluían el artículo editorial, como en muchas otras: «¡Franco y Carlos VIII para el Gobierno español!¡Viva D. Carlos!¡Viva Franco»![183].

Gil-Robles, uno de los promotores de la candidatura del conde de Barcelona, valoró el 13 de marzo de 1944 la nueva situación:

> Ya está en Madrid el famoso Carlos VIII, festejado por falangistas y autoridades. Con este episodio, Franco da la total medida de su proceder. Pretende resucitar –ahora que, por fortuna, está muerta– la cuestión dinástica que costó a España tres guerras civiles, y todo para introducir en la vida pública un elemento de confusión que le permita seguir en el poder; es una de las maniobras más indignas que puede llevar a cabo un gobernante[184].

El 5 de mayo de 1944 Cora rechazó la regencia de la Comunión Tradicionalista, creada por Alfonso Carlos, por existir un rey: «No hay, pues, Regencia, ni Regente; y, por consiguiente, carece autoridad legítima el Sr. Fal Conde». Expuso los argumentos en favor de la legitimidad de Carlos VIII, pidiendo se comparase su «legitimidad de origen y de ejercicio, con la autoridad que se atribuye al Príncipe Javier de Borbón, y se verá que, para un hombre ecuánime y sin pasión partidista, no caber duda un momento en la elección del camino». Invocó la autoridad de Mella en su declaración a *El Correo Español* de 8 de enero de 1914. Imputó a la «desastrosa política» del jefe delegado (Fal Conde) «un florecimiento pavoroso del liberalismo»[185].

La Comunión Tradicionalista de la regencia publicó en diciembre de 1944 en su *Por Dios, por la Patria y el Rey. Hoja de los requetés de Navarra*, un artículo titulado «Hablemos de "Carlos VIII"», que informaba de toda la operación montada desde el régimen utilizando la figura del nieto de Carlos VII. Denunció la alianza del hijo de Blanca «con nuestros enemigos consciente o inconscientemente», «poniendo al servicio de la Falange a los carlistas que pudieran creer de buena fe que nuestra Monarquía puede venir del brazo con toda la ignominia actual». Hacían propaganda impunemente y los «gobernadores más enemigos del requeté sonrían para que pueda gritar «¡Viva Carlos VIII!» y esté prohibido el «¡Viva el Rey!». Mientras el gobierno desterraba y sancionaba a los leales, los «aprovechados del dinero de la Falange» y la «camarilla de los traidores que se vendieron al honor y al cargo que quiere justificar tardíamente su posición con el acatamiento al titulado Carlos VIII». En sus viajes le acompañaban la prensa oficial, las jerarquías de la Falange y organizaban recibimientos, al que no recibió la Diputación de Navarra y el obispo no lo hizo como rey como pretendían. «¡¡Si hasta en la propaganda nos ponen "Viva Franco y Arriba España" con harto poco sentido político!!» Concluía: «La maniobra que intentaron con el dinero de El Pardo y de la Falange, está fracasada», lamentando que «hubiera andado en ella un nieto de Carlos VII»[186].

Este grupo carlista permitió a Franco disponer de un instrumento para debilitar y reducir a los monárquicos por su división:

> El régimen trata de desgastar la legitimidad de don Juan promocionando a quienes dentro de la convicción monárquica tienen otras aspiraciones. Para ello imprime postales con la imagen del pretendiente carlista "Carlos VIII", y se reparten en Madrid folletos con un injurioso árbol genealógico del hijo del último rey de España[187].

La Falange aprovechó los conflictos carlistas para sembrar la confusión entre los monárquicos. Los cruzadistas fueron el instrumento de las maniobras, ya que, «faltos de un amplio apoyo en la base del movimiento, habían guardado un discreto silencio en la controversia entre sus compañeros falcondistas y la Falange»:

> A mediados de febrero de 1944 las autoridades barcelonesas recibieron instrucciones, firmadas por Arrese y Girón, secretario general de la Falange y ministro de Trabajo, respectivamente, de que tomasen las medidas apropiadas para recibir «al futuro rey de España, don Carlos VIII. [...] Fue pronto de dominio público que la Falange pensaba utilizar la figura de «don Carlos VIII» para complicar aún más las ya complejas cuestiones dinásticas y que incluso contemplaban –si las presiones del exterior se hicieran insostenibles– salvar el régimen, po-

niendo en su cumbre al pretendiente carlista (Heine, 1982: 281-283. Thomàs, 1999: 228).

En esta operación, Carrero, conforme a la orden de Franco, permitió la venida de Italia de Carlos VIII e instalarse en Barcelona, recibiendo «discretamente una subvención del gobierno civil de la provincia y sería reconocido como rey por los carlistas unificados»[188]. Fue una operación combinada desde el régimen, incluida una parte tan sustancial e instrumental como la Falange, como un modo utilizado para «dar credibilidad a la incipiente fachada de su régimen, no duda en autorizar la venida a España del nieto de Carlos VII, contrariamente a la actitud mantenida con don Javier, a quien pondría todas las trabas imaginables»[189].

Así lo reconoció y explicó Cora en una carta de 2 de mayo de 1950 a Comín Sagües, hablando del contacto «con Arrese de mandamás, cuando se señala la intervención de Falange» por medio de Olazábal: «portador de un guion para el manifiesto que debía dirigir el Archiduque, ofreciéndose además a éste para ser su enlace directo con Franco». Afirmó que nada hizo el pretendiente hasta que estuviese él, y «pude continuar mi labor y mi campaña, aunque con la oposición encubierta de la Falange». Observó que el ministro de la Gobernación «recibía instrucciones reservadas de Franco que neutralizaban la voluntad contraria del conjunto falangista». Pero rechazó los intentos de Arrese «a pesar de que carecíamos de toda clase de recursos y que nos costó medio año de incesantes esfuerzos el poder pagar la cuenta del Hotel Ritz de Barcelona y la del hotel de Andorra[190]. Cora intentaba reducir el protagonismo del Movimiento, aunque las circunstancias «nos obligan a unirnos al generalísimo Franco, como españoles y como anticomunistas»: «Esta política de apoyo nuestro al Generalísimo está aprobada por el Señor [...] Lo que hace falta es que el partido carlista se agrupe a su alrededor y se organice bajo el grito de guerra que hoy debe ser "Franco y Carlos VIII"»[191].

Aunque Cora negase la evidencia, sus propios actos le contradijeron en todo momento. Trató de agrupar a los carlistas en torno a Carlos, «que está decidido a apoyar la labor del Generalísimo en toda la medida de sus fuerzas», para «crear en España una situación interna de la más extraordinaria robustez y firmeza». Todo lo realizado se hizo contando con Franco y el Partido, como recogió en el documento titulado *Razones y consideraciones que aconsejan el camino a seguir*. Aunque dedicado mayoritariamente a consideraciones generales sobre el estado de desorientación del carlismo y su necesidad de la figura del rey, interpretaba el manifiesto de Viareggio como un «acercamiento del carlismo al Caudillo y al Partido, que hay que contar con resistencias», porque era una obra difícil: «A nadie, y menos al Caudillo y al Partido, puede convenir el pedir más, ni el regatear el más decidido apoyo, para que pueda conseguirse lo que con este llamamiento se intenta»[192].

Lizarza negó que la Comunión estuviera pagada por la Falange contestando a la pregunta de si había «recibido algún dinero, subvención o ayuda del régimen para propaganda o como retribución a servicios prestados durante la Cruzada»:

El carlismo auténtico, fiel al Duque de Madrid, no ha recibido nunca subvención alguna ni ayuda de ninguna clase del Estado ni de la Falange. De esto respondo solemnemente. Sería absolutamente incompatible con el honor, la libertad y la independencia políticas de la Comunión. Debo también declarar que tampoco se me ha hecho sugerencia alguna a este respecto[193].

También negó Heras las afirmaciones de Arrese y Ridruejo, invocando la opinión de Del Burgo y la existencia de pruebas de ayudas económicas de los carlistas leales al sostenimiento de la «Casa del Rey» y de un tesorero, Primitivo Erviti Ruiz de Escudero, a quien sucedió Inda Zabaleta. Afirmó el autor que «no fue don Carlos un parásito del régimen»[194]. Sin embargo, la dependencia del régimen está acreditada por parte de quienes la propiciaron, como se ha recogido.

Toquero recogió la celebración de una reunión de Cora con los falangistas Fernández Cuesta y Girón en la que, para conseguir la ayuda americana, propusieron proclamar la monarquía en la persona de Juan Carlos y, si su padre no aceptaba, «se nombraría a Carlos VIII», disolverían las organizaciones monárquicas, falangistas y de intervención económica, salvo los sindicatos, se colocaría a monárquicos colaboracionistas leales a Franco, con lo que «tratarían de simular una Monarquía Nacional y obtener la ayuda económica precisa». Aranda «avisó a D. Juan de tal proyecto de disparate», oponiéndose a todo ello[195].

En una «declaración» de agosto de 1943 el jefe delegado Fal afirmó que los seguidores de Carlos VIII quedaban fuera de la Comunión Tradicionalista. Esta «seguirá su marcha» conforme a las orientaciones de Alfonso Carlos «sin otra disciplina que la del Príncipe Regente». Otros podían, fuera de la disciplina, «levantar o deponer rey [...] ni seguirles ni prestarles el menor concurso». Replicó al movimiento carlosoctavista con la denuncia de su colaboracionismo y la «adulación» a Franco que practicaban: «¿Qué otra cosa es este intento carlosoctavista que una maniobra en pro del régimen caduco o intento de dividir la Comunión so pretexto de oponer algún obstáculo a la opinión juanista?»[196].

Las adhesiones de Carlos VIII a Franco fueron continuas desde el manifiesto de Viareggio. En una declaración de julio de 1945 reconoció que eran «perfectamente compatibles» sus ideas políticas y sociales con las sustentadas por el caudillo, que «permite vislumbrar el inicio de una actitud honradamente sustentada desde el inicio del glorioso Alzamiento Nacional». Asumió el mensaje social y la opción del Movimiento por «fundir lo tradicional con lo social, bajo el imperio de lo espiritual, justo es reconocer que no tendremos argumentos que oponer a ello [...] no puede negarse a una inteligencia con el Movimiento, que acaba de propugnar la Monarquía Tradicional por boca del Jefe del Estado»[197].

El 12 de agosto de 1945 en carta de Carlos a Jaime del Burgo afirmó: «nosotros estamos con Franco y apoyamos su política salvadora en estos tiempos de quebraderos de cabeza»[198]. Pegaban pasquines en San Sebastián pidiendo a los donostiarras que se «alistaran en los voluntarios de Carlos VIII»: «Ni Regencia ni D. Juan, ¡Carlos VIII!». Era una declaración que invocaba a Franco y la inteligencia con el Movimiento[199].

Carlos expresó su preocupación por la unidad carlista en carta a Plazaola de 18 de agosto de 1945, observando que el núcleo de Fal «sirve a nuestros adversarios para atacarnos por esta desunión de la Comunión, que es tan lamentable y que es debida especialmente por los personalismos, más que a las divergencias de principios». Sin embargo, no todos los dirigentes manifestaban el mismo entusiasmo. En carta de Sesén, jefe regional de Aragón, de 21 de noviembre de 1945 comunicaba la propuesta de la junta regional para la nacional del día 14 sobre los principios, las elecciones municipales y la cuestión social, añadiendo, partían del supuesto de que

> este régimen político no proclama la monarquía tradicional de Carlos VIII como se nos había hecho creer y por lo tanto cabe preguntar si tanto halago a personas elevadas del mismo no afecta al honor de nuestra colectividad y entre tanto el Rey no puede vivir y la Reina tiene que empeñar alhajas[200].

Plazaola, que había recibido la anterior, le contestó lamentando que «a nuestra gente no se le dice la verdad, antes, al contrario, se le hace ver cosas que ni existen ni siquiera tienen visos de verosimilitud. Nunca en nuestra Comunión hemos visto a una sola persona disponiendo a su placer de toda una agrupación, que merece siquiera más respeto». Esa Junta regional daba «verdaderamente en la clave de la cuestión. No más halagos ni elogios dados a quienes [se habían dado] por lo menos hasta ahora». Se refería a una campaña de propaganda en la que «se mezclaba lo nuestro con lo ajeno. Una verdadera vergüenza». Criticó algunas de las noticias transmitidas y su falseadad. Fue una dura censura al comportamiento y control que realizaba el secretario general Cora, que fue una constante[201].

En la de 18 de mayo de 1946 Carlos informó a Del Burgo de un viaje a Tortosa donde fue recibido «con gran entusiasmo y dispuestos a actuar como sea, en el margen de nuestras orientaciones de unidad y apoyo a F.» (Franco)[202].

En 1947 manifestó Plazaola sus críticas al régimen, a los juanistas y a quienes querían construir la historia a partir de 1936, negando la historia carlista, falseándola y agraviando a la Comunión, a la dignidad y legitimidad dinástica, «y sobre esto lo que se atreve a exponer D. Juan hablando de derechos que se fundan en la legitimidad y en la tradición monárquicas, que él y toda su familia han vulnerado y pisoteado con contumacia»[203].

Insidias y conflictos

Una carta abierta de «Un carlista» –procedimiento utilizado por las organizaciones cuando pretendían llegar a las bases carlistas, en esta desde el carlosoctavismo– rechazó la regencia y planteó el debate dinástico entre Juan y Carlos, acusando al jefe delegado del regente de rechazar a este «por antipatía y determinación personal», mientras favorecía la elección en favor del primero. Invocó el pasado integrista de Fal, movimiento que desde su origen había sido contrario a Carlos VII y su hijo Jaime, ahora a su hija Blanca y a su nieto Carlos VIII, cuya legitimidad dinástica carlista expuso y defendió. Reprochó que los integristas habían participado desde su incorporación en 1931 en las conversaciones con Alfonso XIII en favor de su hijo Juan. Afirmó que el pueblo carlista había reconocido a Carlos VIII como rey, «sin preocuparse de la opinión y voluntad de la gente extraña, ni de la enemiga». Negó la condición de carlistas a quienes no le aceptaran como rey legítimo. De este modo todos los que no lo hiciesen eran anticarlistas y se autoexcluían de la Comunión con el rey[204].

Era una constante de los textos y declaraciones carlosoctavistas imputar a los regencialistas-javieristas su complicidad con Juan[205]. Lo rechazó Fal Conde en carta al projuanista navarro Elizalde de 27 de enero de 1944: «D. Juan no ha hecho nada fundamental y trascendental de adscripción ideológica a la Comunión», que era condición exigida por Alfonso Carlos. Así ocurría porque su propósito era restaurar la monarquía liberal[206]. E antijuanismo era uno de los principios de la Comunión Tradicionalista, sin que los contactos que se habían producido desde Jaime hubiesen servido para cambiar su posición.

Cora se dirigió el 27 de marzo de 1944 al Secretario General del Movimiento Arrese. Observó que a los carlistas «se les ha hecho objeto de vejaciones por parte de miembros de la Falange», que hacía difícil «conseguir de ellos que rectifiquen las actitudes de cerrada oposición, a la que les han llevado equivocadamente ciertos jefes, aprovechando ese estado de ánimo», que «hay que ir cerrando poco a poco, esas heridas». El carlismo estaba dividido, y el carlosoctavismo presentaba una alternativa diferenciada a la postura integrista de la Comunión Tradicionalista y de Fal Conde de «oposición a fondo contra el Caudillo y la Falange». Sin embargo, el propósito de Carlos, «decidido a apoyar la labor del generalísimo, es crear en España una situación interna de extraordinaria robustez y firmeza». Era preciso esforzarse: «A nadie y menos al Caudillo, puede convenir el regatear el más decidido apoyo, para que pueda conseguirse lo que con este llamamiento se intenta». Pidió que se colaborase de modo claro y efectivo en lo relativo a la propaganda y publicaciones, siendo «indispensable que las masas adviertan sin duda en él la decisión de recoger la herencia doctrinal de sus abuelos, es preciso que vean en él a un rey íntegramente carlista»[207].

El 7 de abril de 1944 Carlos publicó en Andorra un manifiesto, «Palabras de un Rey Cristiano. Don Carlos de Austria y el Estado cristiano», sobre los siguientes puntos: obediencia incondicional al papa, el Estado católico, restaurar todo en Cristo, carácter religioso del carlismo, lo primero la Religión y la Patria y unión de todos contra el comunismo. Realizó invocaciones a la herencia católica del carlismo y del régimen tradicional español, «que no es absolutista, porque el uso ilimitado de la autoridad (lo mismo que el abuso de la libertad) es anticristiano; aquel es, en consecuencia, opuesto a todo despotismo, como es opuesto al liberalismo que, por el extremo contrario, destruye y anula la autoridad y ha sido condenado por varios Papas, en especial por Pio IX». Tras una larga exposición de los fundamentos religiosos del tradicionalismo se refirió a la «restauración de los valores espirituales más sustantivos de España» como la «causa profunda del alzamiento de 18 de julio de 1936, y que hoy domina venturosamente la política española». Invocó a Carlos VII para apoyar al régimen ante el bloqueo internacional de España, enviando a Franco un telegrama contra la injerencia extranjera[208].

En todos sus textos y en la actividad propagandística Carlos dio mucha importancia al clero por su influencia en el mundo carlista. Se rodeó de un aire de católico practicante de intensa vida de piedad, exponiendo una ideología tan ultracatólica como la de los integristas, que le merecieron la adhesión de muchos clérigos y el elogio del cardenal Arce, arzobispo de Tarragona en el verano de 1948.

Durante 1944 el movimiento en favor de Carlos de Habsburgo realizó una compaña de presentación por varias provincias, con objeto de que los carlistas que mantenían relaciones personales o en los «círculos» o sociedades, pudiesen conocerle y a sus representantes territoriales, creando un ambiente favorable[209], para establecer las estructuras territoriales del partido[210]. En este viaje de propaganda comentaban «que el hecho de haber recibido el Caudillo al general Cora y Lira, uno de los más destacados dirigentes de este grupo, significa una aproximación de Franco a este grupo»[211].

De estos viajes los gobernadores civiles dieron cumplida información al ministro Arrese. Fueron del mayor interés las entrevistas que Carlos tuvo con el de Álava los días 3 y 11 de septiembre de 1944. Del detallado informe del jefe provincial al ministro de 13 de septiembre de 1944 se desprende un ambiente de confianza. Trataron muchos temas que, según expresa el informante, descubrieron a Carlos algunos engaños en cuestiones políticas y dobleces de sus hombres de confianza. Sirvió para que conociese de mano de una autoridad gubernativa cuales eran los planteamientos del régimen sobre su actividad y colaboradores.

Según el informante, reconoció el pretendiente la inexactitud de las informaciones que se le transmitían sobre la actitud contraria de la Falange, las facilidades que recibía del Gobierno y «la ayuda, incluso económica, facilitada por el Excmo. Sr. Ministro Secretario General del Movimiento». No salió bien parado Cora, tanto por la información que le transmitía como por su comportamiento respecto del «camarada Olazábal», que era el interlocutor del ministro con quien había diseñado su presencia y modo de actuar antes de la llegada de Cora a Italia. Informó a Carlos «de la veracidad de cuanto le indiqué referente a este punto, obteniendo por su parte, […] manifestaciones muy interesantes». Dejó al descubierto el doble juego de Cora que pretendía ser el interlocutor del Gobierno. El pretendiente «le reconoció la necesidad de llevar una acción totalmente identificada, no sólo en cuanto ideas, que afirmó no existir diferencia sustancial, sino también en relación con las personas significativas del Movimiento […] con la significación del 18 de julio que adquirió perfiles más precisos a raíz del Decreto de Unificación dado por el Caudillo». Le planteó las dificultades económicas, proponiendo Carlos la devolución de los bienes de Carlos V, aunque fuese de modo provisional por medio de anticipos reintegrables, hasta su autorización por las Cortes. Para evitar conflictos entre los dirigentes, propuso el jefe provincial de Álava una dirección compartida por dos secretarías entre Cora, para los carlistas viejos, y Olazábal para la política de atracción y relación, con un órgano consultivo «con figuras que nos conviene tener afectas, el Consejo de la Corona». Carlos observó los desaciertos de sus jefes políticos, «dijo indignado que no está dispuesto a hacer el ridículo, pues antes de eso hacía la maleta y se marchaba. [...] al aceptar la jefatura del Tradicionalismo español lo hacía con la condición de no desaprovechar el alto significado del 18 de julio que supondría una gran torpeza política y una traición a su patria».

El extenso informe del gobernador de Álava formuló ocho conclusiones que plasmaron el estado de la cuestión en cuanto al papel del pretendiente y su relación con el régimen:

1.ª Que de las extensas conversaciones mantenidas con S. A. R. Carlos he sacado la firme convicción de que su persona puede asegurar en un futuro la continuidad de la política iniciada por el Caudillo el 18 de julio.

3.ª Que no pretende, por tanto, restauración en su persona de ninguna de las monarquías periclitadas, sino la INSTAURACIÓN de la Monarquía que en el momento presente conviene a España.

5.ª Que esta concepción que él tiene de la política española la supedita, en cuanto al momento, a la decisión del Caudillo.

6.ª Que noticioso de la orientación equivocada que, sin su conocimiento y autorización, se venía dando por su representante, procede a su limitación de funciones, encomendando la dirección política de los asuntos concernientes a su Persona a nuestro camarada José M.ª de Olazábal y reduciendo la actuación de Jesús Cora a las relaciones con los viejos núcleos carlistas.

7.ª Que, según pude deducir, los medios económicos con que cuenta para el sostenimiento de su persona y familia, no son suficientes para mantenerlo en el rango que le corresponde ni con la independencia que necesitamos, por lo que sugiero la idea apuntada en el apartado de ese informe concerniente a «Medios económicos».

8.ª Que, de las manifestaciones hechas sobre su pensamiento político, se desprende la importancia que para el Movimiento y para España representa la posibilidad de su realización, por lo que, a mi juicio, nadie más interesado que el propio Movimiento en impedir que tales propósitos se malogren por falta de medios económicos, sin los cuales es absolutamente impensable dar un solo paso[212].

Este informe reflejó como ningún otro cuál era su relación y dependencia del régimen, las dificultades internas, su falta de medios y su utilización y subordinación a Franco. El hombre del Movimiento y Arrese en el asunto era Olazábal desde el primer momento. Cora manejaba otros hilos, su condición de general y su relación con Muñoz Aguilar en El Pardo. Pero el diseño, financiación y gestión de la operación la dirigía el ministro y los jefes provinciales de confianza, como el de Álava.

En todo momento, Cora transmitía a sus correligionarios una fe ciega en el buen fin de la operación, porque la monarquía se iba a instaurar en España en la persona de Carlos. En carta a Deán de 4 de junio de 1945 afirmó que «el régimen actual está rápidamente transformándose para llegar a la Monarquía Tradicional en un breve plazo», porque para los aliados era necesario un «gobierno fuerte, están determinando que las clases conservadoras y los elementos católicos de toda España con la única y triste excepción de los falcondistas y de los nacionalistas vascos, están agrupándose con la mayor emoción, y víctimas del miedo, llevados del espíritu de conservación, alrededor de Franco».

Mientras Juan tenía «declarada guerra» al generalísimo, Carlos «viene manteniendo desde más de dos años leal apoyo a este», de modo que «las posibilidades del triunfo, aumenten de extraordinaria manera. Viene a toda prisa la Monarquía, traída por Franco, pero Monarquía Tradicionalista, que llevará irremisiblemente y en su día a la proclamación de D. Carlos»[213].

El 12 de agosto de 1945 Carlos VIII se dirigió por carta a Del Burgo sobre captación de simpatizantes, con «máxima prudencia, no nos conviene que grupos formados se pasen en bloque, lo que interesa es captar figuras y asegurarnos la simpatía de la masa». En cuanto a las relaciones con el régimen: «nosotros estamos con Franco y apoyamos su política salvadora en estos tiempos de quebraderos de cabeza». Se refirió a «la postura de los angloamericanos con nuestro movimiento, que es de sincera simpatía». Le transmitió un encargo para Amadeo (Marco), agradeciéndole su labor «por España y por nuestra Santa Causa»[214].

En carta al mismo de 29 de diciembre de 1945 se refirió a la «poca comprensión de los amigos M. (Morte) y de los de Tudela»[215], le rogó transmita saludos a los amigos «y al Sr. Junquera que tan atento se comporta con nosotros». Este último era el gobernador civil que más conflictos produjo en Navarra por sus enfrentamientos con la Diputación y ataques a los fueros que defendieron los carlistas, a los que calificaba en sus informes de «falcondistas separatistas»[216]. Sin embargo, «el gobernador de Navarra señor Junquera ha facilitado fondos del Gobierno Civil para la propaganda de Carlos VIII»[217].

En la de 14 de marzo de 1946 comentó que «quizás sea justamente Navarra la provincia más difícil de convencer». Lamentó las «dificultades surgidas en Tudela, siempre chocamos con los personalismos y con las ideas cerradas de formación de grupitos». Consideró acertada la circular del Sr. J (Junquera) a los alcaldes. Sobre la celebración de la fiesta de los Mártires de la Tradición le parecía que no era «el momento oportuno para hacer circular un documento parecido al de J. (Javier) que ha causado tan mala impresión». Le anunció un manifiesto con motivo del 18 de julio y la muerte de Carlos VII[218].

En carta del 14 de abril de 1947 Carlos asumió «nuestra Guerra de Liberación», pronunciándose contra las declaraciones de Juan, quien en el Manifiesto de Estoril del 7 de abril había rechazado la ley de sucesión y en las realizadas al *The Observer* criticó el régimen[219].

En abril de 1947 apoyó el proyecto de la Ley de Sucesión a la Jefatura del Estado, en una «Nota declaración de la Comunión Católico-Monárquica», porque «constituye un paso más, e importantísimo, en el camino de retorno a la tradición, al declarar que España se constituye en reino, al asignar a la monarquía como características fundamentales lo católico y lo social»[220].

El anuncio del apoyo y el ejercicio del voto en el referéndum por el pretendiente y esposa fueron utilizados por la propaganda del régimen, frente a la actitud contraria de Juan y del regente Javier.

Esta actitud era explicable por su «devoción y fidelidad» a cuanto realizara el generalísimo, o porque no era consciente de su juego de pretendientes o, siéndolo, se prestaba pensando en posibilidades de futuro, sin importarle que el presente vitalicio era la dictadura. Era evidente que carecía de una idea de lo que el proyecto de la monarquía franquista representaba de contrario a la esencia de la monarquía tradicional y su automatismo histórico. Carlos expuso no sentir «apremio alguno por conocer la propuesta que haya de hacer en su día el actual Jefe del Estado español»: «Las condiciones de católico, de español e incluso de varonil que deben concurrir en el futuro monarca nos tranquilizan completamente, […] sino también una inspiración en nuestros principios y en la ley de sucesión en que apoyamos los carlistas el derecho a la Corona de los príncipes de nuestra dinastía»[221].

Fue constante su preocupación por el proselitismo carlista y la consolidación que no lograba en Navarra, tratando de debilitar las estructuras oficiales de la Comunión Tradicionalista con el apoyo de las autoridades gubernativas. En carta a Deán invocó el «desmembramiento y desorientación de lo que queda del falcondismo integrista». Exigía «que no se llamen carlistas o tradicionalistas […] no hacen caso al testamento de Alfonso Carlos haciendo propaganda liberal y desunión nacional». Su esperanza era «captar a todos los españoles de buena fe simpatizantes con el Movimiento Nacional»[222].

Esta dinámica estaba basada en que el Gobierno «no ignoraba la condición de pretendiente», que Carlos había comunicado a Franco por carta entregada por Cora y en la seguridad que este mostraba de que Franco nunca entregaría España a D. Juan: «El Generalísimo Franco, que según parece llegó hasta el máximo en sus consideraciones para con el hijo de Alfonso XIII, tiene una firme voluntad de que sería un gran mal para la Patria el advenimiento de D. Juan, por nadie ni por nada cambiará»[223].

La presencia en España de Carlos VIII preocupó al Consejo Nacional de la Comunión Tradicionalista celebrado los días 8 y 9 de noviembre de 1947. Acordó promover una campaña a favor del regente y contra los otros candidatos. En el «caso del archiduque Carlos» se comentó y propuso «procurar exaltar frente a su persona la institución monárquica y la legitimidad que encarna el príncipe Javier, y sin cuya anuencia nadie puede reclamar derechos a la dinastía legítima»[224].

De este acuerdo salió el folleto del historiador carlista Ferrer titulado *La legitimidad y los legitimistas. Observaciones de un viejo carlista sobre las pretensiones de un Príncipe al Trono de España* (1948). El estudio expuso la sucesión, la regencia, la oportunidad política, las pretensiones y supuestos derechos de Carlos de Habsburgo, el régimen de la ley sucesoria, las abdicaciones y renuncias, las líneas, la sucesión en la casa de Austria, los matrimonios morganáticos, la ley sucesora franquista, etcétera. Observó el absurdo que suponía invocar las leyes históricas, fundadas en la tradición, que buscaban la perennidad de la institución monárquica, y la de Franco, basada en el oportunismo.

Se propuso tratar a Carlos «con el mayor respeto a su persona. [...] que nos hace renunciar a cualquier argumento o motivo de exclusión que en él pudiera apreciarse, pero de índole personal». Aceptó que, si fuera posible en el marco sucesorio, «mucho halagaría nuestro espíritu carlista poderle reconocer derechos al trono». El trato que le dio era en lo personal amable, pero sin reconocerle los derechos por argumentos históricos y legales. Constató Ferrer el «favor oficial» de que gozaba esta nueva oferta dinástica carlista en cuanto a propaganda, inmunidad de impresos, distribución con franquicia de centros oficiales, actos y celebraciones con poca concurrencia, con la «mixtificación bajo esa bandera de señalados elementos falangistas y [...] de una docena escasa de elementos carlistas, hace muchos años apartados de nuestra disciplina». Todo ello «sin excluir el financiero, que no ha llegado todavía a convertir en realidad aquellos famosos ofrecimientos de Gobiernos Civiles que a los favorecidos llegó a hacerles perder la cabeza».

Todo ello por el «móvil permanente y tenacísimo de combatir a la Comunión Tradicionalista mediante el arma de la confusión». Carlos VIII era protagonista de una «farsa carloenchufista que encubre un carlofascismo de ocasión, pero que repugna a las esencias del tradicionalismo, ya que lo cierto y verdadero es que unos van a su avío y otros están haciendo el pelele en manos de los Maese Pedro del tinglado político». Concluyó proclamando la legitimidad conforme a la Ley de 1713, interpretada por el carlismo «en una sola dinastía legítima, cuyo representante actual es S. A. R. el Príncipe D. Javier de Borbón-Parma, Regente por designación especial de Don Alfonso Carlos»[225].

La «operación Habsburgo o Carlos VIII» empezó a cambiar de aspecto con la entrevista entre Franco y Juan a bordo del Azor el 25 de agosto de 1948[226]. Como expresó Pabón en carta a Gil Robles, el titular del poder de hecho por el triunfo militar reconocía en aquel

> un derecho hereditario que hasta ahora le ha negado. En definitiva, Franco, [...] ha acabado visitando a Don Juan [...] ¡Adiós a Don Carlos VIII, adiós Ley de Sucesión! y ¡Príncipe de mejor derecho!, ¡adiós «derecho de conquista»! ¡bárbara filosofía del caudillaje! [...] Los interesados, desconfían y se sienten burlados. Los cretinos, que seguían a Franco en la confusión y el temor, aseguran que «ya se ve una luz». Los embarcados –con Don Carlos VIII, en el Consejo del Reino, en las Cortes– se sienten en ridículo[227].

La entrevista y el acuerdo sobre la educación en España del hijo y heredero Juan Carlos introducían una nueva variante en la sucesión a largo plazo, tanto como durase la educación y mayoría de edad del príncipe según los más optimistas, conscientes de que el dictador nunca apoyaría al padre. Mantuvieron viva la alternativa de Carlos, porque siempre era conveniente dar la imagen, transmitir confusión y confianza en una posibilidad, que permitía al generalísimo utilizar a todos a favor de su dictadura vitalicia.

Según Cora, la instauración de la monarquía precisaba de la participación de la Comunión Católico-Monárquica, ya que, en otro caso, se produciría «la oposición rotunda y viril de los carlistas [...] en defensa de la causa inmortal». No obstante, tranquilizaba a los leales: «Estamos debidamente autorizados para declarar que no ha sido alterada, al menos hasta la fecha, en lo más mínimo, la situación que venía existiendo entre el Rey, nuestro Señor, y el Generalísimo Franco». Por tanto, se mantenía el *statu quo* hasta que el generalísimo lo considerase necesario[228]. Era común al carlosoctavismo la «idea instauradora sustentada por el generalísimo», dentro de la cual existían posibilidades para su causa, por lo que «no aconsejaba la ausencia de España, la permanencia aquí es esencialísima e imprescindible para el logro de nuestras aspiraciones»[229].

Entre el 31 de agosto y el 3 de septiembre de 1949 Carlos viajó a Galicia, con la expectativa creada por Cora de que Franco le recibiese –lo que hasta entonces no había hecho–, produciéndose un reconocimiento como sucesor. Nada de ello aconteció, ya que lo había comunicado para dar contenido al proyecto y esperanzas a sus fieles. Una cosa era que Franco los utilizase y otra que se dejase utilizar. La entrevista no se produjo hasta el 1 de junio de 1952, exactamente un día después de que el Consejo Nacional de la Comunión Tradicionalista reconociera a Javier como abanderado tradicionalista. En su juego de pretendientes mandó un mensaje de reconocimiento a uno y rechazo al otro.

En 1949 se manifestó una profunda crisis con motivo de las actuaciones de Cora, siendo el desencadenante el viaje de Carlos VIII a Galicia, justificado por una entrevista con Franco, que no se celebró, y por la desconfianza que suscitaba la entrega al régimen entre muchos carlistas. En lo personal, el pretendiente se vio afectado a fin de junio por el abandono de su esposa dejándole con dos hijas[230]. El 25 de octubre de 1949 falleció en Viareggio su madre Blanca, a la que estaba muy unido[231].

Los signos de desafección a la política exclusivista de Cora, totalmente dependiente del régimen, se manifestaron en 1950. Aparecieron las Juntas de Ofensiva de Agitación Carloctavista (JOAC) independientes de la jefatura, el Movimiento de Agitación Social Católico Monárquica (MASCM) y el Círculo de Sarriá, separado del central de Barcelona. Constituyeron un movimiento de oposición anticoralista y de su entreguismo al régimen, pero sin separarse ni oponerse a este. En Madrid se produjo la ruptura con la autoridad de Cora en 1952 formándose un Frente Nacional Carlista.

El informe del gobernador civil de Navarra al Ministerio de 20 de enero de 1950 se refirió a las conversaciones de la Jefatura Provincial del Movimiento con el jefe carlosoctavista (Lizarza) con el fin de aglutinar en torno a la jefatura a los grupos carlistas para evitar que, incluso ellos, adoptaran actitudes divergentes, «si bien apoyan al régimen, no se consideran obligados por la disciplina de FET y de las JONS", [aunque] las personas que pudieran hacerlo «carecen realmente de prestigio, y el único de que disponen es el que les presta la Autoridad que les apoya y considera» (Villanueva, 1998a: 421-424, 433)[232].

En los primeros meses de 1950 se produjeron contactos para buscar la unión carlista entre carlosoctavistas y juanistas, ya que Cora rechazaba «toda propuesta, ingenua, de parlamento con cualquier exaltado y fanático javierista. Pero en cambio estoy siempre dispuesto a tratar con los demás y a contestarles en todas aquellas cuestiones que ellos deseen preguntarme»[233]. Diálogo lleno de dificultades por la cuestión dinástica, porque sobre las relaciones con el régimen unos eran instrumentos colaboracionistas (carlosoctavistas) y los otros enfrentados por la «monarquía franquista» y la ruptura del régimen sucesorio (juanistas).

Consciente Cora de la debilidad que suponía para el proyecto su vinculación y dependencia del régimen y las críticas internas que suscitaba, quiso reducirla en carta a Comín Sagüés de 8 de abril de 1950. Había sido «víctima de persecuciones falangistas, habiendo estado a punto de perder mi carrera, por mantener la causa de don Carlos de Austria en su firme terreno de intransigencia carlista y absolutamente separada e independiente de la Falange». Otros de los suyos habían sido «ganados por las seducciones y ofrecimientos que, a través de José M.ª Olazábal y de Pedro Gómez Ruiz hacía [...] José Luis de Arrese, entonces ministro secretario general de FET». Rechazó a la Falange, pero tuvo constante adhesión a Franco, con una posición «clara, es honrada, es patriótica y abre el camino de las esperanzas y de las posibilidades. Representamos la oposición a la Falange, que gobierna; pero oposición constructiva y serena, que nos permite sustituir aquel partido en la gobernación del Estado sin claudicar de ninguno de nuestros principios y de nuestras lealtades. Nuestro apoyo al Generalísimo es condicional»[234].

En carta al mismo Comín de 2 de mayo de 1950, habla sobre la relación con Falange y las diferencias internas con otros líderes (Plazaola, Olazábal, Paulo) que le criticaban por su oscurantismo, falta de transparencia y desinformación. Había logrado «crear una organización no sólo auténticamente carlista, sino también en absoluto independiente de la Falange, pretensión que hemos alcanzado y que constituye un hecho consumado que el régimen ha tenido que reconocer al menos oficiosamente». Respecto a la cuestión dinástica, aceptó la posibilidad de la legitimidad de origen de Juan, pero no veía posible que Franco le abriera el camino del trono por sus enfrentamientos: «no es dable suponer que Franco traiga a don D. Juan sin caer en una renunciación que le deshonraría, ¿Quién queda?»[235].

Comín contestó a Cora el 12 de junio de 1950 exponiendo su escepticismo sobre las posibilidades de Carlos VIII tras la entrevista de Franco y Juan: «Para mí está claro que, a pesar de todos sus razonamientos con D. Juan, sólo en él ha pensado para la Corona de España. Si bien creo también que en la mente del Caudillo está el propósito de que antes de que esto llegue pasen unos cuantos años»[236].

Mientras, el dividido carlismo navarro era capaz de crear situaciones incómodas a las autoridades gubernativas. El 21 de agosto de 1950 los tenientes de alcalde y concejales del Ayuntamiento de Pamplona presentaron una moción manifestando su «dolorida contrariedad [...] ante la desaparición del símbolo de una de las más gloriosas realidades nacionales, manifestándolo así a las autoridades competentes», refiriéndose al clausurado círculo carlista. Fue aprobado por unanimidad por el pleno de día 25[237].

En un informe del jefe provincial del Movimiento de Navarra, el gobernador civil Valero Bermejo, de 17 de junio de 1951 dirigido al secretario general, Fernández Cuesta, le comunicó una reunión de carlosoctavistas celebrada en Vitoria el día 11, observando que los grupos de Navarra estaban «vinculados con lealtad a la Jefatura Provincial del Movimiento, no puede hacer la misma afirmación respecto de otras personas y, concretamente, al titulado jefe regional, don Antonio Lizarza» (Villanueva, 1998a, 450-451) .

A pesar del esfuerzo que realizaban los carlosoctavistas, informaba Gambra al Consejo de la Tradición (regencia), en sesión de 10-14 de octubre de 1951, que «el octavismo no ha prendido en Navarra. La situación de intereses creados y la posición adoptada hace años por algunos carlistas de prestigio en Navarra no ha prendido en la masa carlista, pero ha producido abatimiento, paralización de actividades»[238].

Los contactos en Navarra entre los diversos grupos carlistas se incrementaron, pensando en participar en las elecciones municipales de noviembre de 1951 con candidatura única. En el informe de Fal al regente de 12 de septiembre de 1951, le comunicó que no había esperanza de acuerdo con los carlosoctavistas «ni a nadie interesan, están con el Gobierno y sufren en Navarra el mayor desprestigio político y moral», y no los convocó por ser una facción «proclive al régimen totalitario que ahora domina»[239]. Participaron los dinásticamente juanistas, porque seguían siendo parte de la Comunión, ya que solo se había excluido a Rodezno, Arellano y Ortigosa[240].

En 1952, tras la asunción de la función dinástica y el fin de la regencia por Javier en Barcelona, la organización carlosoctavista del requeté lo aceptó como rey y se reintegró en la Comunión Tradicionalista[241].

En una carta de Carlos a Del Burgo de 14 de febrero de 1952 se refirió a su obra *Recuerdos del Alzamiento Nacional*, destacando que recogía el «verdadero sentir carlista y vuestra nobleza y entusiasmo como desinterés personal al ofrecer todo para una España auténtica y verdadera como nosotros la queremos conservar y mejorar». Recordó «que hay momentos que se repiten». Recogió todas las descalificaciones que aplicaban a los contrarios a sus planteamientos, fuesen monárquicos liberales, integristas o «falcondistas liberales»[242]. Dejó claro que «gozamos de la confianza del gobernador civil, dignísima persona que como nosotros sólo ve el mejor servicio de España y nos deja actuar libremente. Espero que se logre tan compenetración también en Navarra y en otras regiones»[243].

El 1 de junio de 1952 Carlos VIII, tras nueve años de estancia en España, celebró una entrevista con Franco en el palacio de Pedralbes de Barcelona de una hora de duración, de la que salió exultante: «fue muy cordial la conversación y los detalles me convencen que podemos dentro de la prudencia necesaria ser optimistas»[244]. Dedujo una crisis de gobierno y la posibilidad de la presencia de alguno de los suyos, «según mi impresión recogida en mi entrevista con F. (Franco) sería posible lograrlo, pero hemos de demostrar disponer de personas preparadas y conocidas»[245].

La visita de Carlos a Navarra en septiembre de 1952, la comentó Rodezno al ministro de la Gobernación Pérez González, destacando la participación de los medios oficiales y de Falange:

las jerarquías más calificadas y oficiales de Falange y las autoridades representativas del Gobierno han dado el desconcertante espectáculo de pasear por las ciudades y villas de esta tierra a un archiduque austriaco, al que han titulado Carlos VIII, y a su esposa, adornando los pueblos con percalinas, atronando con cohetes, y organizando claques que gritasen «Viva el rey legítimo»[246].

Legitimidad dinástica y nuevo austracismo

Con la presencia en Barcelona de Carlos VIII y el manifiesto de Viareggio, el carlosoctavismo insistió en explicar y transmitir la legitimidad de origen y el proyecto político del nuevo pretendiente dentro del tradicionalismo carlista, formando parte de la trayectoria legitimista del «núcleo de la lealtad». A tal fin se publicaron trabajos histórico-jurídicos de personas vinculadas al movimiento de su primera época, incorporándose nuevos autores como Lizarza Inda.

Cora y Lira

Cuando se formuló la cuestión sucesoria en la dinastía carlista en 1932, Cora y Lira publicó su *Estudio jurídico-histórico y político. El futuro caudillo de la Tradición española*[247]. Fueron sus conclusiones:

1.ª El Reglamento para la sucesión de la Monarquía, establecido por Felipe V, no es la llamada ley sálica, pues lejos de excluir a las hembras, las llama expresamente en ciertos casos, taxativamente señalados en dicho texto legal.

2.ª Conforme a los principios de la agnación, que constituyen la característica del mencionado Reglamento, y a lo reconocido y declarado en el Testamento político de Carlos VII, [...] las normas y órdenes de llamamiento que en el primero se consignan, han de aplicarse para determinar el legítimo sucesor de don Alfonso Carlos, teniendo en cuenta que la dinastía es la fundada por Carlos V y que, por lo tanto, no puede hablarse en este asunto de las restantes ramas de los Borbones que proceden de Felipe V.

3.ª Extinguidas en don Alfonso Carlos las líneas varoniles, y no dejando tampoco este último reinante, hijas ni hermanas, corresponderá la sucesión al *proximior*, al más próximo pariente, sea varón o sea hembra.

4.ª Con sujeción a las normas fundamentales del sistema agnaticio y a las reglas que lo desarrollan y explican en la ley de 10 de mayo de 1713, la familia que desciende del infante don Francisco de Paula ha quedado apartada de la sucesión de la Monarquía legítima.

5.ª Independientemente de todo esto, debe recordarse que es dogma reiterado de la Comunión Tradicionalista la exclusión de las ramas autoras, cómplices y servidoras de la Revolución. [...] la rama usurpadora jamás podría suceder a la verdadera Dinastía legítima, la de los Reyes prescriptos de la verdadera España, la de los caudillos incorruptibles de la Fe contra el ateísmo, de la Patria federativa contra el centralismo opresor, de la Monarquía nacional contra el régimen liberal y parlamentario que vino de allende las fronteras para infortunio del país de nuestros amores.

Con la misma fecha y conclusiones, con algunas diferencias de léxico, pero no de fondo, de carácter divulgativo, con cuadros detallados de las sucesiones y árboles genealógicos se publicó por «J. del Arco», *Comentarios a la Vigente Ley Reguladora de la Sucesión Dinástica Española impropiamente llamada Ley Sálica*[248]. Formuló las conclusiones «como deducción lógica de todo lo expuesto y regla práctica de conducta en la solución de esta cuestión cardinal para el futuro de nuestra Patria».

Con motivo del lanzamiento político de Carlos de Habsburgo en 1943, Cora aportó una nueva obra de contenido político, versión actualizada y ampliada de la anterior: *Carlos VIII. Monarca tradicionalista. Pensamiento religioso e ideario político y social del actual representante de la Dinastía Legítima española. Su visión de los grandes problemas de nuestra patria*[249].

Deán Berro

Uno de los promotores de la causa cruzadista y de la presencia de Carlos en España fue el médico Deán Berro, de Cascante (Navarra), que ocupó las jefaturas de Castilla la Nueva y Navarra hasta su renuncia en 1947. En defensa de la causa publicó en 1933, *Descorriendo el velo. La conjuración juanista y los modernos cruzados de la Causa. Presentimientos y realidades*[250]. La dedicó «a los Excmos. Sres. General D. Juan Pérez Nájera y don Lorenzo Sáenz y Fernández Cortina, sin olvidar a *Modestinus* (Izaga Ojembarrena), los tres Caballeros de la "Orden de la Legitimidad Proscripta"». Fue uno de los más destacados miembros del «núcleo de la lealtad», seguidor acérrimo de *El Cruzado Español*, opuesto a los integristas y a la sucesión juanista.

En 1946 dató un texto, sin publicar, titulado «Causas del confusionismo y medios para conjurar sus efectos»251. Ante la desorientación que observaba se propuso «referir y comentar una serie de hechos, cuya divulgación considero de trascendentalisimo interés», para «desvanecer errores, despejar situaciones equívocas e inquirir las causas eficientes y los motivos propulsores del confusionismo dominante». Recogió sus muchas vivencias de aquellos momentos desde la perspectiva de un cruzadista.

En el capítulo décimo expuso la situación del momento en que redactó el texto (1946) y la relación entre «Carlos VIII y Franco», el prudente comportamiento de aquel respecto a un «gobernante católico, antiliberal y anticomunista, que la acababa de salvar [a España] del dominio selvático de la horda con el viril concurso de las fuerzas sanas del país». En aquel momento, «los posibles errores, persecuciones y arbitrariedades […] procedentes del campo oficial o extraoficial, carecían de importancia» ante las consideraciones «fundamentales para la subsistencia misma de los valores religiosos, políticos y sociales de la Patria». Elogió el comportamiento y la religiosidad del generalísimo, invocando su concepción sobre la monarquía tradicional. Concluía: «El patriotismo y el amor a nuestra Causa nos impiden actuar contra Franco, a menos que deseemos unirnos a la campaña que están realizando contra él y contra España tantos indeseables».

Lizarza Inda

En 1951 Lizarza Inda publicó *La sucesión legítima a la Corona de España*252. La obra, prologada por Cora, está formada por ocho capítulos y un epílogo.

Los principios legales los fundamentó en el título I, libro III de la Novísima Recopilación de 1805, «del Rey y de la sucesión del Reino»; Ley V con el orden de sucesión, semisálica conforme a la norma de 1713 de Felipe V; leyes I y III, I y II del título II de la Partida II, sobre exclusiones; ley IV, de Felipe III de 1619, que prohíbe el ascenso al trono de los descendientes de Luis XIII[253].

Explicó el desarrollo histórico-jurídico hasta llegar al llamamiento de Blanca, hija mayor de Carlos VII, tras el fallecimiento sin descendencia de su hermano Jaime y de su tío Alfonso Carlos: «Es la solución jurídica, española y carlista, síntesis del derecho y del sentimiento». Aquella en 1943 «interesó a sus hijos en el magno problema de la sucesión española», que por «circunstancias especiales y muy dolorosas de algunos y la buena voluntad de todos, resolvieron sencillamente la cuestión». Al no poder hacerse cargo personalmente por su avanzada edad, «de acuerdo con la voluntad libérrima de sus hijos mayores, proveyó en junio de 1943 la sucesión legítima en su hijo Carlos», poniendo los ejemplos históricos de doña Juana y doña Berenguela. Lo confirmó notarialmente el 12 de noviembre de 1945 en la transmisión a Carlos de los derechos de la Corona, ratificándolo sus hermanos mayores. Por ello, «Don Carlos de Austria y de Borbón [es] el Rey legítimo, señor de España», dando por

concluido el interregno de siete años en que el Regente Don Javier cumplió la misión histórica de guardar la continuidad dinástica, la sucesión de los reyes españoles está asegurada. Porque los dictados de la Legitimidad son superiores a las personas. No requieren adhesión. LA LEGITIMIDAD NO SE ACEPTA: SE ACATA[254].

Al exponer su biografía, aludió a que, en el funeral de Alfonso Carlos en Viena, Carlos de Austria «soportó la afrenta de un deliberado desconocimiento de su persona por parte de los representantes del Tradicionalismo»[255]. Afirmó que «su vida particular ha sido inmoralmente violada. Por todas partes el odio y la malquerencia de los seculares enemigos de su familia"[256].

Afirmó Lizarza Inda la ilegitimidad del mandato del regente, negativamente por su falta de ejercicio y positivamente por haberla tergiversado. Como la regencia, «ya ilegítima, era un peso muerto, sostenido únicamente por la inercia y por los intereses creados», el 29 de junio de 1943, «obrando conforme al deber que les imponía su nacimiento», «Doña Blanca y su hijo D. Carlos alzaron la bandera de la santa rebeldía contra una institución ilegítima por su ejercicio», como lo expuso en el manifiesto de Viareggio, que invocó. Por tanto, «la Regencia ha concluido jurídicamente. El Regente cumplió la misión de salvar la continuidad monárquica durante el interregno 1936-1943. Hoy el Rey legítimo es Don Carlos de Austria y Borbón. [...] asegura la continuidad de los Reyes Españoles y Carlistas»[257].

Negó la existencia de ley exclusoria por pertenecer a la casa de Austria, consecuencia de la derrota en la guerra de Sucesión y los tratados de Utrecht-Rastatt (1713-1715) y Viena (1725), que no aparece en la *Novísima Recopilación*, ni en las normas de armonización. Carlos no recibía los derechos de la dinastía Habsburgo, sino de su madre que era Borbón de la rama carlista. Rechazó la ilegitimación por matrimonio morganático, institución germánica que no era ni española ni carlista, que solo exigía el permiso real del archiduque Otto de Habsburgo.

Valoró que la Comunión Tradicionalista estaba sumida en «el sopor de la Regencia o el falso derrotero dinástico que algunos arteramente han querido imponerle», llamando a Navarra a «despertar de la conciencia dormida del carlismo, azotado por tantas adversidades internas»[258].

Expuso, como ejemplo de superación, la crisis de la República y «el Alzamiento bendito, aquellos sacrificios gloriosos, las vidas ofrendadas tan generosamente, la clara victoria [...] es preciso tener una confianza ilimitada en la perduración política de nuestra doctrina y de nuestras ideas». Concluyó afirmando que «el carlismo no puede morir, porque Dios no abandona a quienes en él confían», invocando palabras de Carlos VIII, duque de Madrid: «tened presente que, a pesar de todas las desdichas y catástrofes que puedan sobrevenir, eternamente vivirá el Carlismo»[259].

La obra mereció una «carta abierta a un octavista de buena fe» en la que el autor anónimo cuestionó los títulos de legitimidad invocados a favor del archiduque y la legitimidad de ejercicio de Carlos de Austria, porque «es notoria la adhesión incondicional al régimen franquista». Les reprochaba sus invocaciones a «Franco y Carlos VIII», porque «con un poco de dignidad antepondrían el nombre de su rey al del «vasallo». Todo su comportamiento, incluida la financiación, constituían una «herejía (por no llamarle marotada)». Recordó su comportamiento en el referéndum de la Ley de Sucesión, refiriéndose a si hubiese sido posible que su abuelo Carlos VII hubiese ido a votar en las elecciones de compromisarios para elegir a Amadeo de Saboya, lo que era inconcebible. Pues bien:

> Carlos VIII no tuvo reparo en votar en el referéndum aprobatorio de la ley de sucesión de 1947, que borra y olvida todas las legitimidades y los derechos anteriores, dejando en manos de Franco la designación del futuro Rey, que puede ser el propio Carlos, D. Juan o el emperador de la China[260].

Austracismo borbónico

Al plantear el carlosoctavismo la sucesión en Carlos de Habsburgo, cuya legitimación materna era Borbón y Borbón-Parma, invocaron la historia de la casa de Austria en la monarquía española hasta 1700, queriendo superar el periodo y dinastía borbónica del que traía causa su legitimidad y aspiración a la Corona[261]. Paradójicamente, Felipe V, del que procedía la dinastía carlista, su abuelo Carlos VII y su madre Blanca habían privado de derechos a la corona española a los Habsburgo en el Auto acordado de 10 de mayo de 1713, que era más que la ley sálica, como le había comunicado Alfonso Carlos y habían reconocido el nuevo pretendiente y su madre.

En su momento Blanca y Carlos de Habsburgo habían consultado con Alfonso Carlos, y comunicaron su contestación del 29 de noviembre de 1934 a su delegado, Fal Conde, rechazando la campaña a su favor de los «cruzadistas», y le rogaron lo transmitiese a sus correligionarios, porque no se consideraba heredero de su tío-abuelo, quien «me ha declarado no tener yo derecho alguno a la sucesión al trono de España [...] debo declarar al mismo tiempo que no tengo derecho a esa sucesión». El archiduque se dirigió el 23 de abril de 1935 a una comisión carlista que le había regalado una boina roja, advirtiéndoles «que no podía aceptarla si fuera mandada al príncipe de Asturias, pues otros pasan antes de mí, pero sí como ofrecida al nieto de Carlos VII». Además «mi tío no quiere se trate esta cuestión por ahora». Concluyó: «Es nuestro deber de someternos incondicionalmente a nuestro Rey Legítimo Alfonso Carlos»[262].

Este rechazó la pretensión de los cruzadistas tras su congreso de Zaragoza el 25 de mayo de 1935.

El movimiento cruzadista, ya carloctavista, trató de recuperar como elemento legitimador al «austracismo persistente y purificado» de una de las «Españas vencidas» en la guerra de Sucesión, en expresiones de Lluch (2010: 11-121). Construyeron un «nuevo austracismo» para los territorios de la Corona de Aragón (Cataluña, Valencia y Mallorca), frente al borbonismo de tan ingratos recuerdos de Felipe V: la guerra de Sucesión (9 de julio de 1701 a 7 de marzo de 1714), los tratados de Utrecht-Rastatt (1713-1715) y Viena (1725) y los decretos de Nueva Planta (9 de junio de 1707 a 16 de enero de 1716).

Para ello, invocaban con añoranza a la casa de Austria y su Imperio, para superar la situación real que defendían de una sucesión borbónica, diferenciando las ramas liberal y carlista, aunque ambas tenían el mismo origen borbónico. Sin embargo, a la liberal aplicaban los vicios del primer Borbón y del régimen que construyó, mientras que la carlista no estaba contaminada por los vicios y falta de legitimidad de ejercicio por defender la monarquía histórica, que no era aquella, sino que, con un salto en el tiempo, era la austriaca arraigada en los Reyes Católicos, con una organización de carácter confederal o, al menos, foral, ajena al centralismo borbónico (Albareda, 2010: 479-480). Por ello, eran habituales en su publicación *¡Volveré!* los elogios a la casa de Habsburgo, que consideraba propiamente española:

> debería llamarse de España. Sus personajes más caracterizados y sus momentos más gloriosos, van ligados estrechamente a nuestra patria. Constituye un orgullo y una alegría para los carlistas ofrecer la única solución de acuerdo con la legitimidad y la Tradición, encarnada en un Príncipe de una familia tan española[263].

En un artículo sobre «Austrias y Borbones», publicado en 1958, en el periodo del sucesor de Carlos VIII, su hermano Antonio se planteó que, frente a la fecundidad histórica de los Austrias al servicio de la cristiandad y del Siglo de Oro de España, los borbones son las miniaturas de la Patria, racionalistas, centralizadores, absolutos, tacaños, comerciantes, déspotas, más o menos ilustrados. Y así España se vio nivelada por la apisonadora centralista, como una monótona versión de la Francia departamental, donde no se amaba, pero se obedecía a los mandarines del rey, o de la revolución.

Afirmó que, a pesar del impuesto afrancesamiento borbónico, existía en España una parte de la familia Borbón «no contaminada por la Revolución [que] fue a tomar posiciones frente a ella y a restablecer los cimientos de la España eterna, enlazando por encima de los siglos con la tradición política de la Casa de Austria en los Borbones carlistas». Estos «vuelven al sistema tradicional español, ahogado en Utrecht», que recogió el testamento político de Carlos VII». Contrapuso a Juan de Borbón, «verbenero como su señor padre y castizo como su ilustre tatarabuela», presionado de liberalismo y centralismo, de política caciquil, sin trascendencia y neutral, de inclinación servil e inevitable hacia Francia e Inglaterra», con Antonio de Habsburgo, «que encarna a la vez el sistema político tradicional español y el espíritu de la Casa de Austria. Entre uno y otro, entre Borbones y Habsburgos, la razón y la historia señalan sin lugar a dudas quien es la solución»

El carlosoctavismo rechazó cualquier invocación excluyente de los Austrias derivada del Tratado de Utrecht:

La voluntad de los españoles estuvo ausente. Nada de lo que allí se pactó lo considerarían hoy las naciones europeas de vigencia actual. Sólo algún afrancesado de guardarropía puede aún fundamentar en España trasnochadas fórmulas políticas derivadas del Tratado. Aceptar este es renunciar a Gibraltar. Y la vergüenza de Utrecht sólo se borra con Gibraltar español[264].

Proyecto político

El manifiesto de Viareggio de 29 de junio de 1943 estuvo lleno de retórica tradicionalista, palabras sin contenido político, llamadas a buscar adhesiones emotivas, justificando la legitimidad dinástica del pretendiente. Juró «mantener los principios del programa de gobierno de mis augustos antecesores, los reyes de la dinastía carlista

[...] cuanto aquellos proclamaron y defendieron con insuperable tesón sacrificándolo todo». Hizo también la invocación religiosa a «la Tradición española que recibe su fuerza y vigor de la fe católica y que es alma, que no muda ni muere, de la patria, no desaparecerá jamás mientras España exista».

Nada aportó a los cambios políticos que el fin de la guerra mundial había introducido y que, previsiblemente, afectarían a España, incluso a la continuidad del régimen, en aquel momento muy dudosa. Por tanto, no había propuesta política para el país, ni para salir de la dictadura si así lo dispusieran los aliados. Por el contrario, aparecía como un medio a utilizar por Franco para justificar una opción distinta en una nueva monarquía, ya que disponía con él de dos pretendientes, aunque el que pudiera tener mayor apoyo exterior era Juan. La Comunión Tradicionalista no contaba, porque estaba mayoritariamente fuera del régimen y sin pretendiente, hibernando en una fórmula provisional que era la regencia.

Todos sus planteamientos ideológicos eran continuadores de la doctrina tradicional de la Comunión y el tradicionalismo carlista integrista, redactados por personas conocedoras que, como Del Burgo, autor del Ideario de 1937, habían trabajado anteriormente estos aspectos.

Fueron muchos los textos de manifiestos y publicaciones que formularon la doctrina netamente tradicionalista, inspirada directamente en la doctrina de Vázquez de Mella. En el desarrollo de la acción política de Carlos VIII hubo una declaración que se consideró importantísima. Se produjo en relación con el traslado que le hizo el jefe de Navarra, Deán Berro, de las dificultades que transmitían algunos carlistas. Al contestar hizo pronunciamientos sobre su compromiso tradicionalista: «Nadie puede proclamar sin inferirme la gravísima injuria de suponerme perjuro, que yo pueda admitir otros principios que los que con integridad defendieron mis egregios antepasados. Seré Rey tradicional o no seré Rey»[265].

Principios y programa

El primer documento conocido fue el titulado «Síntesis del programa de la Comunión Carlista», de 1943, organizado en tres títulos que se corresponden con el trilema (Dios, Patria, Rey), siguiendo la formulación realizada por Alfonso Carlos al crear la regencia: «Dios simboliza sus aspiraciones de política religiosa. Patria, la unidad nacional intangible, y Rey, la forma monárquica, considerada como la más apta para el desarrollo y progreso de España». Dispuso al final de un «resumen», que recogía detalladamente el contenido del trilema Borbón (Santa Cruz, 1943: 36-41).

Otro documento programático fue el titulado «Monarquía Social. Conceptos tradicionales acerca del problema social», de 1946, que formuló una orientación social de mayor contenido y precisión que los que eran habituales hasta entonces en el carlismo, intentando acomodarse a los cambios que ya experimentaba la sociedad española[266].

Sus Juventudes Carlistas publicaron en 1948 un documento programático: «El carlismo no quiere ni una Monarquía absoluta, ni una Monarquía liberal, ni un Estado totalitario, ni un Estado policiaco». Desarrolló la «Síntesis» de 1943[267]. Su perspectiva era puramente tradicionalista y, en lo social, gremialista, con referencias a un democratismo histórico de las sociedades rurales medievales, no feudales. Constituyeron un grupo dinámico renovador, con preocupaciones doctrinales y políticas. Fueron el motor de un movimiento contra Cora –de quien desconfiaban por sus concomitancias con el régimen–, que terminó por escindirse creando el Frente Nacional Carlista en 1952[268].

Carlismo político-social

Conscientes de los cambios de los signos de los tiempos y del mensaje social que el franquismo había tomado del nacionalsindicalismo de Falange, más concreto y moderno que la invocación tradicionalista de la doctrina social de la Iglesia, el carloctavismo trabajó el «Carlismo social». Combinó varios elementos en sus publicaciones, incluidos los que se podrían considerar político-económicos[269]. Quisieron dar a su organización un sello de identidad social distinto y más «avanzado» que el que caracterizaba a la Comunión Tradicionalista.

Como había sido común en los periodos anteriores, tampoco formuló una doctrina total avanzada, aunque incorporó algunos elementos del momento de la cultura política europea. Lo hicieron invocando los conocidos principios comunes tradicionalistas, y otros recogidos en el Congreso de Orientación Social celebrado en Madrid en 1953, el nacionalsindicalista y sus fundamentos religiosos:

> España es un «reino» nacionalsindicalista en las leyes, pero ultra capitalista en la realidad. Pero el carlismo como el divino Rey de Belén, es humilde y popular viene a redimir a los hombres de España, no a sus clases, y «el carlismo es el catolicismo político y busca la justicia del Reino, no las añadiduras de la intriga y de la ambición.

Dentro de las propuestas económicas, realizó una declaración de fe religiosa, de unidad y libertad católica:

> Creemos todo lo que cree la Santa Iglesia, única verdadera. No éramos una sola raza, ni hablábamos una única lengua, apenas teníamos una difusa conciencia de unidad geográfica. A la religión debemos nuestra nacionalidad. La Iglesia debe ejercer libremente su sagrada misión, lo que exige su independencia económica del Estado.

Se refirió a la organización de España como una «federación de repúblicas regionales sincronizadas por la Monarquía». Era anticentralista y antiseparatista, «pues ambos niegan lo que es esencia misma de la Patria. Su unidad eterna y su variedad innegable. Se fomentarán las lenguas privativas, se conservará el derecho regional, y se facilitarán medios normales para su desarrollo y mejora».

La Comunión Carlista, social y foral, era el «instrumento de esta nueva y urgente reconquista española», «constituida por quienes no han olvidado sus deberes cristianos, su amor a la Patria y su resistencia frente a las opresiones y usurpaciones del capitalismo y del marxismo, disfrazados con máscaras liberales y socialistas».

Fundamentaba el programa económico en el «carácter personalista y anticlasista de nuestro reajuste social», cuyo objetivo era «crear una sociedad en que sólo se remunere el trabajo y el capital que se gana y acreciente con el propio esfuerzo», en la que se viva del «trabajo personal multiplicado por el capital, no sustituido por este», sancionándose la vida ociosa con la privación de los derechos sociales y políticos y «sujeto a especial gravamen contributivo».

Se «suprimirán de la vida económica la explotación, el monopolio y la especulación. Se fomentará la circulación e inversión de capitales, gravándose el dinero ocioso y protegiendo en los primeros años las industrias necesarias para evitar monopolios y abaratar los costes de producción».

Respecto al sector agrario proponía evitar la despoblación y la concentración urbana. Para evitar el paro industrial y urbano proponía establecer industrias complementarias del ciclo de cultivos de una comarca, la mecanización del campo «solo en el caso de que cada comarca natural, por sí con la ayuda del Estado, resuelva previamente el paro a producir por la maquinaria agrícola, estableciendo industrias que absorban la mano de obra».

Planteó el urgente «saneamiento de la Administración pública, reduciendo plantillas de funcionarios, exigiendo mayor capacidad técnica y rendimiento, pero retribuyendo mucho mejor». Recuperaba establecer «inexorablemente el juicio de residencia para todos los cargos políticos y administrativos, a fin de evitar el enriquecimiento en ellos».

Concebía la empresa como «institución de carácter social, destinada, no sólo al lucro del dueño, sino principalmente a la prosperidad de sus participantes y al desarrollo de la riqueza nacional»:

> la forma natural de la empresa es la participación jerarquizada en esfuerzo y beneficios de directores, técnicos, empleados y obreros. En aquellas formas de producción en que esto no sea posible, se mantendrá el régimen de sueldos y salarios, pero dándoles carácter real, con escala móvil que compense la depreciación de la moneda.

Exigía «la ampliación de los seguros sociales, extendiendo sus beneficios a los gerentes y dueños para casos de ruina ajenos a su voluntad, extensibles a intelectuales y profesionales». «Todo trabajador tendrá derecho al sueldo íntegro como jubilación».

Del 14 al 17 de junio de 1953 celebraron en Madrid el III Congreso Social con ponencias sobre Seguridad Social, organización del trabajo, organización sindical, concentración parcelaria y vivienda. Realizó una valoración del momento político, que resaltaba su diferenciación con el resto del tradicionalista por su sentido social, reprochando al juanismo y al javierismo su carácter conservador.

En 1956 la Diputación Nacional Carlista conoció un «Programa Económico y Social del Carlismo». Fue redactado por una Comisión de la Juventud en ejecución del acuerdo de aquella en reunión celebrada en Barcelona el 2 de julio de 1955, para hacer realidad el mandato de Carlos VII: «Si las instituciones actuales no basten para evitar que la riqueza y la grandeza abusen de la pobreza y la humildad, habrá que crear nuevas instituciones».

Estas palabras habían sido uno de los motivos de la disidencia integrista, ahora asumidas por derivadas de la doctrina social de la Iglesia en su fundamentación teórica, que «hay que adaptar a cada pueblo y tiempo», concretándola a las circunstancias españolas. Era una aportación a la disgregación de FET y de las JONS por la deficiente aplicación de sus principios y una «oposición cerrada a toda restauración de la dinastía usurpadora», utilizando «medidas eficaces y despojadas de toda desviación socialista», como fuerza potente para una integración nacional, dentro de la línea histórica que defendemos». En el sector juanista distinguió entre los liberales-aristócratas y los neocanovistas.

Se refirió a la descomposición del campo javierista «por la traición de su príncipe y el integrismo antisocial de la mayoría de sus jefes, despreocupados por la situación social de nuestro pueblo». Por lo que solo ellos podían asumir la transformación económico-social de España, porque el problema español «no es, en el fondo, político, sino moral y social. Y que en función de las necesidades morales y sociales han de resolverse los contenidos políticos del futuro».

Su contenido fue socialmente avanzado respecto a las actitudes conservadoras del momento español, con declaraciones y propuestas para la gestión política, con unos principios «para la regeneración social y económica», que inspirarían «la gran transformación social de España [que] no se harán con espíritu de clase, ni con ánimo de perjudicar a ningún interés legítimo». Lo fundamentaron en la «repulsa de todo socialismo», «derogación de todo estatismo», ayudar a la iniciativa ciudadana para «construir sus propias instituciones sociales y económicas», «restablecimiento del equilibrio social creando una amplia y próspera clase media de pequeños propietarios, profesionales, industriales y obreros especializados», siendo la más importante: «un intenso esfuerzo educativo para imbuir en el pueblo español el ideal de una sociedad nueva, que la España carlista está llamada a construir para señalar al mundo el camino de redención social que le salve del comunismo ateo e inhumano». Practicaron un anticomunismo militante[270].

Fuerismo

La doctrina foral carlista fue expuesta por Carlos VIII al presidente de la AET de Pamplona, Arraiza, de 2 de mayo de 1950, y al director de *¡Volveré!* de 25 de octubre del mismo año (Santa Cruz, 1950: 177-181).

Lizarza, el 17 de junio de 1951 en una conferencia a los jefes carlistas de las juventudes de Navarra, País Vasco, Logroño y Burgos, criticó el tratamiento dado por Franco a los conciertos vascos: «La represión, en forma de convenios económicos suprimidos era injusta con la gran mayoría del pueblo vasco, el resultado no ha podido ser más funesto, y muchos vascos han identificado sus fueros, sus libertades, con las doctrinas separatistas».

Defendió la federación política y el pacto con el Estado de facultades autonómicas sobre legislación civil, administración de justicia, enseñanza, etc., como la «mejor arma contra el separatismo suicida y destructor» y la «mejor garantía de la unidad española»[271].

Con motivo de la celebración del centenario del himno foral del que fue autor el carlista Iparraguirre, *Gernikako arbola*, Lizarza envió un mensaje a Carlos sobre el significado de la obra y el alcance de los fueros vascos, invocando el contenido de la reunión de Vitoria de 1951 y las manifestaciones de Carlos VII:

> nuestros Fueros son los derechos de las regiones a su propia administración dentro de una armoniosa y peculiar confederación de todas las Españas. No son, Señor, meras mercedes que los monarcas pudieran conceder o apuntalar. Nuestros Fueros son derechos, derechos sagrados y solemnemente jurados, son la columna vertebral de la constitución tradicional de nuestra Patria. [...] Queremos que todas las regiones gocen de libertad de administrarse, libertades que no matan, sino fortalecen la unidad nacional[272].

Antijuanismo y antijavierismo al servicio de Franco

El antijuanismo de los cruzadistas del núcleo de la lealtad, asumido por los carlosoctavistas, se amplió a la Comunión Tradicionalista, a su regencia, al príncipe regente y a jefe delegado, haciéndoles integristas y cómplices de una maniobra extranjera para entregar el tradicionalismo a Juan, y desacreditar a Franco. De este modo solo ellos eran los defensores de la legitimidad dinástica carlista y del régimen creado por la guerra civil, con el que estaban comprometidos ideológica y personalmente en sus estructuras.

Los ataques a la regencia y al regente se basaban en su naturaleza provisional en ausencia de heredero, que no era el caso, al existir una persona llamada al trono, que era el nieto de Carlos VII. Ante la evidencia de que había sido creada y encomendada por Alfonso Carlos, negaban su vigencia, caducada y decaída pasados siete años. Además, el regente estaba decantado por la causa de Francia en la lucha contra Alemania, «perdiendo –si la hubiera tenido alguna vez–, su condición de español, y perdiendo, sobre todo, su título y autoridad de Regente. De tal falta, ya nadie le puede rehabilitar. No hay pues Regencia ni Regente; y por consiguiente, carece de autoridad legítima el señor Fal Conde»[273].

Los argumentos utilizados por los carlosoctavistas para descalificar a Javier fueron su nacionalidad francesa o su condición de apátrida[274], sus publicaciones sobre temas históricos de Francia[275] y su vinculación militar antialemana en las dos guerras. En la última, partiendo de la actitud pronazi mostrada por una parte de la familia Habsburgo y del tradicionalismo de la opción carlosoctavista.

En carta de Plazaola a Carlos de 9 de noviembre de 1945, le aportó información sobre la cuestión de la nacionalidad de Javier, recogida en casa del presidente de la Audiencia y gobernador interino de Guipúzcoa en el momento, Barcaiztegui. La transmitió Carmen Zappino, amiga de los Borbón-Parma, sobre una carta de Javier de octubre, diciéndole:

> Recibo constantemente cartas de españoles que me piden intervenga más directamente en las cosas y política de España, cartas que ni siquiera contesto y que muchas ni leo, pues ya sabes que yo no quiero ocuparme más que de Francia pues soy francés. Esas cartas además me molestan mucho

porque las autoridades francesas han establecido sobre mí una vigilancia especial que me impide desplazarme sin previa autorización. No quieren comprender lo que les digo claramente siempre sobre mi apartamiento de las cosas de España.

Plazaola entendía que esta carta demostraba que le había dicho a Fal «que no cuenten con él para nada, pero estos, ante el temor de quedarse sin nadie fingen comunicaciones con Javier y reparten manifiestos suyos que Javier ni siquiera conoce. Es tan grande la malicia de Fal». Propuso a Carlos llegase a un acuerdo con aquel para que «manifieste públicamente su decisión de no ocuparse de la política de España y reconozca a V. M. como único y legítimo Rey. Esto será difícil pues cree que hay muchos contactos con D. Juan, pero tal vez se pueda obtenerlo». Le rogaba reserva sobre los nombres de la destinataria y del informante[276].

El propio pretendiente utilizó contra Javier y la Comunión los términos descalificadores habituales, integrista y juanista:

> Los gerifaltes del javierismo son hijos del integrismo, ineficiente y fuera de la actualidad, hacen mucho ruido, y luego se retiran a sus casas, publican escritos y se unen al que más posibilidades tiene de triunfar, esto a juicio de ellos. Sabemos que D. Javier apoya a D. Juan, esto me lo comunicó este verano su mismo hermano Gaetano, además me dijo que a D. Javier le coronaban contra su expreso deseo, cosa que también es falsa[277].

El prohombre del carlosoctavismo en lo ideológico y político, interlocutor directo con Franco y el Gobierno, Cora, publicó en el boletín *¡Volveré!* del 25 de noviembre de 1952 un artículo titulado «Don Javier o el integrismo» en el que calificó de «entelequia» al partido javierista. Recordó que en 1932 un grupo de dirigentes buscaron como sucesor de Alfonso Carlos a Renato de Borbón-Parma, pero «inmediatamente fueron desautorizados por la jerarquía y la desautorización fue comentada y remachada desde las columnas de *El Siglo Futuro*». Hoy su hermano Javier «se titula Pretendiente y se proclama monarca de la Tradición». Se preguntó por qué lo que en 1934 «era repudiado, ahora es lícito». Consideraba al regente un medio al servicio de intereses anticarlistas: «no representa otra cosa que el integrismo. Es el coadyuvante de D. Juan. Su misión no es otra que dividir y debilitar a los carlistas, para facilitar la restauración de la Monarquía liberal».

Javier en carta a Cunill de 27 de mayo de 1948 atribuyó a Franco la presencia de Carlos VIII en Barcelona, con el propósito de «deshacer el carlismo catalán [...] permitiendo la estancia a este príncipe usurpador», que el régimen sostenía «con medios de propaganda y hacienda» (^Santa Cruz, 1943: 41).

El carlosoctavismo mantuvo una actitud despectiva hacia la labor política de Javier: «Se de los manifiestos de Javier, no tienen más valor que a peso del papel empleado»[278]. Presumió de que sus partidarios organizaban manifestaciones contra los carlistas «intransigentes», que eran los regencialistas antifranquistas: «repartieron propaganda, los nuestros lograron apoderarse de la mayor parte de ella, los gritos contra el régimen fueron sofocados por los vivas de nuestros amigos, creo que hubo algún palo por parte de Falange»[279].

En carta de 9 de enero de 1952 se refirió Carlos a la coincidencia de su opinión con la de Plazaola sobre el comportamiento de Javier, al servicio del juanismo y de potencias extranjeras:

El plan de J. (Javier) era primero unir a la Comunión, para venderla al mejor postor y una vez unida por engaño a los liberales, entonces atacar conjuntamente al Régimen y así servir al grupo que le manda, es decir Francia, Inglaterra y el Benelux, con esto se hubiera evitado la ayuda de EE. UU. a España y con ello hubiéramos caído a remolque de naciones importantes, que solo hubieran explotado nuestra Patria. Al no haber sido recibido ni en el Pardo ni por Taliani[280] ni por mí, él se vio impotente y dejó el ataque para otra ocasión, que está preparando, pero creo con menos éxito de la última[281].

El 10 de enero de 1952 se refirió al «fracaso» del viaje de Javier, «especialmente en Cataluña. Se había «decidido primero a no recibirle y comunicar al Pardo mi decisión y aprovechando esta ocasión, comunicarle varios puntos que he creído conveniente tocar». Sobre «la parte contraria, llamamos ahora a D. Javier así», comunicó que «no fue recibida en el P. (Pardo)», ni por su hermano ni por él, quedando en que «previamente dos representantes uno suyo y uno mío debían de ponerse de acuerdo sobre los puntos que quedarían acordados, y si no había acuerdo entonces no habría entrevista»[282].

En la contestación Plazaola le comentó el acierto de no reunirse con Javier porque las conversaciones con los integristas «han traído malos resultados y se puede asegurar que también en esta ocasión las tergiversaciones y adulteraciones de lo hablado hubieran sido el resultado de esta maniobra». Por la soberbia de los integristas que dirigían la Comunión «nos hemos visto relegados y perdida para España una mayor influencia espiritual de nuestro programa». Recordó un almuerzo en el Café de la Paix de París en diciembre de 1939, junto con Javier, Olazábal y Lasuén, en la que este habló de la nefasta influencia integrista: «El integrismo es como la sombra del manzanillo que cuando se aproxima al carlismo lo mata». Invocó la definición del integrismo, que atribuyó a Menéndez Pelayo en la primea edición de la *Historia de los heterodoxos españoles*, como «secta místico-bribónica». Se refirió al regente:

> no es nada para nosotros. Se declara siempre francés y de España sólo piensa en que seamos su instrumento al servicio de Francia, como lo ha intentado siempre. Ha querido entregar nuestra Comunión a la dinastía liberal en complot con sus integristas y esto solo es para nosotros delito vil y deshonroso[283].

El 10 de noviembre de 1952 se refirió a Javier, quien «al no poder regresar a España después y a raíz de su coronación, ha renunciado a favor de su hijo Hugo, esto desalienta al ya reducido grupo suyo, veremos la reacción cuando se enteren todos»[284].

El antijavierismo se incrementó tras el proceso de colaboracionismo y actualización-clarificación ideológica de la Comunión Tradicionalista y creación del Partido Carlista. Aunque el carlosoctavismo como organización se había ido disolviendo tras la muerte de Carlos y el abandono de Antonio, se aliaron los sivatistas con los restos del octavismo y de la Comunión para formar la Unión Carlista, que se integró en la Comunión Tradicionalista liderada por Sixto de Borbón-Parma.

El carlosoctavismo en Navarra

«Navarra tiene para nosotros extraordinaria importancia» decía Cora a Deán en carta de 24 de mayo de 1944. Tras el viaje por Navarra de Carlos VIII, el ministro Arrese recibió un detallado informe sobre la «situación política de Navarra»[285]. Se lo remitió la Delegación Nacional de Información e Investigación de FET y JONS, haciendo notar que constaba en su primera página «Informe de Jaime del Burgo», que había participado en la preparación y desarrollo de la gira. Ostentaba cargo del partido en Cultura Popular. Fue una descripción realizada por un conocedor de la realidad política navarra, que dibujó todo el escenario.

A) Antecedente necesario: la división tras la unificación
Lo inició con una «dolorosa conclusión» respecto a todo lo realizado por los colaboracionistas desde la unificación hasta entonces:

Todos los esfuerzos unificadores, toda la labor colaboracionista lograda durante dos años a costa de grandes luchas y sacrificios en una provincia donde cuidadosamente se ha inculcado el odio al régimen y a la Falange, se ha venido abajo, a causa de la actitud desdichada de un gobernador que, inspirado o no por más altas esferas, ha barrido de golpe las grandes posibilidades de aproximación de las masas honradas de Navarra.

Expuso como «antecedente necesario» la situación de los voluntarios tras el fin de la guerra, que veían «con tristeza el ajetreo de los advenedizos y de los inútiles forcejeando por situarse en las primeras filas de la política con la postura más cómoda». Aquellos no supieron reaccionar, volviendo a sus hogares «con el alma transida de desengaños y con pocas ilusiones en el corazón. [...] No éramos, empero, responsables de nuestra propia decepción».

Se intuía el fracaso de una unificación que se había hecho en los frentes antes de que la decidiera el Caudillo, porque «los que la propugnaron y la llevaron a cabo en Navarra, no obedecían más que a móviles de interés. Sofocaron el corazón y el sentimiento para dejar paso a la conveniencia circunstancial y personalista»[286].

El carlismo navarro se dividió entre Rodezno, «ministro del

régimen y principal mantenedor de la Unificación», y Fal Conde, opuesto a la misma, al que

siguieron muchos excombatientes por instinto, por inercia de un pasado de lucha en la oposición. Por el lastre de cien años de oponerse a todo lo constituido, aun en los tiempos de más inverosímil paz aparente y formal. Habían ido a la guerra cantando el Oriamendi, y no tenían otra visión que la de los cien mil voluntarios que acompañaron a Carlos VII al destierro.

En esta situación de división se destacaron las discrepancias externas y de forma, en beneficio de cada grupo: «Rodezno y los suyos cotizaban los miles de requetés para mantener sus privilegios y posiciones en el navajeo de rufianes que es la política de bandería. Unificación sí, pero sólo en tanto se les asignara una esfera de influencia para sus manejos al viejo estilo liberal».

El líder de la regencia y de la Comunión Tradicionalista Fal Conde «arrastró al carlismo a la más negra de las desesperaciones con su postura destructiva y negativista. Sacrificó a sus miras personales toda la gran fuerza espiritual del Carlismo rebajándolo a la condición más despreciable que en política se puede dar: el Integrismo hosco y huraño de sacristía pueblerina»[287].

B) El punto de partida del rechazo al régimen fue el atentado de Begoña

El atentado falangista de Begoña del 16 de agosto de 1942 provocó un movimiento contra el régimen por parte de Fal, que Rodezno «secundó con su habitual actitud derrotista los inicios de la conjuración». Dimitirían los ayuntamientos de Navarra y los de Vascongadas, lo que se produjo en Pamplona[288], donde se rompieron los carnets de FET y JONS. Provocó que «quienes nos habíamos batido por España, no podíamos consentir una maniobra de aquella naturaleza que nos avocaba a una subversión interior».

Tras la dimisión de los carlistas del Ayuntamiento de Pamplona, un grupo de carlistas unificados y colaboracionistas, entre los que se encontraba Del Burgo, decidieron reorganizarlo con diez oficiales excombatientes del Requeté, logrando «desbaratar la maniobra de los enemigos de España. El autor y otros con él dieron el paso «guiados de un móvil de airada protesta contra la maniobra de gente sin honor, cuando no comprometidas en turbias actividades de índole internacional»[289]. Estos eran los miembros de la Comunión Tradicionalista de la regencia que, en boca de Fal, calificaban a aquellos de «grupitos fraccionarios unificados», formados por «los «vivos» que vociferan reclamando a gritos disonantes el anhelado «bollo» de la herencia»[290].

Los protagonistas de la unificación se habían convertido en los enemigos de la FET y de las JONS, presionando a los que se mantenían en ella con «amenaza, coacciones y zancadillas de que se nos hizo objeto», expuso el informante. A pesar de escepticismo inicial, el contacto en la gestión municipal y la convivencia les hizo superarlo para acabar de «fusionar decididamente nuestro pensamiento político con el de nuestros camaradas, que «nos abrían los ojos al clamor de los desheredados y de la justicia social. Porque nosotros éramos anteriores a este problema, que la Falange nos lo resuelve a nuestro estilo, también revolucionario».

De la situación del régimen en Navarra y la pugna entre los carlistas y los falangistas, que pillaba entre dos fuegos a los colaboracionistas, informó el sacerdote falangista Yzurdiaga al ministro Arrese el 16 de junio de 1942 con su habitual lenguaje metafórico:

> para estos días «pantanosos» que vivimos, con peligro de perecer. Al menos la temperatura de Navarra es de prueba: lo rojo-inglés zumba de un lado para otro, terribles idas y venidas, que me dan miedo: pasan capitostes por aquí... y, según me dicen, también Varela vendrá el 28 a ¡entregar una bandera!, a un regimiento de carros[291].

C) Los resultados

La tesis de la fusión y de la acción social fue «sustentada por nosotros en la labor de proselitismo», produciendo una reacción «capaz de ir aclimatando el espíritu de estas masas a los nuevos derroteros de unificación y concordia». Pero los enemigos del régimen han querido presentar a Navarra «como algo peligroso e irascible», para que no obtuviera ninguna de «las ventajas materiales del Movimiento y no exponerse así a que la gente abriera los ojos a la verdad», con una «hábil política de desafección». Puso de ejemplos el comportamiento de la Diputación con la promoción de viviendas en Valtierra para alojar a las personas que vivían en las cuevas, y del Ayuntamiento de Pamplona sobre viviendas y mercado en el segundo ensanche. Concluyendo: «En este medio hostil se desenvuelve la política del Movimiento en Navarra», clasificando los hechos contra el mismo en negativos y positivos.

Eran negativos el haber privado al falcondismo de los elementos dirigentes para poder realizar una acción subversiva y reducir la influencia de Rodezno desde la Diputación, que es «el poder más absoluto del mundo».

Habían sido positivos un acto en Salinas de Oro de inauguración de una cruz de los caídos, en el que los partícipes llevaron el uniforme del Movimiento[292]; la organización de dos centurias de excombatientes para poder incorporarlas a la Guardia de Franco[293]; la creación «de una policía especial dependiente del Gobernador y dividida por distritos, que actuó con mucha eficacia durante la incursión de los maquis»[294;] la organización de la resistencia en los pueblos de la montaña frente a la invasión y ofrecimiento de partidas volantes al gobernador[295]; lanzar un manifiesto que habían preparado cincuenta oficiales del Requeté, «exaltando la fidelidad al Caudillo, se pretendía salir al paso de las maniobras que presentaban a Navarra como posible cabeza de puente para un movimiento de subversión contra el Régimen»[296].

D) Quiebra de toda la labor

En todo lo anterior los octavistas habían actuado «secundados cuerdamente por el gobernador civil y jefe provincial del Movimiento. Pero la malhadada ambición y vanidad de ese sujeto[297], le hizo caer en las redes del obispo [Olaechea] y del conde [Rodezno]»[298]. Le consultó sobre la publicación de un manifiesto, el gobernador lo comunicó a Rodezno y ese al ministro en una carta «llena de falsedades y de calumnias». Tras conversaciones en Madrid, destituyeron a los miembros colaboracionistas del grupo de Del Burgo del Ayuntamiento de Pamplona, porque «habían cambiado las orientaciones políticas del Ministerio de la Gobernación y de la Secretaría General»[299], entregándolo a la CEDA[300], a personas sin carnet de

FET y JONS, que «hubo de falsificarse sus fichas y sus informes políticos».

E) Consecuencias del fracaso del acercamiento al régimen
Enumeró el informante Del Burgo las siguientes:

a) Descrédito del Gobierno, al que se le consideró derrotado y propicio a una política de transición.

b) Alejamiento de las masas obreras [...] para dar paso a una política capitalista como la que representan los elementos cedistas.

c) Los colaboracionistas representaban una fuerza de contrapeso de las maniobras del círculo de Fal, falto de elementos dirigentes.

d) Se había formado una policía especial para casos graves, como la incursión del maquis, constituida por unos cien hombres de todas edades y clases sociales, provistas de tarjetas del gobernador.

e) El anuncio de la reanudación de las incursiones del maquis para la primavera, produjo en los pueblos de la montaña un ambiente de pesimismo y consternación, al enterarse de qué manera se había tratado a los oficiales excombatientes que se ofrecieron a combatir al maquis, arrojándoles a la calle sin ninguna consideración personal ni política.

f) La gente de Fal trató de aprovechar esta circunstancia para captarse a los excombatientes por todos los medios, alegando que la Falange no quería saber nada del Requeté[301].

g) El obispo se aproximó a Rodezno, invitando a una comida a los «tradicionalistas desafectos al régimen».

h) La Falange y el Requeté «hermanados en la Vieja Guardia» habían procurado «el acercamiento de Navarra hacia el Régimen, pero, salvo medidas radicales, podrían impedir «que Navarra se convierta en una de las más peligrosas provincias desafectas, al servicio de cualquier turbio manejo».

Reiteró la preocupación del nombramiento del nuevo ayuntamiento con personas de la CEDA, que nunca había tenido tanta importancia en Pamplona y Navarra, daba a entender que «el gobierno pretendía una situación de transición hacia un sistema democrático que desembocaría en la Tercera República. Se había producido el cambio en perjuicio de los colaboracionistas que en 1942 habían cubierto las plazas abandonadas por carlistas tras el atentado de Begoña y «se pusieron incondicionalmente al lado de las autoridades civiles y militares "pidiendo armas para salir al monte", eran merecedores de otra consideración».

F) Navarra cabeza de puente

Recogió que, con motivo de la muerte por el maquis en 7 de octubre de 1944 del carlista Larrea, los falcondistas organizaron una manifestación política que terminó con los gritos de «"¡Viva Mola!" y "¡Abajo los traidores!". El primero como oposición al Caudillo» y los traidores eran los colaboracionistas partidarios de D. Carlos VIII302. Otros fueron «¡Viva el Rey!», «¡Muera la Falange!», «¡Abajo Franco!». Se sancionó con el destierro al jefe de las milicias del requeté, [Juan] Cruz Ancín, pero «Rodezno responde al destierro nombrándole funcionario provincial». Demuestra «la terrible lucha empeñada con los desastrosos resultados más arriba apuntados»[303]. Hizo a continuación unas duras críticas a Rodezno, a su «gesto desdeñoso de aristócrata trasnochado», a su actitud anti Falange y régimen, así como su opinión sobre Carlos de Habsburgo: «Rey alquilado por la Falange».

Tras afirmar que «el odio contra el Régimen ha sido inculcado a conciencia entre los desafectos», con el riesgo de su relación con el maquis, concluyó: «La facción tradicionalista que sigue a Fal Conde y a Rodezno, niega su concurso a Franco en momentos de crisis, "porque la Falange es insostenible y no podemos contribuir a apuntalarla", según van propalando por ahí».

G) Actividades desafectas

Describió Del Burgo el estado de Navarra: «Carente la provincia de autoridad, desconocido el Movimiento, la desafección campa por sus respetos». Puso como ejemplo en nota la negativa de Ancín al confinamiento, porque «obedecía órdenes superiores», así como una negativa de un joven a saludar brazo en alto y a gritar «¡Arriba España!» en un curso del Frente de Juventudes, añadiendo: «Si hubiera muchos como yo, pronto acabaríamos con el régimen. El que quiera seguirme que me siga», y lo hicieron dos[304].

Recogió la presencia por Navarra de dos militantes falcondistas, que hablaban de un golpe de Estado, predicaban la resistencia civil para derribar al régimen y pedían que no se entregaran los cupos de trigo, harina y alimentos.

H) La política juanista

La situaba en el entorno del conde de París, que residió en Pamplona durante la guerra, «secundado activamente por el gobernador civil cesante y el obispo, de marcadísima significación separatista».

Lo basó en la comida que el primero le ofreció, junto con otros aristócratas locales juanistas, que fue provocativa e inoportuna en Navarra, «donde el sector monárquico liberal cuenta con tan pocas simpatías». El segundo le invitó a la peregrinación a Javier en lugar de honor, y le dedicó palabras elogiosas.

I) El canónigo y el obispo

Fue más importante lo que Del Burgo recogió en la nota 10) sobre un sermón pronunciado por el canónigo de la catedral de Pamplona Zubeldía, «conocido nacionalista». De su contenido extrajo: «El pueblo judío no es un pueblo maldito. Antes bien está reservado por Dios para grandes empresas espirituales». El motivo del rechazo por el informante era que eso se dijese «cuando la propaganda estatal se empeña en presentar a los judíos como responsables encubiertos de la conflagración universal. El día siguiente el obispo dijo que «el fascismo había perseguido a los judíos», «insistiendo en que Lutero era alemán como si todos los males de la Iglesia vinieran de dicho país». Además, «el seminario está lleno de rótulos y letreros en vasco, y el rector es también nacionalista».

J) Conclusión

El informante sostuvo que «a grandes males grandes remedios»: «La gran fuerza espiritual de Navarra puede recuperarse y encauzarse por derroteros sanos y honrados». Tenían equipo, pero precisaban resortes y prestigio. Veía difícil lanzar el manifiesto anteriormente previsto «porque la desilusión y el desengaño han sido grandes». No perdía la esperanza «si como es de suponer se decide a prestarnos el apoyo que precisamos». Cerraba afirmando que «todo a mayor gloria de España y del Caudillo».

El autor del informe, uno de los más significados colaboracionistas carlosoctavistas, pedía apoyo al ministro para reconducir la situación de Navarra a favor del régimen y el Caudillo, frente a los comportamientos del resto de los carlistas, de las tendencias juanista-rodeznista o regencialista-javierista-falcondista.

El informe de 19 de octubre de 1944 remitido por el gobernador de Navarra al ministro Arrese sobre el viaje de Carlos VIII por Navarra a partir del 29 de septiembre observó:

> el conde de Rodezno hizo con sus íntimos el comentario de que era un rey alquilado por la Falange, e indujo a un antiguo Jefe regional carlista de Navarra a suscribir un documento para Carlos en el que pedían que este hiciese declaraciones de anti totalitarismo y demás secuelas de él derivadas, es decir, contra el Régimen, documento que fue calificado por Carlos de zancadilla política incompatible con sus sentimientos y convicciones.

Añadió el informante: «Los falangistas no ven mal en general esta persona y lo que representa. Algunos fueron a visitarle y les habló afectuosamente de sus deseos de unidad. Su posición es la de acatar con toda subordinación la orden que dé el Caudillo»[305].

En diciembre de 1944 la Comunión Tradicionalista de Navarra publicó un manifestó dirigido a los requetés, aprovechando la coyuntura internacional con una crítica a Franco, la Falange y el régimen. Afirmó: «Franco ha traicionado el 19 de julio». Lo hizo apoyándose en unas declaraciones del gobernador civil de Navarra sobre el acceso a la democracia y la superación de la Falange y el Requeté. Suponía el fracaso del colaboracionismo, practicado por los carlosoctavistas en el ayuntamiento de Pamplona, «se aprovecharon de ellos para provocar una división en nuestras filas y ahora han sido arrojados a la calle como un trasto inútil. Ese es el pago que da la Falange a los que la sirven». Fueron «fervorosos partidarios e imitadores de Hitler», y ahora «dicen que son demócratas. Y lo demuestran con hechos sustituyendo al ayuntamiento con todos los elementos conservadores de la CEDA. Los colaboracionistas han tenido su merecido. [...] aprovecharon sus cargos para engañar a muchos que creían así que con la Falange se podía convivir. Roma no paga traidores».

Llamó a los carlistas a juramentarse para «perseguir implacablemente a aquellos de los nuestros que intenten reavivar la colaboración. La colaboración está muerta con la muerte política de los traidores que la iniciaron. [...] Ha sido la propia Falange la que les ha sacrificado una vez cumplidos sus fines»[306].

En aquel momento nadie pudo vaticinar que diez años después desde la Comunión Tradicionalista de la regencia se diseñase y practicase una nueva política de colaboración con el régimen, de la mano de sus dirigentes Valiente y Zamanillo, con el apoyo de Javier de Borbón-Parma. Esta nueva colaboración llevó al carlismo a su fin como organización y opción política.

La financiación de la casa del rey

Una operación política como la de Carlos tuvo sus contrapartidas para hacerla posible. Exigía, además de apoyo político e institucional, financiación. Hay testimonios suficientes de que fue conocida y autorizada por Franco, con la colaboración de ministros y personas de su confianza para tenerla totalmente controlada y condicionada.

Desde el primer momento se plantearon conseguir recursos, incluso la reintegración por el Estado de los bienes de que se había despojado a los miembros de la familia real carlista. Ante la difícil reintegración directa del patrimonio se propuso su capitalización y abono de un importe o de cantidades a cuenta. A pesar de las buenas palabras que todos los interlocutores daban, no se llegó a hacerlo de modo integral.

El 11 mayo de 1966 Plazaola informó a Margarita de Habsburgo, con carácter confidencial, que la compensación por confiscación de los bienes de Carlos V se había producido por las gestiones del Cora a favor de su hermano Francisco José el 26 de junio de 1964, recibiendo del Patrimonio del Estado un millón de pesetas,

por derechos a la herencia de los bienes de Carlos V y como hijo de D.ª Blanca, aceptando a D.ª Blanca como primogénita de la Dinastía Carlista. En este asunto llevado con todo sigilo por su representante y abogado Sr. Cora, se ha firmado un documento de importancia política sobre cuyo texto no me han podido dar información. Como es de suponer el Sr. Cora habrá sacado su parte económica[307].

La financiación directa por parte de organismos estatales o del Movimiento siempre fue negada por los promotores, aunque, como se ha expuesto, fue reconocida por algunos de los intervinientes y por la opinión de personas directamente relacionadas con el régimen. El argumento que siempre invocaron fue el de las dificultades financieras por las promesas incumplidas de los fieles y leales, poco dispuestos a la aportación económica, como recogió la correspondencia de Plazaola que, en algunos casos, puso en duda la buena gestión de algún miembro, en referencia a Cora, que era el intermediario con el Gobierno. Carlos le previno de las «promesas que ya a priori se sabe nunca serán cumplidas, por tratarse de persona insolventes y enchufistas, para ellos la Causa es una escalera para subir, y si caen por su propio peso, quien tiene la culpa es el ideal fingido»[308].

La financiación y todo tipo de facilidades, de movimiento, publicidad, contactos, protección, etc., eran inherentes a la condición de personajes traídos a España al servicio del régimen. Carrero, conforme a la orden de Franco, permitió a Carlos VIII venir de Italia e instalarse en Barcelona. Recibió «discretamente una subvención del gobierno civil de la provincia y sería reconocido como rey por los carlistas unificados» (Thomàs, 2001: 327-328). Arrese gestionó el modo de operar y la actuación por medio de Olazábal y los gobernadores civiles y jefes del Movimiento, incluidos los fondos aportados desde su presupuesto.

El 27 de marzo de 1944 Cora expresaba a Arrese que «era necesario que se preste apoyo claro y efectivo, especialmente por lo que se refiere a la libertad de propaganda, no sólo en hojas volantes sino también en periódicos».

En carta de Marco, diputado y uno de los hombres de Carlos VIII en Navarra, dirigida al ministro secretario general del Movimiento, Arrese, de 24 de abril de 1944, le solicitó dictase una «orden reservada al gobernador civil para disponer de los fondos necesarios para reactivar todo». Sirvieron para un viaje a Andorra a reunirse con el pretendiente[309].

El régimen y la Falange financiaban al pretendiente y a la organización con Cora como intermediario[310]. En la correspondencia entre Carlos VIII y Plazaola, de 16 de agosto de 1946, decía: «De Cora pocas noticias [...] Los fondos que enviaba han disminuido casi tanto y proporcionalmente al aumento del coste de la vida, en los últimos meses manda doce mil, sin explicaciones»[311].

La financiación desde el Movimiento que reconoció Ridruejo se fue reduciendo conforme el proyecto perdió interés al irse decantando por la opción monárquica juanista por el acuerdo entre Franco y Juan de Borbón.

En carta de Carlos a Del Burgo de 18 de mayo de 1946 se refirió a que «en parte paralice nuestro esfuerzo esta falta de medios y casi tengo que suponer que hay alguna maniobra oscura que no logro comprender». Hacía una insinuación sobre falta de colaboración y búsqueda de su alejamiento, que parece referida a algún personaje interno: «Creo que hay alguien que desea actuar a solas, y a quien mi presencia o mi actuación directiva no le sienta bien, y por eso trata de ponerme dificultades para que me tenga que decidir a regresar a mis fincas, para esperar allí la solución que todos deseamos» (Burgo, 1970: 485).

Ante las dificultades financieras, en carta de 4 de septiembre de 1946 comentó el pretendiente: «Estoy trabajando en un asunto que, si sale bien, nos dejará una relativa libertad de movimientos, esto arrestaría (*sic*) esta desgraciada política de ahogo llevada a cabo por C. (Cora) y facilitaría la organización del P. (Partido) con elementos más activos»[312]. En otra de 26 de septiembre de 1946 se lamentó de que «la subvención»

viene a disminuir lo que recibíamos en otras dos mil ptas. Esto demuestra claramente cómo se considera a nosotros comparándolo con la otra línea. Apenas me sea posible, pienso renunciar a todo apoyo, como comprenderás, dadas las condiciones humillantes en que se reciben. Estoy intrigado de saber que piensa Esteban (Bilbao) de todo esto[313].

Esta insinuación, otras posteriores y el resultado final parecen indicar que había perdido la confianza en Cora y se veía marginado, no tanto por este, como por el régimen que podía haber perdido su interés por tenerlo y mantenerlo.

El 9 de octubre de 1946 informó el pretendiente al mismo destinatario: «lo nuestro está bastante parado en Madrid». Compartía la opinión de Plazaola de que «sería muy oportuno, apenas sea posible renunciar a la humillante subvención, pero por ahora es imposible, ya que la recaudación no es suficiente y lo que pasa por las manos de la nueva junta […] no me llega en tiempo oportuno. […] Espero en breve, tener un asunto montado, que me de cierta independencia económica, esto me permitiría renunciar a lo antes citado»[314]. Reconocimiento palmario de que recibía una subvención desde el poder público que, como se quejaba anteriormente, le parecía «humillante» por su cuantía y retrasos en hacerla efectiva.

Se trataba de recursos públicos del presupuesto estatal, bien vía los gobiernos civiles o el Movimiento. Si las aportaciones de los partidarios eran escasas, las públicas eran insuficientes y mal pagadas, «humillantes», lo que le llevó a plantearse volver a Italia a administrar su patrimonio.

Tras su fallecimiento, su heredero Antonio dejó clara la cuestión de las «subvenciones económicas» propuestas por Cora, tras su renuncia, para atraer a sus hijos, en carta de 23 de mayo de 1955. Le preocupaba que «mis amados carlistas, los cuales se sentirán ofendidos, como yo mismo, ante la idea de que su Abanderado vivía de fondos secretos». Confirmaba una carta de Carlos de la que se desprende que el negociador y gestor de las «subvenciones» oficiales era Cora.

En la Junta Permanente celebrada en Zaragoza el 11 y 12 de junio de 1955 se produjo la crisis de todos los descontentos contra Cora, saliendo a relucir su autoritarismo y mala gestión de las subvenciones recibidas sin justificar su empleo[315].

Del Burgo no cuestionó la existencia de una financiación oficial, sino que constató que los fieles ayudaban, incluso con entregas en especie:

Muchos carlistas navarros –los Larraya, los Zuazo, los Lizarza, los Martínez Vélez y tantos otros– sabían de las colectas que se hacían para proveer de víveres en especie. Cuando con sólo marcharse a Italia hubiera podido disponer de su fortuna personal intervenida por aquel Gobierno o al menos gestionar la recuperación de sus bienes en Austria[316].

Se han recogido a lo largo del texto suficientes pruebas y opiniones sobre la naturaleza de la operación y su apoyo por el régimen en todos los órdenes, incluso el económico. Los leales que lo negaban dejaron testimonio de sus dudas al respecto y a la gestión de las subvenciones que realizaba Cora. Sobre todo, a partir de las afirmaciones de Antonio.

Fin del octavismo y unión carlista

Mientras en el carlosoctavismo se trataba de resolver la sucesión de Carlos VIII y la continuidad de Antonio, la Comunión Tradicionalista de la regencia y Javier analizaron la situación propia durante 1954 en cada una de las regiones. Se planteaba el nuevo reto de las elecciones municipales por tercios, pudiendo participar por el de cabezas de familia, para lo que convenía presentar una candidatura conjunta tradicionalista frente a la que promoviesen el gobernador y la Falange. Respecto a la incorporación de los carlosoctavistas no había actitud propicia a la unión electoral: «ni hay esperanzas de que vengan ni a nadie interesa porque están con el Gobierno y sufren en Navarra el mayor desprestigio político y moral». Se plantearon invitar al grupo rodeznista a formar con ellos «una Comunión carlista que por modo temporal y transitoria acuda a las elecciones, conservando nosotros nuestra personalidad y ellos su independencia unan vez pase el periodo electoral»[317].

Javier conferenció con Fal en Lourdes entre el 1 y el 8 de agosto de 1955, pasó a España y conoció del informe sobre la situación de la Comunión del 3 de agosto. Entre sus anexos figuró la previsión de proyectos y medios para la transición de régimen y un estudio histórico sobre la sincronía entre los periodos de debilitación del partido carlista y los avances de la revolución. Hubo un informe con las «razones en contra de la proposición de entrar en contacto político con Franco»[318].

Durante su estancia en Madrid Javier se entrevistó el 10 de agosto de 1955 con el ministro Iturmendi, quien realizaba contactos con los grupos para la unificación carlista y el apoyo a la propuesta de Franco a favor de Juan Carlos. No consideraban que tanto los javieristas como los carlosoctavistas eran radicalmente contrarios a la dinastía liberal en sus variantes históricas isabelina, alfonsina, juanista y juancarlista.

Ante el riesgo que suponía la opción franquista por Juan Carlos, los grupos carlistas demandaban unión. Para ello, el máximo responsable carlosoctavista, Lizarza, planteó en diciembre de 1955 tres condiciones:

- La primera era aceptar que «Carlos VIII fue Rey legítimo de origen y de ejercicio. Esto es incuestionable para nosotros».
- La segunda, el «reconocimiento de la legitimidad de origen de la dinastía legítima que empieza en Carlos V, continúa hasta Carlos VIII y sigue en sus parientes».
- La tercera, que, si se extinguiesen todas las líneas de Carlos V, «no podrán suceder los príncipes incursos en el delito de usurpación, ni sus descendientes. Y esto cualquiera que sea la educación o programa que tengan. Sonaría a hipócrita una declaración de "tradicionalismo", y no podemos permitirnos el lujo de ser engañados. Además, el daño infringido a la Patria fue tan grande que la pena debe ser proporcionada a sus gravísimas responsabilidades».

Si se aceptase la decisión de la unión adoptada por la Diputación Nacional Carlista estudiarían la nueva organización: «Hay que evitar lo ocurrido en 1931, en que los integristas se apoderaron de los mandos, acabando por desviar la Comunión hacia sus intereses. No podemos repetir aquel terrible error»[319].

El 16 de enero de 1956 Javier se reunió en Madrid con un grupo de significados carlosoctavistas. Hizo un elogio de Carlos de Habsburgo, les informó de sus visitas a los carlistas de diversas regiones y de su reunión con Sivatte. Comentó dos conversaciones con Juan afirmando que «el pretendiente liberal estaba totalmente decepcionado en sus aspiraciones, porque carecía en España de raíz y de masa», sus partidarios estaban divididos en favor del padre o del hijo, que «la monarquía liberal carecía de arraigo en el pueblo español, todo lo contrario de lo que sucede con el carlismo», unido en lo doctrinal con diferencias que no la perjudican. Planteó la necesidad de la unidad carlista, aceptando que Carlos VIII había construido un partido cuando estaba prácticamente desaparecido, «pudo hacerlo porque había nacido rey y con unos derechos indiscutibles, mientras que él no estaba seguro de ello, pues en cuanto a la legitimidad de origen estimaba estar en tercer lugar, aunque no así en cuanto a la de ejercicio, pues llevaba más de veinte años de Regencia». En relación con una intervención en la que se le comentó que se podían poner a sus órdenes y llamarle majestad, consideraba que «era preciso aplazar prudentemente tal proclamación, si bien en conciencia y en el seno de la familia carlista se le podía considerar como todos considerábamos y así lo consideraba él mismo». Tras comentarle que con la muerte de Carlos «nos considerábamos como una gran familia que ha perdido al padre y al Rey y que lo que ansiábamos en tan desgraciada circunstancia era que él nos manifestase si estaba dispuesto a asumir esta familia paternal y real», contestó que «aun sintiéndolo mucho, por ahora no podía ser padre, sino simplemente tutor».

En una segunda reunión celebrada el 18 de enero de 1956, precisó lo dicho en la anterior respecto a su compromiso, porque, ante la situación, se presentaba a todos los españoles y a los leales a la causa «con todas las consecuencias dinásticas, ya que represento la continuidad en la sucesión de mis antepasados. Añadiendo, que, si antes no lo había hecho con esta claridad, obedecía a los escrúpulos de conciencia ya apuntados y a la duda, ya desvanecida tras los dictámenes emitidos, de a quien correspondían los derechos indiscutibles a la Corona de España». En una declaración formal ratificó la de Barcelona de 1952: «He aceptado para Mí y para mis descendientes la sucesión legítima de la Monarquía Española, la pesada carga de la Corona en el destierro. [...] Establece una línea clara de conducta para quienes se den el nombre de tradicionalistas y carlistas», llamándoles a la unión[320].

En la dinámica de contactos para la unión, Lizarza tuvo una entrevista con Valiente a finales de octubre de 1956, porque esa era la actitud de Antonio y de la Diputación Nacional. El nexo de unión para ello sería el antiliberalismo, contra Juan y su dinastía. Apreció el representante javierista la conveniencia de la destitución de Cora, por considerarlo un obstáculo para la unión, por una declaración conjunta de las dos ramas tradicionalistas. Según el jefe carlosoctavista la impresión fue «buena, francamente buena. Sin recelos, pero con cautela. Siempre a base de nuestra Dinastía y de repulsa de la usurpación, vístase como se vista y vístanla como la vistan»[321].

Con motivo de la celebración de la festividad de S. Carlos Borromeo, Javier envió una «Carta abierta a la Comunión y a los príncipes legitimistas», con una propuesta de estructurar la nación sobre los principios tradicionalistas. Lo hizo a partir de declaraciones del jefe del Estado en tal sentido y de «la existencia de varios Príncipes con una presunta legitimidad de origen y la falta de unión entre nosotros, los carlistas». Sus premisas fueron que eran ellos quienes debían «desarrollar y aplicar los principios tradicionalistas», siendo los príncipes quienes «dificultan, con sus conductas, el conocimiento y la aplicación de nuestra doctrina y la unión de todos los carlistas». Probó dichas conductas invocando varios documentos: de entre los suyos, la declaración de aceptación de la Corona de 17 de enero de 1956 ante el Consejo Nacional y la carta de 18 de enero de 1956; de Antonio, las cartas de 7 de agosto de 1954 y 22 de agosto de 1956; de Juan, el manifiesto de 19 de marzo de 1945 y sus declaraciones en el 50 aniversario del *ABC*.

Propuso no considerar a los príncipes que «con tales posturas sus apetencias personales jamás podrán triunfar», consiguiendo «imposibilitar más y más nuestra unión, pues cada día que transcurre en estas condiciones causan daños irreparables a la Comunión Carlista, por la confusión y desconcierto que vienen sembrando entre sus miembros». Por ello formuló un «Anteproyecto de Carta Fundamental de la Monarquía Española», basada en los principios, elaborada por tratadistas de todos los matices «con la mente puesta en la unión que tiene que constituir nuestro bien y el de todos los españoles». Fue una nueva sistematización actualizada de los principios del tradicionalismo, con la pretensión de que se asumiera por el régimen, conforme a las declaraciones de Franco.

Su contenido se refirió a «una Monarquía católica, social, hereditaria, representativa y descentralizada que, por su propia supervivencia, se funda en los principios contenidos en este trilema, que jamás podrá ser objeto de revisión». El objeto de la monarquía sería «dar a la nación la seguridad del orden y de la justicia, en su interior, y defenderla frente a los enemigos exteriores». Lo haría respetando «el orden natural e histórico de la sociedad española y la vida propia de la misma, fomentando el mayor grado de bienestar y de desarrollo personal, subordinado al bien común; encauzará las transformaciones sociales y abrirá a todos los españoles la posibilidad de su ascenso social y económico y asegurarán a todas las clases sociales la libertad y la justicia». Se proclamó la católica como religión del Estado, que «inspirará todas las instituciones políticas, jurídicas y sociales de la Monarquía». La unidad nacional es «inalienable». La función legislativa «corresponde al Rey con la imprescindible colaboración de las Cortes del Reino»; la ejecutiva «corresponderá al Rey, con la necesaria y obligada asistencia de los ministros» y el «Rey administrará justicia en todo el Reino mediante sus Jueces y Tribunales». «La soberanía del Estado reside en la persona del Rey, pero su ejercicio habrá de acomodarse a los principios y normas de esta carta fundamental, careciendo de fuerza de obligar los actos del Rey que no se ajusten a los mismos y a las Leyes». Se incorporó una referencia a que los «derechos naturales del hombre tienen su origen en la misma naturaleza humana y no son concedidos por el Estado. Este se limita a reconocerlos, a ordenarlos, protegerlos y garantizarlos».

Esta era la «única manera de lograr la unión de todos los carlistas», no por un compromiso de Caspe, sino por una actitud que reconociese la necesidad de la unión, posponiendo las preferencias por los príncipes en una «unión innominada» que, una vez conseguida, posibilitaría «conceder al Príncipe que corresponda, el señalado honor de ser nuestro Rey. Su designación en esta forma, llevará consigo, el ser Rey de todos los españoles»[322].

En el carlosoctavismo se proclamó pretendiente, inducido por Cora, el hermano de Antonio, Francisco José, con la renuncia a su favor de su hermano mayor Leopoldo, quien revocó su decisión a favor del primero de 10 de noviembre de 1956[323]. Fue una comedia de enredo que condujo al descrédito de los protagonistas, desconocidos salvo entre los grupos carlistas[324].

El 30 de mayo de 1957 Antonio afirmó su condición de representante de la dinastía carlista y sus derechos irrenunciables, anunciando que sus hijos Esteban y Domingo darían continuidad a la dinastía carlista. El 10 de julio de 1958 desautorizó a su hermano menor Francisco José, porque «ni renuncio a Mis derechos, ni lo haré jamás, con la ayuda de Dios»[325]. El mismo día comunicó a Franco su condición de pretendiente y jefe de familia, manifestándole que el carlismo, partícipe en el alzamiento y la guerra, «quiere y debe estar presente, con su doctrina, sentido popular y mandos a la ahora de coronar la formación institucional del régimen». El 23 de octubre Franco le recibió en Pedralbes con el reconocimiento y acatamiento que el hecho suponía, congruente con la trayectoria de los pretendientes de la dinastía y el comportamiento de la Comunión Carlista.

El delegado regio y jefe regional de Navarra Lizarza, en circular de noviembre de 1957, informó de la audiencia de Franco en la que le agradecieron el enterramiento de Carlos en Poblet, «siendo el primer rey de nuestra dinastía que descansa en tierra española». Le dio importancia por coincidir con las propuestas de miembros de la vieja guardia de Falange de Cataluña, Asturias y otras regiones apoyando a la dinastía carlista y a los tradicionalistas, «reconocimiento implícito de que la Unificación no es una realidad». Se refirió a que el «cotarro javierista sigue alborotado» por las declaraciones del generalísimo «descubriendo la adhesión espontánea de D. Javier a la unificación, [que] han producido indignación e inquietud contra Príncipe tan voluble»[326].

Antonio publicó un mensaje en diciembre de 1957 exponiendo su deber de «no dejar sin jefatura digna de tal nombre al Carlismo» para procurar la «unión de cuantos se desgajaron del tronco común». Se afirmó heredero de Carlos VII, convocando a la unidad y el trabajo. Pedía capacitación social del carlismo como movimiento popular de todos, porque «ninguna agrupación política ha sido como la nuestra reproducción tan exacta del cuerpo de la Patria». Invocó a Vázquez de Mella en su descripción de la organización tradicional, que no era ni la monarquía absolutista ni la constitucional y liberal. Defendió la bandera social, dando por resueltas las dudas planteadas a la muerte de Alfonso Carlos ante «un mal entendido concepto de disciplina hacia el Príncipe Don Javier y la aplicación de la ley sucesoria», resuelta cuando su hermano Carlos levantó la bandera familiar, de la que se hacía cargo. Respecto a su compromiso dijo: «Sabéis que no tiene ambiciones aquel a quien, como a Mí, la vida castigó duramente. Pero, ni carezco ni careceré nunca del sentido del deber, [...]; deber de no abandonaros, de estar a vuestro lado, sentir con vosotros y ofreceros esa solución, hermosa y tan querida por Mí, de mis Hijos»[327]. Siguió, por tanto, dando continuidad a la dinastía.

En diciembre de 1957, a pesar de todo lo ocurrido, Lizarza, como delegado nacional de Antonio de Habsburgo y jefe regional de Navarra, comunicaba en carta-circular a los correligionarios su asistencia en Viena a la boda de María Ileana, la hija del monarca, considerando a este «el jefe ideal, el Caudillo, que necesita el carlismo [...] plenamente identificado con la obra de su hermano, cada día más identificado con nosotros y más resuelto». Advertía de que «nuestros enemigos están preocupados. Que tratan de acelerar preparativos y que se trata de enviar a alguien en busca del hermano menor del Señor para dividir las fuerzas carlistas, temerosos ya de la personalidad del Duque de Madrid, nuestro Augusto Abanderado»[328].

La Diputación nacional se reunió en Madrid los días 11 y 12 de enero de 1958. Se plantearon las relaciones con la Falange, afirmando: «Es tonto atarse a un sistema que cae». Cualquier acuerdo exigiría la aceptación de la dinastía. Vieron con agrado «que en cuantas ocasiones se estime oportuno llegar a un sistema de alianzas políticas concretas fuese con las debidas garantías», aun cuando no cabría colaboración «con quienes desconocen, de modo oficial, público y reiterado, nuestra independencia y libertad políticas». Rechazaron a Javier, «por no pertenecer a la dinastía legítima de Carlos V», y sus propuestas de unidad carlista que «contribuyen a la división de las fuerzas tradicionalistas de la que resulta directamente beneficiado el enemigo común, la dinastía liberal y usurpadora». También lo hicieron con las pretensiones del archiduque Francisco José. Comunicaron a Juan que ellos mantenían su «adhesión incondicional al Duque de Madrid, nieto de Carlos VII»[329].

El mismo mes de febrero, la Junta Técnica Nacional de la Comunión Carlista se pronunció contra las maniobras juanistas, afirmando que la dinastía legítima la representaba el duque de Madrid, Antonio de Habsburgo, «por lo que el dicho Príncipe Don Juan no representa legitimidad alguna». Lo situaba entre «las personas que encarnan un sistema caído un aciago 14 de abril, no por la voluntad del pueblo, ni por la presión de la Revolución, sino por los vicios que provocaron su ineficacia».

Antonio, como duque de Madrid, publicó un mensaje el 10 de marzo de 1958, con motivo del día de los Mártires de la Tradición, con la retórica habitual sobre el papel histórico del carlismo, sosteniendo su legitimidad dinástica y la unidad carlista[330].

Esta peculiar situación la expuso Plazaola en carta a Inmaculada de Habsburgo de 1 de febrero de 1958, informándole del desconcierto carlista ante la conducta de su hermano Antonio, quien «retiene y conserva sus derechos, pero sin aceptar sus deberes y renunciando a ser español». Describió el comportamiento de todos los monárquicos, insistiendo en los tradicionalistas que reconocieron a Juan en Estoril y de cómo Oriol lo transmitió a Franco. Sobre las decisiones del hijo de Javier de sostener su candidatura al trono de España, añadió que «D.ª Zita se opone tenazmente por varias razones siendo la principal la de que no quiere poner obstáculos a D. Juan, cuyos pretendidos derechos sostiene por agradecimiento a favores recibidos en tiempos de estancia en España»[331].

La cúpula del carlosoctavismo diseñó el 25 de abril de 1958 un «Plan» que, sometió a Antonio. El objetivo primero era la «Eliminación política de Don F. J.» (Francisco Javier), por «medidas directas (Prohibiciones terminantes a Don F. J. de actuaciones) e indirectas (carta del Príncipe Don [Domingo] haciendo afirmación de sus derechos; mensaje al Generalísimo sobre la jefatura familiar, y petición oficial de retirada de Don Javier). Las medidas directas exigían la colaboración del aparato estatal, que se intentó sin éxito, lo mismo que obtener la declaración-compromiso de Domingo. Solo se cumplió el último punto.

El 10 de julio de 1958 se dirigió Antonio a Javier proponiéndole diese fin a la regencia, «puesto que la dinastía de Carlos V y Carlos VII no se ha extinguido, pues muerto mi hermano Carlos y posteriormente Leopoldo, los derechos revierten a Mí, y a Mis hijos, entiendo debe darse por cumplida la misión que te otorgara Don Alfonso Carlos»[332].

El regente le contestó el 31 de julio de 1958, sin reconocerle derechos a la Corona de España. Invocó que la casa de Habsburgo-Austria había renunciado definitivamente para sí y para todos sus descendientes al trono de España en los Tratados de Utrecht, Rasttad y Baden de 1713 y 1714. Él no podía renunciar a los derechos y deberes impuestos por Alfonso Carlos, «que cumpliré Dios mediante, hasta su conclusión en la Monarquía. Mucho menos puedo renunciar a los derechos de mi hijo Carlos, que es mayor de edad». Recordó su decisión en el Consejo Nacional de Montserrat (Barcelona) del 27 de mayo al 1 de junio de 1952, ratificada en su mensaje de 12 de diciembre de 1957. Sus derechos eran los de la «legitimidad tanto de origen como de ejercicio, teniendo presente las exclusiones legales». Le pidió «no continuar actualmente una escisión que ya estaba extinguida», recordándole «la promesa que hiciste a tu Jefe de familia hace unos años de abstenerte de toda intervención en la política de España»[333].

En 1959 el hijo del jefe nacional, Lizarza Inda, gestionó en Estados Unidos con los hijos de Antonio su actitud para asumir el liderazgo carlista. Esteban renunció a sus posibles derechos el 19 de octubre de 1959[334], y Domingo quedó en pensarlo y consultar a su padre.

Antonio renunció a la corona de España en 1961. Falleció en Viena el 22 de octubre de 1987. Dejó el trono vacante a disposición de su hermano Francisco José, que falleció en Viena el 9 de mayo de 1975.

En esta peculiar situación de rey renunciado, pero ejerciendo desde Austria con escasas muestras de participación, sin dirección efectiva y con Cora buscando un nuevo abanderado de la causa, se iba abriendo paso entre el carlosoctavismo la idea de la unión entre carlistas que, frente a Juan, lideraba Javier con su llamamiento y propuesta de 4 de noviembre de 1956.

Mientras, el príncipe D. Juan Carlos recibió el 12 de diciembre de 1959 los despachos de oficial en la Academia General Militar de Zaragoza, acto de gran significado por cuanto se cumplían los compromisos entre Juan y Franco en el Azor respecto a la formación y abría un nuevo escenario para la sucesión cuando lo dispusiera. De todo ello hizo Fal Conde una valoración en carta a Carlos Hugo de 23 de diciembre de 1959:

> Todo esto constituye una señal inconfundible del programa oficial del Régimen en cuanto a la personificación futura de la realeza y aunque eso pueda imaginarse que sea cambiable, no es tan fácil desconocer lo que significa el compromiso en que se coloca al Ejército. O sea que quien

sabe, llevar una orientación de futuro fija e invariablemente antagónica de la nuestra, compromete en la misma al Ejército de la Cruzada. Y ese designio, sobre ser claro y manifiesto, tiene la doble gravedad del tema que es la legitimidad de la Realeza y del modo irrevocable y permanente con que se vienen dando todos esos pasos[335].

La segunda reunión de Franco con Juan en Las cabezas el 29 de marzo de 1960 provocó una nueva reacción de todos los grupos carlistas. Para los javieristas en proceso colaboracionista, y para los carlosoctavistas, que lo eran desde su origen, suponía un desprecio más y una consolidación de la opción que ellos temían y rechazaban. Siguieron insistiendo en su fidelidad al 18 de julio y a la legitimidad, cada uno a la suya. La Comunión Tradicionalista javierista lo hizo en un documento de abril de 1960 titulado «En defensa del 18 de julio», mostrando su protesta, el falso tradicionalismo de D. Juan, las razones históricas contra la dinastía liberal y la legitimidad de su pretendiente[336]. El encuentro llevó a los jefes carlistas, tanto javieristas como carlosoctavistas, a plantear la necesidad de hacer frente a lo que parecía una decisión tomada sin contar con ellos y sin expectativas para sus respectivos pretendientes.

El 30 de octubre de 1961 el jefe nacional octavista Lizarza transmitió al de Vizcaya, Olavarría, su opinión sobre la situación. Describió las diferentes actitudes que se habían manifestado durante la guerra con la unificación entre los colaboracionistas y los contrarios, que siguieron con la oposición, que ahora se rectificaba con la colaboración. Suponía reconocer el error de la Comunión y exigía el acuerdo para reforzar la posición carlista. Para superar los desencuentros propuso la constitución de un Consejo Nacional integrado por representantes de los distintos grupos y personalidades de prestigio reconocido, creando una estructura regional para la integración de los carlistas.

Los jefes regionales de la Comunión Carlista carlosoctavista de Valencia, Paulo, de Vizcaya, Olavarría, y de Asturias, Suárez, convocaron el 26 de noviembre de 1961 a todos los jefes regionales a una reunión en Madrid para el 17 de diciembre, con objeto de analizar la situación, una vez que fallecido nuestro último rey, Carlos VIII, la bandera que él enarboló con honor, no ha sido recogida y enarbolada por ninguno de sus parientes con la fe y dignidad que nuestra enseña merece. En cambio, los mismos principios que siempre defendimos y acatamos se hallan adscritos en la bandera de la Comunión Oficial Tradicionalista.

Plantearon como puntos para un acuerdo de unión «con nuestros hermanos tradicionalistas» la reafirmación en la labor de Carlos VIII y su sentimiento porque ningún descendiente asumiera sacrificar sus intereses particulares por el ideal del trilema. Acordaron que lo importante era mantenerlo, aun por «un príncipe de posterior derecho a los nietos de Carlos VII», y su oposición a la restauración de la familia usurpadora en el trono de España, «cualquiera que sea la bandera que enarbole ni los principios en que se escude». Afirmaron que «estos puntos serán aceptados por nuestra Comunión hermana, como base de la unión que todos anhelamos»[337].

Había muchas suspicacias en las filas carlosoctavistas, como lo demostró Plazaola en carta al jefe catalán Gassió de 12 de noviembre de 1961, que trasladó a Cora y otros amigos. Había recibido la invitación para el acto de Madrid del día 17 de diciembre convocado por Lizarza, y dedujo que habían existido reuniones y acuerdos desconocidos por él. Su opinión era que la unión con los javieristas «es un error que puede ocasionar para el futuro de la Causa graves y perjudiciales consecuencias». Los dirigentes javieristas no sentían la «dinastía carlista» por estar vinculados a «un príncipe extranjero y al cabo de 25 años, dirigentes y príncipe han dejado a la masa carlista sin monarca y en las críticas circunstancias de desamparo e incertidumbre que todos los buenos carlistas lamentan». No debían olvidar que habían combatido a Carlos VIII. Hacerlo suponía «someterse a las órdenes de un extranjero cuyos fines políticos los tiene dedicados a Francia, su patria de adopción, ya que no de nacimiento». Afirmó que quiso entregar la Comunión Tradicionalista a Juan: «Sería por tanto una locura compartir con los dirigentes javieristas ningún mando en tanto no tengamos certeza absoluta de no ser reconocida y acatada íntegramente nuestra situación pasada, como base de programa a seguir en el futuro»[338].

La reunión del Consejo Nacional de 17 de diciembre de 1961 estuvo planteada desde la perspectiva de la unidad carlista, adoptando acuerdos para celebrar reuniones con el jefe javierista Valiente, ratificar la actuación con los postulados políticos carlistas, la fusión entre el núcleo de la lealtad y la Comunión Tradicionalista para evitar que «se pierda el fruto de la victoria del espíritu del 18 de julio en una esterilidad catastrófica [...] por lo que no debe haber otra continuación que la implantación de la Monarquía Tradicional auténtica, que propugna la Comunión carlista unida». La Comunión Carlista aceptaba «el abanderamiento que de los postulados de Dios, Patria, Fueros y Rey con legitimidad de ejercicio realiza el Príncipe Don Javier de Borbón y Parma, aun cuando su grado de parentesco o grado hereditario de Carlos VII sea más lejano», ya que los príncipes más próximos habían perdido sus derechos por abandono. El primer rey «que se llame Carlos en nuestra Monarquía se denomine noveno, como continuador del sacrificio que por España realizó Carlos VIII». Se mantuvieron separados del acuerdo el representante de Antonio, Torresano, y el que había sido de Carlos y era el jefe en Navarra, Lizarza. A pesar de ello, se consideró que esta decisión de los carlosoctavistas había supuesto su pase a la Comunión Tradicionalista y el reconocimiento de Javier, que se plasmó en actos individuales, como había venido ocurriendo desde la muerte de Carlos.

El 17 de diciembre de 1961 se firmó un Acta de Unidad Carlista en Madrid en la que los firmantes declararon «terminadas cuantas diferencias pudieran tenerles distanciados hasta el momento presente y afirman que en ninguno de los aspectos doctrinal y dinástico existe divergencia alguna entre todos cuantos constituyen la Comunión Carlista», bajo la autoridad de Javier de Borbón-Parma[339].

La reunión tuvo poco eco. Reflejaba el ambiente, pero proponía una decisión conjunta de difícil resultado, cuando se había producido un abandono de hecho y el paso individual a la Comunión Tradicionalista, donde los carlosoctavistas que lo quisieron lo hicieron sin dificultades, porque lo importante era la ideología y el antijuanismo. Como es común en este tipo de procesos de descomposición, hubo un núcleo irreductible que se manifestó en la publicación *¡Carlistas! Núcleo de la lealtad*[340].

La Comunión Carlista carlosoctavista fue decayendo, una vez perdido el liderazgo de su único y verdadero monarca que fue Carlos VIII, reduciéndose desde su muerte los «apoyos» del régimen. El resto fueron intentos fallidos de Cora, que fue repudiado por Antonio, pero permaneció en el empeño de dirigir a un pretendiente, con una organización residual y sin apoyos oficiales. Además, la cada día más clara y comprometida acción de Franco con Juan Carlos hizo desaparecer cualquier expectativa de futuro.

Francisco José de Habsburgo publicó un manifiesto en febrero de 1964 proclamando su derecho como «pretendiente carlista único» y atacando a Carlos Hugo[341]. En el Congreso de Estudios Tradicionalistas organizado por Elías de Tejada apareció Cora, quien «desolado, nos confesó que con Francisco José no teníamos nada que hacer [...] que había roto con él reprochándole que no hubiera conseguido del Gobierno la devolución de los bienes de Carlos V incautados por los gobiernos liberales».

La tía de Carlos VIII, Alicia de Borbón[342], no participaba de la opinión de su hermana mayor Blanca y sobrinos. El 11 de febrero de 1964 en un mensaje expuso que, tras el fallecimiento de Alfonso Carlos, «revierten los derechos de sucesión de la dinastía agnada en la rama del infante Francisco de Paula, hermano menor del Rey don Carlos V, rama representada hoy, por razones de herencia, por S. A. R. el infante de España Alfonso Jaime de Borbón y Dampierre»[343]. Afirmó la necesidad de reconocer «de modo explícito y fehaciente los principios básicos de la Comunión y [que] repudiara las tesis liberales». Le reconoció «como Jefe de la Casa de Borbón [...] al extinguirse en los varones la línea primogénita, que era las de mis padre y abuelos, [...] con derechos indiscutibles al Trono, estás dispuesto a defender la Tradición que, tantos y tantos mártires ofrendaron sus vidas». En el mismo sentido se pronunció su hermana Beatriz.

Aunque el candidato propuesto por la infanta carlista no tuvo posibilidades por esta vía, fue reconocido por el dirigente carlista colaboracionista Zamanillo y utilizado, según Fontán, por los «franquistas republicanistas» frente a los «monarquizantes». Cuando, junto con su hermano Gonzalo, visitó a Franco, este le preguntó si conocía la Ley de Sucesión; al responderle positivamente le dijo: «No he decidido nada absolutamente todavía acerca de la cuestión de saber quién será llamado mañana a la cabeza del Estado». Así tenía otro pretendiente disponible en el que se producía, además, la condición de hijo del primogénito de Alfonso XIII, tras la muerte del conde de Covadonga, Alfonso. Desde aquel momento tuvo pretensiones sucesorias que incrementó con su matrimonio con la nieta mayor del jefe del Estado, Carmen Martínez-Bordiú y Franco, que anunciaba una posible nueva dinastía, apoyada por el poder en la sombra de la señora del caudillo, su hija y la corte de El Pardo. Además, era bien visto en medios falangistas y leal a los principios del Movimiento, aunque no quisieran una restauración sino una regencia en la que disponer de poder decisorio para condicionar al futuro rey, recuperando el poder perdido en beneficio de los tecnócratas favorables a Juan Carlos.

El 17 de enero de 1965 en Puchheim (Austria) se manifestó Javier como el abanderado de la Comunión Tradicionalista, cerrando el proceso iniciado en Barcelona en 1952. Actuaba como cabeza de la monarquía y de la familia de la «Realeza Legítima», y llamaba al pueblo, porque sin su «viva participación en las alegrías y tristezas, en la vida misma de la Familia Real, la Dinastía, abandonada, no podría cumplir con la misión que le corresponde al servicio de la comunidad».

Fue el acto en que se dio carta de naturaleza a la legitimidad carlista javierista en su versión política práctica colaboracionista. Fue útil como modo de posibilitar el acercamiento e incorporación de carlosoctavistas defraudados por el fracaso del proyecto, pero coincidentes en lo doctrinal, aunque había diferencias en el modo de ver el régimen, ahora suavizadas por la nueva política colaboracionista del javierismo.

Desde 1964 el carlosoctavismo aparecía representado por Francisco José. Con motivo del referéndum de la Ley Orgánica del Estado el 14 de diciembre de 1966, compareció en la embajada de España en Viena para renovar «mi fidelidad absoluta a los intereses patrios», pero sin votar ni pedir el voto, aunque se transmitió por Cora y el régimen como un apoyo. Fue congruente con el comportamiento permanente de sus hermanos en la adhesión a Franco y al régimen, que Carlos VIII había expresado apoyando la Ley de Sucesión en 1947.

Su mejor momento fue la publicación por el diario del sindicato vertical, *Pueblo*, el 21 de enero de 1969 de una entrevista, en la que se declaró único heredero de la dinastía carlista, negando la creación de la regencia por Alfonso Carlos. Fue una operación de un medio controlado por un sector sindicalista del falangismo, dependiente de un ministerio, cuyo titular formaba parte del Gobierno, en contra de Juan Carlos, seis meses antes de su proclamación como sucesor del jefe del Estado el 22 de julio de 1969.

En este punto se puede situar el fin de la operación que plantearon Franco y Arrese, utilizando a Bilbao y Cora, con un grupo de carlistas colaboracionistas, antijuanistas y antijavieristas del núcleo de la lealtad, para reducir la presión monárquica, creando un conflicto en ese ámbito con la presencia en España de otro pretendiente protegido por el régimen, a la vez que incrementaba los conflictos internos en la Comunión Tradicionalista.

Tras la prematura muerte de Carlos VIII se produjo una nueva crisis y «se diluyó el antiguo carloctavismo». Algunos se adhirieron a Carlos Hugo tras el Montejurra de 1957, superando a su padre Javier, de quien los octavistas pensaban era «un puente para llegar a D. Juan y que seguía al frente de la organización carlista por "mantener el tipo", entre la espada de los carlistas que no aceptaban a D. Juan y la pared de su convencimiento de que no tenía derechos a la Corona de España»; alguno de estos «nos adherimos a la Regencia de Estella» que había promovido Sivatte[344].

El colaboracionismo y la coyuntura ideológica del carlismo

En la legitimación de la dictadura y régimen franquista tras la guerra civil hubo participación activa carlista. La primera fue la proporcionada por el carlismo carlosoctavista (1943-1953). Una vez desparecido, tomó el relevo activo el colaboracionismo javierista (1957-1967), tras el cese de Fal Conde y su sustitución por Valiente. Supuso retractarse y desautorizar toda la política de discrepancias seguida desde la unificación hasta entonces por la Comunión Tradicionalista, dando la razón al colaboracionismo carlosoctavista y al transaccionismo de Rodezno.

Fue el medio para buscar un lugar en la situación y poder participar en el futuro monárquico, incluso colocando a su abanderado dinástico. Aceptada y facilitada su presencia podrían tener posibilidad de ofertar sus propuestas políticas y dinásticas, a pesar de la clara opción de Franco a favor de Juan Carlos. Fue una decisión de estrategia política de la cúpula carlista formada por personas partícipes en la guerra civil, que tuvo apoyo en una parte de la organización, pero que provocó una reacción contraria de las bases, sobre todo de las jóvenes desvinculadas de la guerra, con otra percepción de la sociedad y la vida nacional. Estimuló el cambio interno que llevó al debate ideológico, a la transformación de la organización y su conversión en un partido político democrático.

El colaboracionismo carlista

Con motivo del Consejo Nacional de la Comunión Tradicionalista de Barcelona de 27 de mayo a 6 de junio de 1952 y la carta de Javier a su hijo Carlos Hugo, en su peculiar aceptación de la realeza de la causa carlista, se apuntó una nueva línea política realista y posibilista con la colaboración con el régimen, medio para poder alcanzar una monarquía tradicional y carlista en España.

En un manifiesto de 3 de abril de 1954 en Lourdes expresó Javier su disposición a «prestar nuestro concurso a cualquier labor –que ya es inaplazable– de enderezamiento de la política hacia finalidades en consonancia con la doctrina que venimos manteniendo por espacio de varias generaciones». La concretó en una monarquía con «la sociedad constituida según su propio ser, con sus entidades plenas de personalidad, sus fueros, sus libertades y su auténtica representación»[345]. Planteaba superar la etapa de retraimiento y oposición producida tras la guerra.

En el informe de Fal Conde sobre la situación de la Comunión en 1954 se constató el languidecimiento, la atonía y el desengaño respecto a un régimen que «pretende dar nacimiento a la monarquía como forma sucesoria de lo actual y con vinculaciones que tenemos por reprobables». Entre los problemas, uno era la necesidad de una «declaración real» tras la de Barcelona, declarándose «Rey de Derecho que asegure su sucesión en su estirpe».

Planteó la orientación política entre el «total apartamiento en una oposición con toda la hostilidad que las circunstancias permiten», o una «oposición moderada, con la concurrencia que sea posible a las tareas de gobierno y los contactos que estén a nuestro alcance en relación con el régimen o con sus hombres». No podían «colaborar con el régimen, ni concurrir a las tareas públicas del mismo, en tanto esos actos, signifiquen aprobación de sus fundamentos políticos, de las normas generales de su orientación política». Cuando la concurrencia en tareas públicas «no signifique aceptación del régimen, o sea donde quede algún resquicio de actuación de la sociedad, podemos tomar toda la parte que esté en nuestra mano y en ella ser útiles a España». En resumen: «debe intentarse una vez más y con toda decisión la política de relación con las autoridades antes propugnada»[346]. La CT estaba en una oposición moderada que no descartaba la colaboración.

Conflicto interno y cese de Fal Conde

El 27 de febrero de 1955 los representantes de las juntas regionales celebraron una reunión en Zaragoza analizando el estado de la Comunión y realizando propuesta a Javier sobre aspectos políticos y dinásticos. Fueron una exigencia de actitudes firmes en la asunción de los deberes de monarca, comprometiendo a su hijo mayor, y de separación de los colaboracionistas con el régimen que se orientaban a la solución dinástica en la persona de Juan.

Plantearon la restauración de la monarquía católica, que no podía hacerse en Juan Carlos, porque el pueblo carlista lo rechazaba aceptando solo a Javier. La Comunión debía prepararse para la restauración solicitando del monarca completase la declaración de Barcelona «unida a la aceptación pública y solemne por S. A. R. Don Hugo Carlos de sus deberes y responsabilidades como Príncipe de Asturias» y su venida a España a completar su educación con «completa independencia de las autoridades franquistas». No podía admitirse a quienes no aceptaban la declaración de Barcelona como «acto soberano e irrevocable", rechazando a quienes sostenían que con ella «no pretende seriamente defender sus derechos a la Corona y que su aceptación fue un mero expediente para contentar la impaciencia de los carlistas».

Respecto a Franco planteaban una «postura serena e independiente, guardando neta separación de todos los partidos políticos». Estimaron que la «restauración juanista sostenida por los elementos más desprestigiados de la nación, sería fatalmente una efímera antesala de muy sangrientos desórdenes y de la final laicización de la Patria». En los contactos con las autoridades del régimen debían «tomarse las máximas precauciones», porque podían «ocasionar la impopularidad del carlismo, única fuerza cristiana que hoy conserva su prestigio en España». Las relaciones pasajeras no deberían realizarse «en ningún caso a través de quienes han actuado con indisciplina y hasta con traición; hacerlo sería premiar la deserción». Las juntas regionales «se consideran incompatibles» con los miembros de la junta nacional y de sus comisiones «que mantienen contactos políticos con el pequeño pero nefasto grupo que dirige Antonio Iturmendi». Pedían su disolución y la efectividad de las facultades atribuidas en Lourdes a las regionales[347].

La reunión de Zaragoza del 27 de febrero suscitó una dinámica interna de conflicto porque suponía formular unas exigencias a Javier y alterar el *statu quo* interno. El monarca no contestó ni recibió a los reunidos como se lo habían pedido. Así se desprende de una carta de Fal Conde de 7 de mayo de 1955, acompañada de unas «notas» sobre la preparación y desarrollo de la reunión e intervenciones de Arrúe, Larramendi y Gambra. La reunión había sido de jefes regionales y de carlistas sin representación alguna, aunque se la atribuyeran. Se había hablado del «cese de Fal en la jefatura para que le sustituyera Valiente y éste cambiara la orientación de la Comunión en sentido franquista y juanista». Calificó la reunión de «acto de indisciplina», «la acusación es falsa» y «el escrito es tendencioso y equívoco».

Del 1 al 3 de agosto de 1955 se reunieron en Lourdes Javier y Fal, pasando a continuación a San Sebastián y Leiza (Navarra). En carta del día 2 comunicó al jefe delegado que había decidido dirigir directamente el gobierno de la Comunión designándolo como su primer consejero, tras renunciar este a la jefatura-delegada que venía ejerciendo desde Alfonso Carlos. Se reconocían facultades a los jefes regionales que despacharían directamente con el monarca, quien les convocaría a un consejo de jefes. Mantuvo las decisiones y orientaciones políticas.

Durante su estancia en España entre el 3 y el 19 de agosto de 1955, el monarca comunicó el día 14 que, ante el peligro de una «grave tormenta política», sin «nada en absoluto contra Fal Conde, ni contra Baleztena, procedía a su cese para reorganizar la Comunión. Dijo del primero: «No he tenido otro jefe tan abnegado, leal y capaz». Estimó concluido el periodo de la jefatura delegada creada por Alfonso Carlos y asumió el mando directamente, con los jefes de las juntas regionales, quedando Fal como primer consejero y formando la Junta Nacional con los regionales y los designados directamente. Quedó suprimida la Jefatura Nacional. Fal se despidió pidiendo unidad a los carlistas en la persona de Javier. Años después expuso a Carlos Hugo su valoración del momento: «Me aparté de toda actuación y callé mis juicios sobre la nueva marcha»[348].

El 3 de agosto de 1955 estaba fechado el extenso informe de Fal sobre la situación de la Comunión en que analizó la organización y la colectividad. En aspectos puntuales se refirió a los «adhesionistas» o «colaboracionistas», «que tienen como máxima aspiración política influir en la caracterización de la futura monarquía, llevan un espíritu transaccionista con el interés personal del Jefe del Estado de perdurar en el Poder hasta el máximo de su posibilidad física. Al Rey legítimo no le es dable esa concesión a la ambición».

El camino a seguir por la Comunión era «existir, sin desnaturalizar nuestro ser, conservando nuestros principios, manteniendo nuestras masas, representando en la política de España dos cosas: El testimonio de la verdad política y la contradicción con todos los errores». Sobre la política oficial planteó «ejercer una oposición más o menos directa a lo que se aparte de nuestros principios y de nuestras justas aspiraciones», oponiéndose a la «actual política, nuestra razonada discrepancia».

Desarrolló ampliamente la doctrina sobre el rey, al que se debía presentar como «portador de un pensamiento magistral, corroborado por la más pura ciencia política, ejercitado en España en sus más sabias leyes, creador de la más pura gloria histórica y abrogado por la satánica obra revolucionaria». Era necesario que el príncipe se formase «en la filosofía política, en nuestro Derecho histórico, en el conocimiento de lo español y de su idioma». El partido no debía separarse del rey, implicaría «su propia desaparición sin cumplir el fin para el que existe, cual es el triunfo del Rey legítimo». Concluyó aconsejando que el rey hiciera manifestación «de su ánimo resuelto a no renunciar ni abandonar sus derechos, desaprobando nuevamente la ley de sucesión a la jefatura del Estado y señalando las fundamentales discrepancias que nos separan del proyecto de monarquía dibujado en las declaraciones de Franco»[349].

La unión carlista en Javier Borbón-Parma

Durante su estancia en España Javier participó en numerosas reuniones sobre dos asuntos capitales para la causa: la «unión carlista» con los carlosoctavistas cara a la participación en las cercanas elecciones municipales, y la aproximación y colaboración con el régimen que pudiera ser utilizada para apoyar una candidatura al trono de España. En ese tiempo ya se habían producido «innumerables incidentes que han patentizado una compleja maniobra para arrastrarlo a la colaboración con el plan de Franco para la Monarquía D. Juan Carlos». Fal Conde, en una «nota confidencial», sobre la que pedía discreción y no difundir copias, reconocía los protagonistas y el alcance de los «incidentes»:

> Ya no ha quedado duda de que mi cese fue debido al proyecto de unificación de todos los carlistas para una negociación hacia un frente monárquico. Desde agosto en que ocurrió el cese, han visitado al Rey en Francia Iturmendi, Rafael Olazábal y Arauz de Robles que es el triunvirato de esa maniobra. El actual viaje ha sido de acuerdo con ellos.

Se habían celebrado reuniones en San Sebastián y Bilbao donde Olazábal planteaba «que había que revocar su declaración de derechos al Trono hecha en Barcelona, para ir a la Monarquía de D. Juan Carlos». Hubo un incidente con la presencia de carlistas «que dijeron al Señor que jamás pasarán por un príncipe de la dinastía liberal».

El 10 de agosto se reunió Javier con Iturmendi a petición de este, informándole que no renunciaba a sus derechos y de la próxima presencia en España de su hijo el príncipe de Asturias[350]. El 11 de agosto de 1955 se produjo la renuncia acordada con Javier del jefe-delegado Fal, asumiendo la total jefatura. Fue sustituido por el secretario general Valiente, nombrado jefe-delegado el 21 de octubre de 1960[351]. Con el apoyo real planteó y practicó una «política de intervención» en el régimen, que fue denominada «colaboracionismo» (1957-1967) por quienes se oponían[352].

En Madrid Javier recibió dos veces a Iturmendi y a otros colaboracionistas (Arauz, Amezua, Herreros de Tejada y otros). Llamó a Fal, quien no tomó parte en los actos colectivos: «Era elemental que procurara yo distanciarme de toda ocasión en que los carlistas pudieran informar al Rey en pro o en contra mía, concordes o en desacuerdo con mis orientaciones».

En la Junta de Jefes, a la que invitaron a Fal, «leyó el Señor unas cuartillas de buenos principios, pero débiles o confusas en la cuestión candente sobre el Rey». Tras tomar la palabra Zamanillo intervinieron el resto de asistentes y «aquello fue impresionantísimo. Todos en magnífica unanimidad dijeron lo mismo: sólo nuestro Rey puede inspirar garantías de fidelidad a los principios, la Comunión no pasará por ninguna otra solución». Valiente realizó la síntesis: la irrevocabilidad del acto de Barcelona, el rey no deja de ostentar sus derechos; la Comunión no podía aceptar un príncipe de la casa liberal ni «colaborar con Franco políticamente. Cosa distinta que desde nuestra posición tengamos contactos y conversaciones con cuantos sea menester para lo que convenga a España».

El 17 de agosto se celebró en Madrid la reunión del Consejo, con los consejeros y los invitados de Javier. Mantuvo la declaración de derechos de Barcelona. Los discursos más relevantes fueron de Zubiaur, Ortiz Estrada, Ferrer, Larramendi, Gambra y Garzón. Se aprobó una declaración de los derechos reales redactada por Gambra. Su actitud supuso superar las críticas anteriores a Valiente y Zamanillo, estimándose era un momento de unión de la Comunión con el rey. Enterado Iturmendi del acuerdo exigió a Javier que se retractara de la declaración o se desencadenaría una persecución contra los carlistas, lo que transmitió a los consejeros, provocando una reacción de indignación, unión y fidelidad.

El Consejo trató de la reorganización interna, quedando sin resolver los nombramientos y con presencia de personas projuanistas como Arauz. Se comentó el «Plan Artajo», que previó una reunión de Javier, Juan y Otto de Habsburgo, en la que se propondría a los dos primeros la renuncia a favor de Juan Carlos, con el tercero como mediador y garante. Se acabaría con la Falange en la que había una tendencia republicana contraria a la monarquía que proponía el caudillo. Se colocaba a Javier entre una opción con Franco en una unión para una monarquía con Juan Carlos o el mantenimiento de sus derechos con el apoyo de la Comunión por la monarquía tradicional, como había decidido el Consejo[353].

Durante el otoño de 1955 circuló un documento titulado «Razones en contra de la proposición de entrar en contacto político con Franco para la realización de una buena parte del programa tradicionalista en la Monarquía futura con el Príncipe D. Juan Carlos». Diferenciaba entre el fin perseguido y los medios para su consecución. En cuanto al primero, lo hizo con cuatro distinciones. Sobre los medios, en una enumeración de inconvenientes conforme al alfabeto hasta la letra «y», con un título del que se partía «La aceptación de Franco», que era la causa de todos ellos: « si la colaboración ha de significar la aceptación del régimen de Franco, de su voluntad omnímoda. Y la convivencia con nuestros contrarios, resultará una aceptación mucho más grave que todas las que hemos rehusado en nuestra historia e incluso la que los católicos franceses rehusaron en el periodo del *ralliement*».

El argumento principal de la nueva estrategia era el de lograr «la realización de una buena parte del programa tradicionalista en la Monarquía futura con el Príncipe D. Juan Carlos». El medio fundamental era «la incorporación a Franco para la Monarquía futura del Príncipe Don Juan Carlos». Trataba de condicionar con la ideología una opción dinástica de Franco que se consideraba decidida e invariable, con el propósito de evitar el comunismo. Se argumentaba que, al no haberse implantado el programa tradicionalista tras el fin de la guerra, el modo de evitar que fracasase la victoria era apoyar ahora al régimen para conseguirlo.

De nuevo, una entrega del carlismo a Franco ante el riesgo comunista, discurso demasiado oído. Suponía, además, aceptar incondicionalmente el régimen, renunciar y contradecir la conducta mantenida, apoyar su proyecto de monarquía, perder la legitimidad carlista y reconocer la franquista, renunciar a los derechos de Javier al trono. En definitiva, el entreguismo a quien tanto mal había hecho al carlismo para salvarle en los momentos finales del régimen y aceptar sus decisiones[354].

Con esta nueva estrategia, la Comunión adoptó una actitud de crítica prudente y moderada para no molestar al jefe del Estado[355], que les dio posibilidades de presencia e imagen, pero nunca oportunidades de poder y colaboración en la sucesión monárquica. Para Valiente, dentro del Movimiento debía haber dos alternativas: la que representaba la Falange, que de partido único se constituía en «dominante», y la carlista, como se lo había propuesto a Arrese, excluyendo a los monárquicos juanistas.

De este movimiento se hizo eco el sacerdote carlista Lezáun, en contestación a la carta de Javier «en la cual aboga por que vayamos con Franco a la institución de la Monarquía», apostillando:

creo que ir con Franco es abdicar de los principios carlistas, puesto que *ipso facto* el ir a Franco es admitir un régimen distinto y opuesto al Régimen Carlista, es perder la Legitimidad de Ejercicio. Por lo tanto, con esta carta ha perdido Su Alteza el derecho a ser Rey de España y a ocupar puesto alguno de dirección del Carlismo. Además, tenemos experiencia de veinte años de Franco, que ha implantado y mantenido un régimen enteramente opuesto al Régimen Carlista. Más aún, tenemos claros indicios de que se va al anticarlismo[356].

Colaboracionismo y propuestas políticas

Mientras en el ámbito monárquico se buscaba el incremento de las adhesiones a la causa del príncipe Juan, también se observaba el comportamiento de la familia política dominante que era el Movimiento. Había una ofensiva monárquica frente al propósito de Arrese de configurar un régimen de poder ejecutivo que dificultara la monarquía. Al dirigente falangista se aproximaron los dirigentes de la Comunión Tradicionalista Valiente y Zamanillo con una propuesta posibilista: superar los enfrentamientos de la época de Fal y poder actuar dentro del Movimiento en una colaboración que suponía, además, abrirse un camino frente a la influencia juanista; le propusieron su reconocimiento de la Falange y la Comunión como dos realidades políticas dentro del Movimiento.

Suponía superar la unificación y abrir el carlismo al juego político y al poder, con una oposición constructiva desde dentro del régimen. Se apoyaban en una propuesta de Iturmendi de 18 de julio de 1956 que compatibilizaba la monarquía como institución superior con el Movimiento en sentido amplio, pero exclusivo para las fuerzas que lo habían protagonizado[357]. Se abrió un periodo de tolerancia, con apertura de los círculos culturales Vázquez de Mella, publicaciones (*Azada y Asta, Esfuerzo Común, Montejurra*) y organizaciones como las hermandades de excombatientes.

Simultáneamente, se produjo un movimiento «anticolaboracionismo» promovido, principalmente, por los sectores jóvenes, el MOT y la AET. Su jefe nacional, Massó, expuso en carta a Valiente de 10 de octubre de 1957 las orientaciones de la acción política, que criticaba la actividad de la estructura oficial, denunciando los vicios y comportamientos que se producían. Anticipó lo que, poco tiempo después, sería el proceso de «clarificación y «actualización» ideológica y la nueva estrategia política del carlismo.

Partió del reconocimiento de la «autonomía social», que era defender la propia organización, y tener una «visión realista de la política española». Rechazó los tópicos, los bulos y las fantasías de visionarios, apoyando las actuaciones sobre «bases firmes y objetivas». Propuso «variar el rumbo» de actuación: «La negra tradición carlista de incapacidad para la actuación política debe terminar». El oposicionismo «a ultranza y, casi diría, troglodita»[358] debía sustituirse por el «deseo firme de influir, de dejar una huella en el presente»: «Creer que la fuerza de unos principios, mantenidos con fidelidad, pero no remozados, ni actualizados, ni menos aún divulgados, vamos a pesar en la política española, es una utopía». Estimó el providencialismo carlista como un «quietismo herético y mojigato»:

> Herético porque apelamos a la providencia para evitarnos el riesgo de la decisión; y mojigato porque disfrazamos con apelaciones a lo trascendente una debilidad que quien sabe si es impotencia. Regodearnos en el «todavía vivimos a pesar de las persecuciones» es, en el fondo, expresión de un romanticismo ridículo.

Si no se encontraban «caminos transitables» que la hicieran visible, la AET iría languideciendo y «acabará por morir de inanición. A no ser que la inquietud política se alimente con críticas personales y proyectos utópicos». Para superarlo, propuso una actuación política basada en salir de la clandestinidad, dejar de hablar de las alicortas divisiones, conectar con los problemas reales de los universitarios, como la libertad frente al estatismo, el sindicalismo libre, derechas e izquierdas («Nosotros no somos en lo social de derechas»), superación del capitalismo y socialismo y reconocer el fracaso de la burguesía.

Persiguió superar el relato, que conocía muy bien, del proceso en que el carlismo había entrado tras la guerra y durante el franquismo, porque no era nuevo en su historia: pasar del victimismo a romantizar sus experiencias históricas y vitales, como había ocurrido tras los fracasos del XIX y con el «triunfo» perdido del XX. En él se había encerrado el carlismo, recreándose en sus emociones tristes de rabia, odio y, como mucho, afán de venganza, que la historia no le proporcionaba, porque, si habían confiado en conseguirla apoyando a los militares sublevados, estos les habían «traicionado», volviendo a repetir el proceso con la frustración añadida de haberse sacrificado por el triunfo que no les llegó.

Propuso entre las actuaciones: evitar el derrotismo y el complejo de perseguidos; no criticar las actuaciones individuales, juzgar con objetividad y argumentos sólidos; usar el lenguaje de nuestro tiempo; comunicar; crear ambiente cultural; no apelar a los méritos individuales; rechazar las fórmulas simplistas y estereotipadas. «No plantear el problema de la legitimidad dinástica, D. Javier es el Rey y D. Carlos –nunca H. Carlos– es el Príncipe de Asturias».

Dejó establecido que «somos políticos activos y no cofrades de una asociación religiosa, ni historiadores románticos, ni contertulianos de café». Recomendó que «toda esa capacidad de intriga que existe en el carlismo se dirija hacia afuera, hacia la política española y no hacia nuestros compañeros de filas». Terminó recomendando «sensatez y sentido de la realidad. La audacia no puede faltar. Recordar que la política hay que hacer fuera, no dentro de la Comunión»[359].

Todo el contenido de Massó fue una crítica de la conducta y actuación seguidas por la Comunión Tradicionalista. Suponía la revisión, que anunciaba nuevos tiempos, personas y concepciones. Fue un programa de márquetin político que, como se pudo comprobar, trató de lanzar la candidatura de un nuevo príncipe en la persona de Carlos Hugo, y de un nuevo carlismo actualizado ideológicamente por un proceso de «clarificación».

La línea política colaboracionista fue impulsada por Javier desde el primer momento en 1956, para superar el «absolutismo aislacionista de política interna depuradora [...] no ha sido ni puede ser un fin, sino solamente un medio»[360]. Fue establecida por la Junta de Gobierno de 23 de febrero de 1957, a propuesta de Valiente, con el propósito de evitar el fin del Movimiento Nacional, garantizar en el futuro la instauración de la monarquía tradicional con el apoyo de la Falange opuesta a la restauración de la dinastía liberal, poder participar en las decisiones de gobierno y recibir apoyo a sus actuaciones públicas (círculos, publicaciones y actos), que permitieran recuperar espacio político y abrir posibilidades de futuro, incluso en el orden sucesorio.

El 6 de abril de 1957, en carta al jefe delegado, Javier lamentaba que «la gente no quiere entender que no podemos imponer nuestra monarquía sin contar con elementos franquistas y de gobierno y sin que terminen las luchas dinásticas, pues han sido la desgracia de España, porque confundían los principios con las personas». En estas palabras daba prioridad a los planteamientos ideológicos sobre la función dinástica en un colaboracionismo con otras fuerzas del régimen: «El carlismo es mucho más que eso, es la verdadera tradición de la realeza y son los derechos de la Iglesia, de los fueros y de la vida política que representa. Hoy no se trata ni de mí ni de D. Juan ni de D. Juan Carlos». Planteaba como premisa de la política de la Comunión la colaboración «con franquistas, juanistas, sivatistas y octavistas y con los mismos falangistas para formar una barrera al neorepublicanismo». Posteriormente, «cuando seamos dueños de la situación», se hablaría de la monarquía y el rey[361].

El 13 de marzo de 1957 el optimismo del impulsor y ejecutor de la política de colaboración, Valiente, se admiraba de cómo se había aceptado, aunque un mes después transmitía al jefe regional de Navarra, Astrain, que todo estaba «prendido con alfileres», cosiéndose y descosiéndose «continuamente»[362], porque realmente no estaba cosido sino solo hilvanado y había muchos militantes decididos a romper los hilvanes.

La asamblea de la AET celebrada el 27 de abril de 1957 constató que todas las agrupaciones «repudiaban cualquier intento de intervención o colaboración con el actual régimen», con «gran espíritu de sacrificio y ansias de renovación en todos los órdenes de la Comunión Tradicionalista». El Consejo Nacional de la AET de 14-15 de diciembre del mismo año se manifestó mayoritariamente contra la colaboración[363].

En la concentración de Montejurra de 5 de mayo de 1957 miembros de la AET de Pamplona lanzaron octavillas con el siguiente texto: «En Navarra los carlistas / siempre hemos sido leales / nunca colaboracionistas / nunca, jamás, liberales»[364].

La intervención de Carlos Hugo en el acto supuso la aceptación de su liderazgo como príncipe de Asturias, dejando sentado ante Franco, Juan de Borbón, su hijo Juan Carlos y los monárquicos que seguía levantada la bandera del carlismo.

La intervención de Gambra en el acto fue crítica con el colaboracionismo, con «frases infelices hacia mi orientación política actual que sigue fielmente mi secretariado», observó Javier en carta a Baleztena de 14 de mayo de 1957. Hubo reticencias internas y externas, particularmente entre los projuanistas, que vieron la asunción de la condición de heredero y príncipe de Asturias por Carlos Hugo, obligándoles a moverse en su reconocimiento a Juan.

En junio de 1957 se reunieron representantes de la Comunión con los ministros falangistas Arrese y Solís. Salieron, como siempre, «bien impresionados» por su deseo de colaborar para librar al régimen «de tachas totalitarias y esperan de nosotros que prestemos un eficaz servicio en una amplia coordinación política». Les informaron del mal efecto que producían en el Gobierno las actitudes juanistas[365]. Así los dirigentes carlistas alimentaban sus ilusiones, oyendo lo que querían oír.

Las nuevas autoridades carlistas colaboracionistas tardaron tiempo en percatarse de que Franco les engañaba con algunas audiencias y buenas palabras, lo mismo que había hecho en los años de la guerra con los miembros de la Junta Central Carlista de Guerra de Navarra y el conde de Rodezno. Sin embargo, las Juventudes Tradicionalistas, la AET y el MOT rechazaron la colaboración. En sus documentos se exigieron derechos como la libertad de expresión y pensamiento, porque reducir a los ciudadanos al silencio forzoso «es a los ojos de todo cristiano un atentado al derecho natural del hombre»[366].

El colaboracionismo fue muy contestado internamente hasta provocar el atentado a Valiente[367]. Se argumentaba que no produciría resultados políticos, salvo la tolerancia de los círculos Vázquez de Mella, algunas publicaciones y actos, siempre vigilados, convirtiendo al carlismo en «sostén» del régimen cada día menos sólido y más criticado. El mayor éxito político fue que Franco designó como procuradores en Cortes a los carlistas Zamanillo, Fagoaga, Codón, Redondo y Astrain[368]. Se afirmaba que Valiente aspiraba a ser ministro de Justicia como Rodezno, Bilbao e Iturmendi.

Franco manifestó su satisfacción por lo conseguido en un comentario a su secretario Polo, a propósito de la entrega del programa político de la Comunión, en el que se apoyaba la colaboración, diciéndole: «Ves aquí lo fácil que ha sido la entrada de los carlistas en el redil, una vez eliminado ese hombre intolerante» (por Fal Conde). Añadió que sus dos únicos fracasos políticos habían sido el cardenal Segura y el carlismo; que por fin su verdad política había triunfado, que toda su vida agradecería a los dos hombres que le han ayudado a lograr este triunfo; uno de ellos noblemente, «aunque desde hace meses sólo obra a mi dictado inconscientemente», y del otro tú ya sabes cómo fue"[369]. Que se trataba de los dos líderes carlistas Valiente y Zamanillo era claro, y fue confirmado por el mismo generalísimo cuando comentó: «La rama que defienden los señores Valiente y Zamanillo se está portando muy bien con el régimen, pero no se comprende que sean partidarios y que hagan propaganda en favor de un príncipe extranjero que no tiene el menor arraigo en el país y que nada inspira a los españoles»[370].

Un plan estratégico carlista

El Secretariado de Carlos Hugo encargó un «Estudio de las acciones políticas que tiene ante sí la Comunión Tradicionalista. Ventajas e inconvenientes de cada una», con «actividades y directrices políticas fundamentales». Constituía un plan estratégico-táctico para operar en las instituciones· conforme a unos propósitos de presencia que influyesen sobre aquellas y la opinión pública para incorporar un pretendiente que gozase del apoyo político-social suficiente e influir en la decisión del generalísimo a favor de Carlos Hugo. Se configuraban cuatro acciones:

«I. Colaboración con el régimen actual sin las características y actitudes claramente carlistas (al estilo intermedista) con D. Juan o sus hijos como candidatos». «Se rechaza rotundamente».

«II. Intervención en el régimen actual con pleno carácter carlista, con el objeto concreto y explícito de restaurar la monarquía legítima (sin exclusión de la que pudiera resultar de un arreglo del pleito dinástico), pasando por una Regencia nacional para estructurar el país sin declarar inicialmente esta fase previa». Fue una de las seleccionadas.

«III. Clara, rotunda y reiterada oposición al régimen que ha bastardeado los principios del 18 de julio y pretende un contubernio imposible y estéril como solución para España, con vistas a crear el ambiente y las fuerzas necesarias para la implantación de la monarquía legítima». Fue seleccionada.

«IV. Acción meramente interior de reorganización y unión de la Comunión a cambio de no denunciar al régimen, con vistas a una acción a largo plazo». Fue rotundamente rechazada.

En la propuesta de informe al Secretariado se criticó al régimen por su «hostilidad contra la Comunión que tuvo en su día gran ascendiente sobre todo el país». Se propondría a Javier un «plan de acción único», elaborado de modo participativo con las regiones y grupos, «más que en el parecer y actitudes de D. Javier que por circunstancias especiales es claro que no puede por sí solo representar con propiedad el pensamiento carlista español y merecer por tanto garantía de acierto». De las cuatro posibilidades, excluidas la I y la IV, se estimaba la II como la que «está más de acuerdo con el pensamiento y manera del ser del carlismo y la que más se adapta como oposición al Régimen actual, dado su carácter de dictadura, que no es lógico prever que pase voluntariamente a soluciones de otra índole». Proponía «intentar la II que desarrollada con alguna elasticidad podría llevarnos a éxito», aplicando determinadas actitudes y directrices[371].

No consta que los órganos de la Comunión aprobasen la propuesta , quizá porque no se ajustaba a la dinámica colaboracionista aplicada. Sin embargo, tras el cese de Valiente y la sustitución por el Secretariado de Carlos Hugo, se siguió la III en sus líneas generales.

El colaboracionismo no producía los resultados esperados, como se constató en un informe sobre el estado de la Comunión Tradicionalista elaborado por Zamanillo en diciembre de 1957[372]. Diagnosticó que se hallaba en un «estado de desorientación y malestar grandes, consecuencia del cansancio de la guerra, de la desilusión de la posguerra, del fracaso de las previsiones, de la ineficacia política, de las intrigas y maniobras, de la ausencia de dirección clara y firme". Aun los buenos momentos como las concentraciones y la presentación del príncipe «son utilizados por los elementos intrigantes e indisciplinados para sus fines de división y descontento». Sin embargo, «hace muchos años, que no se ha presentado al carlismo un momento tan favorable como el actual, para poder coronar su obra secular con el triunfo político definitivo».

Para el autor los disconformes eran una minoría formada por personas «faltas de todo sentido político» y «pequeños grupos doctrinarios selectos […] pero sin influencia alguna en la política nacional». Ellos no llevaban a la práctica la política y se movían «por motivos personalistas y de bajas pasiones». Así lo había demostrado la agresión a Valiente, por poner «en entredicho el honor de la Comunión. El Gobierno, la policía y otras muchas personas saben, perfectamente, el origen y la trama de lo ocurrido». Expuso que la Junta Regional de Navarra había acordado la expulsión del autor, con la oposición del jefe regional «por complacer, sin duda, al grupito del agresor, en el que figura un próximo pariente suyo. Esa conducta es indigna y vergonzosa»[373]. Explicó que se había agredido «por la eficacia de sus trabajos políticos, en obediencia a las directrices dadas por el Rey». La conclusión fue que el problema de la Comunión era «de autoridad que imponga la unidad y la disciplina, y señale las normas y consignas que han de seguirse. […] Es el único medio de llevar a cabo la tarea que tan prometedora se ofrece en estos momentos al carlismo».

Javier en un mensaje de 12 de diciembre de 1957, con motivo de la Junta de Gobierno celebra en Hendaya, se hizo eco del anuncio de Franco de iniciar el «periodo preparatorio de la estructura definitiva del Estado mediante la instauración de la gloriosa y secular Monarquía Tradicional para asegurar la continuidad del proceso político y social abierto el 18 de julio». Pidió la contribución de los carlistas a esta nueva fase de la relación política con el régimen, que era de participación y colaboración para configurar la monarquía tradicional que promovía el caudillo.

Este fue un mensaje capital de la etapa colaboracionista. Su propósito era colaborar en la reinstauración de la monarquía tradicional y evitar la restauración liberal, tomando posiciones políticas en el régimen. Esta decisión la confirmó la publicación de la Ley de 17 de mayo de 1958, de principios fundamentales, que afirmó la monarquía tradicional, católica, social y representativa como forma de Estado, que llevó a considerar la presencia necesaria de la Comunión para preparar las instituciones de una monarquía social y popular. Propuso Javier como «normas de actuación […] premisa necesaria […] mantener en todas las actuaciones la personalidad de la Comunión». Sobre la actuación política afirmó que lo actuado se había realizado «en todo momento de acuerdo con mis instrucciones y no puedo admitir que sea objeto de ninguna clase de condena, porque las censuras van directamente contra mi autoridad».

Respecto a las relaciones con la Falange, había que «continuar la negociación política» para lograr la pervivencia del espíritu del 18 de julio, «pero sin caer de ningún modo en una unificación o absorción, puesto que se entiende que las dos organizaciones deben conservar su propia personalidad».

En relación con los juanistas dispuso tener firmeza en la posición, extremar el respeto personal, sostener que «no es cuestión meramente dinástica, sino sustancialmente de concepto de la Monarquía»[374].

Gambra, en carta a Valiente de 15 de diciembre de 1957, valoró negativamente su política colaboracionista por los nulos resultados políticos, el ridículo general ante el país y el desaliento, división y aun violencias graves entre los carlistas: «La recuperación dinástica del carlismo, todavía mal afirmada, se verá comprometida en ese fracaso y ya ni el rey podrá rectificar ese error»[375]. Reiteró sus críticas en 1958 y 1959, denunciando el apoyo a un régimen desacreditado y opuesto al carlismo. Se convirtió en cabeza de una corriente anticolaboracionista.

Ante los ataques internos que por significados líderes recibía Valiente, Javier apoyó el 23 de febrero de 1958 «tu política de prudente aproximación [que] no es solo tuya, es la mía y la de la Junta de gobierno de la Comunión. Tengo absoluta confianza de que nuestro camino es el único útil y posible en estas circunstancias para la Comunión».

El mensaje de Javier a la Junta de Gobierno de 5 de octubre de 1958 invocó el de 12 de diciembre de 1957, insistiendo en la necesaria presencia en la política nacional y en que la «posición de alejamiento y oposición de estos años pasados, [...] No es principio político consustancial con nuestra doctrina el de permanecer constantemente en la oposición». Sostuvo que «el carlismo es esencialmente político y políticos han de ser sus fines y los medios para conseguirlos». Había llegado el momento del final del proceso político del 18 de julio y que la Comunión debía «intervenir en la política nacional». Si no se aceptara la «leal participación carlista en la política nacional, quedaríamos libres de responsabilidades ante la Nación y ante la Historia. Una vez más habría demostrado el Carlismo su hondo y acendrado patriotismo»[376]. Nuevamente se insistía en la colaboración con el Régimen.

Diferencias políticas e ideológicas

La política colaboracionista suscitaba rechazos como expuso Valiente en carta a Javier de 13 de mayo de 1959, que era «lo más grave en el estado interno». Reconociendo que «nuestros adversarios tienen, de antiguo, mejores posiciones tomadas, y que nosotros debemos ir conquistando esas posiciones, y no aceptar choques frontales, pues en estos choques aún llevamos las de perder. Hasta ahora nuestro avance es lento, pero firme y seguro»[377].

La unidad de los españoles que lucharon juntos en torno al 18 de julio la pedía Carlos Hugo en carta de 31 de julio de 1959. A pesar de las dificultades, había que «hacer comprender esta política de unidad [...] de adaptación a los tiempos nuevos, juntos hemos luchado y hemos de representar a toda hora la España de siempre, a la paz continua y en incesante progreso»[378].

Las críticas internas a la línea política de la Comunión se produjeron no solo respecto a la táctica y estrategia colaboracionista, sino también a la doctrinal. Elías de Tejada, en carta a Valiente de 21 de septiembre de 1959, le explicó por qué se había opuesto a que el Circulo Vázquez de Mella le hiciera socio de honor. Le consideró un maestro en la táctica que olvidaba la doctrina, en lo que implicaba a Carlos Hugo: «la casa de Javier, con frivolidad incomparable, no se interesa en lo más mínimo; y así vemos con dolorida angustia la serie de afirmaciones en pugna con nuestro pensamiento en boca de don Carlos». Sus treinta años de servicio a la causa, le obligaban a «protestar con cuanta energía pueda mi debilidad política, contra tu menosprecio de problemas tan serios». En carta al jefe delegado de 4 de octubre de 1959 le acusó de realizar «una operación de encubrir con pabellón tradicional averiada mercancía democristiana, ni más ni menos que Franco encubrió bajo nuestra bandera el totalitarismo fascista de la Falange, Martínez Marina al liberalismo y Felipe V al absolutismo a la francesa. Y a eso ni tú, ni el mismo Rey, tenéis derecho de ninguna clase».

Le emplazó a un debate público ante el rey y el Consejo de la Comunión para sentar cual era «la auténtica doctrina de la Tradición española: si la de nuestros clásicos, que yo mantengo, o la reelaborada tan egregiamente como dije por los señores Herrera y Zubiri, vuestros nuevos maestros en filosofía política y que para mí en filosofía política son dos egregios majaderos»[379].

Elías de Tejada amplió el espacio de confrontación en la Comunión Tradicionalista, añadiendo la ideológica a la política, estratégica y táctica, que había llevado a un colaboracionismo discutido por amplios sectores de la misma.

La presencia del Secretariado en torno a Carlos Hugo sirvió para dar a sus decisiones políticas una mayor fundamentación en perspectiva de presente y de futuro, no exclusivamente histórica, aunque siempre estaban afectadas por un historicismo muy determinante, para dejar constancia permanente de lo «tradicional». Realizó el 27 de junio de 1960 una exposición al rey Javier invocando las diferencias entre la evolución de Alemania e Italia a la salida de sus regímenes totalitarios representada por Adenauer y De Gasperi. Observó el compromiso del Ejército y la Iglesia con el régimen franquista, el error del monarquismo liberal y la posición tomada por el carlismo en la guerra y tras ella. La Ley Fundamental de 17 de mayo de 1958 y la declaración de los principios del Movimiento y la monarquía tradicional suponían un cambio en el planteamiento político, para «preparar la reinstauración de la Monarquía Tradicional y evitar una reestructura liberal». La Comunión daría continuidad a la Cruzada en un perfeccionamiento constante y progresivo[380].

El colaboracionismo asumido por la dinastía y la organización se expuso en la carta de Carlos Hugo para Montejurra de 1961, invocando la orden de su padre para la movilización de los requetés, porque era la «Monarquía del 18 de julio»[381]. Formaba parte de la promoción al trono de un candidato alternativo a Juan Carlos, al que claramente apoyaba Franco[382].

En el manifiesto del aniversario de la muerte de Alfonso Carlos, Javier afirmó que «estamos asistiendo al proceso de instauración de la Monarquía que él defendió, y que indudablemente es fruto de la Cruzada». Invocó palabras de Franco pronunciadas con motivo de la ley de principios fundamentales y la definición de España como monarquía. Pidió a los carlistas «aportar todos vuestros esfuerzos a las labores políticas de la paz, como los prestasteis en los sacrificios de la guerra. La misma entrega nos pide Dios para ambas cosas»[383].

La dinámica colaboracionista generaba rechazos y poco entusiasmo interno. Ante la situación, Carlos remitió el 25 de octubre de 1961 una nota reservada a la Junta Nacional y al Consejo haciendo un llamamiento para la actuación política «como único medio para garantizar que el 18 de julio siga teniendo vigencia mañana. Sólo así podremos asegurar la continuidad de la paz conseguida. Nuestra tarea, por tanto, es ayudar a crear un sistema para todos, que haga definitivamente fructífero el movimiento nacional». Era «imprescindible que todos apoyéis eficazmente la labor que realiza la dirección de la Comunión, con organización y medios económicos». Se estaba «abriendo para nosotros la posibilidad de realizar, a favor del 18 de julio, una aspiración secular: infundir a España nuestras soluciones». Se comprometió a cumplir con su deber, pero si en cuatro meses no encontraba apoyo «propondré al Rey la destitución de todos vosotros, porque no podemos esperar cuatro años a unas circunstancias como las actuales» y «si los cuadros directivos no se muestran capaces de reunir los medios necesarios de todo orden que pide esta época histórica, que sepan que con ello están traicionando a nuestro pueblo, a nuestra Patria y al Rey, en cuyo nombre hablo»[384]. Palabras mayores que se debían al escaso apoyo a la línea política preconizada.

En el mensaje de Javier de 28 de febrero de 1962 dirigido a la Junta y el Consejo para sus sesiones de 3 y 4 de marzo planteó intensificar las actividades colaboracionistas: «Hoy tenemos que orientar la Comunión para su actuación junto al Poder, porque sólo de este modo podremos dar continuidad al Movimiento Nacional». No debían descargar la responsabilidad «exclusivamente sobre quien dirigió la Victoria y ha sabido mantener la paz conquistada, aceptamos íntegramente compartir esta responsabilidad del futuro, que sabemos es también nuestra»[385].

En el Consejo de 2-3 de abril de 1962, se trató por indicación expresa de Javier a Valiente: «1.º La solución de cuestión octavista se puede decir definitivamente terminada y en forma digna. 2.º Relaciones con Falange: cada día más importante, pero con atracción hacia nosotros y no con tendencias o programas ambiguos deformadores del sentido monárquico»[386].

Tras la concentración de Montejurra de mayo de 1962, se difundió en junio por Navarra un manifiesto anónimo, «La revolucionaria maniobra franco-juanista», cuya paternidad se atribuyó al grupo sivatista. Rechazó la presencia de destacados falangistas invitados por los dirigentes de la Comunión Tradicionalista Valiente y Zamanillo, que entonces practicaban el colaboracionismo. Los hacían cómplices de una operación juanista, porque ni Javier ni su hijo, ni sus delegados nacionales «se han pronunciado nunca jamás contra» ellos, «ni siquiera lo han hecho ni de palabra, ni con mensajes, en el Montejurra de este año que tenía lugar casi al mismo tiempo que la inundación de la propaganda dirigida por el Movimiento, a favor de D. Juan-Carlos». Como máximo condenaban «la monarquía liberal en abstracto, pero nunca a las personas concretas que hoy la encarnan». Ningún carlista «puede aceptar que se ataque solamente a la Monarquía liberal y no se condene a las personas que la representan. Y mucho menos cuando hoy D. Juan y hasta el Movimiento, intitulan a sus monarquías como tradicionales». Si se seguía al javierismo «que calla ante D. Juan y D. Juan-Carlos y nos manda unirnos al Movimiento, que va hacia esos príncipes liberales, estaremos formando en el engañado pelotón de ejecución que fusila a los leales a la Causa».

Desde la perspectiva del Secretariado de Carlos Hugo y los sectores juveniles y comprometidos, era precisa mayor presencia en España de los miembros de la familia Borbón-Parma y una renovación ideológica para presentar la opción dinástica de una monarquía tradicional modernizada, desvinculada de la Falange y el Movimiento, distinta de la que representaba el candidato del caudillo, con la ilusión de que pudiera acceder al trono Carlos Hugo. Esta posibilidad nunca había estado en la idea de instauración de Franco, quien no ahorró descalificaciones para el «príncipe extranjero» como denominaba a Javier y extendía a toda su familia. Constató Fraga que el generalísimo lo comunicó a los ministros de Justicia (Iturmendi), Gobernación (Alonso Vega) e Información (Fraga) en una reunión del 23 de febrero de 1964, convocada concretamente para tratar el problema de D. Carlos Hugo de Borbón Parma, que se mueve mucho después de su matrimonio. Franco fue claro y terminante: «No puedo dejarle a España una guerra de sucesión –dijo–. Todavía no puedo tomar las últimas decisiones, pero sí debo aclarar las que están concluidas. Este señor no va a ninguna parte..., les ruego a ustedes que tomen nota, y cada uno en su sector haga lo posible por aclararlo (Fraga, 1980: 125).

La concentración de Montejurra de 1964 se produjo en un momento de entusiasmo por la boda de Carlos Hugo y su presencia en España. Intervinieron en Estella Siqueiros, Massó, Piñar, Zubiaur y Valiente. El príncipe llamó a «seguir serenos nuestro camino, junto al pueblo, para preparar el camino de la monarquía popular. Si la monarquía no viene algún día traída por el pueblo, no habrá monarquía. será una nueva apariencia fantasmal». Invocó la «Monarquía popular, social y representativa [que] es la Monarquía democrática, la Monarquía foral»[387].

La voluntad de Franco expresada a los ministros el 23 de febrero de 1964 la cumplieron rigurosamente y, como había dispuesto, hizo que Carlos Hugo no fuera «a ninguna parte». Fraga lo hizo en declaraciones al *The Times* de Londres de 20 de noviembre de 1965:

Cada día está más claro que cuando el régimen del general Franco concluya, Don Juan Carlos será Rey de España [...] Los monárquicos extremistas y los falangistas, que pueden desear hundir estos acuerdos son, según el señor Fraga, ahora tan pocos que no tienen influencia sobre las fuerzas del Estado que soportan sólidamente el orden presente.

Expresó que «las Fuerzas Armadas seguirán constituyendo una garantía de la situación y ninguna solución será posible sin su consentimiento»[388].

En el desfile militar del 24 de mayo de 1964 celebrando el XXV aniversario de la Victoria, aparecieron en la tribuna presidencial juntos Franco y Juan Carlos. El hecho se situó dentro de una campaña anticarlista, tras fracasar el intento de impedir la boda de Carlos Hugo y romper el Montejurra de 1964. El 29 de mayo transmitió Valiente a Javier: «Todo el mundo ha interpretado ese hecho como una indicación dinástica contraria a nuestra Dinastía. Yo considero el hecho muy grave» 389. La actitud de Valiente era de total frustración, aunque «tengo mis dudas sobre si lo estamos haciendo suficientemente bien». Manifestó su pesimismo sobre la falta de líderes políticos preparados, aunque tenían dinastía y pueblo, pero «si a la salida de este régimen damos un bandazo a *gauche*, a *sinistra* o a *sinistrísima*, no valdrá nada decir que ahora estuvimos apartados. Lo único que se discutirá entonces es haber estado a un lado u otro del 18 de julio»[390].

La lectura del hecho dentro del carlismo fue la confirmación de la marginación y desprecio y fracaso de los carlistas colaboracionistas. Se suscitó un movimiento de ruptura manifiesta con el régimen, que no fue secundada por falta de apoyos internos suficientes. Quedó en realzar visitas para manifestar su disconformidad, como constató el ministro Fraga el 25 de mayo de 1964: «Conversación con José María Valiente; él y otros tradicionalistas están desesperados y se quieren retirar»[391].

La creación de la Secretaría Técnica el 4 de abril de 1964 supuso el cambio de estructuras orgánicas de la Comunión, la dirección por Zavala[392], la marginación de Valiente y el fin de la política colaboracionista. Ambos personajes representaban la antítesis de las posiciones políticas: el colaboracionismo de Valiente frente a la renovación, el antifranquismo y la oposición de Zavala.

El 17-18 de enero de 1965, Javier se proclamó en Puchheim (Austria) abanderado de la Comunión Tradicionalista, cerrando el proceso iniciado en Barcelona el 30-31 de mayo de 1952. Supuso, por su parte, el fin de la regencia, acabar con las dudas y ambigüedades. Actuaba como cabeza de la monarquía y de la «Realeza Legítima», llamaba al pueblo, porque sin su «viva participación del pueblo en las alegrías y tristezas, en la vida misma de la Familia Real, la Dinastía, abandonada, no podría cumplir con la misión que le corresponde al servicio de la comunidad»[393].

En su discurso se refirió al Movimiento y al colaboracionismo, que había producido algunos resultados de presencia, pero no satisfacía ni a las bases ni a gran parte de los dirigentes: «no cambio en modo alguno la línea política que me he trazado, ni las personas que, con mi plena confianza, tienen mi encargo de llevar a cabo esta política mía». Sin embargo, el grueso del discurso estaba en línea con la nueva formulación ideológica introducida por los sectores jóvenes del carlismo, hablando de participación y democracia, sin invocar la unidad católica, sino una «concepción espiritualista y una finalidad trascendente de la vida colectiva», que no gustó a los más tradicionalistas[394].

Afirmó que la lealtad a la dinastía no era «incompatible con la que se debe a las instituciones nacidas de la victoria, ni debe conducir a exclusivismos que obstaculizarían la participación de todos los españoles en la institución de la Monarquía». La instauración de la nueva monarquía debía «arrancar de todo el espíritu del 18 de julio; de tal forma, que esa nueva monarquía no puede quedar arrinconada en la parcela monárquica, sino que debe participar de toda la amplitud y adhesión de que gozan los demás principios del Movimiento Nacional».

A todos llamó «a la paz y la unidad, recuperadas por el Régimen de la Victoria, y que a la Monarquía de la legitimidad corresponderá proseguir». Insistió en la base participativa de la monarquía, de una «concepción espiritualista y una finalidad trascendental de la vida colectiva» y de la transformación social, conceptos y lenguaje nuevos en el tradicionalismo, que anunciaban un cambio en el discurso y una renovación en el pensamiento de la mano del equipo de jóvenes que acompañaban a su hijo y heredero Carlos Hugo[395].

La llamada al 18 de julio y al colaboracionismo eran una justificación del pasado y de la política seguida, que había producido algunos resultados de presencia, pero que no satisfacía ni a las bases jóvenes ni a gran parte de los dirigentes y militancia. A la vez siguió apoyando la renovación interna en el discurso, la ideología y la práctica política.

Valiente en informe a Javier de 16 de marzo de 1965 realizó el diagnóstico de la realidad de la Comunión Tradicionalista en el momento, con buenas palabras dentro de una actitud totalmente pesimista respecto al futuro, que era compartida interna y externamente. Reconoció la falta de medios y experiencia política de la Comunión, consecuencia de sus actitudes históricas antisistema. Defendió la intervención en la vida pública y «los que nos tachan de colaboracionismo son injustos», porque «en el Régimen están el Ejército, la Iglesia, toda la España católica, y costó el mayor sacrificio de nuestra historia, el carlismo no puede estar ausente». Criticó a quienes les llamaban colaboracionistas y ellos lo habían sido «en el primer momento [...] de influencia alemana e italiana, contra la orden del Rey». Reconoció la marginación por parte del régimen: «No se le ha hecho justicia al Carlismo», pero había que conseguir que se le hiciera, si la creemos imposible, caeríamos en el imposibilísimo», que era una «infidelidad al *Cueste lo que cueste*, que es gloria del carlismo». Reiteró lo dicho el 29 de mayo de 1964, que, «si a la salida de este régimen damos un bandazo a *gauche*, a *sinistra* o a *sinistrísima*, no valdrá nada decir que ahora estuvimos apartados. Lo único que se discutirá entonces es haber estado a un lado u otro, del 18 de julio». Invocó su propuesta de renovación de cargos, insistiendo en fortalecer la secretaría general y acompañarla de un gobierno de la Comunión[396].

La petición de reorganización fue reiterada en el informe de 16 de marzo de 1965, fue recogida en los reales decretos de 4 de abril y en la reunión de la Junta Nacional en Hendaya del 30 de mayo de 1965. En la reorganización y los nombramientos predominó la decisión de Carlos Hugo y la presencia de sus jóvenes secretarios por encima de Valiente y sus «viejas glorias». Supuso, además de un conflicto de poder interno, la existencia de una divergencia ideológica entre el tradicionalismo histórico y el neocarlismo, provocando «no un relevo monárquico», sino una «fractura republicana o democrática»[397].

En Montejurra se manifestaron las crisis

Montejurra tiene varios significados en el carlismo. Pasó de ser el escenario del triunfo militar en las guerras carlistas (1845 y 1873) y de la derrota en 1876, a un símbolo religioso político tras la guerra civil. El primer domingo de mayo se celebra un ascenso en vía crucis penitencial para celebrar una misa y un acto político que se desplazó a la plaza de los Fueros de Estella. Fue el lugar de la mayor concentración carlista y lugar de sus mensajes políticos.

La oposición al franquismo y una visión democrática y obrerista del carlismo las plantearon el congreso de la AET y la asamblea del MOT de 7 de febrero de 1965, recogidos en la intervención de Pérez de Lema en Montejurra de 2 de mayo de 1965. El nuevo discurso fue más explícito sobre la renovación ideológica, con invocación del socialismo, en el acto político de la plaza de los Fueros de Estella. En este momento se puede situar el inicio de la crisis que llevó al abandono a parte de la militancia, a la creación del Partido Carlista y a una ideología que se apartaba del tradicionalismo.

Tras el acto de Montejurra y los discursos en Estella, tuvo mucha difusión una hoja titulada *¡Alerta!* muy crítica con el contenido de aquellos y con la desorganización en Iratxe. Se atribuyó la autoría al círculo de los jefes oficiales Valiente y Zamanillo. Denunciaba al «enemigo interior [...] tocado de boina roja, pero sin sentir la Doctrina Carlista pura y verdadera. El enemigo aparece como carlista en la forma, pero no lo es en el fondo». Era peligroso y proponía «crear un ambiente de defensa de la verdadera entraña del carlismo, hoy en peligro de adulteración y mixtificación, para, quizá, una futura descomposición, anulación y neutralización». Se refirió a la mención del «socialismo, más o menos velado. [...] en los discursos oficiales en la plaza [...] ¡Y aún hubo insensatos y necios que aplaudieron dichos discursos!». «Una extraña fuerza se está interponiendo entre el Rey Javier y el jefe delegado de Su Majestad. Y entre este y los carlistas». Había empezado a aflorar en Montejurra la fuerza de los «secretarios» y de quien estaba tras ellos». Se había retirado del mando a personas leales y muy carlistas[398].

Desde el MOT se pidió un discurso menos dogmático y de principios, porque «no entendemos las ideas, por muy nobles y sanas que sean, fuera de la realidad en la que nos movemos. Toda postura, si no responde a las exigencias de la vida, es estéril». Por ello «la lucha obrera es una realización sobre lo concreto, sobre el problema. De él se ha de sacar la respuesta precisa, la enseñanza justa»[399].

Su formulación se realizó en el Primer Congreso Nacional Carlista del Valle de los Caídos los días 12-13 de febrero de 1966, iniciándose con un mensaje de Javier de 30 de enero de 1966: «El Carlismo puede demostrar a todos los españoles que es el único gran movimiento representativo y democrático con soluciones actuales»[400]. Fue clausurado por el Ministerio de la Gobernación el mismo día de su inauguración.

Permitió a Valiente anunciar el fin del colaboracionismo, su configuración como grupo político de oposición constructiva al régimen, defensor de las libertades públicas y la convivencia democrática por una representación política y sindical auténticas. En la declaración final de 13 de febrero de 1966 se autocalificó de «único grupo de oposición constructiva, necesaria, inevitable y prudente». Supuso un cambio de actitud del carlismo oficial respecto al régimen al afirmar su «oposición constructiva» y demandar «una solución popular y representativa»[401].

Una encuesta interna realizada sirvió para precisar los puntos ideológicos que formarían parte de nuevo discurso:

> Fomento del regionalismo. El Carlismo no es un movimiento retrógrado, ni reaccionario ni clerical. Mala distribución de la propiedad en España. Presencia sindical del Carlismo en un sindicato al servicio de los trabajadores, no instrumento al servicio del Estado. Defender la propiedad privada y atacar al capitalismo. Reforma política. Reforma agraria apoyada en el cooperativismo. El Carlismo debe actuar como partido político.

En la declaración final de 13 de febrero de 1966 se autocalificó de «único grupo de oposición constructiva, necesaria, inevitable y prudente»:

> Oposición: porque no acepta las presiones e indicaciones dinásticas de algunos miembros del Gobierno. Constructiva: porque propone una solución popular y representativa al problema de la sucesión. Necesaria: porque no sólo protesta en su propio nombre, sino en el de los sectores de opinión que no tienen hoy día cauce de expresión. Inevitable: porque provoca esta oposición un sector mismo del Gobierno. Prudente: porque protesta del Gobierno, pero dentro de la legalidad, sin estridencias, sin crear tensiones, exigiéndole simplemente que dé siempre ejemplo de respeto a sus propias Leyes, a la más alta Magistratura del Estado y al orden constitucional vigente desde el 18 de Julio (Clemente, 1977: 455-456).

Esta declaración representó un cambio de paradigma del carlismo respecto al régimen al afirmar su «oposición constructiva», demandar «una solución popular y representativa», ser cauce de expresión de quienes no lo tenían, en el marco de la legalidad, sin cerrar las puertas al acceso a cargos y «continuar el diálogo con el Gobierno».

La concentración anual en Montejurra de 7 de mayo de 1966 tuvo el eslogan «Montejurra de la libertad». En el mensaje de Javier se invocó que «la monarquía social es sobre las bases de las libertades y de la justicia», porque «el futuro de España tiene que ser de todos y para todos; lo contrario sería una ceguera partidista que dará lugar al desorden y al caos». Otras intervenciones como las de De Miguel y Valiente se movieron en espacios más abstractos y tradicionales, salvo la del procurador Zubiaur, que planteó la derogación del Decreto-Ley de 23 de junio de 1937, que suprimió el régimen foral de Vizcaya y Guipúzcoa, y la extensión de la reintegración foral plena a todos los territorios de España[402].

La nueva línea política fue confirmada por el «Llamamiento al pueblo carlista y a todos los españoles» realizado por Javier el 3 de octubre de 1966, invocando la doctrina de la monarquía tradicional para la «reconstrucción política», en unas Cortes representativas con presencia de los partidos políticos, los sindicatos, las entidades infrasoberanas, los cuerpos intermedios (municipios y regiones), profesionales, y la opinión pública; sistema representativo, descentralización administrativa, sistema social de justicia e iniciativa privada. Respecto a los cambios que se producían en el seno de la Iglesia se remitió a Carlos VII frente a los integristas: «En estos momentos de inquietudes religiosas que agitan al mundo, creo que la actitud más aconsejable está en las palabras de Carlos VII: "No daré un paso adelante ni un paso atrás de lo que diga la Iglesia Católica"»[403].

La dinámica colaboracionista llevó a Javier y a la Comunión a apoyar el referéndum de 14 de diciembre de 1966 de la Ley Orgánica del Estado que, además de consagrar las facultades del jefe del Estado respecto a la sucesión, incorporó la libertad religiosa haciendo desparecer el principio de unidad católica, tan tradicionalista[404]. Valiente intentó rentabilizar el apoyo al referéndum iniciando una ronda de entrevistas con personalidades del régimen para conseguir el reconocimiento a D. Javier de la condición de «Príncipe de España» y la nacionalidad, sin el menor éxito[405].

El 27 de diciembre Javier hizo una declaración en la que exigió «respetar los principios generales de la libertad de expresión y de asociación, [...] base de todo movimiento democrático». Anunció que el carlismo seguiría luchando por las libertades concretas regionales o fueros, sindicales y de asociación política, «condiciones esenciales de la participación del pueblo en el gobierno del país y, así mismo, de todo progreso social»[406].

En las elecciones de 1967 a procuradores en Cortes por el tercio familiar, se presentaron y obtuvieron escaño por Navarra Zubiaur y Goñi, por Guipúzcoa, Escudero y Arrúe y por Cádiz, García, derrotando a los candidatos oficiales. Fue considerado un gran éxito político carlista, convirtiéndose en los promotores de las «Cortes trashumantes», que fueron prohibidas.

El mensaje participativo en las estructuras del poder en una variante del colaboracionismo que era el «entrismo» lo expuso Carlos Hugo en Sevilla el 22 de abril de 1967. Aludió a la adquisición por el carlismo de habilidad política tras tanto heroísmo. Pidió «meternos en todos los mecanismos del poder; [...] como un grupo humano que tiene la obligación de aportar a España y al mundo moderno soluciones eficaces para el orden, para la paz, para el progreso y para la libertad»[407].

En la concentración de Montejurra de 1967, el mensaje de Javier fue plenamente «entrista». Se refirió a la unión en la guerra con el Ejército y la Falange, afirmando que «la nueva constitución española supone un avance arriesgado y moderno: no podemos dejarlo secarse en meras fórmulas jurídicas sobre el papel». Pidió a los carlistas «integrarse plenamente en la actuación y en la vida pública de la nación, dentro de las leyes vigentes, y para dar a la sociedad española la garantía de continuidad dentro del orden para la paz, el progreso y la libertad». Pidió a Dios por la juventud y que «ilumine al Generalísimo y que proteja y bendiga siempre a nuestra Patria»[408].

La insistencia en la actividad política del carlismo la expuso Carlos Hugo en la concentración de Fátima de 9 de diciembre de 1967, con referencias al carlismo como pueblo que perseguía la representación «para establecer una mejor justicia social», porque «cuando no hay justicia puede haber orden público, y el orden público es necesario, pero sin justicia y a pesar del orden público, no hay paz». Para conseguirla eran necesarias «estructuras políticas, esto es lo que el carlismo pretende y desea dotar al mundo moderno: unas estructuras políticas modernas, actuales, capaces de edificar el futuro y de elevar todo el país hacia fórmulas modernísimas posiblemente muy atrevidas, pero actuales y justas». Recordó que «sin los requetés no se hubiera ganado la guerra, porque se hubiera perdido el primer día", invocando el origen carlista de las leyes de la Monarquía católica, social tradicional y representativa, que el carlismo haría viable[409].

Por Real Decreto de 6 de enero de 1968 se produjo el cese de Valiente como jefe-delegado – la Junta de Gobierno se hizo cargo del mando supremo–, y con él el fin real del «colaboracionismo» con el régimen. Terminó expulsado por desviarse de la línea política marcada por Carlos Hugo y su secretariado. Se creó una Junta Suprema presidida por el miembro más significativo del secretariado, Zavala.

La nueva dinámica del carlismo dio lugar a que apareciera una «Junta Depuradora Carlista» que, en una publicación de 1 de marzo de 1968, expuso sus fines: «desmontar el carlismo oficial»; «eliminar la secretaría general que estaba al servicio de la AntiEspaña», elegir un «Príncipe carlista sin otros compromisos y doctrina que los carlistas», reincorporación de las personas apartadas por la «camarilla»; reencuentro con las «esencias y doctrinas puras del tradicionalismo», y encomendar la dirección a «personas de un prestigio intachable y solera carlista»[410].

En el manifiesto de AET y MOT para Montejurra del 5 de mayo de 1968 se hizo una crítica profunda del franquismo, régimen «lleno de injusticias, dictatorial, eterno y opresor», con un «sindicalismo antidemocrático», un «centralismo repugnante que engendra el separatismo», que realizaba «la explotación partidista de una guerra que acabó hace muchos años», perpetuaba «las castas privilegiadas», con una «Universidad acallada con porras», «prensa dirigida que oculta la verdad o la tergiversa». La jerarquía eclesiástica «se aparta del Concilio para seguir al Gobierno que la nombró», en un «Estado que se dice católico y social, y en cambio es opresor, hipócrita y capitalista».

A pesar del colaboracionismo y del apoyo al referéndum de la Ley Orgánica del Estado, Franco siguió el camino del desprecio y la represión que culminó con la expulsión de los miembros de la familia Borbón-Parma en diciembre de 1968, dentro del «estado de excepción» que vivía el país desde su declaración para Guipúzcoa por Decreto-Ley de 8/1968, de agosto de 1968, prorrogado por el 12/1968, de 31 de octubre, y ampliado a toda España por Decreto-Ley 1/1969, de 24 de enero.

Con motivo de la designación por Franco de Juan Carlos como sucesor a título de rey el 22 de julio de 1969, Javier hizo una declaración elevando su protesta desde su legitimidad, rechazando un nombramiento sin legitimidad popular ni dinástica. Denunciaba

> esta designación como sucesor del general Franco pretende garantizar la continuación del Régimen, pero no asegura una continuidad de paz. Con el nombre de la Monarquía se encubre una monocracia hereditaria, por designación de la única voluntad del Jefe del Estado, mientras que en la concepción carlista es el Pacto social entre la Dinastía y el Pueblo el que garantiza la autoridad y la libertad, y por tanto, la paz.

Anunció una nueva dinámica política carlista:

> Ahora vamos a acelerar la dinámica política que lleva consigo tantas promesas, que defendiendo en su expresión concreta las grandes Libertades Regionales, Sindicales y Políticas, construya una España democrática, forjadora de su libertad, capaz de la convivencia pacífica entre sus regiones y sus ideologías, cumplidora de la paz cristiana[411].

El recopilador y analista tradicionalista Santa Cruz resumió el significado de la colaboración con Franco y el régimen en los órdenes político e ideológico:

> sacrificaba el rigor y la difusión de la doctrina a la primera y principal consigna que era la de no molestar a Franco. Análogamente, cualquier dedicación a la doctrina se postergaba con temor para no comprometer la promoción de la candidatura personal de Carlos Hugo ya en la recta final por la sucesión de Franco[412].

Sin embargo, como pudo apreciarse a partir del Congreso Nacional de febrero de 1966, hubo un cambio de discurso, que reflejaba una nueva dinámica política, insistiendo en la crítica al régimen y en los planteamientos ideológicos sobre la representación política, la monarquía social, los derechos y las libertades democráticas. Una vez designado Juan Carlos ya no había razón para no expresarse como partido de oposición con una ideología para enfrentarse a la nueva situación creada, que anunciaba el fin del régimen.

El 14 de junio de 1970 Javier marcó la línea política del carlismo a los jefes regionales con la presencia y participación carlista «para constituir las bases democráticas del futuro [...] dentro de una situación política nacida del proceso del régimen totalitario imperante en nuestra Patria». Se caracterizaba por «la ausencia de libertad en todos los órdenes: religioso, político, social, económico, regional. La falta de libertad produce reacción contra lo establecido y, por tanto, fuera de la legalidad». Llamó al diálogo de la oposición «para construir un futuro entre todos los españoles», sobre «tres grandes libertades: regionales, sindicales y políticas», con la base de la participación[413].

El comportamiento anticarlista del régimen se incrementó en el momento final del franquismo para abortar la oposición y posible alternativa a la restauración monárquica y tuvo su máximo exponente en los asesinatos de Montejurra de 1976[414]. Con motivo de la concentración anual se produjo un conflicto entre dos formas de entender el carlismo, que pretendieron hacerse con el símbolo que representaba el «monte sagrado»: la del tradicionalismo histórico y la del neocarlismo, que, con la presencia de Carlos Hugo, sus hermanas y esposa en las concentraciones habían realizado un uso que los otros consideraron sacrílego, y pretendieron recuperarlo de modo violento. Fue mucho más que un enfrentamiento entre dos corrientes ideológicas dentro del carlismo y entre los miembros de la familia Borbón-Parma. Fue una «operación de Estado» para intentar hacerse con el símbolo y, si fuese posible, eliminar al Partido Carlista[415].

La «Operación Reconquista»[416] fue promovida desde el régimen utilizando a Sixto de Borbón-Parma y sus partidarios, que lo clamaban «Sixto-Rey», ofreciendo una solución al mundo basada en unas «doctrina y organización ajenas a cualquier materialismo, sea marxista o capitalista, basada, sobre todo, en su raíz histórica»[417].

Fueron apoyados por el Servicio Central de Documentación (SECED), grupos de paramilitares y mercenarios fascistas[418], con la colaboración que supuso la pasividad de la fuerza de pública presente, que no impidió las agresiones con ametrallamientos y disparos, ni practicaron detenciones, pero hicieron posible su salida de España sin declarar ante el Juzgado correspondiente[419]. Fue diseñada, organizada y financiada en las altas instancias del Estado por personas perfectamente conocidas por su vinculación al régimen, para hacer desaparecer al Partido Carlista y potenciar a la Comunión Tradicionalista, que era uno de los grupos que se oponían al proceso de transición política[420]. Fue autorizada por el presidente del Gobierno Arias y por el ministro del interior Fraga.

La Comunión Tradicionalista, leal a Sixto de Borbón Parma, publicó el 30 de mayo de 1976 su versión de los hechos, con base en las crónicas periodísticas. Aunque no los justificó y criticó el comportamiento pasivo de las fuerzas de orden público y las declaraciones del ministro Fraga, explicaba el proceso por el que la organización y su abanderado intentaban recuperar una concentración que había sido tergiversada, convertida «en un acto político de signo marxista y revolucionario, con gran disgusto del pueblo carlista que se ha ido retrayendo; y con ello la asistencia, de año en año, ha sido cada vez menor». La presencia del hijo menor de Javier la explicó porque, «tras este abandono de su hermano primogénito de los deberes que por sangre le correspondían, tuvo […] en septiembre de 1975, que recoger la Bandera abandonada y ponerse al frente de la Comunión Tradicionalista». Explicó la nota que «lo que estaba en juego en Montejurra es de mucho más fondo. España entera conoce, con más o menos precisión, lo que representa el Carlismo, el Tradicionalismo. Júzguese su incompatibilidad con lo que ahora propugna el mal llamado Partido Carlista».

En la transición el carlismo perdió el protagonismo histórico que le había caracterizado desde las guerras carlistas, quedando como partido residual, con tendencia a desaparecer, tanto en su versión puramente tradicionalista conservadora de la Comunión Tradicionalista como en la democrática, federalista, socialista autogestionaria del Partido Carlista.

La coyuntura ideológica del carlismo

Tras la guerra civil el papel del carlismo no unificado estuvo fuera del régimen, en una actitud de crítica y rechazo atenuados, aportando sus propuestas y deslegitimando el ejercicio del poder dictatorial. Practicó un antifalangismo ideológico, mientras trataba de superar la situación de una regencia que lo hacía inoperante por la falta del liderazgo que históricamente le proporcionaba la figura del monarca abanderado de la causa.

Antifranquismo ideológico y político
El tradicionalismo carlista inició su rechazo al franquismo con el del nacionalsindicalismo de la Falange por no ajustarse a su ideología en aspectos tan fundamentales como la directa inspiración católica de la doctrina política, el papel predominante de la Iglesia en la sociedad, la política, la educación, las libertades regionales, la concepción corporativa y gremialista, basadas en la subsidiaridad, no sometidas al control estatal y del partido único[421].

La concepción tradicionalista resultaba, por una parte, «anticuada» y «retrógrada» ante las ideologías totalitarias nazi y fascista que se imponían en Europa y compartían el nuevo régimen y la Falange, y por otra, era contraria a la liberal-democrática que seguía viva en el continente.

En un informe interno de la Comunión Tradicionalista de 1941 se expusieron los efectos negativos que suponía el haberla puesto en manos de la Falange y de su pretensión absorbente, conforme a su punto 27, que no se había incorporado en la unificación, pero con el que actuaba[422].

Se enumeraron, entre otros efectos negativos, que se había despojado al carlismo de «todos los elementos propios de propaganda y organización dejándonos inermes ante ellos, que no han entregado nada». Estaba sometido al falangista secretario general López Bassa, «que está abusando intolerablemente de la autoridad del Secretariado y de la confianza del Generalísimo». Rechazaba el izquierdismo del nacionalsindicalismo, porque «únicamente expresa el rencor proletario y de clase que se ha refugiado en Falange [...] que repugna a todo el mundo, y es la vuelta de los rojos». Se negaba a colaborar en «una cosa que es fatalmente nuestra eliminación», que llevaría al hundimiento de la Comunión y de España. En lo religioso denunció la «tendencia pagana irresponsable» de la Falange que atentaba a los intereses de Dios y de la Iglesia"[423], invocando la opinión del cardenal Gomá. Se calificó a la Falange de «pagana, antiespañola y subversiva de todos los valores verdaderos y de todo el clásico orden cristiano»[424]. La contrapuso, como parte del «imaginario enfrentado», con la motivación religiosa y de «cruzada» que movilizó al carlismo, inspirada en la «unidad religiosa católica» y la nación, invocada por los obispos españoles. Desde una actitud de respeto al Generalísimo, la Comunión Tradicionalista no plantearía «la papeleta de prescindir de Falange», pero debiera comprender «que la fusión es imposible y hay que optar por hacer la integración a base de ir juntando a una de las dos cosas, lo que hay de bueno en la otra y en consecuencia seguir una política de apoyo indirecto a los requetés que en poco tiempo dará a estos un predominio absoluto»[425].

Actitud crítica y distinta al conformismo de los jefes navarros que le entregaron las milicias, a los que Franco honró con una información previa de su decisión unificadora, aunque algunos de ellos, como Rodezno y Baleztena, terminaron rechazándola.

El carlismo no tuvo oportunidad ni antes ni después de la guerra mundial, frente a la habilidad que demostró el Caudillo para salvar su régimen y a sí mismo. Unos actuaban en el ámbito de los principios, la buena fe, la lealtad y la confianza en influir en las decisiones futuras de Franco por convencimiento, mientras que este lo hacía en la doblez, el oportunismo, la deslealtad y la voluntad de permanencia en su poder dictatorial. Aunque, inicialmente, era práctica común diferenciar entre Franco y la Falange, haciendola responsable de todos los males, terminaron por reconocer que la causa de las causas era el caudillo, y aquella un instrumento en sus manos. Este convencimiento llevó a un progresivo antifranquismo cada vez más militante.

Con sus premisas ideológicas estaba asegurado el enfrentamiento con la Falange y con el intento de construir un Estado totalitario que realizó Franco con la Unificación. Este fue su gran fracaso respecto al carlismo, que no le impidió mantenerse en el poder hasta su muerte. Eran movimientos muy diferenciados en la ideología, «no eran fórmulas relativamente semejantes de una misma procedencia, sino que contenían conflictos potenciales, evitados periódicamente por el arbitraje de Franco» (Tusell, 2004: 28).

El régimen de Franco fue una «dictadura de concentración [de] fuerzas de la extrema derecha y de la derecha sociológica», basada en la «colaboración entre miembros de partidos distintos originalmente y de élites, familias, equipos, clientelas, sobre la que estableció un sistema de arbitraje en sus disensiones", practicando el «gobernar dividiendo» a las fuerzas políticas preexistentes, reforzando la nueva élite de la Falange-Movimiento como una Administración política de partido único, paralela a la Administración Pública, y la «selección a la inversa» (Tusell, 1988: 151).

Franco no arbitró, sino que impuso la unificación intentando la absorción de la Comunión Tradicionalista por la Falange en lo ideológico y en lo político, potenció a esta como grupo político y élite dominante, marginando a aquella, en un proceso que se inició con la incorporación obligatoria, continuó con la reducción de su presencia en las instituciones unificadoras y del régimen y la privación de sus medios, para lograr su desaparición. Todo ello con abuso de la caballerosidad y lealtad personal de sus interlocutores tradicionalistas, que creían en la causa que lideraba, a quienes despreció y engañó en cuantas ocasiones tuvo.

El rechazo tradicionalista lo constató la escasa aceptación de la unificación por los líderes y la militancia, incluido el rechazo de cargos en el Consejo de FET y de las JONS. Esta actitud respecto al franquismo fue origen de una nueva división entre los carlistas «colaboracionistas» y «situacionistas» con aquel, y los «legitimistas» que o lo ignoraron o se opusieron, como reconoció Franco: «No dudo de que existen tradicionalistas que no sienten simpatías por el régimen», porque «la orientación política de los tradicionalistas es distinta de la del régimen, aun cuando no esté en frente de éste»[426]. Esta actitud fue notoria en el comportamiento del jefe-delegado Fal Conde[427]. En el debate dinástico los situacionistas de Rodezno eran juanistas, los colaboracionistas, unificados y partícipes en el régimen eran carlosoctavistas, mientras que los legitimistas apoyaban la regencia de Javier de Borbón-Parma instituida por Alfonso Carlos el 23 de enero de 1936.

De entre los tradicionalistas-carlistas colaboracionistas de los primeros tiempos de la guerra, el conde de Rodezno fue nombrado ministro de Justicia, después de Educación por poco tiempo, y

Arellano, subsecretario. Confirmó su lealtad a Franco y actitud favorable a la Unificación. Acabó muy decepcionado y distanciado del caudillo, porque «termina de utilizarle a uno y es como si cayera un telón infranqueable que borra hasta el recuerdo; yo salí de ese Consejo convencido de que no volvería a verle, ni hablar con él y así ha sido»[428]. El mismo cargo desempeñaron Bilbao e Iturmendi.

Para el jefe-delegado Fal, aquellos eran «una tendencia nefasta» caracterizada por tres notas: «unificacionistas, juanistas y despegados de la disciplina de S. A.» [el regente], opuestas a las que han caracterizado a los leales, que hoy son la totalidad del partido con la sola excepción de ocho o diez desacreditados a quienes nadie sigue ya»[429]. La actitud colaboracionista/situacionista se reforzó con la promoción de una nueva opción dinástica en la persona de Carlos VIII apoyado por el régimen, que de modo permanente refrendó a Franco y a su política. Desde su llegada a España, durante su presencia y en las honras fúnebres contó con el apoyo oficial y tratamiento propio de una importante autoridad del Estado. Incluso fue enterrado en el monasterio de Poblet con expresa conformidad de las autoridades franquistas.

Presencia del conflicto dinástico
El carlismo se había dividido en su historia en función del legitimismo monárquico sobre la persona del «rey», de ideas secundarias y de los personalismos de sus dirigentes, demostrando su tendencia permanente a la fragmentación. A pesar de ello, mantuvo en líneas generales su concepción ideológica, basada en seguir a la Iglesia (Gambra Gutiérrez, 2019: 225).

El tercer concepto del trilema tradicionalista, el rey, no fue problema mayor mientras hubo miembros de la dinastía carlista, abanderados de la causa como reyes dentro y pretendientes fuera, hasta Jaime (1909-1931), fallecido el 2 de octubre de 1931, sucedido por su tío Alfonso Carlos, muerto en Viena el 28 de septiembre de 1936, ambos sin descendencia. Sobre el acontecimiento hizo Rodezno el 30 de septiembre una anotación, que fue lamento y premonición: «se extingue la dinastía que durante 103 años ha mantenido la protesta antiliberal vinculando tantas lealtades personales. Inútil decir cuánto evoca este triste acontecimiento, que furor amenazaba truncar en lo porvenir la fractura de nuestra organización política»[430].

En esta situación se explica la recuperación en la posguerra por parte de carlistas colaboracionistas, contrarios a la sucesión alfonsino-juanista, de la propuesta «cruzadista» a favor del hijo de Blanca, Carlos de Habsburgo, nieto de Carlos VII y sobrino de Jaime, reconocido como Carlos VIII. Esta opción fue apoyada a partir de 1943 por Franco, Arrese y la Falange, para debilitar al carlismo y a los monárquicos juanistas con otro pretendiente. Fallecido en Barcelona el 24 de diciembre de 1953, fue honrado por los medios oficiales como monarca. Le sucedió su hermano Antonio, quien abandonó el empeño, sin que sus posibles sucesores mostraran mayor interés por la continuidad. Su hermano Francisco José fue inducido por Cora.

Tampoco el régimen tuvo interés en mantener el intento, una vez que Franco consolidó la presencia de Juan Carlos de Borbón, tras los acuerdos en las entrevistas del yate Azor de 25 de agosto de 1948 y en Las Cabezas (Extremadura) el 29 de diciembre de 1954, que formaron parte de una «conciliación» entre de Juan y Franco que facilitó la presencia y una futura monarquía en un miembro de la dinastía.

Concluida la guerra civil, el carlismo se dividió en grupos dinásticos rivales, que convivieron en la misma Comunión: los que apoyaban la regencia y al regente (regencialistas), Javier de Borbón-Parma, los javieristas, los juanistas que reconocía la legitimidad dinástica a Juan de Borbón, y los carlosoctavistas que la atribuían a Carlos de Habsburgo.

Con motivo de la presencia en España de Javier para asistir al Consejo de la Tradición de 23-25 de junio de 1950, se estudió la sucesión al régimen. Publicó una proclama el 25 de junio comunicando que «ya es hora de que se de forma definitiva al sistema monárquico en España». No se aprovechó la fórmula de la regencia que se propuso en 1941, «pero no se ha perdido la ocasión de implantar en España la Monarquía; no la absolutista y centralista, ni tampoco la constitucional, inconsistentes y sin arraigo popular, sino la tradicional española, católica y verdaderamente representativa». Invocó su vinculación por el mandato de Alfonso Carlos y su «adscripción a los principios seculares que inspiraron las mejores gestas del pueblo español». Declaró estar «resuelto a cumplir con mi misión en la restauración de la Monarquía española [...] hasta llegar a la proclamación en Cortes del Rey continuador de la Dinastía»[431]. Finalmente, aceptó y confirmó, el 17 de enero de 1956, «la realeza de las Coronas de España en sucesión del último Rey, para mí y para mis descendientes la sucesión legítima de la Monarquía española y la pesada carga de la corona en el destierro». «Sabed por esta declaración pública y terminante, que cuanto manifesté en 1952 en Barcelona queda hoy plenamente ratificado ante este Consejo de la Comunión que reúne en su seno la representación plena del Carlismo».

La decisión del Consejo Nacional designando como rey al hasta entonces príncipe-regente supuso el fin de la regencia, motivó las iras de Franco y la decisión del Consejo de ministros de 12 de julio de 1952 prohibiendo su entrada y la de sus hijos en España. Era una confirmación más de que el carlismo no se plegaba a sus designios sucesorios y le creaba la dificultad de dar rango y presencia a un pretendiente carlista contra Carlos VIII, al que utilizaba el régimen para conseguir un carlismo sometido y cómplice, que molestase y dividiese a los otros pretendientes. La importancia de aquel como abanderado del carlismo se potenció con el fallecimiento del último el 24 de diciembre de 1953.

Propuestas ideológicas

La exclusión por Franco del carlismo llevó a la Comunión Tradicionalista a actuar para demostrar que, a pesar de la unificación, se mantenía como organización y proyecto político activo en un doble frente. Por una parte, manifestando que no era ni parte ni cómplice, sino víctima, de la dictadura. Como no podía renegar de su compromiso efectivo y militante con la sublevación y la guerra, adujo que se habían desfigurado y adulterado los fines que la motivaron. Pero estos solo habían sido, para ellos, derribar la República y conseguir el control de los municipios navarros. Si tenían la pretensión de establecer una monarquía tradicional, no había sido comprometida por los militares a los que sirvieron. Solo les quedaba como resultado cierto, además del fin del régimen republicano, el reconocimiento de la Iglesia, de su presencia e influencia: la lucha por «Dios y por España» se plasmó en un Estado dictatorial y confesional con forma de «Monarquía» sin rey ni regente, pero con «generalísimo» y «caudillo» solo responsable «ante Dios y ante la Historia».

Fueron elaborando y formulando sus propuestas ideológicas y políticas, transmitiéndolas al generalísimo y a la sociedad para demostrar que el Estado nuevo no era el tradicionalista por cuya implantación habían luchado. Este camino se manifestó en la elaboración dogmática de los principios por parte de los doctrinarios y en los análisis y proyectos teórico-prácticos de las autoridades y órganos políticos.

Ante la eventualidad de un fin rápido del régimen, el Consejo Nacional de la Comunión Tradicionalista planteó una ponencia para estudiar una actuación preventiva, reorganizando el Requeté y diseñando las acciones previas y simultáneas al cambio de régimen, en condiciones de agrupar fuerzas políticas y militares, y de cumplir las órdenes de la Jefatura Nacional con unidad de acción y criterio[432]. Conceptualizaron los fundamentos ideológicos del tradicionalismo sin nuevas aportaciones que lo acomodasen a los cambios que experimentaba la sociedad española: unidad católica; constitución natural e histórica de la sociedad; foralismo; monarquía legítima por origen y ejercicio, católica, social, foral, tradicional y representativa. Elías de Tejada los formuló en sus postulados fundamentales históricos. Gambra estableció el «contenido esencial» del tradicionalismo político en una nueva formulación de la doctrina ya conocida (Gambra, 1976: 66).

Las propuestas político-institucionales del tradicionalismo carlista para configurar el nuevo régimen, fundadas en Vázquez de Mella y Pradera, inspiradores ideológicos de Fal Conde, se plasmaron en documentos como la «Manifestación de los Ideales Tradicionalistas a S.E. el Generalísimo y Jefe del Estado Español» de 10 de marzo de 1939, con tres anexos: «El criterio tradicionalista sobre el partido político único», «Bosquejo de la futura organización política española inspirada en los principios tradicionales» y «Sucesión dinástica en la monarquía española»[433]. Se reclamó la proclamación de la monarquía tradicional y aportó la doctrina del Estado tradicionalista, católico, monárquico y social, la unidad católica, la legitimidad monárquica, la estructura social orgánica de las sociedades infrasoberanas, la soberanía política y social, la autonomía regional y municipal y la economía corporativa o gremial. En el mismo no tenía espacio FET y de las JONS y rechazaban la monarquía liberal que representaba Juan de Borbón[434].

Nada fue aceptado por el franquismo, que había optado por la doctrina y práctica fascista y nacionalsindicalista, como cobertura ideológica de la dictadura del caudillo militar, confirmando la marginación del tradicionalismo en el nuevo régimen, a pesar de la utilización de algunos de sus conceptos ideológicos. La automarginación institucional carlista y la aportación de propuestas demostraba que no se trataba de un rechazo total y radical, que era imposible para quienes habían contribuido al éxito con pleno convencimiento y esfuerzo y formaban parte del sistema, aunque solo fuera nominalmente, veían conceptos ideológicos asumidos, aunque tergiversados, y participaban de la ideología nacionalcatólica común.

Otro tanto ocurrió con otros textos como la «Fijación de orientaciones» de enero de 1940[435], la carta de algunos miembros de la Junta Nacional Carlista de Guerra al regente de 18 de febrero de 1941, la «Declaración» de 25 de julio de 1942, «La representación nacional y el espíritu de las nuevas Cortes» de 14 de noviembre de 1942, el «Documento de reclamación del poder» de 15 de agosto de 1943, «La lección de los hechos» de 12 de octubre de 1944, «La única solución» de 2 de febrero de 1947, «La Comunión Tradicionalista y la cuestión social» de enero de 1950 o las «Afirmaciones y Bases para una Ley Orgánica de la Monarquía Tradicional Española» de 1951[436]. Era la única posibilidad que se le daba al carlismo: poner de manifiesto las contradicciones del régimen, su carencia de cualquier significado real tradicionalista y sentar doctrina.

Uno de los elementos ideológicos del tradicionalismo más invocados por el franquismo fue el «corporativismo», conforme a la elaboración doctrinal de Pradera, aunque utilizando en la práctica el modelo del corporativismo fascista y estatista, del que fue ejemplo la representación en las Cortes españolas. El modelo tradicionalista se basaba en el romanticismo antiliberal y contrarrevolucionario y en la doctrina social católica, sobre la subsidiariedad, el hecho religioso, la autonomía personal y social de los cuerpos intermedios naturales, las regiones y los municipios representativos, autónomos y libres del control e intromisión estatales. Todo estaba basado en el principio de solidaridad, enraizado en la caridad cristiana, asumido como principio del orden institucional desde perspectivas laicas en las que se transformó en «solidaridad social».

Fue constante el rechazo carlista del modelo institucional del franquismo, supuestamente orgánico y corporativo, basado realmente en el «corporativismo fascista», que hacía del «Estado corporativo» la forma jurídica del fascismo y la institucionalización de un organicismo social estatalista, contrapuesto al Estado de derecho liberal, por medio de sindicatos creados y dirigidos por el Estado, instrumento del partido único, sometidos a la voluntad del dictador que personifica el poder político, siempre superpuesta a la voluntad de los miembros.

Las discrepancias ideológicas con el franquismo se manifestaron desde el primer momento por el rechazo al totalitarismo nazi-fascista-falangista, a la unificación, al caudillismo, al régimen e instituciones que se construyeron. El carlismo no se dejó engañar por la retórica y cosmética tradicionalista con que se le adornó, haciéndolo constar en numerosos documentos que, a su vez, eran propuestas de rectificación del camino seguido por Franco. A pesar de que el carlismo contribuyó y sacrificó sus gentes y objetivos al triunfo militar, no participó en la construcción del régimen político que fue obra personal del dictador y la Falange. El embajador inglés Hoare observó que el pueblo carlista

> no detestaba solamente el totalitarismo como acción del anticristo alemán, sino también al régimen en el poder, como alevosa traición hacia ellos, y a la causa por la que lucharon durante la guerra civil. [...] Para ellos era un movimiento por Dios, por la Patria y el Rey y sus propias libertades históricas. Es fácil imaginar su amargura cuando vieron que se intentaba destruir su ideal para sustituirlo por la tiranía anticristiana del Nuevo Orden (Hoare, 1977: 169-170).

La sublevación tuvo un significado distinto para sus protagonistas. Para los militares fue un «pronunciamiento» republicano en la lógica del Estado liberal para hacerse con el poder; para la Falange, el modo para establecer un régimen nacionalsindicalista remedo de los nazi y fascista; para el carlismo, el último intento de reacción antimoderna que impusiera una monarquía tradicional. Su aportación generosa, pero ingenua, apoyó el triunfo de los primeros y el establecimiento de una dictadura militar, con un régimen político fascista inicialmente, acomodado a las realidades políticas internacionales y nacionales, siempre autoritario.

El falangista Ridruejo diagnosticó y valoró certeramente, tras la guerra civil, el alcance de la ideología y acción político-militar tradicionalistas:

> Habían intervenido contra la República, ante todo por razones de religión. Su imagen del orden y del Estado deseables era poco realista en cuanto a la acomodación a una sociedad moderna. [...] El tradicionalismo era una tensión más que una pretensión concreta. Dios, Patria, Rey, Estado confesional, descentralización foral, monarquía. Era un esquema (Ridruejo, 1976: 111-112).

Efectivamente, era el esquema de una utopía premoderna, con la que el dictador nunca pensó configurar un régimen político. Era inadecuada en el momento de organizar un «régimen cuartelero de guerra», no tenía posibilidad con el entorno europeo de los regímenes totalitarios del momento, ni la tuvo cuando, derrotados militarmente y triunfantes las democracias, el franquismo tuvo que sobrevivir en un espacio distinto. Utilizó un discurso retórico de corte corporativista y «democracia orgánica», con base sustancial en la confesionalidad religiosa y el anticomunismo. El carlismo no servía a Franco para establecer y consolidar un régimen de futuro, que abriese España a la modernidad, si no política, sí económica y social, que era incompatible con el discurso tradicionalista.

La consolidación del régimen, el cambio socio-económico que propició, con sus secuelas de secularización y nuevos valores, propios de la sociedad industrial y de consumo, hicieron imposible cualquier vuelta a las utopías tradicionalistas por la incompatibilidad radical entre aquellas y la modernidad.

«Clarificación ideológica» y refundación frustrada

En el tiempo histórico del carlismo tras la guerra civil se produjeron tres momentos de importantes decisiones políticas e ideológicas: el rechazo del régimen, el colaboracionismo y la «clarificación ideológica». Esta última le llevó al Congreso del Pueblo Carlista de junio de 1972, y a partir del mismo, a ser reconocido como un movimiento popular de resistencia y «una de las corrientes más significativas de la España democrática contemporánea» (Borbón-Parma, M. T., 1979: 69-220).

La pérdida en el nuevo régimen del papel político del carlismo de la época republicana y militar en la guerra, produjo conflictos internos, descomposición y aletargamiento, que le llevaron a no captar que su momento histórico había desaparecido, que su propia autocomplacencia del cumplimiento de su objetivo negativo de derribar la República no obligaba a Franco a nada más, porque a nada se había comprometido, ni siquiera a agradecerlo. Le bastaba con invocar retóricamente algún principio tradicionalista y a tener el apoyo de significados carlistas del pasado. Como reconoció Fal Conde en 1955 el carlismo estaba en una crisis profunda:

> En general en toda España se nota en el Carlismo el efecto del cansancio. Ciertamente que no han podido nuestros adversarios hacernos desaparecer. En ningún país del mundo, bajo los totalitarismos, han perdurado los partidos de la oposición ni siquiera cinco años. En España [...] aún existimos después de diecinueve años en que nos faltan los medios precisamente vitales: la prensa, los actos de propaganda. Júntese a lo anterior dos factores tremendos: el primero el desengaño que hemos recibido en la guerra; el segundo la crisis en la sucesión real[437].

Tras el cese del jefe delegado de la guerra y postguerra Fal, el monarca y las nuevas autoridades carlistas capitaneadas por Valiente y Zamanillo mantenían una actitud «colaboracionista» con el régimen y contactos con altos dirigentes. Tardaron tiempo en percatarse de que Franco les engañaba con algunas atenciones y buenas palabras, lo mismo que había hecho en los años de la guerra con los miembros de la Junta Central Carlista de Guerra de Navarra y de la Junta Nacional de Guerra.

Los jóvenes de la AET y del MOT rechazaron la colaboración y representaron el cambio generacional en las bases. Habían crecido en una sociedad en profundo cambio socio-económico, que se tradujo en una visión ideológica distinta a la de sus padres. Fue común en toda la sociedad española la convergencia de actores políticos de nuevas generaciones, en un sinfín de ideologías y grupos que se gestaron durante el franquismo y eclosionaron en la Transición. Podemos hablar de que, en el mismo marco socio-cultural, se produjeron «complejos» y «unidades» generacionales ideológicas que, por un movimiento de reacción contra un régimen derechista, tuvieron un gran componente cuantitativo y cualitativo de izquierda.

La situación de la Comunión Tradicionalista cambió por el cambio generacional, tras la aceptación del liderazgo por Carlos Hugo en Montejurra el 5 de mayo de 1957 como príncipe de Asturias, porque «a partir de entonces existiría de nuevo la dinastía carlista».

Este hecho molestó a todos los implicados en la instauración monárquica en la persona de Juan Carlos, particularmente al generalísimo, que estaba siempre presionando para alcanzar la unidad de los monárquicos en la persona de su candidato, que sería el «rey del 18 de julio» y «del Movimiento», símbolos de su régimen con los que pretendió mantener vinculado al carlismo coautor y partícipe.

Sin embargo, los sectores juveniles de la AET y el MOC[438] iniciaron una «renovación ideológica» para adaptar el carlismo a la sociedad urbana industrial y de consumo del final del siglo XX, encontrando en parte de la nueva generación de los Borbón-Parma receptividad y compromiso.

La capacidad de recuperación que había demostrado el carlismo en su historia, adaptándose a lo largo del siglo XIX a las transformaciones socio-económicas y políticas de España, produjo durante el franquismo dos procesos de teorización: el «neotradicionalismo» y el «neocarlismo». Para Gambra «el tradicionalismo actual de este siglo se encuentra desarraigado de los hechos, de las concreciones reales y viables, envuelto en las brumas de un recuerdo lejano e idealizado» (Gambra, 2008: 121). Valoración solo válida para la actitud crítica que dio lugar a la segunda corriente, porque la primera quedó en los principios.

La profundización doctrinal neotradicionalista fue realizada por carlistas como D'Ors, Elías de Tejada y Gambra, sobre los «principios de la legitimidad» definidos por Alfonso Carlos el 23 de enero de 1936 y otros documentos sobre los principios tradicionales: unidad católica, constitución natural e histórica, foralismo y monarquía. Constituiría un «neotradicionalismo» en continuidad con el tradicional, que se identificaba con el carlismo, rechazando que uno prescindiera del otro.

El segundo proceso fue el de creación del «neocarlismo» al margen y en contraposición a las construcciones «neotradicionalistas». Fue una aportación ideológica que, basada en principios, incluso parcialmente coincidentes, realizó un proyecto político para una sociedad contemporánea, en una dinámica competitiva con otros movimientos políticos del espectro ideológico predominante en las democracias occidentales.

Uno y otro, cada uno en un espacio dialéctico diferenciado, constituyeron un ejemplo del «carácter amalgamático» y de la «maleabilidad ideológica» del carlismo al estar

> fundamentada en una reinterpretación extrema de los postulados y la historia del movimiento. Un carlismo socialista, en la órbita de los núcleos progresistas del final del franquismo y de la transición, al lado de un carlismo tradicionalista, integrado en el magma ultraderechista hispánico: lecturas alternativas de una realidad poliédrica[439].

Nuevo proyecto político

El proyecto político-ideológico del neocarlismo fue formulado por los miembros más jóvenes de la Comunión y de la dinastía Borbón-Parma para adecuar la ideología y la política a la nueva sociedad española surgida del industrialismo y la modernización producidos durante el franquismo. Se inició en el Congreso del Pueblo Carlista celebrado en Arbonne (Francia) el 6 de diciembre de 1970, presidido por Javier.

En su mensaje al Congreso estableció las bases de la actualización ideológica del carlismo sobre la evolución socio-política, la revolución social, el pacto, el poder, la libertad y sus estructuras, la monarquía, que inspiraban la doctrina de la «colectividad organizada en partido, susceptible de corrección y perfección. Abierta al diálogo y a las aportaciones del ejercicio político de un pueblo». Fue la presentación de la «línea ideológica política» del Partido Carlista aprobada en junio de 1972.

No se trató de una adaptación, como en momentos históricos anteriores, sino de una refundación ideológica para una sociedad moderna, secularizada, con representaciones y valores muy diferentes de los anteriores, producto del desarrollismo. En definitiva, una asimilación en lo ideológico y político a las sociedades europeas a las que ya lo había hecho la española en lo económico, faltándole aquellos aspectos políticos imposibilitados por la dictadura.

El planteamiento era totalmente ajeno al providencialismo basado en el hecho religioso, con el que se pretendió explicar la continuidad del carlismo: si existía era porque Dios lo quería, porque «Dios es el primer carlista», que se proclamó en el siglo XIX e invocaba en el XX, que es un «misterio, histórica y humanamente incomprensible»[440]. Ahora el carlismo estaba en manos del pueblo carlista.

Los iniciadores

La clarificación y actualización ideológica la había iniciado el «carlismo progresista» en el «Manifiesto de la Juventud Carlista de Navarra» del Montejurra de 1956 (Santa Cruz, 1956-II, 343). También en el documento de la AET, «Vivimos descontentos», del mismo año, en el que se afirmó que «las estructuras sociales burguesas y el sistema capitalista no deben seguir vigentes» (Lavardin, 1976: 100-103). En la familia real lo protagonizaron los hijos de Javier, Carlos Hugo (1930-2010) y María Teresa (1933-2020)[441]. En la organización interna, el «Secretariado» y la Secretaría Técnica se hicieron con el poder, desplazando a los viejos carlistas de la guerra, y dando forma a la renovación ideológica. Esta y el distanciamiento del franquismo se expusieron en entrevistas, publicaciones y en los discursos de Montejurra, conviviendo ambas tendencias en la Comunión cada día con más tensiones (Martorell, 2011: 199-226).

Mientras se hacía este discurso, la Comunión y el monarca mantenían conversaciones con Arrese y otros ministros manifestando su propósito de colaborar en defensa del Movimiento para evitar una futura instauración monárquica en la dinastía liberal.

En el Montejurra de 4 de mayo de 1958 el discurso de Carlos Hugo estuvo relacionado con el «nuevo orden social» y a «nosotros corresponde el impulsarlo e inspirarlo en principios sociales cristianos. Si falta nuestra presencia decidida, la sociedad tomará un rumbo del que seremos responsables. Responsabilidad que recaerá principalmente sobre quienes se inhiben escudados en la honradez y prudencia». Se refirió a las desigualdades, el diálogo social, el sindicato colaborador en la nueva estructura empresarial y participe en la economía nacional, la superación del capitalismo y el marxismo, por una empresa «concebida como institución humana de producción y el sindicato como medio cálido de convivencia laboral». En este discurso afirmó: «La monarquía no nos interesa por sí misma, sino sólo como solución al problema de la España de hoy» (Lavardin, 1976: 59-60).

En carta dirigida al Montejurra de 1960 el príncipe se pronunció sobre la «monarquía social frente al Estado paternalista». Los sindicatos «constituyen uno de los pilares de la soberanía social». Otro pilar de la monarquía social eran las corporaciones locales, cuyo poder social no podía mediatizarse. «La Monarquía social sólo será social cuando sea Monarquía sindical. España sólo será una democracia cuando sea una Monarquía federativa» (Santa Cruz, 1960-I: 173-174).

En el acto de Puchheim de enero de 1965, además de la plena asunción de la condición real carlista, hubo pronunciamientos de Javier a favor de la participación democrática. En el congreso de la AET y la asamblea del MOT de febrero de 1965 se invocó el «socialismo democrático».

En el Montejurra de 1965 el representante del MOT, Pérez de Lema, hizo un discurso neocarlista reclamando la democracia: «La sociedad española es una sociedad de adultos que tiene derecho a opinar. Es una sociedad que siente la democracia». Invocó la «socialización» recogida en la encíclica *Mater et Magistra* de Juan XXIII, y la democratización del futuro de España, porque «nadie es, ya no de derecho, sino ni siquiera en la práctica, propietario del bien común. […] La responsabilidad del futuro es un bien nacional que no tenemos derecho a enajenar […] sin un pueblo activo, nunca ha existido la democracia». La iniciativa del carlismo debía culminar con la «instauración de la Monarquía que, si es social, será democrática».

En el mismo acto, en equilibrio de posiciones, el discurso neotradicionalista lo realizaron D'Ors, que habló de la legitimidad, y

Valiente, en una exposición doctrinal sobre la monarquía tradicional, cifrando en ella la evolución democrática, porque «la democratización de España no lo han logrado, ni lo lograrán nunca, las revoluciones. Sólo puede conseguirlo la Monarquía Popular Carlista», que, si vuelve, es por una fuerza popular al ofrecer al pueblo cauces legales para el ejercicio de sus libertades (Santa Cruz, 1965: 127-143).

Las tensiones internas llevaron a Massó a finales de 1965 a ausentarse de Madrid442. Durante 1966 se produjo el abandono de algunos miembros del Secretariado: Pérez de Lema y el responsable de comunicación Parrilla, y siguieron Zavala y Romera. Se explicó por su vehemencia y cansancio, pero «Lavardín» (Parrilla) afirmó que se habían percatado «de un hecho irrefutable. Ellos en conjunto, no sólo no habían triunfado, sino que además experimentaban el cansancio de la triple lucha sostenida: con los de fuera, con los de dentro y con el propio pretendiente» (Santa Cruz, 1966: 40-45). Reflejó los ámbitos que creaban dificultades al nuevo proyecto: el régimen desde el exterior, los tradicionalistas dirigidos por Valiente en el interior, la cabeza de la dinastía, Javier, cuya actitud estaba más próxima a estos, mientras Carlos Hugo mantenía difíciles equilibrios entre todos y no terminaba de decantarse por su secretariado, a juicio de sus miembros. Supuso un debilitamiento de la actitud y la actividad mantenidas hasta entonces, que se hicieron más acomodaticias. En octubre Javier se dirigió a los jefes regionales advirtiéndoles que había prohibido a Massó «actuar en política».

El cambio estaba vivo, como se demostró en el I Congreso Nacional de febrero de 1966, con pronunciamientos sobre la representación política democrática, las libertades políticas y la oposición al régimen. El mensaje de Javier planteó la reforma de estructuras y la revolución social para que aquellas fueran «representación diferenciada, tanto de las realidades ideológicas como laborales y regionales». Sería «signo de la nueva sociedad: la promoción del pueblo en la política, en las ciencias, en la cultura, con una amplia libertad y sentido democrático de la propiedad de estos bienes». Propuso el diálogo con los grupos «portadores de soluciones basadas en los derechos de la persona y de estos principios de justicia y libertad, para iniciar la reconquista de la sociedad, haciendo posible la promoción de todo el pueblo en esta tarea». Defendió la libertad de los pueblos que forman la nación española, la libertad sindical, la libertad política e ideológica, en un «triple sistema de libertades: los fueros de las regiones, los fueros de los sindicatos y los fueros de los partidos políticos».

Dentro del proceso de reorganización se han de situar los RR. DD. de 27 de marzo de 1966 que desmantelaron la estructura de la Comunión Tradicionalista al disolver las delegaciones nacionales de AET, MOT, margaritas y requetés para evitar los conflictos e interferencias con el Secretariado y los secretarios de Carlos Hugo, incrementando su poder sobre la organización (Santa Cruz, 1966: 40-45).

Un resumen de la nueva propuesta doctrinal se publicó en el *The New York Herald Tribune* el 6 de mayo de 1966. El partido fue descrito como fuerza política opuesta al franquismo, que demandaba gobierno democrático, descentralización, sindicatos libres, reforma social, favorable a las relaciones diplomáticas con la URSS y los países socialistas. «En resumen: el príncipe pide una revisión de todo el sistema político español». Su propósito era «institucionalizar un sistema que represente todo el pensamiento político [...] monárquico [...] representativo [...] y socialista, porque sin una profunda reforma de las estructuras sociales producidas por un capitalismo arcaico [...] la democracia no es posible» (Lavardin, 1976: 273-274).

Una vez más, en el Montejurra del día 7 de mayo de 1966 el mensaje de Javier invocó la «monarquía social», reiterado en su llamamiento de octubre de 1966. El procurador Zubiaur defendió un movimiento de recuperación foral.

El cambio de actitudes en los órganos, según se impusieran los tradicionalistas o los innovadores, se comprobó en el comportamiento de la Comunión Tradicionalista en el referéndum de diciembre de 1966 sobre la Ley Orgánica del Estado, que elogió y apoyó. La Junta de Gobierno de 2 de diciembre de 1966 entendió que la ley era favorable «a los derechos de nuestra dinastía y a nuestra doctrina». Consciente de las opiniones contrarias en su seno, aclaró que «en términos generales, entiende que se debe acudir con voto favorable a la Ley. Pero la Comunión Tradicionalista no tiene un sentido rígido y totalitario de sus estructuras y respeta las opiniones particulares dentro de la natural prudencia». Desde la secretaría general se matizó el día siguiente, añadiendo una referencia al reconocimiento «de las justas, necesarias y modernas autonomías municipales y regionales, cuya existencia y personalidad, tan humanos, constituirían un contrapeso social al Poder del Estado»[443]. Javier recomendó el voto favorable, lo que significaba que «la política de oposición, había desaparecido por completo». La AET había dejado de funcionar, el boletín *IM (Información Mensual)* dejó de aparecer regularmente y perdieron peso en la organización los representantes juveniles. Se había iniciado una situación de «quebranto», «nerviosismo» y «petición de responsabilidades» (Lavardín, 1976: 277).

La existencia de dos discursos en el carlismo quedó patente de nuevo en el manifiesto de Javier de Montejurra de 1967. Hizo un llamamiento colaboracionista y de aceptación del régimen, al pedir la plena integración «en la vida pública de la nación, dentro de las leyes vigentes, y para dar a la sociedad española la garantía de continuidad dentro del orden para la paz, el progreso y la libertad", pidiendo a Dios que «ilumine al generalísimo». Valiente pidió al Señor les librase del «modernismo de irresponsables curas y frailes»[444]. Provocaron que el 10 de mayo de 1967 los exsecretarios de Carlos Hugo, que «crearon y lanzaron en España» su figura, manifestasen «su decisión de abandonar definitivamente el partido y toda vinculación con la llamada causa monárquica», Lo hicieron por su discrepancia con la «orientación ideológica y política marcada al carlismo»[445].

El jefe delegado replicó el 12 de mayo explicando que la orientación ideológica y política la marcaba Javier en su mensaje en Montejurra, citando textos del mismo, de modo que «queda constancia clara de la dirección política del carlismo, y del abandono definitivo que hacen de la Comunión Tradicionalista los citados señores»[446]. Se había impuesto la tendencia tradicionalista defensora del colaboracionismo.

Al día siguiente, 13 de mayo de 1967, la AET de Navarra dirigió un escrito a Carlos Hugo manifestando la adhesión a su persona y pensamiento, criticando la «línea doctrinal y actuación política de ciertas autoridades nacionales del Carlismo [que] es antipopular, estéril y regresiva». Citaron ejemplos como el confusionismo entre lo religioso y lo político, falta de audacia frente a las autoridades oficiales «que lesionan gravemente los principios carlistas o nuestra misma organización», el silencia de la Comunión ante injusticias y arbitrariedades «inferidas a nuestro pueblo», como la situación social (dominio del capitalismo, necesidad de una reforma agraria, reforma de la empresa, sindicatos), la falta de autonomías regionales y de la democratización de la vida política. Entendían que la esterilidad de la acción política carlista se derivaba «de la orden de S. M. el Rey de actuar exclusivamente dentro de la legalidad, cuando esta legalidad, por negar amplios derechos fundamentales de la persona humana, impide la actuación necesaria para el triunfo de la Causa Carlista»[447].

Para intentar reconducir las diferencias Valiente decidió, a instancia de Javier, dejar su puesto en la organización en noviembre de 1967448.

El manifiesto de AET y MOT del Montejurra de 1968 fue el de la justicia social, denunciando la injusticia dictatorial «eterna y opresora», el «sindicalismo antidemocrático», la «explotación partidista de una guerra que acabó hace muchos años», una «prensa dirigida que oculta la verdad o la tergiversa» y un Estado «opresor, hipócrita y capitalista».

El 3 de diciembre de 1968 se celebró una concentración en Valvanera (La Rioja) en la que Javier formuló como principio fundamental del ideario carlista el reconocimiento y respeto de la personalidad de las regiones históricas, "creaciones vivas y naturales de la nación española».

La familia real fue expulsada de España los últimos días de diciembre de 1968. Su salida se inició el día 20 con la de Carlos y continuó el 26 con Javier e hijas.

Con este acto Franco eliminó la molestia que suponía su presencia y actividad política en España, dejando sentado que su opción estaba tomada desde el principio de sus relaciones con Juan en el Azor y Las Cabezas. La respuesta de gobierno a la interpelación de los procuradores carlistas en las Cortes afirmó su reiterada opinión de que Javier era un «príncipe extranjero»449, que carecía de cualquier derecho al trono de España.

El ambiente carlista de Montejurra de 1971 lo describió el *exgudari* y escritor guipuzcoano Arteche, sorprendido por el cambio del comportamiento político carlista que observó:

Los eslóganes de la muchedumbre: «¡Libertad, libertad, libertad!», «¡Amnistía, amnistía, amnistía!» y las soflamas de los oradores producen extraño efecto, nos retroceden un montón de años en el tiempo. Exactamente la misma impresión de un mitin carlista durante la República, pero con los conceptos al revés. Insólito (Arteche, 1977: 236).

Los Congresos del Pueblo Carlista

El I Congreso del Pueblo Carlista celebrado en Arbonne el 10 de abril de 1971 decidió recuperar la denominación de «Partido Carlista» para reflejar su carácter popular histórico y excluir el tradicionalismo como elemento encubridor del integrismo y conservadurismo.

El 31 de mayo de 1970 se creó el «Gabinete ideológico», presidido por Carlos Hugo, para elaborar el proyecto político del neocarlismo que se fue desarrollando en los Congresos del Pueblo Carlista celebrados en Arbonne (Francia) en 1970, 1971 y 1972.

El II de 4 de junio de 1972 estableció el «principio constitutivo del Partido Carlista que nos ha expuesto el Rey como fiel reflejo del Pacto Pueblo-Dinastía» y su fundamentación ideológica. Se hizo por acuerdo entre tendencias enfrentadas definiendo al Partido:

El Carlismo es un Partido democrático que pretende que, con la Revolución Social, el Pueblo acceda al poder político rescatando su soberanía.

El Carlismo rechaza la división de la sociedad en clases sociales que han establecido las oligarquías capitalistas, creando e imponiendo privilegios y produciendo desigualdades entre ellas. [...] Somos, por tanto, un Partido de clase.

El Carlismo es un Partido de masas porque su constitución democrática de participación del pueblo en su dinámica política hace, al contrario del partido burgués o de cuadros, que el hombre se promocione abriéndose al campo de igualdad de oportunidades.

El principal objetivo ideológico del Carlismo era el «principio de libertad», «sin más limitaciones que la que marquen la libertad social y la libertad comunitaria, quedando determinada y condicionada la libertad individual a la colectiva, porque este es el signo del derecho natural». Estableció «tres tipos de libertad social que garanticen el ejercicio de la libertad individual»: «la libertad política basada en el pluralismo político y gestionada por medio de los partidos políticos, la libertad sindical y la libertad regional».

En las «Bases de actuación política» se dispuso que el objetivo final del carlismo era «la conquista del Poder, con el Pueblo y para el Pueblo» por medio de las políticas de oposición, de captación, de presencia, penetración o influencia en la sociedad, y propaganda. La política de entendimiento con otras fuerzas políticas se basaría en la coincidencia «con todos aquellos grupos o movimientos políticos que basan su ideología y línea de actuación en principios de lucha democrática y de búsqueda de la libertad».

Se propuso una «Monarquía socialista», aunque «el carlismo no intenta imponer y fundamentarse en una determinada forma de gobierno por unos intereses partidistas». Sin embargo, «la Revolución social puede ser posible sin la monarquía: pero la Revolución social puede, en la forma monárquica carlista, tener un soporte que asegure su continuidad y su éxito, más que cualquier otra fórmula» (Borbón-Parma, M. T., 1979: 235-243).

Un artículo de Carlos Hugo en *Le Monde* de 5 de mayo de 1973 titulado «Carlismo y socialismo» expuso la posición y doctrina política del partido carlista. Lo inició con la afirmación: «El Partido Carlista se sitúa en la oposición radical al Régimen franquista». Era una «elección política determinada por la ideología misma del partido». Tras referencias a su origen y comportamiento históricos, afirmó: «hoy las estructuras democráticas del partido, su composición sociológica y su espíritu hacen del carlismo un partido de masas moderno». Reprochó al régimen «ser políticamente un régimen fascista; y económicamente, un régimen fundamentalmente capitalista». Se proponía «construir con otras fuerzas populares de la oposición una sociedad socialista plural que encarne la aspiración popular de la autogestión». Esta alcanzaba al conjunto de la sociedad: «El autogobierno es una meta hacia la cual debe tender toda sociedad verdaderamente democrática». Aunque la «monarquía socialista podría garantizar esta forma de gobierno; [...] únicamente la voluntad del pueblo español expresada por sus fuerzas militantes podría determinar la forma del régimen futuro». Se refirió a lograr las libertades regionales, la socialización de los medios de producción y a «una voluntad revolucionaria para acabar con la alienación y la pasividad engendrada por la ausencia de toda libertad política». Denunció las amenazas y represión del régimen, confiando que «el pueblo español comienza a ser protagonista de su propio destino».

En junio de 1973 Javier hizo unas declaraciones críticas con el integrismo y el colaboracionismo al boletín del partido *IM*, sobre la presencia en los órganos rectores del partido de «los que nos inmovilizaban por su integrismo; y por otra parte, los que intentaban llevarnos a la colaboración con el régimen dictatorial para que fuésemos utilizados como base de su maniobra» (Borbón-Parma, M. T., 1979: 154-155).

La construcción del «neocarlismo» fue consecuencia de un proceso de actualización y «clarificación ideológica», que «debía llevar al carlismo al socialismo de autogestión global, presente pero no explicitado en sus viejas reivindicaciones fueristas». Se plasmó en una nueva forma política que, superando la histórica Comunión Tradicionalista antipartidista, fue el Partido Carlista, aceptando los partidos políticos como cauces de formación y participación de la voluntad popular, porque «un partido como el carlista, que viene de tan lejos en el tiempo y ha luchado tanto tiempo por la libertad de los pueblos, tiene en sí el soplo profundo de las mutaciones históricas» (Borbón-Parma, M. T., 1979: 232).

El partido carlista

La aceptación del partido como medio de organización no fue «un hecho fortuito ni un hecho impuesto, sino una consecuencia lógica de su propio ser y de su propia esencia popular», por cuanto «la gran fuerza y la energía popular del carlismo, basadas en las ansias democráticas y de libertad, se veían frenadas y reprimidas por el esfuerzo de un grupo minoritario que durante más de cuarenta años ocupó o detentó los puestos de responsabilidad» (Borbón-Parma, M. T. y otros, 1997: 20 y 207. Clemente, 2000a: 5-80). Así lo entendieron el I y II Congresos del Pueblo Carlista, que le dieron su misión, ideología y objetivos en un diálogo continuo entre la dinastía y los representantes de las bases carlistas.

Como corresponde a un partido defensor del federalismo, la organización territorial del Partido Carlista era federal sobre los distintos territorios históricos y nacionales existentes en España, las «Españas» del tradicionalismo, federadas en una concepción histórico-foral y austracista de la monarquía.

En su seno se produjeron corrientes radicales a la izquierda que derivaron a posturas extremas. Fue el caso de las Fuerzas Activas Revolucionarias Carlistas-FARC, defensoras de una federación de repúblicas socialistas ibéricas con los territorios de Portugal, vasco y catalán por integración voluntaria ejerciendo su derecho de auto-determinación. Los Grupos de Acción Carlista (GAC) practicaron algunos atentados (Miralles, 2014; 2015: 223-250. Onrubia, 1999; 2000; 2003).

Como partido democrático, el 15 de septiembre de 1974 se ad-hirió a la Junta Democrática para «colaborar, en unidad con todas las fuerzas populares, políticas y sociales, en la lucha para alcanzar la plena libertad del pueblo español», establecer libertades democrá-ticas y un Gobierno constitucional. En marzo de 1975 abandonó la Junta Democrática por su carácter centralista, y participó el 11 de junio en la creación de la Plataforma de Convergencia Democrática. Se fusionaron en marzo de 1976 en Coordinación Democrática-Platajunta (Borbón-Parma, M. T., 1979: 178-182).

La vinculación de la Iglesia española con el franquismo fue no-toria, sacralizándolo y dándose apoyos mutuos. Esta situación em-pezó a quebrar en el tardofranquismo por influencia del Concilio Vaticano II y las actitudes críticas de las bases cristianas y movi-mientos apostólicos, que repercutieron en el carlismo y en las pos-turas que se enfrentaban en el mismo. Javier elaboró un estudio «La Iglesia católica en España» remitido al presidente de la Conferencia Episcopal el 10 de marzo de 1974. Concluía que se la veía como «instrumento del régimen. Que vive de él, que recibe a sus digna-tarios como si realmente fueran representantes de su fe, una Iglesia que se niega a condenar, no ya la mayoría de las injusticias, sino in-cluso al sistema materialista capitalista, la falta de las libertades más elementales del hombre». Expuso el riesgo de que la Iglesia perdiera la autoridad moral y, con ella, la unidad, porque «La unidad moral de la Iglesia condiciona evidentemente la suerte de su unidad insti-tucional. El mantener ésta supone en primer lugar salvar la unidad moral, la autoridad espiritual de la Iglesia» (Borbón-Parma, M. T.,

1979: 247-260). Fue un exponente de la personalidad del autor y de su preocupación por los problemas religiosos.

El 8 de abril de 1975 Javier abdicó sus derechos en su hijo Carlos Hugo, invocando su «avanzada edad y reconociendo el acierto con que el Príncipe ha dirigido el Carlismo». Actuó desde ese momento como presidente del Partido Carlista, más que como pretendiente dinástico, porque no era un partido dinástico, sino accidentalista en la forma de gobierno por respeto a la voluntad popular. Así lo afirmó el 18 de marzo de 1976 al llegar a España: «No vengo a plantear ningún pleito dinástico, pero tampoco me propongo renunciar a ninguno de los derechos y deberes que me corresponden».

El objetivo principal de partido era establecer la democracia «sobre la base de la oposición social, se trata, en efecto, para los partidos que están en la oposición política, de ganar la difícil operación de la alternativa al régimen, es decir, de la ruptura con el régimen»[450]. La prioridad política era «establecer la democracia» previa al socialismo:

> De esto se trata ahora. El socialismo lo iremos construyendo poco a poco. Sin embargo, lo que sí hemos de conformar aquí y ahora, es ese consensus progresista de carácter socialista en el que participen todos los pueblos de España, sus fuerzas populares y sus intelectuales. Es una meta aleccionadora para toda la sociedad española, porque puede ser un pacífico y potente medio de cambio social, de profundización democrática[451].

El Partido Carlista se constituyó en Madrid el 20 de marzo de 1976. En el documento aprobado por la Asamblea federal se definió como partido político popular y de masas. Su alternativa democrática estaba en la liquidación de la guerra civil y la ruptura democrática. Su línea táctica se apoyaba en la unidad de la oposición democrática, en la lucha popular, unidad sindical, consolidación de la ruptura, creación de un gobierno provisional y unidad del socialismo en un frente de izquierda. Fue crítico con el «sistema capitalista, la socialdemocracia y las nuevas expresiones derivadas de los socialismos de Estado. Su socialismo era de autogestión global, sobre la democracia interna y el pacto del Pueblo con la dinastía. No planteaba la cuestión dinástica, porque su fin primordial era la construcción de la democracia[452].

El 15 de julio de 1976 Carlos Hugo publicó un texto sobre «El carlismo en la Transición española», exponiendo sus propuestas sobre descentralización y autogestión global, económica, federal e ideológica. Era una «verdadera revolución democrática», porque «dentro del concepto de democracia actual o democracia formal, es plantear el problema de la participación como anterior y más importante que el problema de la simple elección». Expuso que su monarquía era ajena a los pleitos dinásticos, porque era «instrumento para poder crear libertades no solamente formales, no solamente individuales, sino comunitarias, logrando así libertades concretas que permitan transformar la democracia en participación responsable de todos los ciudadanos»[453].

El que fuera secretario, Zavala, persona de total confianza de Carlos Hugo y uno de los ideólogos, explicó la realidad del Partido Carlista sin el carácter dinástico que le había caracterizado históricamente:

> El Partido Carlista en sus estatutos no define la forma de gobierno ni menciona persona física alguna. [...] La forma de Gobierno es puramente accidental. El problema de fondo es la consecución de un Estado federal y socialista y, por lo tanto, la forma de Gobierno que la presida deberá decidirla el pueblo en el proceso democrático y de autogestión[454].

La ideología

La «clarificación» perseguía una adecuación ideológica y política de España y del carlismo a los Estados y las sociedades europeas, a las que ya lo habían hecho en su secularización, lo económico, social y cultural. Constituyó un «neocarlismo», que superó la identificación histórica del tradicionalismo con el carlismo y el uso común de esta denominación. Suponía que el partido pasara del «absolutismo monárquico de sus primeros tiempos a un federalismo democrático socializante» (Clemente, 2003: 29).

Buscó la recuperación de las raíces populares del carlismo en sus comportamientos anti burguesía liberal, centralista y capitalista, perdidos por la penetración integrista: «Llegaron los voluntarios del pueblo y alzaron la bandera de Fueros y Rey. Más tarde llegaron los integristas y añadieron los de Dios y Patria. Esos mismos hombres introdujeron una filosofía política que llamaron tradicionalismo» (Clemente, 2003: 411).

Contra el individuo abstracto y el centralismo liberales, invocó la «soberanía social» concreta de las personas y entidades (municipio, comarca y región), como «la jerarquía de personas colectivas, de poderes organizados, de clases, que suben desde la familia hasta la soberanía que llamo política concretada en el Estado, al que debe auxiliar, pero también contener». Recuperaba y modernizaba dos ideas de Mella: la «soberanía social» y el «sociedalismo», «fórmula en cierta manera moderna a mi sistema», «idea que quiere restaurar la persona colectiva, las clases sociales, mermando al Estado y arrancándole muchas de sus atribuciones, para que sea ella, la sociedad entera, con todos sus miembros, la que pueda resolver la gran cuestión social que el Estado solo no podrá resolver jamás» (Gambra Ciudad, 1954: 55-56, 66, 85, 90, 143, 204, 217).

También se invocaron la subsidiariedad, el municipalismo, la democracia directa y el régimen vecinal, el cooperativismo, junto con los principios del personalismo comunitario de los progresistas cristianos franceses, recogidos por la encíclica *Pacem in terris* y el Concilio Vaticano II. Fue una opción «progresista» impulsada por los sectores más jóvenes y concienciados de la necesidad de superar el conservadurismo tradicionalista (MacClancy, 2020: 241-256).

El concepto de «socialismo» no era ajeno a la naturaleza y al pensamiento carlista, como había advertido Unamuno, que veía en el carlismo «cierto socialista por no decir pseudosocialista, porque en el seno del tradicionalismo palpitaba cierto vago socialismo rural» (Unamuno, 1998: 188). Para don Jaime: «Cuando se trata de mejorar las condiciones sociales del obrero, me han parecido siempre tibias todas las reformas e insuficientes todos los esfuerzos; me considero y me he considerado siempre como un socialista sincero, en el sentido exacto de la palabra» (Melgar, 1932: 174).

Este proceso, aunque invocase principios del pasado, fue considerado una propuesta ajena y contraria al ser tradicionalista y al mismo carlismo, un «neocarlismo» popular, aperturista y progresista, con una concepción federalista y socialista autogestionaria, contrapuesta al «neotradicionalismo» (Canal, 2008b: 40-44).

Se utilizaron nuevas categorías como la «monarquía popular legitimada por el pacto con el pueblo», la democracia, la justicia social, el «federalismo-foralista» en la sociedad y el poder, el «socialismo autogestionario» o «socialismo de autogestión global», los partidos y sindicatos libres, así como conceptos habituales en el léxico político del momento como los de «dialéctica», «alienación», «lucha de clases», «estructuras» y «superestructuras» o «clase dominante», de origen marxista. Aunque incorporados al léxico político común por los partidos socialdemócratas y socialcristianos europeos (Juncosa, 1984: 293), producían escándalo en los tradicionalistas y los conservadores. Sin embargo,

> la identificación entre socialismo y carlismo tenía una cierta lógica: el tradicionalismo siempre había tenido una vertiente popular que le enfrentaba a la monarquía de la Restauración y la propia postura de don Juan Carlos le incitaba a recalcar la distancia respecto al régimen. Ya en 1972 los carlistas defendían una monarquía socialista y en 1974 la tradicional reunión en Montejurra se hizo bajo la advocación de la autogestión. Con tales declaraciones el carlismo se condujo a sí mismo al suicidio, pero esto mismo es revelador de unos tiempos en que la oposición crecía mientras que los márgenes de reacción del régimen parecían reducirse a casi nada (Massó, 2008: 460-472).

El «socialismo autogestionario» se invocaba como expresión política concreta de las «raíces populares, cristianas y socialistas del carlismo». Explicó Carlos Hugo que para el carlismo el socialismo «debe ser algo más que una estrategia y debe apuntar a un modelo de sociedad deseable y alcanzable», porque «el llamamiento de la sociedad moderna, del hombre moderno es, precisamente, a la participación» en la empresa, el sindicato, en el municipio, la región o nacionalidad: «el gran desarrollo del nivel cultural e informativo de la sociedad moderna hace posible esta democracia de participación. Lo que es posible y, además, deseable se hace necesario. Es una ley de la historia»: «Una comunidad donde exista: libertad para escoger, socialismo para compartir, federalismo para convivir, autogestión para decidir. [...] Este es el socialismo humanista, pluralista y federal que propone el Partido Carlista por la vía de la autogestión global»[455].

Suponía un «neocarlismo» popular-democrático, aperturista y progresista, cuyo alcance fue explicado por Javier como una

> considerable profundización ideológica y sobre todo concretización de la doctrina carlista en materia foral y federal, en materia socio-económica y sindical, en formulación de lo que son y deben ser los partidos políticos y en cuál es la función del Estado y lo que es realmente en una concepción carlista del concepto de la monarquía[456].

Todo su contenido y la continuidad en la crítica al régimen implicaba superar la guerra civil para establecer una convivencia democrática en una sociedad libre y plural. Así lo constató el periódico del Partido Comunista Francés, *L'Humanité* refiriéndose a la lucha antifranquista que protagonizaba el carlismo:

> Entre la Navarra guerrera de 1936 y la Navarra revolucionaria actual, explican los carlistas, hay toda una evolución ideológica y el compromiso socialista y revolucionario progresivo de nuestro partido. El fascismo es el enemigo, su opresión condena al país a una pasividad mortal o a una situación explosiva. [...] Hay actualmente una gran convergencia entre corrientes marxistas y cristianas y la Iglesia misma. Esta profunda mutación del Carlismo no la entienden muy bien algunos sectores de la izquierda no comunista[457].

Rechazos, fracasos y diáspora carlista

Los sectores más conservadores y tradicionalistas no vieron la nueva línea ideológica carlista como un proceso renovador, sino revolucionario, rechazándola. Estas diferencias alcanzaron a la dinastía, dividiendo la familia.

Los nuevos planteamientos eran difícilmente asimilables por el tradicionalismo histórico, aduciendo que «en sus escritos y parlamentos usan una jerigonza de democracia, capitalismo, nacionalización, representación popular y otras lindezas, que parecen hijos de la Pasionaria. De ahí que se hable de carlismo de izquierda»[458]. Los calificaban de «marxistas, republicanos y masones», cuyas teorías políticas eran «un rudísimo trasvase ideológico hacia la democracia liberal y el socialismo, por medio del término social equivocadamente empleado; y un apostático progresismo religioso, amparado en el ataque a una supuesta derecha conformista e inoperante». Era un «neomarxismo al promover la desaparición de la propiedad privada, la autogestión como sistema de democracia económica y la Monarquía Social como forma de gobierno»[459].

Para los críticos, el Partido Carlista era «federal y democrático que aspiraba a una monarquía socialista basada en el pacto entre la dinastía y el pueblo. La ruptura con la tradición, con su ideario y con los tradicionalistas ya era absoluta»: «promovía un carlismo democrático y socialista» en una «orgía de metamorfosis revolucionaria [...] al abandonar sus esencias tradicionalistas, el carlismo huguista dejó de ser carlismo» (Sagarra-De Andrés, 2014: 232, 235, 237-238).

Este nuevo planteamiento generó división en el seno del carlismo, incluso en la familia Borbón-Parma. Aunque Javier, participó activamente y suscribió muchos textos en los que se formuló la nueva ideología, sin embrago, secundando a dirigentes tradicionalistas, a su esposa e hijo menor Sixto[460], reivindicó el pensamiento tradicionalista, rechazando los planteamientos ideológicos del Partido, de su hijo mayor y hermanas, en un documento de 4 de marzo de 1977. Invocó su esfuerzo por «mantener la unidad en el seno de mi familia», y los principios fundamentales del carlismo, fuera de los que «no puede haber por tanto carlistas ni Carlismo», sobre la confesionalidad católica, unidad nacional, defensa de los fueros y monarquía[461]. Consideraba oportuno recordar que no «se puede ser carlista sin ser católico ni monárquico, patente traición a las convicciones de todos aquellos que, obedeciendo las órdenes que tuve el honor de firmar en nombre de mi augusto tío el Rey Don Alfonso Carlos, lucharon con valor y murieron gloriosamente por la religión y por la Patria»[462].

Tras ese documento, se provocó un conflicto familiar. Posteriormente firmó un documento apoyando a su hijo mayor y desautorizando al menor, que su esposa rechazó, desheredando a su hijo primogénito e hijas implicadas en el Partido Carlista. El menor se convirtió en el abanderado de un carlismo continuador del tradicionalismo histórico. Javier murió el 7 de mayo de 1977.

A pesar del esfuerzo de todos los protagonistas por adecuar el carlismo a la sociedad moderna, «el carlismo no era modernizable»:

Su ideología, residuo de una cosmovisión premoderna, no admitía recortes ni injertos. Era el vestido viejo al que no se le pueden echar remiendos nuevos. El carlismo, visión sacralizada del mundo, no podía laicizarse. [...] El mundo nuevo no podía compartir la vieja ideología carlista y tampoco estaba dispuesto al salto en el vacío al que le invitaba el nuevo carlismo. El esfuerzo de modernización, tan generoso, había sido en vano. En la España de finales del siglo XX no había clientela dispuesta a aceptar la vieja oferta, ajena a la problemática actual, ni la oferta nueva, éticamente bella, pero irreal, utópica (Juncosa, 1984: 294).

Así se comprobó durante la Transición. El neotradicionalismo se integró en grupos de derecha extrema, mientras que el neocarlismo lo hizo en las plataformas democráticas de izquierda, ambos sin éxito político.

El historiador Blinkhorn hizo el diagnóstico del momento del carlismo en el tardofranquismo y, por lo que se refiere al neocarlismo, observó que no había «nada intrínsecamente absurdo o insensato en el nuevo curso del carlismo», aunque «sus perspectivas pueden ser dudosas» (Blinkhorn, 1979: 426).

El nuevo carlismo fracasó como partido en la Transición, del mismo modo que la mayoría de las nuevas formaciones políticas, tanto en la derecha como en la izquierda. En este caso por la dificultad de asumir la imagen y el cambio ideológico, que entre muchos de sus leales eran considerados una traición, no tanto por los fundamentos remotos como por la nomenclatura utilizada, que tenía resonancias de los «enemigos» vencidos en la guerra civil.

El Partido Carlista apoyó la Constitución de 1978 en el referéndum y participó en los procesos electorales de la Transición. En las elecciones generales de 1977, «primeras elecciones democráticas», presentó candidaturas en Navarra como Agrupación Electoral Montejurra al no haber sido legalizado, obteniendo 8.451 votos (2,62 % del censo electoral y 3,28 % de los sufragios).

En las elecciones generales de 1979, encabezando Carlos Hugo la candidatura en Navarra, obtuvo 19.522 votos (7,72 %) y en toda España 50.552 votos (0,28 %). No logró acta de diputado a Cortes, lo que le llevó a renunciar a la presidencia del partido y a la participación política en 1980. En las elecciones siguientes no se presentó o, cuando lo hizo, los resultados fueron mínimos, sin conseguir presencia en las instituciones.

Todos los procesos electorales desde la Transición y el referéndum constitucional demostraron que la sociedad española estaba muy lejos de lo que creían los grupos conservadores y el franquismo. Demostró ser una sociedad moderna situada mayoritariamente en opciones ideológicas de centro-izquierda homologadas con las europeas. Los grupos extremistas no accedieron a las instituciones y se fueron disolviendo. En la derecha solo hubo un diputado de Fuerza Nueva.

En este escenario, el Partido Carlista fue un hecho singular que en la imagen colectiva se identificaba con las guerras decimonónicas, la guerra civil y el franquismo. Se confirmó que las innovaciones no garantizan la mejora de las expectativas electorales y los resultados por la incorporación de nuevos votantes. No tuvo más fortuna la Comunión Tradicionalista, que se diluyó entre los grupos de la derecha franquista, sin presencia institucional, quedando como grupo más religioso-doctrinal que político.

Lavardín, seudónimo tras el que estaba Parrilla, miembro del secretariado y ex secretario de Carlos Hugo, entendió que el «intento fallido» de promocionarlo como príncipe carlista a la Corona de España, contra la previsión franquista, fue un «imposible», «un asombroso caso de creación política y un ejemplo, nada desdeñable, de cómo la "dialéctica de las posibilidades", a pesar de la audacia y la inventiva de los protagonistas, se disuelve en el vacío si no cuenta con el apoyo del viento favorable de la historia» (Lavardín, 1976: 296).

La «dialéctica de las posibilidades» está en la historia humana, en lo que el hombre «pretende ser» y realizar, como expresó Zubiri (1944: 378). El intento de «clarificación» y «modernización» del carlismo, movimiento contrarrevolucionario residuo del mundo premoderno, no las tuvo, por «transformarse el grupo social que lo sustenta» y «el unitarismo cultural que venía defendiendo la Iglesia se rompe con la nueva interpretación que dará el Concilio Vaticano II de las realidades mundanas» (Juncosa, 1984: 295).

Epílogo

El carlismo de redentor a crucificado y de crucificado a subversivo

A partir de su incorporación a la sublevación, el carlismo estuvo totalmente sometido al caudillaje de Franco y a la obligada unificación, renunciando a cualquier proyecto alternativo, fuese militar o político, sin posibilidad alguna de establecer la monarquía tradicional que propiciaba.

Desde el primer momento, dejando a salvo su compromiso y presencia militar, el carlismo oficial de la Comunión Tradicionalista planteó reticencias y tensiones limitadas a integrarse en el partido único y en las estructuras de la dictadura personal vitalicia. Sin embargo, formó parte de los triunfadores y del nuevo Estado, por haber logrado el resultado que les unió en la desaparición de la República, la democracia y el régimen constitucional. La coincidencia se produjo en la acción militar, pero la falta de previsión sobre el futuro llevó a los militares sublevados a improvisar desde el propósito inicial de restaurar el orden en la República hasta la concentración del poder en una dictadura caudillista y oportunista, adaptada a las circunstancias.

A pesar del rechazo de Mola a cualquier compromiso de futuro monárquico, los dirigentes carlistas navarros entregaron el carlismo al general, siendo directamente responsables de esa conducta y de sus consecuencias. Hicieron lo mismo en cuanto Franco se fue haciendo con todo el poder, aceptando un partido único de corte nazi-fascista y un régimen dictatorial, que resultaran eficaces para sus propósitos caciquiles de control de las instituciones y del nuevo partido en Navarra en su beneficio personal y de grupo. En estas acciones tuvo un gran protagonismo el máximo dirigente que era el conde de Rodezno. Crearon situaciones de hecho que condicionaron las decisiones finales de la Comunión Tradicionalista limitando su capacidad negociadora.

Quienes, individualmente, se incorporaron a las estructuras del partido y del régimen como «unificados» fueron «triunfadores» y «vencedores subordinados», mientras que el carlismo como movimiento político y organización terminó sin significado ni presencia en el nuevo orden. Pasó de ganador de la guerra a perdedor de la paz, con conciencia de haber hecho posible el triunfo y un régimen político que le marginó y persiguió. La Comunión Tradicionalista trató de superarlo con una actitud de resistencia y oposición, haciendo a la Falange responsable de sus males, como si el caudillo de la guerra fuera ajeno a los manejos políticos del régimen. Habían estado a las órdenes del generalísimo, pero quisieron separarlo de su instrumento para el control político que fue el partido único.

Franco correspondió a la aportación militar y política legitimadora que le proporcionó el tradicionalismo carlista con algunos detalles accesorios: la boina roja en el uniforme del partido unificado, nombramiento pensionado de tenientes honorarios a los voluntarios de la última guerra carlista, concesión de la cruz laureada de San Fernando a Navarra, presencia de destacados miembros, como Rodezno y Bilbao, en sus gobiernos y Cortes, invocación doctrinal del corporativismo, que no era el tradicionalista, sino el nacional-sindicalista fascista. El resultado final no fue la esperada monarquía conforme al pensamiento tradicionalista, sino una dictadura militar, antitradicionalista por totalitaria y fascista, que creó frustración entre la mayor parte de los miembros, siendo una minoría la de los unificados-colaboracionistas.

El caudillo fracasó en sus intentos de absorber al carlismo en la unificación, objetivo conseguido con la Falange, aunque no abandonó la idea de lograrlo incorporando personalidades que arrastrasen a la organización y la militancia. De todos ellos el más importante fue el carlosoctavismo, configurado en torno a la persona de Carlos de Habsburgo, Carlos VIII, que supuso un apoyo fiel, pero reducido, de carlistas situados y colaboradores del régimen. Se ha demostrado que constituyó una operación dirigida y protagonizada desde el gobierno y el Movimiento. Para el generalísimo fue uno más de sus juegos contra todos los que consideraba enemigos internos entre los monárquicos, introduciendo un nuevo grupo en sus enfrentamientos dinásticos y políticos que dividían al monarquismo y al tradicionalismo carlista, asegurándole el poder, como árbitro de la situación. En la Comunión Tradicionalista se produjeron actitudes críticas, limitadas por la contradicción de haber hecho posible el triunfo militar sin compartir ni el poder ni el resultado. Sus actitudes rebeldes no creaban riesgos ni al caudillo ni a su régimen, sino solo las pequeñas molestias de un compañero incómodo, que intentaba deslegitimar en el ejercicio lo que habían legitimado en el origen. La falta del liderazgo por la situación de regencia, alejada por la guerra mundial de la realidad del país, dejó al carlismo sin capacidad política efectiva. Javier de Borbón-Parma, del mismo modo que toda la oposición democrática y monárquica, esperaba el fin de la guerra y su libertad para poder cumplir su misión de regente.

Ninguno de los grupos monárquicos tuvo posibilidades de establecer su régimen y dinastía, a pesar de los engaños franquistas y de su Ley de Sucesión, porque el generalísimo solo persiguió mantener una dictadura personal ilimitada en el tiempo y en el poder, que fue, sucesivamente, totalitaria, nacionalcatólica y católico-tecnocrática, según le conviniera. A su favor jugó la crisis internacional de la guerra fría que, mientras permitió a Europa progresar económica y políticamente, mantuvo en España una dictadura de origen fascista adaptada a distintas imágenes, incluso la de reino, ninguna de ellas favorecedora del establecimiento de un régimen constitucional con división de poderes, derechos y libertades personales, derechos sociales y economía social de mercado de un Estado de bienestar que se implantaba en Europa tras el triunfo aliado.

Los resultados que para el carlismo tuvieron la guerra y el régimen volvieron a resucitar, en los más concienciados políticamente, la mística de la derrota y la frustración por los sucesivos fracasos históricos. Ahora ya no se trataba del resultado militar de enfrentamiento, sino del político producido por el entreguismo interesado de algunos dirigentes a los militares, por la unificación, por la desaparición de sus organizaciones y medios, por la dictadura, por el poder de la Falange, por la marginación, por la represión, por los juegos monárquicos y, finalmente, por los acuerdos que llevarían al poder a un miembro de la dinastía usurpadora contra la que venían luchando sucesivas generaciones de carlistas. Situación difícil para quienes habían tenido protagonismo político contra la República y militar en la guerra civil que, además, se consideraban acreedores al reconocimiento del triunfo. Condujo al retraimiento y al abandono de un régimen que, por otra parte, había hecho de la Iglesia uno de sus pilares, perdiendo el carlismo su apoyo.

La actitud moderadamente crítica y subversiva del carlismo provocó que el régimen, la Falange y sus instrumentos actuaran con la prepotencia del dictador absoluto y desagradecido. El carlismo no colaboracionista y opositor entró en una mística aislacionista y conspirativa, propicia a la clandestinidad ante la persecución policial.

En la Comunión Tradicionalista de los años 50 se produjo un cambio en el liderazgo que condujo al de las actitudes políticas respecto al régimen. La renuncia de Fal Conde, sustituido por Valiente, inició un proceso de colaboracionismo oficial.

El comportamiento carlista fue contradictorio durante la postguerra, de oposición dialéctica y distanciamiento a aproximación, de rechazo a colaboración, superándose con el cambio generacional en la dinastía Borbón-Parma y en las bases carlistas. Se transformó en una oposición al régimen que llegó a una renovación ideológica e, incluso, a la lucha armada del neocarlismo. Produjo una reacción que transformó la frustración en crítica, en rechazo anticolaboracionista y en rupturismo antifranquista, incrementado en la siguiente generación con el activismo militante (AET, MOT), incluso violento (Grupos de Acción Carlista-GAC y Fuerzas Activas Revolucionarias Carlistas-FARC).

A este cambio de actitud contribuyó la transformación del entorno económico, social y cultural, la superación de la economía agraria y la sociedad rural, sustituidas por la industrial y urbana. El despoblamiento del medio rural llevó a la ciudad a muchos carlistas, que adquirieron una nueva cultura y representaciones, en un medio totalmente distinto, en el que no se reproducían los valores anteriores. Pasaron del inmovilismo al cambio, percibido incluso en su guía espiritual que era la Iglesia. Su fe religiosa había sido militante frente a los contravalores de la revolución liberal y se adaptó para oponerse a los del capitalismo y el totalitarismo franquista.

Fueron muchos los excombatientes que, conforme el país evolucionó y transformó sus estructuras socio-económicas, adquirieron nueva conciencia de clase, pasando a la lucha obrera, bajo la protección eclesiástica, en la Hermandad Obrera de Acción Católica (HOAC) y otros movimientos (JOC, VOJ). Su militancia política se transformó en el «compromiso temporal» para transformar el orden socioeconómico con mayor justicia social frente a las estructuras injustas y el inmovilismo capitalista que mantenía y protegía el régimen autoritario y antidemocrático de la dictadura.

La falta de resultados de la aproximación al régimen, la opción de Franco por la sucesión en el príncipe Juan Carlos, las nuevas generaciones en la dinastía y las bases llevaron a un cambio político y estratégico. El heredero de Javier, su hijo Carlos Hugo, junto con nuevos dirigentes, pasaron del colaboracionismo a la oposición, de la Comunión al Partido Carlista, del tradicionalismo a la «clarificación ideológica» del «neocarlismo».

Promovieron una revitalización del pensamiento y la política carlistas, anclados en el tradicionalismo de un pasado inmovilista, para adecuar un movimiento premoderno a la nueva sociedad española, como partido popular, social y autonomista, conscientes de que la ideología contrarrevolucionaria decimonónica estaba absolutamente obsoleta para satisfacer las necesidades del grupo social en que se apoyaba, que se había transformado radicalmente.

El carlismo evolucionó ideológicamente durante el tardofranquismo en dos tendencias: un «neotradicionalismo», más terminológico que sustancial, y un «neocarlismo», efecto de la «clarificación ideológica» que lo convirtió en un partido político federalista, socialista autogestionario y democrático de izquierda. El «neocarlismo» pereció en el intento de lograr que un partido con un proyecto popular, democrático y federal de socialismo autogestionario fuera apoyado por la sociedad española en la Transición democrática.

A lo expuesto en este trabajo se aplica, como conclusión final, que, según Zubiri, «la historia es la dialéctica interna de las posibilidades humanas» (Zubiri, 2003: 296), incluida la de perderlas: «Cabe sospechar que el transcendental de la historia consiste en crear el ámbito para que surjan nuevas posibilidades, o la imposibilitación interna de esas posibilidades. También está la posibilidad de perder en la historia» (Zubiri: 2010: 391).

Así le aconteció al carlismo en su última salida pública.

Abreviaturas, siglas y acrónimos

AAGN	Archivo Administrativo del Gobierno de Navarra/Junta Central Carlista de Guerra de Navarra
ACNP	Asociación Católica Nacional de Propagandistas
ADB	Archivo Del Burgo
AET	Agrupación Escolar (Estudiantes) Tradicionalistas
AGN	Archivo Real y General de Navarra
AGUN	Archivo General Universidad de Navarra
AGUN/ADR	Archivo General Universidad de Navarra/Arauz de Robles
AGUN/BDH	Archivo General Universidad de Navarra/Beltrán de Heredia
AGUN/FCX	Archivo General Universidad de Navarra/Francisco Carvajal Xifré
AGUN/FG-S	Archivo General Universidad de Navarra/Fagoaga Gutiérrez-Solana
AGUN/FJAA	Archivo General Universidad de Navarra/Francisco Javier Arvizu Aguado
AGUN/FJLI	Archivo General Universidad de Navarra/Francisco Javier Lizarza Inda
AGUN/JLAM	Archivo General Universidad de Navarra/José Luis Arrese Magra
AGUN/JMVS	Archivo General Universidad de Navarra/José M.ª Valiente Soriano
AGUN/MFC	Archivo General Universidad de Navarra/Manuel Fal Conde
AHN	Archivo Histórico Nacional
AHN/ABP	Archivo Histórico Nacional/Archivo Borbón Parma
AHN/FM	Archivo Histórico Nacional/Fondos Contemporáneos
AJT	Agrupación de Juventudes Tradicionalistas
AMF	Archivo Melchor Ferrer
AMFC	Archivo Manuel Fal Conde
AMP	Archivo Municipal de Pamplona
ARGN	Archivo Real y General de Navarra
ARGN/JCCGN	Archivo Real y General de Navarra/Junta Central Carlista de Guerra de Navarra
ARMA-FIPE	Archivo Ramón Muruzabal Aldunate-Fondo Ignacio Plazaola Echeverría actualmente en el Centro de Documentación de Museo del Carlismo)
BGN-BA	Biblioteca General de Navarra-Biblioteca Azcona
BM	*Boletín del Movimiento*
BMFET	*Boletín del Movimiento FET y JONS*
BOE	*Boletín Oficial del Estado*
BON	*Boletín Oficial de Navarra*
BOT	*Boletín de Orientación Tradicionalista*
CC	Código Civil de 24 de julio de 1889
CC/CCM	Comunión Carlista/Comunión Católico Monárquica
CDMH	Centro Documental de la Memoria Histórica
CE	*El Cruzado Español*

CEC	Centro de Estudios Constitucionales
CEDA	Confederación Española de Derechas Autónomas
CEPC	Centro de Estudios Políticos y Constitucionales
CESEDEM	Centro Superior de Estudios de la Defensa Nacional
CT	Comunión Tradicionalista
CTC	Comunión Tradicionalista Carlista
DAC	Documentos de Alfonso Carlos de Borbón
DFN	Diputación Foral de Navarra
DN	*Diario de Navarra*
DNII/SII	Delegación Nacional de Información e Investigación de FET y de las JONS/Servicio de Información e Investigación
DNP	Delegación Nacional de Provincias
DNSD	Delegación Nacional de Servicios Documentales
EKA	Euskadiko Karlistoak Alderdia/Partido Carlista de Euskadi
EPN	*El Pensamiento Navarro*
ESF	*El Siglo Futuro*
FARC	Fuerzas Activas Revolucionarias Carlistas
FE	Falange Española
FE-JONS	Falange Española y Juntas de Ofensiva Nacional Sindicalista
FET y de las JONS	Falange Española Tradicionalista y de las Juntas de Ofensiva Nacional Sindicalista
FMI	Fondo Monetario Internacional
FNFF	Fundación Nacional Francisco Franco
FPEV-EIFP	Fundación Popular de Estudios Vascos/Euskal Ikasketetarako Fundazioa Popularra
FUE	Federación Universitaria de Estudiantes
GAC	Grupos de Acción Carlista
GF	Guardia de Franco
HNACTR	Hermandad Nacional de Antiguos Combatientes de Tercios de Requetés
HNM	Hermandad Nacional del Maestrazgo
IM	*Información Mensual*. Boletín del Partido Carlista
IEP	Instituto de Estudios Políticos
JCCGN	Junta Central Carlista de Guerra de Navarra
JDN	Junta de Defensa Nacional
JJCC	Juventudes Carlistas
JNCG	Junta Nacional Carlista de Guerra
JONS	Juntas de Ofensiva Nacional Sindicalista
JOT	Juventud Obrera Tradicionalista
MOT	Movimiento Obrero Tradicionalista
OM/OOMM	Orden Ministerial/Órdenes Ministeriales
ONC	Obra Nacional Corporativa
ONU	Organización de las Naciones Unidas

OSE	Organización Sindical Española
PC	Partido Carlista
PCC	Partí Carlí de Catalunya
PNE	Partido Nacionalista Español
PNV	Partido Nacionalista Vasco
PSOE	Partido Socialista Obrero Español
RAE	Real Academia Española
RAH	Real Academia de la Historia
RCEC	*Revista del Centro de Estudios Constitucionales*
RE	Renovación Española
REP	*Revista de Estudios Políticos*
SEU	Sindicato Español Universitario
SGM	Secretaría General del Movimiento
SIIFET	Servicio de Información e Investigación de FET y de las JONS
SIPEA	Servicio de Información Política Eugenio Arizcun
SIPM	Servicio de Información y Policía Militar
TYRE	Tradicionalistas y Renovación Española
UGT	Unión General de Trabajadores
UME	Unión Militar Española

Bibliografía

ALCALÁ, C. (2012), *Cruzadistas y carloctavistas: historia de una conspiración*, Barcelona, Seyce.

ALLI ARANGUREN, J. C. (2021), «Tres curas navarros en el Intelligence Service», *Príncipe de Viana*, 278, pp. 999-1040.

ÁLVAREZ JUNCO, J. (14-7-2019), «Pasado y presente», *El País*.

ANDRÉS-GALLEGO, J. (1997), ¿Fascismo o Estado católico? Ideología, religión y censura en la España de Franco. *1937-1941*, Madrid, Encuentro.

ANÓNIMO (1967), *Don Carlos Hugo. Príncipe para el futuro*, Zaragoza, Succvm.

ANSALDO, J. A. (1951), ¿Para qué…? *De Alfonso XIII a Juan III*, Buenos Aires, Ekin.

ANSORENA CASAJUS, J. (2016), «Carlos Hugo de Borbón Parma. Historia de una frustración», en J. R. de Andrés Soraluce, *Misceláneo*, Pamplona, Sahats, pp. 112-127.

ANTOÑANA, P. (2018), *Hilvano recuerdos*, Pamplona, Pamiela.

ARÓSTEGUI, J. (2002), *Don Juan de Borbón*, Madrid, Arlanza.

ARÓSTEGUI, J. (2006), *Por qué el 18 de julio… Y después*, Barcelona, Flor del Viento.

ARRESE, J. L. (1982), *Una etapa constituyente*, Barcelona, Planeta.

ARTECHE, J. de (1977), *Un vasco en la postguerra, 1939-1971*, Bilbao, La Gan Enciclopedia Vasca.

BALANSÓ, J. (1989), *Franco y Don Juan*, Barcelona, Plaza & Janés.

BALANSÓ, J. (1997), *Las perlas de la Corona*, Barcelona, Plaza & Janés.

BLINKHORN, M. (1979), *Carlismo y contrarrevolución en España 1931-1939*, Barcelona, Crítica-Grijalbo.

BOLINAGA IRASUEGUI, I. (2007), «El carloctavismo», *Historia 16*, 370, 78-87.

BORBÓN-PARMA, C. (1976), *Qué es el carlismo*, Barcelona, La Gaya Ciencia.

BORBÓN-PARMA, C. (1977), *Diccionario del carlismo*, Barcelona, Dopesa.

BORBÓN-PARMA, C. (1977), *La vía carlista al socialismo autogestionario. Proyecto carlista de socialismo democrático*, Barcelona, Grijalbo.

BORBÓN-PARMA, J. de (2006), *El pensamiento político de don Javier de Borbón-Parma 1968-1977*, Madrid, Arcos.

BORBÓN-PARMA, M. T. de (1977), *El momento actual español cargado de utopía*, Madrid, Cuadernos para el Diálogo.

BORBÓN-PARMA, M. T. de (1979), *La clarificación ideológica del Partido Carlista*, Madrid, Easa.

BORBÓN-PARMA, M. T. de (1997), *Don Javier, una vida al servicio de la libertad*, Barcelona, Plaza & Janés.

BORBÓN-PARMA, M. T. de (2001), *La transición desde el frente exterior: una lección de actualidad*, Madrid, Magalia.

BORBÓN-PARMA, M. T. de (2009), *Así fueron, así son*, Barcelona, Planeta.

BORBÓN-PARMA, M. T. de (2014), *Les Bourbons-Parme, une famille engagée dans l'histoire*, París, E. Michel de Baule.

BORBÓN-PARMA, M. T. de, CLEMENTE, J. C. y CUBERO SÁNCHEZ, J., (1997), *Don Javier, una vida al servicio de la liberta*, Barcelona, Plaza & Janés.

BURGO TORRES, J. del (1937), *Comunión Tradicionalista: Ideario*, Pamplona, Gráficas Bescansa.

BURGO TORRES, J. del (1937), *Monarquía tradicional. Ideario*, Pamplona, s. e.

BURGO TORRES, J. del (1970), *Conspiración y guerra civil*, Madrid, Alfaguara.

BURGO TORRES, J. del (1978), *Bibliografía del siglo XIX: guerras carlistas, luchas políticas*, Pamplona, Diputación Foral de Navarra.

BURGO TORRES, J. del (1992), «Un episodio poco conocido de la guerra civil. La Real Academia Militar de Requetés y el destierro de Fal Conde», *Príncipe de Viana*, 196, pp. 481-506.

BURGO TORRES, J. del (1994), *Carlos VII y su tiempo*, Pamplona, Gobierno de Navarra-Fundación Larramendi.

CANAL, J. (1986), «El carlismo, la conspiración y la insurrección antirrepublicana de 1936», *Arbor*, 491-492, pp. 27-75.

CANAL, J. (coord.) (1993), *El carlisme. Sis estudis fonamentals*, Barcelona, L'Avenç y Societat Catalans d'Estudis Historiques.

CANAL, J. (1994), «Republicanos y carlistas contra el Estado. Violencia política en la España finisecular», en J. Aróstegui, (ed.), *Violencia y política en España, Ayer*, 13, pp. 57-84.

CANAL, J. (1996), «Navarra y lo carlista: símbolos y mitos», en A. Martín Duque y J. Martínez de Aguirre, *Signos de identidad histórica para Navarra*, Pamplona, Caja de Ahorros de Navarra, pp. 355-370.

CANAL, J. (2000), *El carlismo. Dos siglos de contrarrevolución en España*, Madrid, Alianza.

CANAL, J. (2000), «La violencia carlista tras el tiempo de las carlistadas: nuevas formas para un viejo movimiento», en S. Juliá, (ed.), *Violencia política en la España del siglo XX*, Madrid, Santillana, pp. 25-66.

CANAL, J. (2004), *El carlismo, una historia general*, Madrid, Alianza Editorial.

CANAL, J. (2005), «Carlismo y contrarrevolución», *Historia y Vida*, 77, pp. 46-51.

CANAL, J. (2006), *Banderas blancas, boinas rojas: una historia política del carlismo, 1876-1939*, Madrid, Marcial Pons.

CANAL, J. (2007), «El carlismo en España. Interpretaciones problemas, propuestas», *Trienio. Ilustración y liberalismo*, 49, pp. 193-215.

CANAL, J. (2008a), «Carlismo y movimientos contrarrevolucionarios en la época contemporánea», en *I Jornada de Estudios del Carlismo, Estella, 2007*, Pamplona, Gobierno de Navarra, pp. 11-23.

CANAL, J. (2008b), «El carlismo en España: interpretaciones, problemas, propuestas», en X. M. Barreiro (coord.), *O liberalismo nos seus contextos. Un estado da cuestión*, Universidad de Santiago de Compostela, pp. 35-54.

CANAL, J. (2011), «El rey de los carlistas: reflexiones sobre las palabras, las personas y las cosas», en *IV Jornadas de Estudio del Carlismo. Actas, 22-24 de septiembre de 2010, Estella. Las ideas del carlismo*, Pamplona, Gobierno de Navarra, pp. 227-249.

CANAL, J. (2019), *La monarquía en el siglo XXI*, Madrid, Turner.

CARCEDO, D., (2003), *Sáenz de Santa María, El general que cambió de bando*, Madrid, Temas de Hoy.

CARR, R. y FUSI, J. P. (1979), *España de la dictadura a la democracia*, Barcelona, Planeta.

CASPISTEGUI, F. J. (1996), «Navarra y lo carlista. Símbolos y mitos», en Á. Martín Duque, *Signos de identidad histórica para Navarra*, II, Pamplona, Caja de Ahorros de Navarra, pp. 355-370.

CASPISTEGUI, F. J. (1997), «Del Dios, Patria y Rey al Socialismo, Federalismo y Autogestión: dos momentos del carlismo a través de Montejurra (1963 y 1974)», III Congreso General de Historia de Navarra, Pamplona, Gobierno de Navarra.

CASPISTEGUI, F. J. (1997), *El naufragio de las ortodoxias. El carlismo 1962-1977*, Pamplona, Eunsa.

CASPISTEGUI, F. J. (1997), «Navarra y el carlismo durante el régimen de Franco: la utopía de la identidad unitaria», *Investigaciones Históricas*, 17, pp. 285-314.

CASPISTEGUI, F. J. (2006), «Una mirada micro a las elecciones generales de 1977. Actuación y resultados del carlismo no legalizado», *Historia del Presente*, 7, pp. 149-180.

CASPISTEGUI, F. J. (2008), «¿Carlismo en Navarra o Navarra carlista?: paradojas de una identidad conflictiva entre los siglos XIX y XX», en VV. AA., *El carlismo en su tiempo: geografía de la contrarrevolución*, Pamplona, Gobierno de Navarra, pp. 205-244.

CASPISTEGUI, F. J. (2010), «Carlistas un romanticismo perdurable», *Nuestro Tiempo*, 665, pp. 32-35.

CASPISTEGUI, F. J. (2010), «Una historia por descubrir: materiales para el estudio del carlismo», en *Una historia por descubrir: materiales para el estudio del carlismo*, Pamplona, Gobierno de Navarra-Museo del Carlismo, exposición, pp. 9-193.

CASPISTEGUI, F. J. (2012), «La construcción de un proyecto cultural tradicionalista-carlista en los inicios del franquismo», en A. Ferrary y A. Cañellas (coords.), *El régimen de Franco: unas perspectivas de análisis*, Pamplona, Eunsa, pp. 93-148.

CASPISTEGUI, F. J. (2012), «Paradójicos reaccionarios: la modernidad contra la República de la Comunión Tradicionalista», *El Argonauta Español*, 9, https://journals.openedition.org/argonauta/1409 (acceso el 25 de marzo de 2019).

CASPISTEGUI, F. J. (2013), «Montejurra, la construcción de un símbolo», *Historia Contemporánea*, 47, pp. 527-557.

CASPISTEGUI, F. J. (2018), «El Montejurra carlista: mito y realidad», en F. J. Caspistegui, J. MacClancy y M. Martorell, *La montaña sagrada. Conferencias en torno a Montejurra*, Pamplona, Gobierno de Navarra, pp. 11-64.

CHUECA, R. (1983), *El fascismo en los comienzos del régimen de Franco. Un estudio sobre FET-JONS*, Madrid, CIS.

CLEMENTE, J. C. (1969), *Hablando en Madrid*, Barcelona, Grijalbo.

CLEMENTE, J. C. (1976), *Montejurra 1976*, Barcelona, La Gaya Ciencia.

CLEMENTE, J. C. (1977), *Historia del carlismo contemporáneo, 1935-1972*, Barcelona, Grijalbo.

CLEMENTE, J. C. (1978), *Nosotros los carlistas*, Madrid, Cambio 16.

CLEMENTE, J. C. (1978), «Carlismo, siglo XX», *Tiempo de Historia*, 41, pp. 118-122.

CLEMENTE, J. C. (1978), «Los carlistas en la guerra de España. El Decreto de Unificación de 1937», *Tiempo de Historia*, 39, pp. 4-12.

CLEMENTE, J. C. (1978), «Última entrevista con Fal Conde, secretario general del Partido Carlista entre 1934 y 1955», *Tiempo de Historia*, 39, pp. 13-23.

CLEMENTE, J. C. (1990), *Los carlistas*, Madrid, Istmo.

CLEMENTE, J. C. (1990), *El carlismo: historia de una disensión social (1833-1976)*, Barcelona, Ariel.

CLEMENTE, J. C. (1992), *Historia general del carlismo*, Madrid, Servigrafint.

CLEMENTE, J. C. (1994a), *Historias de la transición: el final del apagón (1973-1981)*, Madrid, Fundamentos.

CLEMENTE, J. C. (1994b), *El carlismo en la España de Franco (Bases documentales, 1936-1977)*, Madrid, Fundamentos.

CLEMENTE, J. C. (2000a), *Carlos Hugo. La transición política del carlismo. Documentos (1935-1980)*, Sevilla, Muñoz Moya.

CLEMENTE, J. C. (2000b), *Breviario de Historia del carlismo*, Sevilla, Muñoz Moya.

CLEMENTE, J. C. (2001), *Carlos Hugo Borbón Parma. Historia de una disidencia*, Barcelona, Planeta.

CLEMENTE, J. C. (2002), *La princesa roja. María Teresa de Borbón Parma*, Barcelona, Martínez Roca.

CLEMENTE, J. C. (2003), *El Carlismo contra Franco. De la guerra civil a Montejurra 76*, Barcelona, Flor del Viento.

CLEMENTE, J. C. (2006), *La otra dinastía. Los reyes carlistas en la España contemporánea*, Madrid, Machado Libros.

CLEMENTE, J. C. (2006), *Diccionario histórico del carlismo*, Pamplona, Pamiela.

CLEMENTE, J. C. (2008), *Aproximación biográfica a un rey carlista: Don Javier de Borbón y Parma*, Sevilla, Arcos.

CLEMENTE, J. C. (2014), *Franco: anatomía de un genocidio*, Morata de Tajuña, Manuscritos.

CLEMENTE, J. C. (2014), *El carlismo hasta la transición democrática*, Madrid, Manuscritos, electrónico.

CLEMENTE, J. C., COSTA, C. S. (1976), *Montejurra 76. Una encrucijada política*, Barcelona, La Gaya Ciencia.

CONDE DE RODEZNO, DOMÍNGUEZ-ARÉVALO, T., "Notas" mecanografiadas, calcocopia, 1939. BGN-BA E-17-2/4.

"Notas. Años 1936 y 1937", texto mecanografiado y corregido de las "notas" anteriores .

"Veinte meses en el Gobierno. Del 31 de enero de 1938 a 10 de agosto de 1939". BGN-BA E-17-2/5.

CORA Y LIRA, J. de (1932), *Estudio jurídico-histórico y político. El futuro caudillo de la Tradición española*, Madrid, Imprenta Martosa.

CORA Y LIRA, J. de (1932), *Comentarios a la Vigente Ley Reguladora de la Sucesión Dinástica Española impropiamente llamada Ley Sálica*, Madrid, s. e..

CORA Y LIRA, J. de (1951), «Prólogo» a F. J. de Lizarza Inda, *La sucesión legítima a la Corona de España*, Pamplona, Editorial Gómez.

CORA Y LIRA, J. de (1953), *Carlos VIII. Monarca tradicionalista. Pensamiento religioso e ideario político y social del actual representante de la Dinastía Legítima española. Su visión de los grandes problemas de nuestra patria*, Madrid, ¡Volveré!

CORA Y LIRA, J. de (1954), *In memoriam*, Madrid, C. y L.

CROZIER, B. (1969), *Franco. Historia y biografía*, Madrid, EMESA.

CUBERO, J. (1990), «El Partido Carlista. Oposición al Estado franquista y evolución ideológica (1968-1975)», en J. Tusell, *La oposición al régimen de Franco. Estado de la cuestión y metodología de la investigación*, I (2), Madrid, UNED, pp. 399-406.

CUBERO, J. (1995), «La prensa carlista clandestina siendo Jefe Delegado don Manuel Fal Conde», *Aportes*, 27, pp. 70-96.

CUBERO, J. (1995), «Montejurra 76. Un intento de interpretación», en J. Tusell, *Historia de la transición y consolidación democrática en España*, I, Madrid, UNED, pp. 29-48.

CUBERO, J. (1997), «El carlismo en la guerra de España. El destierro de Fal Conde y la Unificación», *Aportes*, 27, 1995, pp. 40-78. Recogido en M. T. de Borbón-Parma, J. C. Clemente, J. Cubero Sánchez, *Don Javier, una vida al servicio de la liberta*, Barcelona, Plaza & Janés, pp. 107-172.

CUBERO, J. (1997), «La estafa militar del 18 de julio», en J. M. Solé y Sabaté (coord.), *Lleves, circumscripció i reclutement. Aspectes socials del carlismo*, IV, Barcelona, Columna, pp. 201-258.

CUBERO, J. (1997), *Los cursos de la Juventud Carlista. Análisis de una década (1964-1974)*, Madrid, Cuadernos de Historia del Carlismo.

CUBERO, J. (1998), «Don Javier de Borbón-Parma. Príncipe de la Cristiandad», *Revista cultural HECA*, 1, pp. 9-25.

CUBERO, J. (2006), «Montejurra 76 en el contexto de los años de plomo», en VV. AA., *Montejurra 1976-2006*, Madrid, Arcos, pp. 45-85.

CUBERO, J. (2017), *Don Javier de Borbón-Parma en el exilio. El carlismo contra el fascismo*, Arcos.

DEÁN BERRO, E., (1933), *Descorriendo el velo. La conjuración juanista y los modernos cruzados de la Causa. Presentimientos y realidades*, Madrid, Imprenta Martosa.

DÍAZ-PLAJA, F., (1976), *La España franquista en sus documentos*, Barcelona, Plaza & Janés.

DIEGO, A. de (2001), *José Luis Arrese o la Falange de Franco*, Madrid, Actas.

DOMINGO-ARNAU, J. M. (1998), *Operación Maestrazgo*, Ulldecona, Hermandad Nacional Monárquica del Maestrazgo.

ECHEVERRÍA, T. (1973), *El Pacto de Territet. Alfonso XIII y los carlistas*, Madrid.

ECHEVERRÍA, T. (1976), *Franco ¿No era normal? Uno de sus hechos injustificables: la persecución de los carlistas*, Madrid, Libros Alcaná.

ECHEVERRÍA, T. (1985), *Cómo se preparó el alzamiento: el general Mola y los carlistas*, Madrid, Gráficas Letra.

ELÍAS DE TEJADA, F. (1939), *La figura del Caudillo. Contribución al derecho público nacional-sindicalista*, Sevilla, Ateneo.

ELÍAS DE TEJADA, F. (1954), *La Monarquía tradicional*, Madrid, Rialp.

ELÍAS DE TEJADA, F. (3 de septiembre de 1962), «Las pretensiones de Monsieur Hugues de Bourbon-Busset», ¡*Volveré!*

ELÍAS DE TEJADA, F., GAMBRA, R. y PUY, F. (1971), ¿*Qué es el carlismo?*, Madrid, Escelicer.

ELLWOOD, S. M. (1984), *Prietas las filas: historia de la Falange Española (1933-1983)*, Barcelona, Grijalbo.

ELLWOOD, S. M. (1987), «La Unificación», *Historia 16*, 132, pp. 11-19.

ELLWOOD, S. M. (2000), «Falange y franquismo», en J. Fontana, (ed.), *España bajo el franquismo*. Barcelona, Crítica, pp. 39-59.

ELLWOOD, S. M. (2001), *Historia de la Falange Española*, Barcelona, Crítica.

ENCISO, E. y ZAVALA, P. J. (1966), *De cara al futuro todo español debe saberlo. ¿Qué es el carlismo?*, Zaragoza, Succvm.

ENCISO, E. y ZAVALA, P. J. (1966), «Apuntes para una Historia del Carlismo», en *Cuadernos Mañana. ¿Qué es el carlismo?*, Zaragoza, Succvm.

FERNÁNDEZ GASPARINI, J. (1951), *Cartas a un tradicionalista*, Pamplona, Gómez; Palma de Mallorca, s. i., ed. de Soler Antich, con dos cartas más que en la anterior.

FERRER, M. (1941-1979), *Historia del tradicionalismo español*, Sevilla, Trajano-Editorial Católica Española.

FERRER, M. (1946), *Observaciones de un viejo carlista a unas cartas del Conde de Rodezno*, Madrid, Gráficas Legier.

FERRER, M. (1948), *La legitimidad y los legitimistas. Observaciones de un viejo carlista sobre las pretensiones de un Príncipe al trono de España*, s. l., Monarquía Popular; Madrid, Tradición.

FERRER, M. (1950), *Documentos de don Alfonso Carlos de Borbón y de Austria-Este. Manifiestos, proclamas, órdenes generales, cartas y otros autógrafos políticos que han visto la luz, y otros inéditos que corresponden a los periodos en que el augusto Infante ocupó el mando de los Ejércitos Reales de Cataluña y del Centro, de 1872 a 1874, en su proscripción de 1974 a 1931, y desde que fue llamado a la sucesión de la Dinastía carlista, hasta su muerte, en 1936*, Madrid, Editorial Tradicionalista.

FERRER, M. (1951), *Antología de documentos reales de la dinastía carlista*, Madrid, Editorial Tradicionalista.

FERRER, M. (1958), *Breve historia del legitimismo español*, Madrid, Ediciones Montejurra.

FERRER, M. (1979), *Don Alfonso Carlos de Borbón y Austria-Este*, Sevilla, Editorial Católica Española.

FRAGA, M. (1980), *Memoria breve de una vida pública*, Barcelona, Planea.

FRANCO SALGADO-ARAUJO, F. (1976), *Mis conversaciones privadas con Franco*, Barcelona, Planeta.

FRANCO SALGADO-ARAUJO, F. (1977), *Mi vida junto a Franco*, Barcelona, Planeta.

GAMBRA CIUDAD, R. (1954), *La Monarquía social y representativa en el pensamiento tradicional*, Madrid, Rialp.

GAMBRA CIUDAD, R. (1958), *Eso que llaman Estado*, Madrid, Montejurra.

GAMBRA CIUDAD, R. (1976), *Tradición o mimetismo*, Madrid, IEP.

GAMBRA CIUDAD, R. (1979), *Melchor Ferrer y la «Historia del Tradicionalismo Español»*, Sevilla, Editorial Católica Española.

GAMBRA CIUDAD, R. (1980), «Sobre la significación del régimen de Franco», *Verbo*, 189-190, pp. 1223-1230.

GAMBRA GUTIÉRREZ, J. M. (2019), *La sociedad tradicional y sus enemigos*, Madrid, Guillermo Escolar.

GARCÍA SERRANO, R. (1983), *La gran esperanza*, Barcelona, Planeta.

GIL PECHARROMÁN, J. (1993), *Estudios sobre la derecha española contemporánea*, Madrid, UNED.

GIL PECHARROMÁN, J. (1994), *Conservadores subversivos. La derecha autoritaria alfonsina (1913-1936)*, Madrid, Eudena.

GIL PECHARROMÁN, J. (2008), *Con permiso de la autoridad. La España de Franco (1939-1975)*, Madrid, Temas de Hoy.

GIL PECHARROMÁN, J. (2013), *El Movimiento Nacional (1937-1977)*, Barcelona, Planeta.

GIL PECHARROMÁN, J. (2019), *La estirpe del camaleón*, Madrid, Taurus.

GIL-ROBLES, J. M. (1976), *La Monarquía por la que yo luché (1941-1954)*, Madrid, Taurus.

GONZÁLEZ CALLEJA, E. (2000), «Historiografía reciente sobre el carlismo: ¿el retorno a la argumentación política?», *Ayer*, 38, pp. 275-288.

GONZÁLEZ CUEVAS, P. C. (2000a), *El pensamiento político de la derecha española en el siglo XX*, Madrid, Biblioteca Nueva.

GONZÁLEZ CUEVAS, P. C. (2000b), *Historia de las derechas españolas: de la Ilustración a nuestros días*, Madrid, Biblioteca Nueva.

HEINE, H. (1982), *La oposición política al franquismo. De 1939 a 1952*, Barcelona, Crítica.

HERAS Y BORRERO, F. M. de las (1983), «El archiduque Carlos de Habsburgo y de Borbón», *Historia y vida*, 16 (180), pp. 26-35.

HERAS Y BORRERO, F. M. de las (2004), *Un pretendiente desconocido. Carlos de Habsburgo. El otro candidato de Franco*, Madrid, Dykinson.

HERAS Y BORRERO, F. M. de las (2010), *Carlos Hugo. El rey que no pudo ser*, Madrid, Colegio Heráldico de España y de las Indias.

HOARE, S. (1977), *Embajador ante Franco en misión especial*, Madrid.

HOBSBAWM, E. J. (1974), *Rebeldes primitivos. Estudios sobre las formas arcaicas de los movimientos sociales en los siglos XIX y XX*, Barcelona, Ariel.

IBÁÑEZ, C., "Notas de D. Carlos Ibáñez sobre carlosoctavismo", proporcionadas por D. Carlos Olazábal, Fundación Popular de Estudios Vascos/*Euskal Ikasketetarako Fundazioa Popularra*-FPEV-EIFP, 2019.

IZAGA Y OJEMBARRENA, G. A. de (*Modestinus*, seudónimo «Marqués de la Fortaleza») (1935), *La sucesión legítima en la monarquía de España, según el pensamiento de la Princesa de Beira en sus cartas íntegras o fragmentariamente reproducidas, con introducción, notas y apéndices*, Madrid.

IZAGA Y OJEMBARRENA, G. A. de (*Modestinus*, seudónimo «Marqués de la Fortaleza»), (1946), *La usurpación de un trono. Su repercusión en el pasado y su proyección en el futuro de España*, Madrid, Imp. Europa.

JEREZ, M. (1982), *Élites políticas y centro de extracción en España*, Madrid, CIS.

JUARISTI, J. (1999), *El bucle melancólico: historias del nacionalismo vasco*, Madrid, Espasa Calpe.

JUNCOSA, A. (1984), «El fin de la utopía. Una interpretación de la aparición y crisis del carlismo», *Razón y Fe*, 1034.

JUVENTUDES CARLISTAS (2006), *Montejurra, 1976-2006*, Madrid, Arcos.

J. V. C. (1937), *Corporativismo gremial. La organización social en la España nueva*, Burgos, Requeté. Pról. J. M.ª Araúz de Robles.

LARRAZ ANDÍA, P. y SIERRA-SESÚMAGA, V. (2010), *Requetés. De las trincheras al olvido*, Madrid, La Esfera de los Libros.

LARRAZA MICHELTORENA, M. M. (dir.) (2006), *De leal a disidente: Pamplona, 1936-1977*. Pamplona, Eunate.

LARRAZA MICHELTORENA, M. M. (dir.) (2012), *El Ayuntamiento de Pamplona desde sus hombres (1940-1979): biografía colectiva y gestión municipal*, Pamplona, Eunate.

LAVARDIN, J. (seud. de J. A. Parrilla) (1976), *El último pretendiente*, París, Ruedo Ibérico.

LIZARZA INDA, F. J. de (1951), *La sucesión legítima a la Corona de España*, Pamplona, Editorial Gómez.

LIZARZA INDA, F. J. de (s. f.), «Habsburgo y Borbón, Carlos de (Carlos VIII)», en Real Academia de la Historia, *Diccionario biográfico español de la Real Academia de la Historia*, https://www.rah.es

LIZARZA IRIBARREN, A. (1953/1986), *Memorias de la conspiración. Como se preparó en Navarra la Cruzada 1936-1939*, Pamplona, Editorial Gómez.

LLUCH, E. (2010), «Estudio introductorio», en *Aragonesismo austracista (1734-1742)*. *Escritos del conde Juan Amor de Soria*, Zaragoza, Institución Fernando el Católico, pp. 11-121.

LÓPEZ RODÓ, L. (1979), *La larga marcha hacia la Monarquía*, Barcelona, Plaza & Janés.

LÓPEZ RODÓ, L. (1990), *Memorias. Años decisivos*, Barcelona, Plaza & Janés.

MACCLANCY, J. (1989), «GAC: Militant Carlist Activism, 1968-1972», en W. A. Douglas (ed.), *Essays in Basque Social Anthropology*, Reno, University of Nevada, pp. 177-185.

MACCLANCY, J. (1998), «Aspectos de la evolución carlista durante el franquismo», en *Mito y realidad en la historia de Navarra. Actas del IV Congreso de Historia de Navarra*, Pamplona, SEHN, pp. 205-216.

MACCLANCY, J. (2000/2020), *The Decline of Carlism: anthropology and history in northern Spain 1939-1999*, Reno, University of Nevada Press. *El declive del carlismo*, Pamplona, Museo del Carlismo-Gobierno de Navarra.

MACCLANCY, J. (2018), «Carlismo rural», en F. J. Caspistegui, J. MacClancy y M. Martorell, *La montaña sagrada. Conferencias en torno a Montejurra*, Pamplona, Gobierno de Navarra, pp. 65-94.

MAÍZ, F. (1952), *Alzamiento en España. De un diario de la conspiración*, Pamplona, Editorial Gómez.

MAÍZ, F. (1978), *Mola, aquel hombre. Diario de la conspiración 1936*, Barcelona, Planeta.

MAÍZ, F. (2011), *Mola frente a Franco. Guerra y muerte del general Mola*, Pamplona, Laocoonte.

MALEFAKIS, E. (dir.) (1986), *La guerra civil española*, Madrid, Taurus.

MARQUINA, A. (2014), «El atentado de Begoña», UNISCI *Discussion Papers*, 36, pp. 123-131.

MARRERO, V. (1961), *La guerra de España y el trust de cerebros*, Madrid, Punta Europa.

MARTORELL PÉREZ, M. (2000), «Nuevas aportaciones históricas sobre la evolución ideológica del carlismo», *Gerónimo de Uztariz*, 16, pp. 95-108.

MARTORELL PÉREZ, M. (2010), *Retorno a la lealtad. El desafío carlista al franquismo*, Madrid, Actas.

MARTORELL PÉREZ, M. (2011), «La continuidad ideológica del carlismo tras la guerra civil», en «*Por Dios, por la Patria y el Rey». Las ideas del carlismo. IV Jornadas de Estudio del Carlismo. Estella, 22-24 septiembre 2010*, Pamplona, Gobierno de Navarra, pp. 199-226.

MARTORELL PÉREZ, M. (2014), *Carlos Hugo frente a Juan Carlos. La solución federal para España que Franco rechazó*, Pamplona, Ediciones Eunate.

MARTORELL PÉREZ, M. (2018), «La evolución del carlismo en la revista Montejurra», en F. J. Caspistegui, J. MacClancy y M. Martorell, *La montaña sagrada. Conferencias en torno a Montejurra*, Pamplona, Gobierno de Navarra, pp. 95-115.

MARTORELL PÉREZ, M. (2020), «Los sucesos de la Plaza del Castillo. Desafío a Franco», *La Aventura de la Historia*, 266, pp. 20-26.

MARTORELL PÉREZ, M. (3 de diciembre de 2020), «Un 18 de julio contra Franco (1945)», *Diario de Navarra*.

MARTORELL PÉREZ, M. (11 de enero de 2023), «Montejurra 76 fracasó porque el carlismo tradicionalista no respondió a la convocatoria», *Diario de Navarra*, p. 54.

MARTORELL PÉREZ, M. (12 de enero de 2023), «Informes oficiales califican al carlismo javierista de «sedicioso» contra Franco», *Diario de Navarra*, p. 46.

MARTORELL, M. y MIRALLLES, J. (2009), *Carlismo y represión franquista*, Madrid, Arcos.

MASSÓ TARRAUELA, R. (2005/2008), *Otro rey para España. Carlos Hugo. Éxito (1956-65)*, Barcelona, Autoedición; Astro Uno.

MASSÓ TARRAUELA, R. (2012), *Navegando por el cachondeo de la historia*, Barcelona, Astro Uno.

MEER LECHA-MARZO, F. de (2001), *Juan de Borbón. Un hombre solo*, Valladolid, Junta de Castilla y León.

MELGAR, F. (1932), *Don Jaime, el Príncipe caballero*, Madrid, Espasa-Calpe.

MELGAR, F. (1964), *El noble final de la escisión dinástica*, Madrid, Gráficas Halar.

MIKELARENA, F. (2015), *Sin piedad. Limpieza política en Navarra, 1936. Responsables, colaboradores y ejecutores*, Pamplona, Pamiela.

MIRALLES CLIMENT, J. (2004), *El carlismo frente al Estado español: rebelión, cultura y lucha política*, Madrid, Biblioteca Popular Carlista.

MIRALLES CLIMENT, J. (2005), «Aspectos de la cultura política del carlismo en el siglo XX», *Espacio, Tiempo y Forma, Serie V, Historia Contemporánea*, 17, pp. 147-174.

MIRALLES CLIMENT, J. (2007), *Estudiantes y obreros carlistas durante la dictadura franquista: la* AET, *el* MOT *y la* FOS, Madrid, Ediciones Arcos.

MIRALLES CLIMENT, J. (2014), «Acciones armadas del carlismo contra la dictadura franquista: los grupos de acción carlista (GAC)», en *Congreso internacional historia y poéticas de la memoria: la violencia política en la representación del franquismo (V Encuentro de la Comissió de la Veritat)*, Universidad de Alicante. https://partidocarlista.com/historia-acciones-armadas-del-carlismo-contra-la-dictadura-franquista/

MIRALLES CLIMENT, J. (2015), *El carlismo militante (1965-1980). Del tradicionalismo al socialismo autogestionario*, tesis doctoral, Castellón, Universitat Jaume I.

MIRALLES CLIMENT, J. (2018), *La rebeldía carlista. Memoria de una represión silenciada. Enfrentamientos, marginación y persecución durante la primera mitad del régimen franquista (1936-1955)*, Madrid, Schedas.

MIRALLES CLIMENT, J. (2019), «Carlistas armados contra el régimen franquista: Los grupos de acción carlista», en J. Cuadrado (ed.), *Las huellas del franquismo: pasado y presente*, Granada, Comares, pp. 313-342.

MIRANDA, F. y otros (1990), «La oposición dentro del régimen. El Carlismo en Navarra», en J. Tusell, A. Alted y A. Mateos (coords.), *La oposición al régimen de Franco. Estado de la cuestión y metodología de la investigación*, Madrid, UNED.

MONTELLS Y GALÁN, J. M. (1955), *La otra dinastía*, Madrid, Colegio Heráldico de España y de las Indias.

NIETO, A. (2021), *La Primera República española*, Granada, Comares.

OAKESHOTT, M. (1939), *The Social and Political Doctrines of Contemporary Europe*, Nueva York, Cambridge University Press.

OLCINA, E. (1974), *El carlismo y las autonomías regionales*, Madrid, Sumarios y Ediciones.

ONRUBIA REBUELTA, J. (1985), *Historia de la oposición falangista al régimen de Franco en sus documentos*, Madrid, ed. del autor.

ONRUBIA REBUELTA, J. (1997), *El pensamiento cristiano de Don Javier de Borbón Parma*, Pamplona, Fundación de Amigos de la Historia del Carlismo.

ONRUBIA REBUELTA, J. (2001), *La resistencia carlista a la dictadura de Franco: los Grupos de Acción Carlista (GAC)*, Madrid, Magalia.

ONRUBIA REBUELTA, J. (2003), *Notas para una historia de las Fuerzas Activas Revolucionarias Carlistas (FARC) 1971-1973*, Madrid, Simbad.

PALACIOS, J. (1999), *La España totalitaria. Las raíces del franquismo: 1934-1946*, Barcelona, Planeta.

PARTIDO CARLISTA (1977 y 1996), *Informe Montejurra 76/97*, s. p. i., [Bayona, Imprimerie Gayaumet].

PAYNE, S. G. (1965/1985), *Falange. Historia del Fascismo Español*, París, Ruedo Ibérico; Madrid, Sarpe.

PAYNE, S. G. (1987), *El régimen de Franco*, Madrid, Alianza.

PAYNE, S. G. (1993), *Franco. El perfil de la Historia*, Madrid, Espasa Calpe.

PAYNE, S. G. (1994), *Historia del carlismo*, Madrid, Comunión Tradicionalista Carlista.

PAYNE, S. G. (1997), *Franco y José Antonio, el extraño caso del fascismo español: historia de la Falange y del Movimiento Nacional (1923-1977)*, Barcelona, Planeta.

PAYNE, S. G. (1997), *El primer franquismo: los años de la autarquía*, Madrid, Historia 16.

PAYNE, S. G. (2001), *Identidad y nacionalismo en la España contemporánea: el Carlismo 1833-1975*, Madrid, Actas.

PAYNE, S. G. (2008), «Carlism and Nationalism», *Revista de História das Ideias*, 29, pp. 385-404.

PAYNE, S. G. (2010), «Prólogo» en P. Larraz y V. Sierra-Sesúmaga, *Requetés. De las trincheras al olvido*, Madrid, La Esfera de los Libros, pp. 11-12.

PAYNE, S. G. y PALACIOS, J. (2014), *Franco. Una biografía personal y política*, Madrid, Espasa Calpe.

PEÑALBA SOTORRÍO, M. (2013), *Entre la boina roja y la camisa azul. La integración del carlismo en Falange Española Tradicionalista y de las JONS (1936-1942)*, Pamplona, Gobierno de Navarra.

PLAZAOLA, I. de (s. f.), *Informe sobre el problema de la sucesión desde la primavera de 1931, en vida de Don Jaime, sobre la visita que hizo en el verano de 1934 a la archiduquesa Doña Blanca en Viena; sobre la nueva comisión en el viaje a Viena, el 22 de mayo de 1936, obteniendo la firma de documentos por doña Blanca y Don Carlos el día 30 de mayo, festividad de San Fernando*, inédito.

POLO, F. (1949), ¿Quién es el Rey? La sucesión legítima a la Corona española, Madrid, Editorial Tradicionalista.

PORRO, I. (1999), «Notas sobre los GAC (Grupos de Acción Carlista)», Cuadernos de Historia del Carlismo, 11.

PRESTON, P. (1986), Las derechas españolas en el siglo XX, autoritarismo, fascismo y golpismo, Madrid, Sistema.

PRESTON, P. (1994), Franco «Caudillo de España», Barcelona, Grijalbo Mondadori.

PRESTON, P. (1995), The politics of revenge. Fascism and the military in 20th century Spain, London/New York, Routledge.

PRESTON, P. (2003), Las tres Españas del 36, Barcelona, Plaza & Janés.

PRESTON, P. (2008), El gran manipulador. La mentira cotidiana de Franco, Barcelona, Ediciones B.

PRESTON, P. (2010), «Franco y la represión: la venganza del justiciero», en II Congreso Internacional de Historia de Nuestro Tiempo Novísima, Logroño, Universidad.

PRESTON, P. (2011), El holocausto español. Odio y exterminio en la guerra civil y después, Barcelona, Debate.

PRESTON, P. (2012), «Francisco Franco» y «Ramón Serrano Suñer», en Á. Viñas (coord.), En el combate por la historia. La República, la guerra civil, el franquismo, Barcelona, Pasado & Presente, pp. 773-790 y 887-902.

PRESTON, P. (2012), «Bajo el signo de las derechas. Las reformas paralizadas», en Á. Viñas (coord.), En el combate por la Historia. La República, la Guerra Civil, el Franquismo, Barcelona, Pasado & Presente, pp. 73-86.

PRESTON, P. (2015), «Franco: mitos, mentiras y manipulaciones», en J. Casanova (coord.), 40 años con Franco, Barcelona, Crítica, pp. 15-52.

PRESTON, P. (2018), La destrucción de la democracia en España. Reforma, reacción y revolución en la Segunda República, Barcelona, Debate.

RIDRUEJO, D. (1962), Escrito en España, Buenos Aires, Losada.

RIDRUEJO, D. (1976), Casi unas memorias, Barcelona, Planeta.

RIQUER, B. de (2010), La dictadura de Franco, en J. Fontana y R. Villares, Historia de España (IX), Barcelona/Madrid, Crítica/Marcial Pons.

RODÓN GUINJOAN, R. M. (2015), Invierno, primavera y otoño del carlismo (1939-1976), tesis doctoral, Barcelona, Facultat de

Ciènces Socials de la Universitat Abat Oliba CEU, https://www.tdx.cat/handle/10803/362375 (acceso en septiembre de 2018).

SAGARRA RENEDO, P. Y ANDRÉS MARTÍN, J. R. DE (2014), *Atlas ilustrado El carlismo*, Madrid, Susaeta.

SANTA CRUZ, M. de (seudónimo de A. Ruiz de Galarreta) (1979-1993), *Apuntes y documentos para la historia del tradicionalismo español 1939-1966*, 29 tomos, Sevilla/Madrid, Gráficas la Torre, Gráficas Gonther, Montecasino, Actas-Fundación Hernando de Larramendi.

SANTA CRUZ, M. de (seudónimo de A. Ruiz de Galarreta) (1980), «El tradicionalismo político y el régimen que cronológicamente siguió al 18 de julio», *Verbo*, 189-190. pp. 1231-1247.

SERRANO SUÑER, R. (1941), *De la victoria y la postguerra (discursos)*, Madrid, Ediciones Fe.

SERRANO SUÑER, R. (1977), *Entre el silencio y la propaganda, la Historia como fue. Memorias*, Barcelona, Planeta.

SERRANO SUÑER, R. (2011), *Entre Hendaya y Gibraltar*, Barcelona, Planeta.

SUÁREZ FERNÁNDEZ, L. (1984), *Francisco Franco y su tiempo*, Madrid, Fundación Nacional Francisco Franco.

SUÁREZ FERNÁNDEZ, L. (1997), *España, Franco y la segunda guerra mundial. Desde 1939 a 1945*, Madrid, Actas.

SUÁREZ FERNÁNDEZ, L. (1999), *El general de la monarquía, la república y la guerra civil: desde 1892 hasta 1939*, Madrid, Actas.

SUÁREZ FERNÁNDEZ, L. (2005), *Franco*, Barcelona, Ariel.

SUÁREZ FERNÁNDEZ, L. (2011), *Franco. Los años decisivos. 1931-1945*, Barcelona, Ariel.

SUÁREZ FERNÁNDEZ, L. (2011), *Franco y la Iglesia: las relaciones con el Vaticano*, Madrid, Homo Legens.

SUÁREZ FERNÁNDEZ, L. (2015), *Franco y el III Reich. Las relaciones de España con la Alemania de Hitler*, Madrid, La Esfera de los Libros.

THOMAS, H. (1962/1976), *La guerra civil española*, París, Ruedo Ibérico; Barcelona, Grijalbo.

THOMÀS, J. M. (1995), «Falangistes i carlines catalans a la zona nacional durant la guerra civil (1936-1939)», *Recerques*, 31, pp. 7-18.

THOMÀS, J. M. (1997), «El carlisme barceloní als anys quaranta: sivattistes, unificats, octavistes», *L'Avenç*, 212, pp. 12-17.

THOMÀS, J. M. (1999), *Lo que fue la Falange. La Falange y los falangistas de José Antonio, Hedilla y la Unificación. Franco y el fin de la Falange Española de las JONS*, Barcelona, Plaza & Janés.

THOMÀS, J. M. (2001), *La Falange de Franco: fascismo y fascistización en el régimen franquista*, Barcelona, Plaza & Janés.

TOQUERO, J. M. (1989), *Franco y Don Juan. La oposición monárquica al franquismo*, Barcelona, Plaza & Janés.

TOQUERO, J. M. (1992), *Don Juan de Borbón, el rey padre*, Barcelona, Plaza & Janés.

TOQUERO, J. M. (1997), «El carlismo vasco-navarro y don Juan de Borbón. La influencia del conde de Rodezno», en *II Congreso Mundial Vasco. Congreso de Historia de Euskal Herria*, Vitoria-Gasteiz, 7, San Sebastián, Txertoa, pp. 261-273.

TUSELL, J. (1986), «7. Las fuerzas políticas nacionales», en E. Malefakis (dir.), *La guerra civil española*, Madrid, Taurus, pp. 169-192.

TUSELL, J. (1986), «El proceso hacia la unificación», *Historia 16*, 11.

TUSELL, J., *La dictadura de Franco*. Madrid, Alianza, 1988.

TUSELL, J. (1989), *La España de Franco. El poder, la oposición y la política exterior durante el franquismo*, Madrid, Historia 16.

TUSELL, J. (1992), *Franco en la Guerra Civil. Una biografía política*, Barcelona, Tusquets.

TUSELL, J. (1996), *La dictadura de Franco*. Madrid, Alianza, 1988; Barcelona, Altaya.

TUSELL, J. (1999), *La España de Franco*, Madrid, Historia 16.

TUSELL, J., *Fascismo y franquismo cara a cara. Semejanzas y diferencias de dos dictaduras*, Madrid, Biblioteca Nueva, 2004.

TUSELL, J. (2005), *Dictadura franquista y democracia 1939-2004*, Barcelona, Crítica.

UGARTE TELLERÍA, J. (1996), «En *l'esprit des années trente* europeo: la actitud del *Diario de Navarra* y Garcilaso en la primavera de 1936», *Príncipe de Viana*, 209, pp. 620-680.

UGARTE TELLERÍA, J. (1998), *La nueva Covadonga insurgente: orígenes sociales y culturales de la sublevación de 1936 en Navarra y el País Vasco*, Madrid, Biblioteca Nueva.

UGARTE TELLERÍA, J. (2000), «El carlismo hacia los años treinta del siglo XX. Un fenómeno señal», en J. Millán (ed.), *Carlismo y contrarrevolución en la España contemporánea*, *Ayer*, 38 (número monográfico), pp. 155-186.

UGARTE TELLERÍA, J. (2000), «El carlismo hacia los años treinta del siglo XX», *Ayer*, 38, pp. 155-186.

UGARTE TELLERÍA, J. (2004), «Pamplona, toda ella un castillo, y más que una ciudad, ciudadela. Construcción de la imagen de una ciudad, 1876-1941», en Á. García-Sanz Marcotegui, *Memoria histórica e identidad: en torno a Cataluña, Aragón y Navarra*, Pamplona, UPNA, pp. 265-260.

UGARTE TELLERÍA, J. (2010), «El carlismo en la guerra del 36: la formación de un cuasi-estado nacional-corporativo y foral en la zona vasco-navarra», *Historia Contemporánea*, 38, pp. 49-87.

UGARTE TELLERÍA, J. (2018), «Fal Conde: carlismo y modernismo», *Revista Universitaria de Historia Militar*, 13, pp. 482-513.

UNAMUNO, M. de (1988), *Escritos inéditos sobre Euskadi*, Bilbao, Ayuntamiento.

VALDÉS LARRAÑAGA, M. (1994), *De la Falange al Movimiento (1936-1952)*, Madrid, Fundación Nacional Francisco Franco.

VÁZQUEZ DE PRADA TIFFÉ, M. (2006), «El carlismo navarro y la oposición a la política de colaboración entre 1957 y 58», en *Navarra: Memoria e Imagen. Actas del VI Congreso de Historia de Navarra*, Pamplona, Eunate, vol. 2, pp. 163-176.

VÁZQUEZ DE PRADA TIFFÉ, M. (2009), «El nuevo rumbo político del carlismo hacia la colaboración con el régimen (1955-56)», *Hispania*, 231, pp. 179-208.

VÁZQUEZ DE PRADA TIFFÉ, M. (2011), «El papel del carlismo navarro en el inicio de la fragmentación definitiva de la comunión tradicionalista (1957-1960)», *Príncipe de Viana*, 254, 2011, pp. 393-406.

VÁZQUEZ DE PRADA TIFFÉ, M. (2012), «José María Valiente Soriano: una semblanza política», *Memoria y Civilización. Anuario de Historia*, 15, pp. 249-165.

VÁZQUEZ DE PRADA TIFFÉ, M. (2012), «La reorganización del carlismo vasco en los sesenta: entre la pasividad y el separatismo», *Vasconia. Cuadernos de Historia-Geografía*, 38, pp. 1111-1140.

VÁZQUEZ DE PRADA TIFFÉ, M. (2015), «La oposición al colaboracionismo carlista en Navarra», *Príncipe de Viana*, 262, pp. 795-804.

VÁZQUEZ DE PRADA TIFFÉ, M. (2016), *El final de una ilusión. Auge y declive del tradicionalismo carlista (1957-67)*, Madrid, Schelas.

VÁZQUEZ DE PRADA TIFFÉ, M. (2017), «El tradicionalismo carlista ante la libertad religiosa (1963-1967)», *Investigaciones Históricas. Época Moderna y Contemporánea*, 37, pp. 480-509.

VÁZQUEZ DE PRADA TIFFÉ, M. y CASPISTEGUI, F. J. (1988), «La agrupación de Estudiantes Tradicionalista y la renovación ideológica del carlismo en los años cincuenta», en J. Caspistegui (dir.), *Mito y realidad de la Historia de Navarra. IV Congreso de Historia de Navarra*, I, Pamplona, Sociedad de Estudios Vascos-Eusko Ikaskuntza, pp. 219-232.

VÁZQUEZ DE PRADA TIFFÉ, M. y CASPISTEGUI, F. J. (1991), «Tradicionalismo y política. Orígenes y evolución hasta el régimen de Franco», en *Symposium La Política Conservadora en la España Contemporánea, 1868-1982*, Madrid, UNED.

VÁZQUEZ DE PRADA TIFFÉ, M. y CASPISTEGUI, F. J. (1995), «Del "Dios, Patria, Rey" al socialismo autogestionario: Fragmentación ideológica y ocaso del carlismo entre el franquismo y la transición», en J. Tusell y Á. Soto (eds.), *Historia de la Transición y consolidación democrática en España. Congreso Internacional de Historia de la Transición y consolidación democrática en España (1995-2006)*, Madrid, UNED, pp. 309-329.

VÁZQUEZ DE PRADA TIFFÉ, M., CASPISTEGUI, F. J., RÍPODAS, A. y RUIZ, R. (1992), «El franquismo en Navarra y la crisis del carlismo: una aproximación a través de las fuentes orales», en *I Encuentro de Investigadores del Franquismo*, Barcelona, UAB y Societat Catalana d'Estudis Historics, pp. 73-76.

VÁZQUEZ DE PRADA TIFFÉ, M. y RUIZ GARRIDO, R. (1995), «Los contrafueros de 1952-54 y la oposición carlista al franquismo en Navarra», en *Comunicaciones presentadas al II Encuentro de Investigadores del Franquismo: Alicante, 11 a 13 de mayo de 1995*, I, Alicante, Diputación Provincial de Alicante, Instituto Alicantino de Cultura Juan Gil-Albert, pp. 235-246.

VILLANUEVA MARTÍNEZ, A. (1997), «Los incidentes del 3 de diciembre de 1945 en la Plaza del Castillo», *Príncipe de Viana*, 58, pp. 629-650.

VILLANUEVA MARTÍNEZ, A. (1998a), *El carlismo navarro durante el primer franquismo: 1937-1951*, Madrid, Actas.

VILLANUEVA MARTÍNEZ, A. (1998b), «La sorpresa navarra: mayo 1951», en *Mito y realidad en la historia de Navarra*, II, Pamplona, SEHN, pp. 135-146.

VILLANUEVA MARTÍNEZ, A. (2003), «Organización, actividad y bases del carlismo navarro durante el primer franquismo», *Gerónimo de Uztariz*, 19, pp. 97–117.

VV. AA. (2008), *El carlismo en su tiempo: geografías de la contrarrevolución. Actas I Jornadas de Estudio del Carlismo, 18-21 de septiembre 2007*, Gobierno de Navarra-Museo del Carlismo.

VV. AA. (2009), *Violencias fratricidas: carlistas y liberales en el siglo XIX. Actas II Jornadas de Estudio del Carlismo, 24-26 septiembre 2008*, Gobierno de Navarra-Museo del Carlismo.

VV. AA. (2010), *Imágenes: el carlismo en las artes. Actas III Jornadas de Estudio del Carlismo, 23-25 septiembre 2009*, Gobierno de Navarra-Museo del Carlismo.

VV. AA. (2011), *«Por Dios, por la patria y el rey»: las ideas del carlismo. Actas IV Jornadas de Estudio del Carlismo, 22-24 septiembre 2010*, Gobierno de Navarra-Museo del Carlismo.

ZUBIRI, X. (1944), *Naturaleza, Historia, Dios*, Madrid, Editora Nacional.

ZUBIRI, X. (2003), *Sobre el problema de la filosofía y otros escritos*, Madrid, Alianza-Fundación Xavier Zubiri.

ZUBIRI, X. (2010), *Cursos universitarios*, II, Madrid, Alianza-Fundación Xavier Zubiri.

Anexo fotográfico

Carlos de Borbón y Austria-Este, Carlos VII.
FONDO IGNACIO Mª PLAZAOLA. MUSEO DEL CARLISMO

Margarita de Borbón-Parma, esposa de Carlos VII.
FONDO IGNACIO Mª PLAZAOLA. MUSEO DEL CARLISMO

Salon des Artistes Français 1913
Henri JACQUIER.
Portrait de Son Altesse Royale Monseigneur le Prince Don JAIME de BOURBON, colonel au régiment de hussards de Grodno.

(Collection du château royal de Froshdorf.)   *ND· Phot.*

Jaime de Borbón y Borbón-Parma.
FONDO IGNACIO Mª PLAZAOLA. MUSEO DEL CARLISMO

Blanca de Borbón con su esposo el archiduque Leopoldo de Habsburgo y sus hijos.
FONDO IGNACIO Mª PLAZAOLA. MUSEO DEL CARLISMO

Blanca con dos de sus hijos. El menor es Carlos Pío, Carlos VIII.
FONDO IGNACIO Mª PLAZAOLA. MUSEO DEL CARLISMO

CARLOS VIII

Postal de propaganda de Carlos de Habsburgo, Carlos VIII.
FONDO IGNACIO Mª PLAZAOLA. MUSEO DEL CARLISMO

Carlos de Habsburgo, Carlos VIII, en uniforme de coronel de requetés
y gran collar de la Orden de San Carlos Borromeo.
FONDO IGNACIO Mª PLAZAOLA. MUSEO DEL CARLISMO

Carlos de Habsburgo y Cristina Satzge de Bálványos durante su estancia en Barcelona.
FONDO IGNACIO Mª PLAZAOLA. MUSEO DEL CARLISMO

Alejandra Blanca y María Inmaculada de Habsburgo Satzge, hijas de Carlos VIII.
FONDO IGNACIO Mª PLAZAOLA. MUSEO DEL CARLISMO

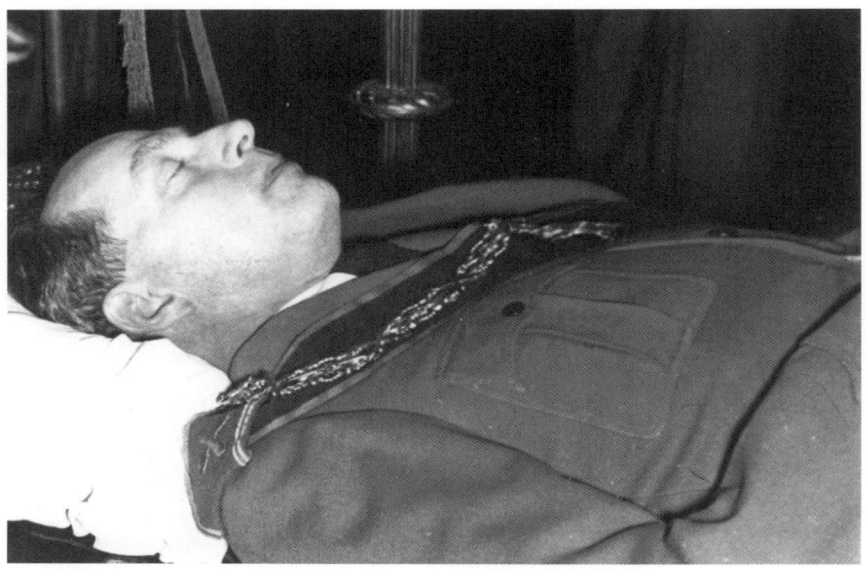

Carlos VIII en la capilla ardiente.
FONDO IGNACIO Mª PLAZAOLA. MUSEO DEL CARLISMO

Blanca de Borbón con Ignacio Plazaola Echeverría.
FONDO IGNACIO Mª PLAZAOLA. MUSEO DEL CARLISMO

Carlos de Habsburgo en Zizur Mayor en su visita a Navarra. A su derecha Del Burgo, el gobernador Junquera, Ciganda y Larraya, el segundo a su izquierda García Mateo.

Carlos en Zizur Mayor en casa Larraya. De izquierda a derecha, primera fila Paca
Larraya, no identificado, Margarita Larraya, Juan Ciganda, Jaime del Burgo, no
identificado, Carlos VIII, gobernador Junquera, Josefina Larraya, García Mateo y Nicasio
Larraya. En segunda fila no identificados y Carlos Ciganda, en último lugar. Cuarta fila
ligeramente retrasado Manuel Larraya.
FONDO IGNACIO Mª PLAZAOLA. MUSEO DEL CARLISMO

Alicia de Borbón y Borbón-Parma, hija de Carlos VII, con Alfonso de Borbón Dampierre.
FONDO IGNACIO Mª PLAZAOLA. MUSEO DEL CARLISMO

Alicia y su hija en visita a Pamplona entre Baleztena a su derecha y Lizarza a su izquierda. Acompañados de jóvenes tradicionalistas, de izquierda a derecha, Olazarán, Tapiz, Goyena, Larrambebere, el autor, M.ª Jesús Gurrea, Goñi (a) «Baroga», Javier Baleztena, J. I. del Burgo y Joaquín Baleztena.
ARCHIVO GENERAL DE LA UNIVERSIDAD DE NAVARRA /
FONDO FRANCISCO JAVIER DE LIZARZA INDA / 027 / 002

AGUN / Fondo Francisco Javier de Lizarza Inda

Visita de Alicia a Pamplona con Lizarza. El autor a la derecha.
ARCHIVO GENERAL DE LA UNIVERSIDAD DE NAVARRA / FONDO FRANCISCO JAVIER DE LIZARZA INDA / 027 / 002

Javier de Borbón-Parma con su esposa Magdalena y sus hijos Carlos Hugo y Sixto.
FONDO IGNACIO Mª PLAZAOLA. MUSEO DEL CARLISMO

Javier de Borbón-Parma con su hijo Carlos Hugo y su nieto Carlos Javier.
FONDO IGNACIO Mª PLAZAOLA. MUSEO DEL CARLISMO

Carlos Hugo con el autor en la inauguración del Museo del Carlismo de Estella.

María Teresa de Borbón-Parma durante una de sus estancias en España.
FONDO IGNACIO Mª PLAZAOLA. MUSEO DEL CARLISMO

Ignacio Plazaola Echeverría con uniforme de capitán de requetés.
FONDO IGNACIO Mª PLAZAOLA. MUSEO DEL CARLISMO

El autor con María Teresa de Borbón-Parma y Feliciano Vélez en la inauguración del Museo del Carlismo de Estella. A la derecha, Ignacio Hernando de Larramendi.

Con Carlos Javier de Borbón-Parma y Orange y el general Valls Catalán en la inauguración del Museo del Carlismo de Estella.

Genealogías[463]

Rama Isabelina
Descendencia de Felipe V
Habsburgo
Descendencia de Francisco de Paula
Dinastía Carlista
Casa Ducal de Parma
Descendencia de Balnca de Borbón y Borbón
Genealogía de Carlos VIII

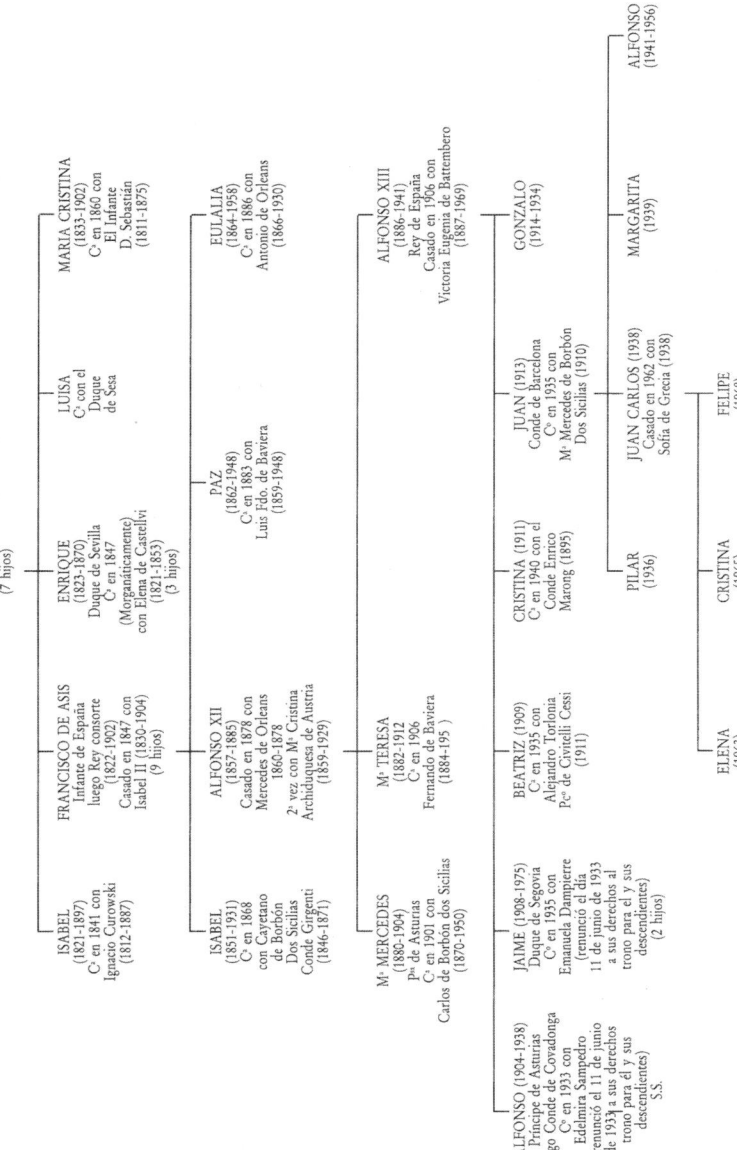

DESCENDENCIA DE FRANCISCO DE PAULA

FRANCISCO DE PAULA (1794-1865)
Casado en 1819 con
LUISA CARLOTA DE NÁPOLES (1804-1844)
(7 hijos)

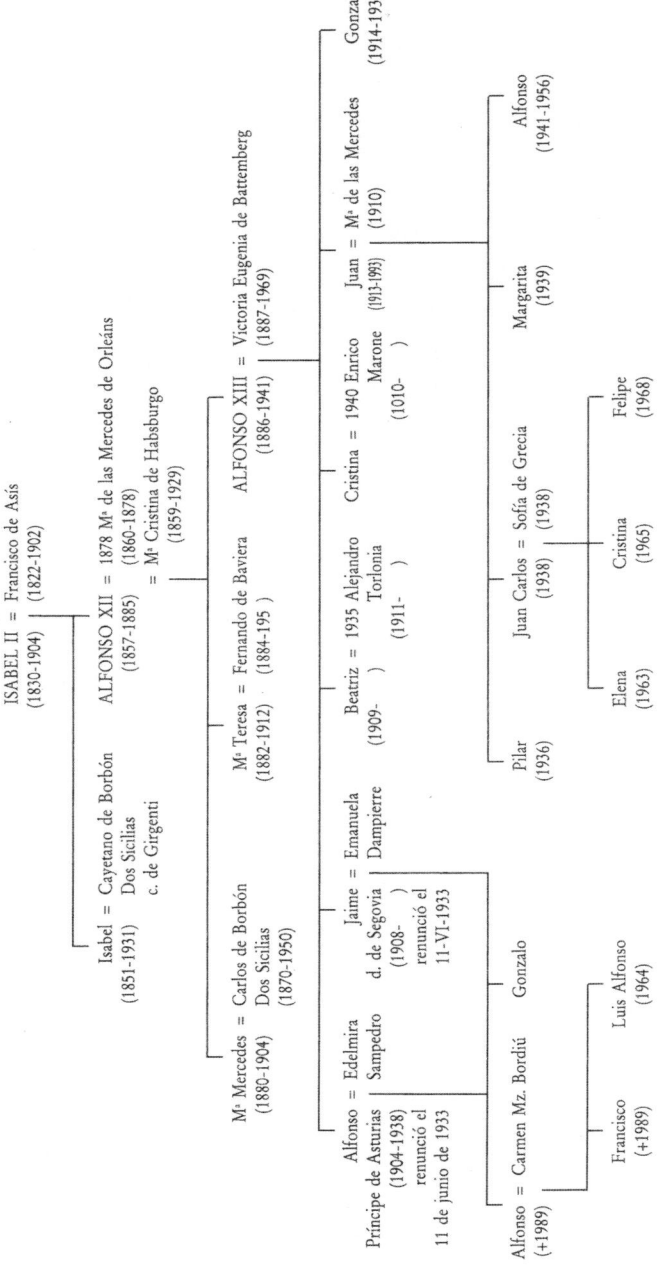

RAMA ISABELINA

ISABEL II = Francisco de Asís
(1830-1904) | (1822-1902)

Isabel = Cayetano de Borbón
(1851-1931) Dos Sicilias
c. de Girgenti

ALFONSO XII = 1878 Mª de las Mercedes de Orleáns
(1857-1885)   (1860-1878)
          = Mª Cristina de Habsburgo
            (1859-1929)

Mª Teresa = Fernando de Baviera
(1882-1912)   (1884-195)

ALFONSO XIII = Victoria Eugenia de Battemberg
(1886-1941)   (1887-1969)

Mª Mercedes = Carlos de Borbón
(1880-1904)   Dos Sicilias
              (1870-1950)

Alfonso = Edelmira
Príncipe de Asturias Sampedro
(1904-1938)
renunció el
11 de junio de 1933

Jaime = Emanuela
d. de Segovia Dampierre
(1908-   )
renunció el
11-VI-1933

Beatriz = 1935 Alejandro
(1909-)   Torlonia
              (1911-   )

Cristina = 1940 Enrico
               Marone
              (1010-   )

Juan = Mª de las Mercedes
(1913-1993)   (1910)

Gonzalo
(1914-1934)

Alfonso = Carmen Mz. Bordiú
(+1989)

Gonzalo

Pilar
(1936)

Juan Carlos = Sofía de Grecia
(1938)   (1938)

Margarita
(1939)

Alfonso
(1941-1956)

Francisco
(+1989)

Luis Alfonso
(1964)

Elena
(1963)

Cristina
(1965)

Felipe
(1968)

DINASTIA CARLISTA

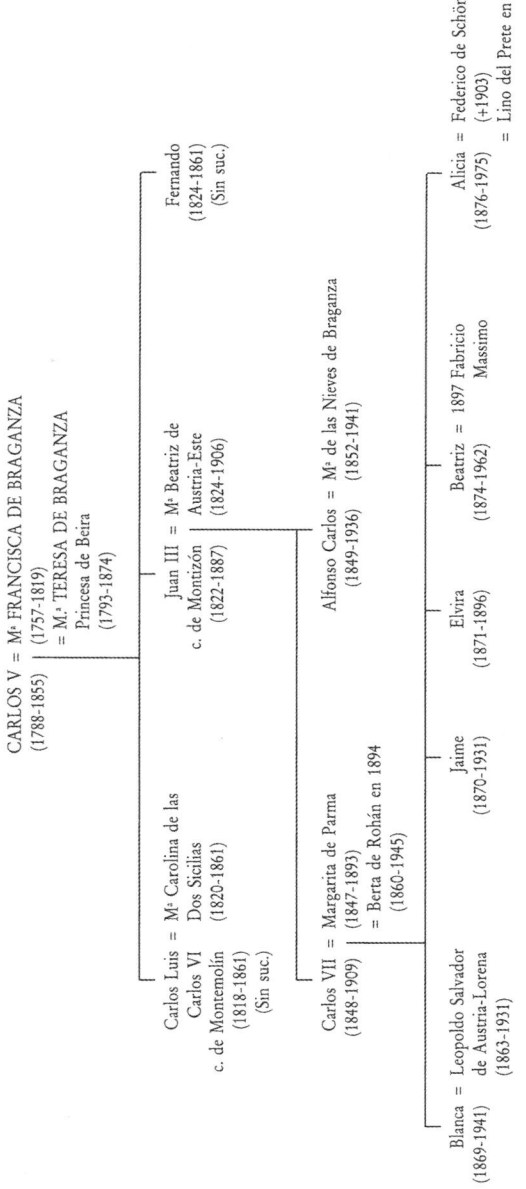

CARLOS V = Mª FRANCISCA DE BRAGANZA
(1788-1855) (1757-1819)
= Mª TERESA DE BRAGANZA
Princesa de Beira
(1793-1874)

Carlos Luis = Mª Carolina de las
Carlos VI Dos Sicilias
c. de Montemolín (1820-1861)
(1818-1861)
(Sin suc.)

Juan III = Mª Beatriz de
c. de Montizón Austria-Este
(1822-1887) (1824-1906)

Fernando
(1824-1861)
(Sin suc.)

Carlos VII = Margarita de Parma
(1848-1909) (1847-1893)
= Berta de Rohán en 1894
(1860-1945)

Alfonso Carlos = Mª de las Nieves de Braganza
(1849-1936) (1852-1941)

Blanca = Leopoldo Salvador
(1869-1941) de Austria-Lorena
(1863-1931)

Jaime
(1870-1931)

Elvira
(1871-1896)

Beatriz = 1897 Fabricio
(1874-1962) Massimo

Alicia = Federico de Schömburg
(1876-1975) (+1903)
= Lino del Prete en 1906

303

CASA DUCAL DE PARMA

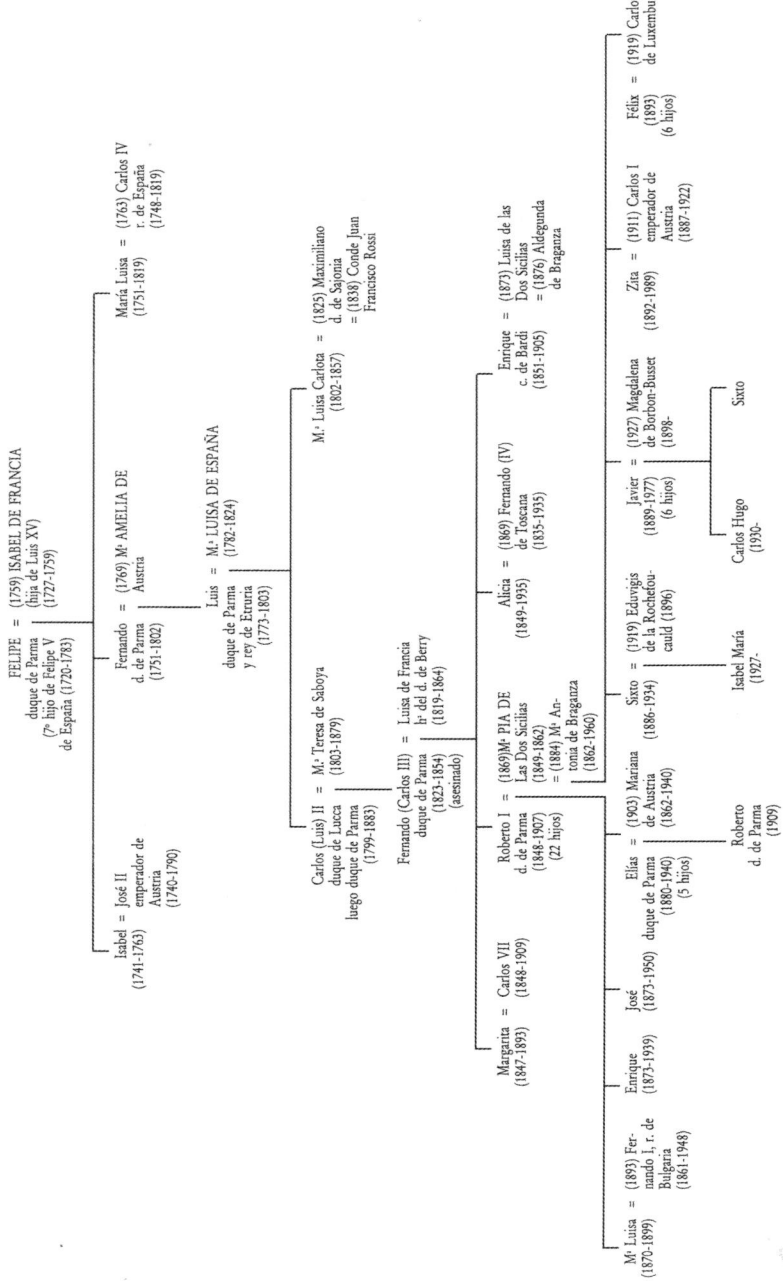

DESCENDENCIA DE BLANCA DE BORBÓN Y BORBÓN
(Hija de Carlos VII)

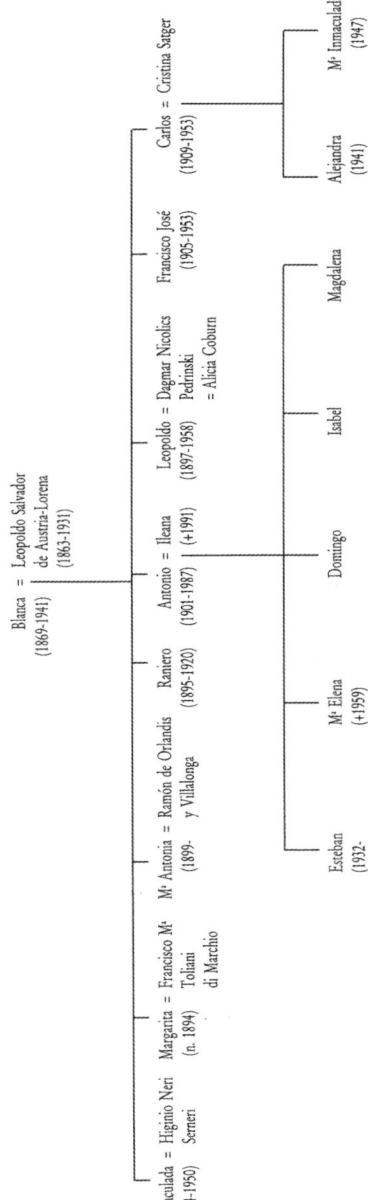

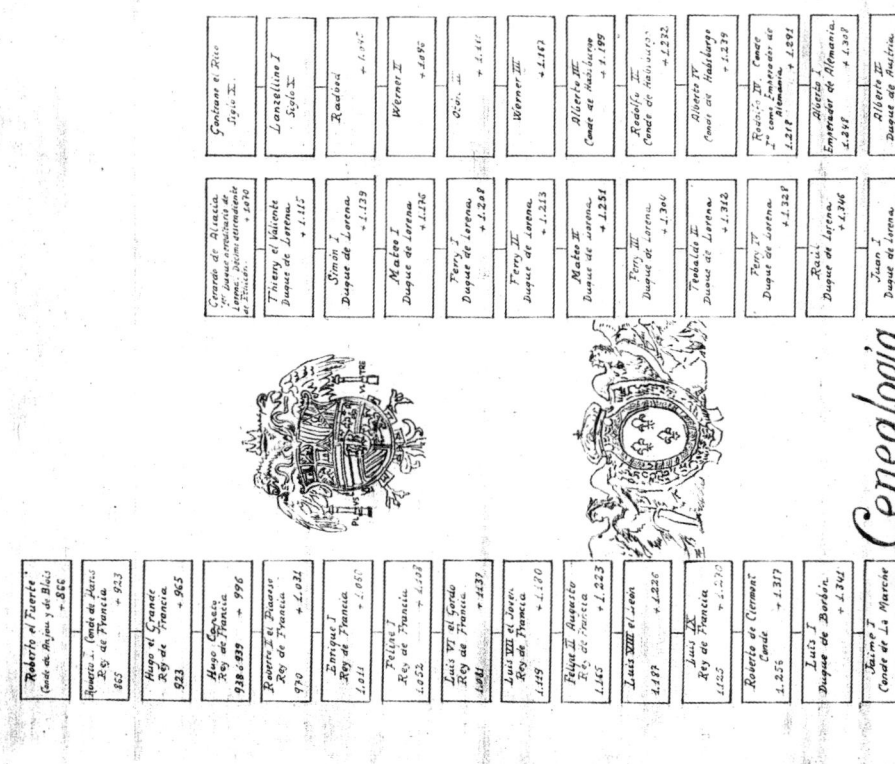

Genealogía

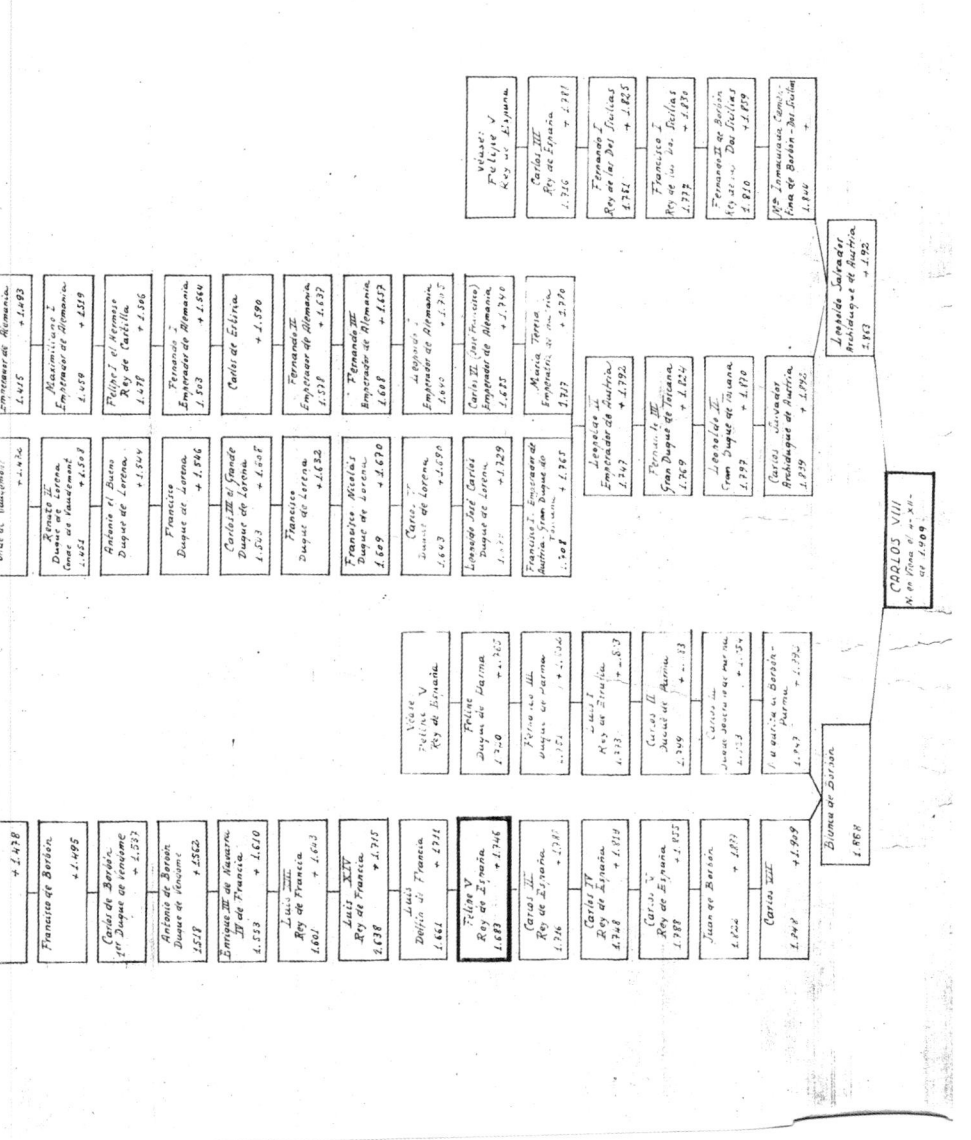

Barcelona 8-12-45.

Mi querido Plazaola:

En tan cariñosa felicitación en ocasión de nuestro cumpleaños nos ha proporcionado grande alegría y te lo agradecemos de todo corazón.

Finalmente estamos en el piso, ayer hicimos el traslado con propios medios y hoy ya empezamos a sentirnos bien, con una preocupación menos, por lo de la renta de la casa, del nuevo París.

Te envío el artículo que mencionas en tu carta, copiado por el Correo Catalán, en ocasión del cumpleaños de Franco.

Román no ha regresado hasta la fecha se ve que trabaja en la organización de

/9j/2wСB

su difícil misión

Te ruego saludes de nuestra parte a
tu Esposa e hijos y le des las gracias
de nuestra parte por las tan gratas
felicitaciones.

Nuestra labor orientada hacia el
exterior sigue en un plan de rápido
progreso y de razón a motivado
optimismo, espero anime nuestra
labor, a mis amigos, a hacer el máximo
esfuerzo organizativo, justificando así
el peso de los nuestros en la política
interior, reflejándola asimismo al exterior.

Ruego a Dios te guarde como de
corazón desea tu afectísimo

145/

Carlos.

P.S.
No es el papel que pienso usar en el futuro
Nuestra nueva dirección es Balmes 429. 3º 2ª
ciudad que sepas bien la dirección

Barcelona 17 de octubre 194...

C

Mi querido Plazaola:

Hemos lamentado mucho el que no
hayas podido acompañarnos. La reunión
en Cize fué muy interesante, en especial con el G. C. de Navarra, que es
nuestro y hace una magnífica labor de
captación. Llegamos a las ocho a Zaragoza,
el domingo fuimos al Pilar a Misa de
las nueve y también asistieron muchos obreros de la ciudad. Salimos a las 11½ para
evitar contacto con el acto de Fal, Misa de 12,
que en sí fué un fracaso, por la poca
gente reunida que fué la Misa. Comimos en Lérida
donde me esperaban Benet y el P. Ermita Ros
Bonás, a las siete ya estábamos en casa.
Nos recibieron a la entrada de Barcelona
Juniient y Vallescar. A la noche asistí a un
concierto en la Plaza del Ayuntamiento
de Sarriá, fué un acto muy simpático
estábamos reunidos en el Ayuntamiento
todos los amigos del Círculo nuestro de Sarriá

Carta de Carlos VIII a I. Plazaola de 17-10-1945.
FONDO IGNACIO Mª PLAZAOLA. MUSEO DEL CARLISMO

y muchos simpatizantes nuestros, el acto se comentó mucho en ésta.

No sé como agradecerte todas las bondades y la hospitalidad, que con tanto cariño nos has ofrecido. Espero que todos estos sacrificios que has hecho, los podamos compensar y demostrarte cuanto te apreciamos, así que a los tuyos.

Te agradecería mucho encargaros en mi nombre a Faniesba los cubiertos para 12 personas, el piso lo queremos montar bien, y esperamos obtenerlo, parece ser que el que hemos visto esta comprometido con otros. Mamá esta contenta con las Monjas, menos mal, Román está trabajando mucho reunir un número de amigos y hará los nombramientos, él confía en el éxito. He recibido noticias de Italia, mi socio me escribe que los coches, camiones, su casa, y el garage han sido saqueados, el motor de mi Bugatti lo han destrozado a martillazos y él salvó la vida por milagro; que Barbarie! Con la ayuda de Dios todo se arreglará. Te ruego transmitas mis más respetuosos saludos a tu esposa e hijos y mil gracias por vuestras bondades que no olvidaré. Que Dios te guarde mi querido Plácido como de corazón desea tu hermano Carlos

Cifra real de Carlos VIII

Su Majestad Católica
el Rey
DON CARLOS VIII
DE HABSBURGO-LORENA Y DE BORBÓN

Falleció en Barcelona el día 24 de diciembre de 1953, confortado con los Santos Sacramentos y la Bendición Apostólica. Recibió sepultura digna de su Estirpe, el día 26, en el Real Monasterio de Santa María de Poblet.

———— R. I. P. ————

Sus hijas, las princesas Doña Alejandra-Blanca y Doña María Inmaculada; sus hermanos, los Archiduques de Austria Don Leopoldo, Don Antonio, Don Francisco José, Doña Dolores, Doña Inmaculada, Doña Margarita, Doña Antonia y Doña Asumpta; hermanos políticos, sobrinos y demás Familia así como la antigua y leal Comunión Tradicionalista Española, suplican a los fieles de la Causa de la Legitimidad que impetren fervorosamente del Altísimo el eterno descanso del alma del egregio finado, Príncipe digno de la grandeza y sacrificios de su gloriosa Dinastía.

Recordatorio de las solemnes honras fúnebres celebradas en la Santa Iglesia Catedral Basílica de Barcelona el 8 de enero de 1954.

Varios Excelentísimos y Reverendísimos señores Prelados concedieron indulgencias en la forma acostumbrada.

Recordatorio de defunción de Carlos VIII.
FONDO IGNACIO Mª PLAZAOLA. MUSEO DEL CARLISMO

Copia del documento protocolizado y carta de Dª Alicia
reconociendo como heredero a Alfonso de Borbón Dampierre.
FONDO IGNACIO Mª PLAZAOLA. MUSEO DEL CARLISMO

314

Registro 97 185

Alberto io sottoscritto Velani... ... Notaro in...
... il Collegio Notarile di ... ...
Sua Altezza Alicia di Borbone, Infante...
di Spagna, nata a San (Francia) il 29 giugno
1876 e domiciliata a Barcellona, Maracon,
della cui identità personale io Notaro sono certo
ed avente piena capacità giuridica, previa ...
... ... alla ... di testimoni mi
... ... che la lettera retroscritta è stata
... di suo pugno e ... in data 11
febbraio 1964 e ... ha riconfermato la firma
ed il contenuto ... ...
... ... (12-3-1964) ...
... ... Barcellona, ...
Maracon ...

Notas

1   El falangista coincidió con lo anunciado por el carlista Del Burgo («Las derechas están ciegas», en *AET*, 3, 9 de febrero de 1934): «Y una vez más, los ricos colgarán el zacuto en el Crucifijo, para que nosotros, que defendemos el Crucifijo, defendamos también el zacuto. Y la tormenta pasará. Y entonces, salvado el Crucifijo y el zacuto, quedaremos a un lado nosotros, y acudirán los ricos a recoger el zacuto, dejándonos solo con el Cristo. ¡Nos basta!¡Pero siempre haremos el primo!».

2   Declaraciones de Franco a *Arriba* de 27 de febrero de 1955. Arrese, 1982: 154, 173. Blinkhorn, 1979: 133-136. Gil Pecharromán, 1994: 110.

3   En un informe interno de la CT (AGUN/MFC/133/179): se mencionaron 117 afectados, 1 muy grave, 3 graves, 25 con pronóstico reservado, 51 leves.

4   AGUN/MFC/257. Santa Cruz, 1942: 132-134.

5   Fueron designados Rodezno, Bilbao, Pradera, Granell, Muñoz Aguilar, Olazábal, Ulíbarri, Marco, Toledo, Silva, Pagoaga y Sáenz de Tejada, doce sobre noventa y cinco miembros. Rodezno había renunciado a su puesto en el II Consejo tras los sucesos de Tolosa de 9 de agosto de 1942 y Begoña de 16 de agosto de 1942. Santa Cruz, 1942: 131-132.

6   J. L. Arrese, «Ejército y Falange», *Arriba*, 7 de diciembre de 1941. Valdés Larrañaga, 1994: 221. Elwood, 2001: 18.

7   Declaraciones al diario falangista *Arriba* de 27 de febrero de 1955. (Santa Cruz, 1988: 77). Invocar la extranjería de la familia Borbón Parma fue una constante en Franco, que les negó la nacionalidad española solicitada: Franco Salgado-Araujo, 1976: 240, 287, 377, 382, 420, 426, 465-466, 471, 514. Santa Cruz, 1964: 97-137.

8   AGUN/MFC/133/178/14. AGUN-JLAM-Tradicionalismo1 (6Ag1). Santa Cruz, 1941: 163-179. Clemente, 1994: 340-343, 354-356.

9   AGUN/MFC/133/185/ 9 y 10. Santa Cruz, 1942: 5-26.

10   Carta de Fal Conde a Arellano de 3 de abril de 1941. AGUN/MFC/Correspondencia A-6.

11   AGUN/MFA/133/180/4. Santa Cruz, 1945: 117-120.

12   AGUN/MFC/133/180/5.

13   S. Payne, «Prólogo» a Vázquez de Prada, 2016: 17-18.

14   Carta del regente a Fal Conde de 24 de diciembre de 1936, tras su destierro por Franco. M. T. de Borbón-Parma y otros, 1997: 128.

15   Conde de Rodezno, "*Veinte meses en el Gobierno. Del 31 de enero de 1938 al 10 de agosto de 1939*", texto mecangrafiado, p. 117.

16   AGUN/MFC/133/178/14. Santa Cruz, 1940: 60.

[17] La participación de octavistas en los incidentes del 3 de diciembre de 1945 en la plaza del Castillo la reconoció Plazaola en carta de 21 de enero de 1946 a Carlos VIII. (ARMA-FIPE-1).

[18] (AGUN-JLAM-Archivo secreto-legajo 23). Suplemento del *Boletín de Orientación* de 8 de diciembre de 1945. Santa Cruz, 1945: 154-172. Martorell, 2010: 358-374; 2020: 20-26. Mikelarena, 2015: 277-286.

[19] *Arriba* de 27 de febrero de 1955. Santa Cruz, 1988: 77.

[20] AGUN/MFC/133/183/3. Suárez, 1984: 462 y 500. Santa Cruz, 1988: 78-82.

[21] Carta a Fal Conde de 14 de mayo de 1933 (AGUN/MFC/133/176).

[22] Conde de Rodezno, «Notas», mecanografiadas, calcocopia, 1939: 22-25.

[23] Conde de Rodezno, «Notas», *op. cit.*: 89-90.

[24] Conde de Rodezno, «Notas», *op. cit.*: 104-105.

[25] Conde de Rodezno, «Notas», *op. cit.*: 92-94.

[26] «Notas breves de información», abril 1943. AGUN/MFC/Cuestión sucesoria 2.

[27] Carta a Sivatte de 30 de mayo de 1943. AGUN/MFC/Correspondencia S-10.

[28] AGUN/BDH/22/2/37. Santa Cruz, 1943: 131-138.

[29] AGUN/MFC/133/179/14.

[30] Carta de Fal Conde de 26 de abril de 1943. AGUN/MFC/Correspondencia L-4.

[31] AGUN/MFC/Cuestión sucesoria 2/. Conde de Rodezno, "Notas"..., cit., 2.

[32] AGUN/MFC/133/180/4. Santa Cruz, 1945: 19-28.

[33] Carta de J. M. Arauz de Robles a Fal Conde de 1 de noviembre de 1945. AGUN/MFC/Correspondencia A-6.

[34] AGUN/MFC/Correspondencia A-6.

[35] AGUN/MFC/Correspondencia A-6.

[36] AGUN/MFC/133/173/4. AGUN/FJAA-159-11. Santa Cruz, 1945: 140-152.

[37] Rodezno visitó en Madrid al ministro de Asuntos Exteriores Martín Artajo, a quien trasladó la propuesta que iba a realizar a don Juan. A continuación, se entrevistó con Franco. AGUN-JLAM-Boletines de información-1941-1942.

[38] Se publicaron como «Cartas cruzadas entre el Jefe Delegado de la Comunión Tradicionalista y el Conde de Rodezno», s. l., s. e., s. f. Burgo, 1970: 458-459.

[39] AGUN/MFC/133/180/9. Santa Cruz, 1946: 30-33.

[40] Santa Cruz, 1957: 232-394. Arauz envió cartas fechadas el 23 de diciembre de 1957 explicando el desarrollo del acto a muchas personas significa-

das del carlismo. Burgo, 1970: 483-484, recogió la relación de los asisten-
tes. Los navarros partícipes fueron: José Martínez Berasáin, Jesús Elizalde,
Javier y Blas Morte, Juan Echandi, Ángel Induráin, Antonio Ayestarán,
Arturo Azpíroz, Jesús Larrainzar, Ambrosio Velasco, Benito Fernández
Lerga, Marqués de Rozalejo, José Gaytán de Ayala, Javier Agudo, Luis
Arellano y Fermín Erice.

[41] Carta al jefe regional de Navarra Astrain Baquedano de 28 de enero de
1958. Había sustituido a Baleztena en 1957.

[42] AGUN/MFC/133/178/15.

[43] AGHUN/AFC Regiones 6 (Levante-Navarra).

[44] AGUN/JLAM/Archivo secreto-legajo 23.

[45] AGUN/MFC/Correspondencia I-1.

[46] AGUN/MFC/Cuestión sucesoria 3. Regencia.

[47] AGUN/MFC/133/181/1. Santa Cruz, 1949: 136-144.

[48] AGUN/AFC/Correspondencia L-4.

[49] AGUN/MFC/133/181/1. Santa Cruz, 1949: 3-13.

[50] Santa Cruz, 1949: 145-151. Fal lo hizo con su interlocutor D. Macario el
6-9-1949 (*ibidem*: 152-155. AGUN-FJLI 167/061/001.

[51] AGUN/MFC/1337181/1. Santa Cruz, 1949, 118-122 y 129-133.

[52] Santa Cruz, 1949: 155-157. Opción favorecida por la publicación de un
libro que demostraba su legitimidad plena para asumir la jefatura dinástica del tradicionalismo carlista: F. Polo, *¿Quién es el Rey? La sucesión
legítima a la Corona española,* Madrid, Editorial Tradicionalista, 1949.

[53] Santa Cruz, 1950: 107-108.

[54] Santa Cruz, 1950: 23-29. AGUN/MFC/133/182/1 y 2.

[55] Santa Cruz, 1950: 33-37, 126-129.

[56] Informe del gobernador civil de Navarra al Ministerio de la Gobernación
de 15 de mayo de 1951. De entre sus muchas observaciones sobre la provincia destaca su referencia a la «hostilidad sorda y constante hacia quien
ostenta la autoridad del gobierno de la nación [...] la naturaleza de un
pueblo violento y orgulloso, que no obedece y que no cumple más que
aquello que quiere obedecer y cumplir».

[57] Hubo una candidatura octavista como independiente formada por el redactor jefe del *Diario de Navarra* Esparza y los diputados forales Arellano, Marco y Plaza. El gobernador observó en su informe de 14 de
noviembre que «carecen absolutamente de hombres con el suficiente
prestigio para representarlos ante la opinión pública. [...] cuatro personas carecen de fuerza y prestigio personal para la acción política, salvo
que les apoye el gobernador civil o la Jefatura del Movimiento». AGUN-
AFC-Cronológica 7.

58 Santa Cruz, 1951: 71-91, 100-102.

59 Santa Cruz, 1951: 79.

60 AGUN/AFC/Correspondencia G-2. Santa Cruz, 1951: 85-87.

61 Santa Cruz, 1951: 73, El dictamen de Elías de Tejada de 10 de diciembre de 1951 en AGUN/MFC/133/183/18.

62 Santa Cruz, 1952: 77-104.

63 En carta de D. Carlos de Habsburgo a Plazaola de 20 de mayo de 1952, le informó de la presencia de Javier en Montserrat durante el Congreso Eucarístico: «el francés está desacreditado [...] recientemente ha perdido todas las simpatías, puesto que no resuelve, parece que ahora quieren obligarle a designar, o a proclamarse, ya veremos, creo poco de esto último». ARMA-FIPE-Cronológico C2-163.

64 AGUN/MFC/133/183/18. Santa Cruz, 1952: 32-34.

65 AGUN/MFC/133/183/17 y 18. Santa Cruz, 1952: 9-10.

66 Santa Cruz, 1952: 7-34. Se tradujo en la desaparición en la firma de «Pp. Reg.» («Príncipe Regente»).

67 Santa Cruz, 1952: 108-109.

68 Santa Cruz, 1952: 6-7.

69 AGUN/MFC/133/184/1.

70 Dolores de Gortázar, *El Cruzado Español*, de 31 de agosto de 1934.

71 Según el «Informe sobre la situación política en la provincia», «confidencial y reservado», de 11 de octubre de 1944 remitido por el gobernador civil al ministro Arrese. En otro informe de la misma fecha sobre los incidentes durante el entierro de Larrea muerto por los maquis, dijo: «Los excombatientes están casi en su totalidad identificados con el grupo de Carlos VIII» (AGUN/JLAM-archivo secreto-legajo 23). Del Burgo fue el más notorio de entre ellos ocupando los cargos de teniente de alcalde del Ayuntamiento de Pamplona (1942-1944), delegado provincial de Comunicaciones y Transportes (1943), vicesecretario de Educación Popular de FET (1943), delegado provincial de Información y Turismo (1950-1964), procurador en Cortes (1958-1964), director de la Biblioteca General de Navarra (1939-1982) y director de Turismo, Bibliotecas y Cultura Popular de la Diputación foral de Navarra (1964-1982).

72 «Informe sobre la situación política», de carácter «confidencial», del gobernador a Arrese, de junio de 1944 (AGUN/JLAM-archivo secreto-legajo 23).

73 El diputado foral Amadeo Marco fue capitán de requetés, medalla militar individual y uno de los más importantes jefes de FET y de las JONS en Navarra, mantuvo la condición de diputado durante todo el franquismo y vicepresidente al final de la Transición, fue consejero nacional y procurador en Cortes, y se enfrentó con los gobernadores civiles de los años 40

–López-Sanz, Junquera y Valero–, por cuestiones de Fueros de Navarra. Su vinculación a FET provocaba alguna reticencia entra las filas octavistas (AGUN/JLAM/6Ag2).

[74] Santa Cruz, 1943: 9-10, recoge el testimonio del notario Abraira sobre la gestión realizada con él por Carrero y Cora para que «fuese a Italia a buscar a Don Carlos VIII y traerlo a España de orden de Franco [...] que todos los gastos estaban pagados por Carrero». Lo confirmó C. IBÁÑEZ, "Notas de D. Carlos Ibáñez sobre carlosoctavismo", proporcionadas por D. Carlos Olazábal, Fundación Popular de Estudios Vascos/*Euskal Ikasketetarako Fundazioa Popularra*-FPEV-EIFP, 2019, 4: A Abraira «le había dicho Cora: "Franco quiere que traigamos a D. Carlos a España"».

[75] C. Ibáñez, «Notas...», *op. cit.*: 1-2.

[76] Lizarza Inda, s. f. Heras, 2004: 23; 1983: 26-35.

[77] Balansó, 1997: 204.

[78] Se refería a uno de sus hermanos mayores Antonio de Habsburgo, que renunció a sus derechos a petición de D.ª Blanca facilitando el acceso del hermano menor Carlos. AGUN/MFC/133/172/16.

[79] Carta a Raimundo Muñoz de 10 de diciembre de 1949. (AGUN/0033/001/ 064-5. AGUN/CARCJAL/54/1253-6).

[80] En un «Informe sobre la situación actual de las fuerzas tradicionalistas», entregado al ministro Arrese, sin fecha (¿1945?) se comunica la disidencia de un grupo cuya figura preeminente era el general auditor Cora, «para enfrentar un nuevo príncipe a D. Juan III», propuso a Carlos de Habsburgo, que «conoce perfectamente el castellano, es joven y su familia y el mismo son amigos del Eje» (AGUN-JLAM-6Ag1-Tradicionalismo).

[81] Heras, 1990: 188.

[82] Heras, 1990: 86-88.

[83] Heras, 2009: 8-12.

[84] *ABC*, 26 de diciembre de 1953.

[85] Gil-Robles, 1976: 325: «Al entierro del desgraciado Carlos VIII ha acudido Iturmendi, ministro de Justicia. Este tipo fue en febrero de 1946, con el difunto Rodezno, a Estoril, para rendir pleitesía a don Juan. En diciembre de 1950, siendo ya ministro, reiteró su lealtad al rey, con quien coincidió en Fátima. Ahora acude a proseguir la farsa del "rey carlista". ¡Qué bajeza!».

[86] Gil-Robles, 1976: 324.

[87] Se había incorporado al nuevo movimiento el 10 de marzo de 1944 por sugerencia de Jaime del Burgo.

[88] Lizarza Inda, s. f.

[89] Santa Cruz, 1954: 7-9.

⁹⁰ Conforme a la biografía recogida en el folleto *In memoriam de Carlos VIII*, 1954. Santa Cruz, 1954: 160-165.

⁹¹ Lizarza propuso a la asamblea el orden sucesivo de personas de la casa de Habsburgo llamadas al trono: los hermanos Antonio, Esteban, Domingo, Francisco José y Carlos Leopoldo, así como declarar en rebeldía y condenar la actitud de D. Javier de Borbón-Parma (AGUN-FJLI 167/070/018).

⁹² Renunció el 10 de noviembre de 1956. Otorgó a su hermano Leopoldo el título de duque de la Granja de Segovia.

⁹³ Recogido en el folleto redactado y publicado por E. C. de L. (Edición Cora de Lira) en 1954 *In memoriam de Carlos VIII*, dedica las pp. 19-30 a glosar la biografía del archiduque Antonio de Austria. Burgo, 1978: 515. Santa Cruz, 1954: 13-16, 168-173. Heras, 2004: 140-141: Fue una operación de Cora que cogió desprevenido y forzó al nuevo pretendiente, aunque este aceptó y actuó como tal, siendo el motivo de las malas relaciones que mantuvieron.

⁹⁴ C. Ibáñez, «Notas...», *op. cit.*: 11.

⁹⁵ AGUN/MFC/133/183/2.

⁹⁶ En carta de Plazaola a Margarita de Habsburgo, hermana de Carlos VIII, le comunicó una opinión de Otto de Habsburgo, jefe de la familia, tras una conferencia en Madrid: «Mi tío D. Javier es francés cien por cien y no pretende nada de España, aunque seguirá por ahora y mientras duren las circunstancias como Regente de la Comunión Tradicionalista».

⁹⁷ Santa Cruz, 1954: 174.

⁹⁸ *¡Volveré!*, 147, 15 de junio de 1955. ARMA-FIPE-2. Santa Cruz, 1954, 208-210. Heras, 2004:141-142. C. Ibáñez, «Notas...», *op. cit.*,: 11: «D. Antonio le dirigió una carta a Cora en la que decía que se desentendía de los asuntos de España y le pedía que aceptase la solución que tenía preparada Franco. Esta carta aparece entre los documentos de 1954. Los enemigos de Cora dentro de la organización, declararon que, fallecido Carlos, no tenía razón de ser siguiera dirigiendo la organización y pidieron se formase una Diputación con base a los Jefes Regionales».

⁹⁹ Burgo, 1970: 470: «Distintas soluciones que se intentaron para la sucesión de Carlos VIII fueron fracasando una a una. Su hermano el Archiduque Don Antonio hizo una aparición meteórica y luego se esfumó, malogrando para sí una de las mayores oportunidades políticas que se presentaron desde la muerte de Don Alfonso Carlos. Su otro hermano, Don Francisco José, identificado con el carlismo, trató de levantar bandera. Pero no representaba solución práctica alguna y el carlosoctavismo fue languideciendo».

¹⁰⁰ En una nota interna sin fecha, pero coincidente con la carta de D. Antonio, con el título «El "Jefe Nacional" encaja su desautorización», se dijo: «NO NIEGA lo de la subvención que ha ofrecido a los Archiduques y que

estos han rehusado. Excusa este diciendo: Que D. Antonio había hablado y preguntado bien claramente al respecto, en Madrid; y que las gestiones de C. y L. (Cora y Lira). [...] Debe hacerse hincapié en lo de la subvención, que basta y sobra para considerarlo traidor a la Comunión, puesto que ha intentado venderla, y lo que ahora se ha demostrado (podemos tenerlo por convicto y confeso), torna sumamente verosímil aquello que tantas veces se dijo y siempre nos resistimos a creer, por ser tan grave: que anduvo ya vendiéndola, para su propio y exclusivo provecho personal, en vida de C. (Don Carlos)». La existencia de pagos salió a relucir en la nota interna de febrero de 1958, a propósito del proyecto de Cora promoviendo al archiduque Francisco José, «que determinados elementos afectos a la situación que les paga y mantiene, parecen dispuestos a poner en práctica». En carta de Plazaola a Lizarza de 23 de septiembre de 1954 le daba la conformidad al documento presentado por la representación navarra en Santiago, haciendo una observación sobre el comportamiento de Cora al que se atribuía la actitud del monarca: «sigo creyendo que el exsecretario continuará su desdichada labor de egoísmo, que ni siquiera tiene razón de ser. Después de lo actuado por él debería desaparecer para que nadie se acuerde de su lamentable gestión. Por todo lo acontecido hasta ahora y conociendo su complejo, estimo que no se puede contar con él para nada positivo. Y como yo opinan muchísimos. Ahora bien, las apariencias hay que guardarlas y por eso me parece político el citado escrito» (ARMA-FIPE-2).

[101] ARMA-FIPE-2.

[102] *¡Volveré!*, 147, 15 de junio de 1955. SANTA CRUZ, 1954: 233-234.

[103] Cartas de Lizarza a Plazaola de 15 de septiembre de 1954 y 7 de enero de 1955 (AGUN-FJLI 167/027/01) y (ARMA-FIPE-2).

[104] ARMA-FIPE-2.

[105] Carta de Cora a Antonio de Habsburgo de 18 de diciembre de 1954. (RMA-FIPE-2). Santa Cruz, 1954, 215-219.

[106] El boletín *¡Volveré!* se refirió al «peligro de la instauración juanista, por sorpresa [...] para establecer de nuevo el liberalismo en nuestra Patria. Y pensando en ello, obrad en consecuencia, oponiendo a don Juan un Príncipe digno». Para Carlos VIII, D. Juan era incompatible con el carlismo y la Cruzada (*Requetés de Cataluña*, 15 de octubre de 1948).

[107] Santa Cruz, 1955: 239-241.

[108] El nombre lo habían atribuido a Antonio tras el funeral de Carlos el 27 de diciembre de 1953, pero no lo utilizó. ARMA-FIPE-2.

[109] Cartas entre Lizarza y Plazaola de 4 y 13 de octubre de 1954 (ARMA-FIPE-2).

[110] Santa Cruz, 1955: 241-242.

[111] Así lo expuso a Lizarza el que había sido ayudante de Carlos VIII, Vallescar, Santa Cruz, 1955: 244-248.

[112] Plazaola lo transmitió a Antonio por carta de 30 de abril de 1955 y a Margarita de Habsburgo de 11 de mayo de 1966. ARMA-FIPE-5. En sus publicaciones era habitual la denuncia de las actividades de la masonería contra el pretendiente: AGUN-FJLI 167/061/001: entre la documentación aparece una cuartilla del «Frente Nacional, antimasónico, tradicional y carlista», con un cuatrilema («Dios, Patria, Rey, Caudillo» / «Dios, Patria, Franco y Rey»), vivas a Franco y a Carlos VIII. En una copia de un supuesto texto masónico de 20 de junio de 1943, firmada en Lisboa por Martínez Barrio, se declaró: «Los tradicionalistas-falistas citados tienen que ser captados al juanismo con urgencia, ya que, en caso de triunfo del Eje, cabría un apoyo de Italia en favor del Parma yerno del Rey-emperador y ¡Fuera Carlos VIII!». AGUN-JLAM-Tradicionalismo-6Ag2-asuntos subversivos: un informe interno del Movimiento, 17, de 26 de marzo de 1945, sobre actividades de una logia en Barcelona. La invocación por el franquismo de la conspiración judeo-masónica contra el régimen fue muy apoyada por el carlosoctavismo, por ejemplo, en una publicación de 2 de mayo de 1943 titulada «Antecedentes judíos del infante inglés D. Juan...» (*ibidem*, 6Af1). En el archivo de Fal Conde existe un fondo sobre la masonería (AGUN/MFC/133/ 397-309).

[113] Informó Plazaola a D. Antonio el 27 de abril de 1955 sobre el extremo: «me tiene sin cuidado. Todo el mundo conoce mi historia política y mi actuación y saben todos, incluido el Sr. Cora que siempre he gastado de mi dinero y que nunca he cobrado en política». Con esta referencia hurgaba en la herida de su discutida y opaca gestión política y económica (ARMA-FIPE-3).

[114] Carta de Cora a Antonio de Habsburgo de 5 de abril de 1955 (ARMA-FIPE-3).

[115] Se refería a un incidente que se produjo entre ambos pocos días antes del fallecimiento de Carlos VIII, «el disgusto fue tan grande que indudablemente le acarreó el sepulcro». Carta de I. Plazaola al sacerdote Ulíbarri de 12 de abril de 1955 (ARMA-FIPE-3).

[116] Carta de Lizarza Iribarren a D. Antonio de Habsburgo de 11 de abril de 1955 (ARMA-FIPE-3).

[117] Carta de Lizarza a Plazaola de 15 de abril de 1955 (ARMA-FIPE-3).

[118] Carta de B. Ramos a Plazaola de 14 de junio de 1955 a propósito del comportamiento de Cora (ARMA-FIPE-5).

[119] Cora era consciente de que Lizarza era uno de los jefes regionales críticos y le pidió explicaciones en carta de 20 de abril de 1955 sobre comentarios que le habían llegado, a la que contestó el 6 de mayo de 1955 (ARMA-FIPE-3).

NOTAS

[120] Se refiere a la encerrona de los funerales en San Jerónimo de Madrid y proclamación real. Carta de Antonio de Habsburgo a Plazaola de 12 de abril de 1955 contestando a sus cartas de 20 de marzo, 1 y 2 de abril (ARMA-FIPE-3) (AGUB-FJLI 167/063/002).

[121] Fueron las de 7 de diciembre de 1974, 25 de enero, 25 de febrero, 4 de marzo 5 y 23 de abril de 1955.

[122] Carta de D. Antonio de Habsburgo a Cora de 23 de mayo de 1955. ARMA-FIPE-3. Según informó Plazaola a Margarita de Habsburgo de 11 de mayo de 1966, fue D. Francisco José quien el 26 de junio de 1964 recibió del antiguo Patrimonio Real, ahora Patrimonio del Estado, un millón de pesetas como compensación (ARMA-FIPE-5). Supuestamente por los daños causados a Carlos V, por reales decretos de 22 de octubre de 1834 y 17 de septiembre de 1836 que embargaron «los bienes, rentas, derechos y efectos» de quienes a partir del 1 de octubre de 1833 hubiesen abandonado o lo hiciesen posteriormente su residencia para «servir y auxiliar la causa del príncipe rebelde». Santa Cruz, 1955: 248-250.

[123] Ibáñez («Notas...», *op. cit.*: 2) relató el momento, tras conocerse la separación de D. Antonio y la boda de D.ª Ileana.

[124] Información procedente de la carta de Plazaola a Antonio de Habsburgo de 16 de junio de 1955, temiendo que, como Cora «es hombre de mala intención, procurará enfrentarnos con el Generalísimo», lo que confirma que era quien mantenía las relaciones con el palacio del Pardo (ARMA-FIPE-3). El boletín ¡*Firmes!*, portavoz de la Comunión Carlista, 37-38, de junio-julio de 1955, publicó la carta y los acuerdos de la Diputación Nacional, observando las «gravísimas y personalísimas intervenciones de éste (Cora) sobre miembros de la Real Familia para decidirles a tomar determinadas actitudes merced a ciertos beneficios tan irrisorios como precarios que pondrían en entredicho, además, el honor de la Causa».

[125] ARMA-FIPE-3. Carta de Plazaola a Antonio de Habsburgo de 8 de julio de 1955 (*ibidem*). Le informa de que a la sesión de la Diputación Permanente había asistido directamente o con representación el 95 % de la comunión». «La Junta acordó enviar al Generalísimo una fotocopia del acta y de la carta de V. A. pues sabemos que el Generalísimo está más enterado de cosas que nadie. Por el mejor conducto ha llegado a nuestro conocimiento que en la última o anteúltima visita de Cora al Pardo, salió diciendo a su Ayudante: «Que tendrá contra mí el Caudillo que tan mal me ha tratado». Se despidió: «Yo creo haber terminado mi misión política ya que el Partido Carlista ha eliminado a lo que constituía una humillación deshonrosa y una intervención que dignamente no se podía soportar. [...] Siempre estoy al servicio de V. A. como lo estuve al de su tío D. Jaime y D. Carlos, pero sin mezclarme en la gestión política que acarrea muchos disgustos y pérdida de salud».

324

[126] AGUN-FJLI 167/027/01. En las mismas fecha y ciudad se reunieron los representantes de los Jóvenes Carlistas que consideraron a Cora separado de sus cargos, excluidos como príncipes usurpadores D. Juan y D. Javier y que desde la entrevista con Franco en Las Cabezas, «se ha traicionado la promesa de traer la Monarquía Tradicional. Hemos sido olvidados. Si el régimen ha roto con nosotros, nos consideramos libres y, en consecuencia, denunciaremos el decreto de Unificación». Lizarza, en entrevista publicada en ¡Carlistas! y en AET de 3 de diciembre de 1958, declaró: «El carlismo no aceptará nunca a los usurpadores, mándelo quien lo mande, preséntense como lo haga. Conforme a los principios legitimistas, que forman parte fundamental de nuestro ideario, están excluidos a perpetuidad. Esto es dogma para todos los carlistas». Santa Cruz, 1958: 217, 254-259.

[127] AGUN-FJLI 167/027/01.

[128] Ibáñez, «Notas...», op. cit.: 3.

[129] En una nota de información interior que recibió Plazaola, el informante Blázquez comunicó sobre una entrevista con Cora del día 5: «Este piensa llevar adelante lo de Francisco José. Que le llamó Iturmendi para decirle que pensase bien lo que iba a hacer. Cora comentaba a Blázquez: «claro, sabe que lo de Francisco José va a hacer mucho daño a don D. Juan, que es a donde va Iturmendi». Pero el propio Blázquez recuerda como el mismo Cora acusó a F. J. (Francisco José), en Santiago de Compostela, cuando la peregrinación, de homosexual, lo que valió que Jaime Fernández se levantara a protestar indignado». Comentó su situación matrimonial, aunque «no sabe por cuánto tiempo podrá contar con él, «por ahora está decidido. No vendrá a España». Cora se refirió a D. Antonio como «persona sin honor (sic). Que la solución de su hijo no interesa, porque lo que hace falta es un hombre hecho y derecho, como F. J.». En el archivo de Valiente hay una nota sobre una entrevista de D. Francisco José con Franco al que preguntó qué príncipe iba a ser designado heredero de la Corona, a lo que Franco contestó «que mientras el viviese ninguno, y que tantos pretendientes perjudicaban a la Monarquía». Al archiduque contestó que él era el único de la Monarquía Tradicional (AGUN/JMV/127/1/2).

[130] Carta de Lizarza de 12 de febrero de 1958. Hubo una circular sobre el hecho «en relación con el proyecto de determinados elementos afectos a la situación que les paga y mantiene, parecen dispuestos a poner en práctica. [...] presentar en breve como futuro Abanderado del Carlismo al Archiduque Don Francisco José de Habsburgo, cuya significación es bien sabida y dejó patente en sus contactos y declaraciones con ocasión de su estancia en España, tras de asistir a los funerales de Don Carlos VIII». Aludía a su condición de divorciado casado civilmente con otra divorciada, lo que «nos releva de insistir en la consideración de varias otras, muy lamentables, que concurren en la dicha figura» (ARMA-FIPE-4) (AGUN-FJLI 167/062/003).

131 Envió un comunicado en febrero de 1958 a los jefes territoriales exponiendo su trayectoria, refiriéndose a toda su conducta y a los pleitos contra ayuntamientos, particulares, hermano y sobrinas; rogando «hacer un uso reservadísimo y absolutamente confidencial para impedir que a nombre de la oveja negra de la familia real puedan alimentarse ilusiones, y que ningún carlista de buena fe pueda ser engañado» (AGUN-FJLI 167/061/003).

132 En carta del valenciano Montblanch a Plazaola de 18 de septiembre de 1944 le comunicó que el gobernador de Valencia había estado en San Sebastián, que «el Señor (Carlos) había sido muy visitado y que a Arrese le parecía bien que fuera conocido, pues al fin esa era la solución y que, llegado el momento, se volcarían todos». Se refirió a las visitas que se hicieron con Rodezno, «el cual seguía tan D. Juanista como antes» (ARMA-FIPE-1).

133 Era religioso claretiano residente en Pamplona. En carta controlada por la censura, remitida por Badiola el 3 de julio de 1943: «No tenemos actualmente Príncipe, pues lo de Carlos VIII es una quimera. Primeramente, por tener otros dos hermanos mayores, luego por su casamiento y además por no saber cómo piensa y siquiera si desea la Corona española» (AGUN/JLAM 277/231).

134 En carta dirigida a Arrese el 1 de febrero de 1944 dijo: «te enviamos a ti, y a los que en nombre del Caudillo representas, nuestra ferviente adhesión en los momentos difíciles por que atraviesa nuestra Patria». En otra de 19 de abril de 1944 con motivo del aniversario de la unificación, reiteró el «testimonio de mi adhesión inquebrantable y decidida, gozoso de haber hallado en la colaboración entusiasta del Movimiento, el alimento espiritual que todo buen patriota necesita para que sus anhelos y entusiasmo tengan el esplendor de una eterna primavera» (ARGUN-JLAM-277-256).

135 Carta de del Burgo a Fal Conde de 3 de marzo de 1941. AGUN/MFC/Correspondencia 6.3 y B-8.

136 En carta de Carlos VIII a Lizarza de 15 de diciembre de 1953 (AGUN-FJLI167/070/011 a 015) relató el intento, junto con su hermano Leopoldo, de participar en la guerra y la opinión contraria de Alfonso Carlos. Santa Cruz, 1953, 263-165. Burgo, 1970, p. 433.

137 Según recogió el servicio de información e investigación de FET en los informes 1003, 1012 y 1023, de 29 de mayo, 7 y 15 de junio de 1945, el colaborador B.O3 formaba parte de la organización falcondista, organizador del requeté en todo España a las órdenes de Utrilla, y comunicó que Fal consideró a Cora como «ambicioso y malvado general», utilizado por el Caudillo y el ministro y al servicio de la embajada inglesa, que le facilitó dinero, a lo que Fal se había negado a participar (AGUN-JLAM-Archivo secreto-legajo 16).

138 AGUN/MFC/133/178/ 4 y 14. Santa Cruz, 940: 109-115.

139 AGUN/MFC/133/178/4 y14.

[140] En el boletín informativo de la Secretaría General del Movimiento de noviembre de 1943 se hizo constar la aparición de una propaganda monárquica con «nuevo matiz de interés, destacar que es la única propaganda monárquica que acepta la jefatura del caudillo como la más acertada en estos momentos», acompañando copias del manifiesto de Carlos VIII de 29 de junio de 1943 y un texto sobre el pretendiente. AGUN-JLAM-Archivo secreto-11. AGUN/MFC/133/178/14. Santa Cruz, 1940: 116-118.

[141] Carta de Fal a Lizarza de 25 de agosto de 1952, en contestación a la de este que le pedía datos para sus memorias (AGUN/MFC/133/16/4).

[142] AGUN/MFC/133/179/13.

[143] AGUN/MFC/133/179/13.

[144] Lo firmaron los hermanos Martín y José María Guerendiain Larráyoz, Francisco D. Javier Lizarza Inda y Carlos Mendive Astiz. Lo entregaron en el mismo colegio a D. Juan de Orlandis Habsburgo-Borbón, nieto de Doña Blanca (AGUN-FJLI 167/070/017).

[145] Comunicación de Olazábal a Arrese de 21 de agosto de 1943, al que corresponden los textos entrecomillados (AGUN-JLAM-6Ag2). Olazábal Zaldumbide (1915-1946) era el hombre de Arrese dentro del grupo y su interlocutor directo en el diseño y ejecución. Presidió la AET durante la República y participó como requeté en la guerra, era carlista unificado y militante de FET y JONS, de confianza de Arrese, como lo acredita la correspondencia y haber ocupado cargos como el de vicesecretario general del SEU (1942), vicesecretario de ordenación económica (1943) y secretario nacional del metal, procurador en Cortes (1943-1946), consejero nacional del Movimiento (1943-1946) y gobernador civil y jefe provincial en Las Palmas.

[146] En una nota interna de FET transmitida a Arrese con «varios comentarios políticos» se dijo sobre el movimiento a favor de Carlos de Habsburgo: «como se sabe está vinculado con lazos de simpatía y amistad al Eje. Este grupo proyecta lanzar un manifiesto de propaganda de dicho príncipe»; el grupo había tenido entrevistas y «tienen el pensamiento de presentar dicho escrito al Caudillo». AGUN/JLAM-Monarquía.6Af1.

[147] En una entrevista de Carlos con el gobernador de Álava celebrada el 7 de septiembre de 1944, comentando la reunión de Viareggio, le informó que Cora «se apresuró a prevenir por teléfono a S. A. diciéndole que con ellos había llegado un tal Olazábal, individuo desconocido que se ignoraba la misión que llevaba. Esto influyó en el ánimo de D. Carlos ya que el Sr. Cora mantenía correspondencia con él desde hacía más de diez años» (Informe al ministro: AGUN-JLAM 6Ag2). Olazábal formaba parte del núcleo y el octavismo desde los primeros tiempos, siendo quien mantuvo los contactos con Arrese en aquellos momentos, como se recoge. Lo acreditan los documentos firmados del archivo de Arrese citados.

148 A pesar de la impaciencia de D. Carlos para redactar la carta-comunicación, Olazábal sugirió no se hiciese hasta que llegara Cora, «pues no quise pudieran interpretar mi viaje como una maniobra para hurtarles el movimiento que al fin y al cabo lo habían iniciado ellos. Igualmente, al sugerir la necesidad de designar representante personal cerca del Caudillo omití toda referencia a mi persona por resultarme extremadamente violento y porque ya D. Jesús de Cora había convenido hacerlo él proponiendo mi nombre».

149 El 19 de agosto de 1943 Olazábal solicitó al ministro Arrese se concedieran pasaportes a los miembros de la familia real que enumeró y para él pasaporte diplomático, para facilitar la salida de Italia por los riesgos que tenía residir en Viareggio en una zona que podía ser escenario de guerra. (AGUN-JLAM-6Ag2-Tradicionalismo).

150 Se publicaron por primera vez proporcionados por Plazaola en Lizarza Iribarren, 1953: 226.

151 En carta de Carlos VIII a Lizarza de 15 de diciembre de 1953 se refirió al «caudillo, con quien como sabes estoy en cordialísimas relaciones, lució la boina roja en el acto de concentración de Falange de Madrid, y en su discurso hizo justicia al carlismo» (AGUN-FJLI 167/070/011 a 015).

152 El interlocutor de Cora en El Pardo, Muñoz Aguilar, había sido director de *La Voz de España* de San Sebastián, delegado de propaganda y prensa de la Junta Nacional Carlista de Guerra, jefe nacional de las Radios Requetés, uno de los miembros tradicionalistas de la Junta Política de FET y de las JONS nombrada en diciembre de 1937. Fue gobernador y jefe del Movimiento de Guipúzcoa y La Coruña que promovió la cesión del Pazo de Meirás a Franco, del que fue un de las personas de su total confianza. Conde de Rodezno, «Notas», *op. cit.*: 138: Cuando Muñoz Aguilar fue nombrado gobernador de Guipúzcoa, Rodezno le comunicó que le parecía mal su nombramiento y que «no merecería la confianza de los auténticos carlistas, como así fue». Fue a servir «con incondicionalidad los planes de Serrano Suñer, a mitigar la fuerza carlista con traje de requeté, a favorecer una unificación que era en realidad absorción y vejación para los verdaderos tradicionalistas». Dijo el conde en *Veinte meses...*, *op. cit.*, p. 53: «Muñoz Aguilar [...] estaba ya por esta época (junio de 1938) incondicionalmente entregado a Serrano Suñer y había despertado verdadera animosidad entre los carlistas guipuzcoanos durante su permanencia en aquella jefatura provincial».

153 AGUN/JMV/127/13/5: Notas de Valiente sobre una entrevista con el Delegado Nacional de Provincias de la Secretaría General del Movimiento, que se manifestó en estos términos.

154 Se informó detalladamente del viaje por el folleto titulado «Carlos VIII en España. MCMXLIV», con textos sobre «Regencia y Legitimidad», «De nuevo la casa de Austria», «Ideas y Conductas» (AGUN-JLAM-Tradicionalismo/1-6Ag1). De estos movimientos había informado Cora y

Lira a Franco, según reconoció en declaraciones a la agencia News Service. Santa Cruz, 1943: 23-26, 30-35.

[155] AGUN/MFC/133/180/1. En carta del general Aranda a Gil Robles de 10 de diciembre de 1943 sobre la situación política, constataba la continuidad de «sus pleitos dinásticos y solución de Regencia trina, lo que no interesa nada al país» (AGUN/BDH/22/2/88/7).

[156] AGUN/MFC/133/180/4.

[157] AGUN/MFC/133/180/1.

[158] *El Pensamiento Navarro*, 11 de diciembre de 1946. Santa Cruz, 1946: 157-158.

[159] MASSÓ, 2008, 47: recoge información transmitida por S. Garrigó, hijo del redactor jefe de *La Vanguardia*, sobre la iniciativa de Iturmendi y Bilbao de traer a Carlos de Habsburgo, «con el fin de frenar a don D. Juan».

[160] Carta de Carlos VIII a Plazaola de 5 de diciembre de 1953 (ARMA/FIPE-2).

[161] En informe a Arrese de Del Burgo, delegado provincial de Propaganda, de 15 de mayo de 1946, le comunicaba la colaboración en el proyecto de oficiales de requetés y como «contribuye no poco al buen resultado de la empresa, la actitud cordial y comprensiva del gobernador, una estridencia inoportuna podría dar al traste con toda la labor de acercamiento» (AGUN-JLAM-277/256).

[162] Carta de Carlos VIII a Plazaola de 5 de diciembre de 1953: «Lo nuestro sigue situándose en un primer plano, así a lo menos nos lo comunican de Madrid, se excluye toda probabilidad liberal. También sabemos que F. (Franco) se interesa mucho por nosotros» (ARMA-FIPE-2).

[163] Santa Cruz, 1943: 27-30.

[164] AGUN/MFC/133/305/5. Santa Cruz, 1943: 63-70.

[165] AGUN/MFC/133/172/16, 17, 23.

[166] En un texto carlosoctavista de 1943 titulado «*¿Para qué sirve la Regencia?*» (AGUN/MFC7/133/172/23).

[167] Al informar la prensa de su toma de posesión decía: «su gestión habrá de ser altamente provechosa al Movimiento y a la Falange» (AGUN/MFC/133/111/35).

[168] Fue el jefe regional de Navarra a partir de mayo de 1947 tras el cese de Deán Berro por motivos de salud. Comentó Plazaola a Rafael Valdés lo relativo a ese nombramiento, con opinión favorable del P. Etayo: «Desde luego de Jaime del Burgo ni hablar porque ha tenido la virtud de ponerse a mal con todos». ARMA-FIPE. Correspondencia C2-8.

[169] Heras, 2004: 73-74.

[170] M.T. Borbón-Parma y otros, 1997: 193-196.

[171] Arrese, 1982: 154. Toquero, 1997: 265: «fue un pretendiente creado por la Falange y manipulado por ella».

172 Arrese, 1982: 173.

173 Por el abandono y traslado a EE. UU. de su esposa Christina, divorciada en diciembre de 1950 por un Tribunal de Reno (Nevada). En carta a Plazaola de 18 de agosto de 1949 le comunicó: «esperaba que Cristina volviera a fines de agosto, pero no lo creo ya que no tengo noticias de ella, así no cuento me acompañe» (ARMA-FIPE-2).

174 Arrese, 1982: 173.

175 Sobre Marco existía desconfianza en Cora, según expuso a Deán en carta de 24 de mayo de 1944. AGUN-JLAM-6Ag2)-tradicionalismo.

176 Hoja distribuida en el círculo carlista de Pamplona en octubre de 1943. AGUN/MFC/133172/23.

177 Carta de Cora y Lira a Prieto de 1 de septiembre de 1943. AGUN/MFC/133/172/25.

178 Carta de Plazaola a Sesén de 18 de abril de 1947 (ARMA-FIPE-2).

179 Carta de Plazaola a Valdés de 5 de mayo de 1947. Fue más preciso en sus críticas y planteó la manifestación de las mismas en carta a Sesén de 22 de mayo de 1947 (ARMA-FIPE-2). Estas cartas de Plazaola molestaron a Cora que inició una campaña de descrédito diciendo que se inclinaba a Fal Conde, que conoció por carta de Sesén de 30 de julio de 1947 (ARMA-FIPE-2).

180 Carta de 1 de septiembre de 1947 a su jefe en Navarra, Deán Berro (AGUN-FJLI 167/070/001).

181 ARMA-FIPE-2.

182 ARMA-FIPE-2.

183 *Símbolo. Órgano de la Comunión Tradicionalista del Santo Reino de Jaén*, 2 de febrero de 1949. AGUN/MFC/133/172/21.

184 Gil-Robles, 1976: 83: anotación correspondiente al 13 de marzo de 1944. En la de 21 de febrero se refirió a una operación de Franco «por medios solapados e insidiosos» contra don D. Juan: unos «folletos con un árbol genealógico injurioso para la ascendencia de don D. Juan, postales con la fotografía de un hijo de doña Blanca –nieto, por consiguiente, de don Carlos por línea materna–, al que pretende erigir en "Carlos VIII", etc.». 22 de marzo afirma: «Parece que al ver la mala acogida que ha tenido el pretendiente, Franco ha liquidado al Carlos VIII». AGUN/BDH/22/2/112-2); carta n.º 4 de, 5-3-1944 a Gil Robles de su informador D. Juan Jesús González: «Llegó a Barcelona Carlos VIII, siendo recibido por gran cantidad de gente y elementos oficiales; dicen que se establecerá en Andorra. Siguen haciendo propaganda de este Sr. Y el general Coralida [*sic*, por Cora y Lira] –del Supremo Militar– al que, llamó la atención el M. [ministro] de Marina por sus actividades, le dijo que actuaba por órdenes superiores y al apretarle le confesó, que habían puesto para ellos a sus órdenes elementos del partido especializados en propaganda y fondos del Presupuesto del

Partido». En otra de 11-3-1944: «Carlos VIII, actualmente ya en Andorra, con dos coches a su disposición, facilidades de entrada y salida y las autoridades todas ofrecidas». AGUN/EVL/01-02-1944/76/3. Santa Cruz, 1944: 149-150.

185 *Boletín Carlista*, 4, de 5 de mayo de 1944. AGUN/MFC/133/172/24.

186 Era habitual terminar las hojas de propaganda carlosoctavista: «¡Viva España! ¡Viva Carlos VIII!¡Viva Franco!». A veces colocando a Franco antes que al rey. AGUN/JLAM-6Ag1-Tradicionalismo; AGUN/JLAM-Archivo secreto-legajo 23; AGUN/MFC/133/173/21. *Boletín carlista*, 48, 15 de mayo de 1948. AGUN/MFC/133/172/21. En una proclama dirigida «A S. M. Carlos VIII, tras los vivas a España y a Carlos VIII, proclamaron: «¡Franco y Carlos VIII para el Imperio español (AGUN-FJLI 167/070/007).

187 Publicación titulada «Ascendencia judía del infante inglés D. Juan, hijo de Alfonso XIII» concluía: «¡¡Franco y Carlos VIII, nieto de Carlos VII, para el Imperio español!!» (AGUN-FJLI 167/063/005).

188 Thomàs, 2001: 327-328; 1997: 12-17.

189 Heras, 2004: 8. Santa Cruz, 1953: 190-193. En la entrevista de Carlos con el gobernador civil de Álava de 3 de septiembre de 1944 quedó clara la existencia de una subvención por la Secretaria General del Movimiento (informe del jefe provincial de Álava al ministro Arrese de 13 de septiembre de 1944); observa el gobernador: «Le hice ver la verdadera tramitación de las gestiones para lograr cuantas facilidades viene disfrutando por parte del Gobierno Español y la ayuda, incluso económica, facilitada por el Excmo. Sr. Ministro Secretario General del Movimiento, y pude comprobar la inexactitud de las informaciones que le habían dado, desorientándole por completo en la verdadera marcha de los asuntos» (AGUN-JLAM-6Ag2). Clemente, 2006: 85.

190 Carta de Cora a Comín Sagüés de 2 de mayo de 1950. El informe de Olazábal de 21-8-1943 al ministro resulta más verosímil. Santa Cruz, 1950: 187-189. Arrese, 1982: 73: explicó que llegó a «montar en Andorra, bajo la protección del gobernador que puse en Lérida, D. Juan Manuel Pardo de Santayana, una pequeña corte tradicionalista que, según me dijo Rodezno, en alguna ocasión le llegó a quitar el sueño».

191 Carta de Cora a D. Juan Fernández de 19 de mayo de 1943. AGUN/133/174/15. Santa Cruz, 1943: 18-19.

192 El texto lleva la anotación «me lo da Cora y Lira», realizado por el ministro Arrese (AGUN-JLAM-6Ag2-Tradicionalismo). El manifiesto a que se refiere es el de Viareggio de 29 de junio de 1943.

193 Entrevista publicada en ¡*Carlistas*! y en *AET* de 3 de diciembre de 1958. Santa Cruz, 1958: 216, acota en nota: «No podría decir lo mismo Cora y Lira. Aquí está la diferencia y la rivalidad entre ambos jefes. Uno de los prin-

cipales rasgos definitorios de la gestión de Lizarza fue el intento de liberar al movimiento de Carlos VIII y de sus sucesores del enfeudamiento servil en el franquismo en que lo tenía sumergido Don Jesús de Cora y Lira».

[194] Heras, 2004: 113-114, 138-139.

[195] Toquero, 1989: 233.

[196] Santa Cruz, 1943: 64-70.

[197] AGUN/JLAM-Archivo secreto-legajo 22.

[198] AGUN/FJLI/167/70/3.

[199] Informe de la DNII de agosto 1945 (AGUNA-JLAM-legajo 22). En pasquines pegados por Pamplona en septiembre de 1944, además de los vivas a Carlos VIII, se decía: «Los caciques y traidores de siempre intentan implantar la monarquía liberal. Para nuestros hermanos y compañeros muertos, jamás consentiremos tan infame traición». El término «traidor» era parte del lenguaje habitual entre carlistas. Todos se denominaban así entre ellos cuando pertenecían a distintas facciones.

[200] ARMA-FIPE-1.

[201] Carta de Plazaola a Sesén de 21 de diciembre de 1945 (ARMA-FIPE-1).

[202] Heras, 2004: 216.

[203] ARMA-FIPE-1.

[204] Santa Cruz, 1943: 41-48.

[205] Afirmación fundada en los contactos que en enero de 1944 tuvieron miembros de la «conspiración monárquica» juanista como el general Borbón y Arauz de Robles, con Fal Conde y Rodezno, que también lo intentaron con partidarios de Carlos VIII, mencionándose a Olazábal. Según el servicio de información e investigación de FET, en los informes sobre la «conspiración monárquica» desde el n.º 30 de 24 de noviembre de 1943 al 465 de 14 de julio de 1944, (AGUN/JLAM-Archivo secreto-legajo 3).

[206] AGUN/AFC/ Regiones 6 (Levante-Navarra).

[207] AGUN/JLAM-6Af1-281. AGUN/MFC/133/172/21.

[208] AGUN-JLAM-Tradicionalismo1-6Ag1.

[209] Con motivo de esta visita, la CT publicó un texto titulado «Una nueva maniobra del general Franco», «acompañado de las jerarquías más destacadas del Partido falangista», denunciando «esa nueva criminal y antipatriótica maniobra del general Franco y de la Falange para desunir más a los españoles». Añadían la práctica de detenciones en Pamplona por gritar «¡Viva España!» y «¡Viva el Rey»! «Si hubieran gritado "¡Viva Carlos VIII!¡Viva el rey legítimo de la Falange! y ¡Arriba España!" no sólo no les hubieran castigado por proferir gritos subversivos, sino que quizá se les recompensara con un buen enchufe espléndidamente remunerado como justo premio a su falangismo». De la visita se remitió al ministro

un informe detallado probablemente redactado por Del Burgo, que fue organizador y acompañante (AGUN/JLAM-6Ag1).

[210] El informe remitido al ministro sobre este viaje observó: «el conde de Rodezno hizo con sus íntimos el comentario de que era un rey alquilado por la Falange, e indujo a un antiguo Jefe regional carlista de Navarra a suscribir un documento para Carlos en el que pedían que este hiciese declaraciones de anti totalitarismo y demás secuelas de él derivadas, es decir, contra el Régimen, documento que fue calificado por Carlos de zancadilla política incompatible con sus sentimientos y convicciones». Añade: «Los falangistas no ven mal en general esta persona y lo que representa. Algunos fueron a visitarle y les habló afectuosamente de sus deseos de unidad. Su posición es la de acatar con toda subordinación la orden que dé el Caudillo» (AGUN-JLAM-6Ag2).

[211] Así se expresaba el *Boletín de Información del Ministerio de la Secretaría General del Movimiento* de febrero de 1944 (AGUN/JLAM/Boletines de información-1943-1944).

[212] Informe del gobernador-jefe provincial de Álava al ministro de 13 de septiembre de 1944 (AGUN-JLAM-6Ag2).

[213] Carta de Cora a Deán de 4 de junio de 1945, controlada por el servicio de información e investigación y la Dirección General de Seguridad (AGUN/JLAM/Archivo secreto-legajo 22).

[214] El 15 de mayo de 1945 fue nombrado representante de Navarra en la Permanente del Consejo Nacional de la Comunión Católico-Monárquica. Marco, que, además de diputado por Aoiz, era subjefe del Movimiento, fue clave en las operaciones gubernativas para sustituir a los miembros del Ayuntamiento de Pamplona que dimitieron tras el atentado de Begoña, proporcionando a Arrese los nombres de los carlistas colaboracionistas que pudieran ocupar los puestos (Esparza, Del Burgo, hermanos Ciganda, Millaruelo, Ozcoidi, Azpíroz, Larrea, Montes), lista de la que el gobernador civil sacó los concejales (AGUNA-JLAM-Archivo secreto-legajo 12, n.º 318).

[215] Cora hizo un viaje a Tudela acompañado del riojano Aurelio (a) «el botero», tomando contacto superficial en el casino con carlistas locales que se manifestaron contrarios a su causa, como consta en informe policial n.º 378 (AGUN-JLAM-Tradicionalismo 1 (6Ag1).

[216] Villanueva, 1997: 361-365.

[217] D. Juan Junquera tomó posesión como gobernador civil el 6 de abril de 1945, sin presencia del vicepresidente de la Diputación Rodezno, como comunicó al ministro secretario general el 10 de abril de 1945, junto con un parte secreto del Servicio de Información de la Dirección General de Seguridad sobre el conde de Rodezno (AGUN/JLAM/277/231).

[218] La correspondencia entre Carlos y Del Burgo sobre la situación de Tudela en cartas de 13 y 14 de marzo de 1946 (AGUN/FJLI/167/79/3).

[219] AGUN/FJLI/167/70/3.

[220] AGUN/FJLI/167/70/3.

[221] Santa Cruz, 1947: 157-159.

[222] Cartas de 25 de septiembre de 1947 y 13 de diciembre de 1949 (AGUN-FJLI 167/070/001).

[223] Declaración de Cora a News Service, recogida por la publicación carlosoctavista *Las libertades* de Oviedo de noviembre de 1947 y en un texto de propaganda carlosoctavista, junto con una referencia a la reunión celebrada entre Franco y D. Juan en el Azor 28 de agosto de 1948, de la que se deducía que se excluía al padre en beneficio del hijo (AGUN/MFC/133/308/5). (AGUN/FCX/54/1/6-1).

[224] Santa Cruz, 948: 65-78, 168-207, 269-271. AGUN-AFC-Caja Cronológica 5.

[225] Ferrer, 1948: 206.

[226] En carta de Plazaola a Sesén de 28 de agosto de 1948 le informó del encuentro en alta mar en el Azor entre Franco, D. Juan y su hermano Jaime, que no había informado a Barcelona (Carlos VIII) y que «el secretariado político (Cora) seguirá en su vida de égloga» (ARMA-FIPE-2).

[227] Carta de J. Pabón a Gil Robles de 12 de septiembre de 1948. AGUN/BDH/022/003/152-7.

[228] *¡Volveré!*, septiembre 1948.

[229] Carta de Del Burgo a Carlos VIII de 6 de mayo de 1946 (AGUN-FJLI 167/70/3).

[230] En la publicación *¡Volveré!*, 136, de 10 de noviembre de 1954, se publicó un artículo de C. y L. (Cora y Lira) titulado «La tragedia de Carlos VIII». AGUN-FJLI 167/70//9). Santa Cruz, 1951: 175-178. AGUN/FCX/30-05-1950/54/1. Santa Cruz, 1953: 202.

[231] Se celebró un funeral en Barcelona el 23 de diciembre. En el recordatorio se le designaba como «la reina madre», primogénita de Carlos VII, hermana de Jaime III, sobrina de Alfonso Carlos I y viuda del archiduque de Austria Leopoldo.

[232] Los diputados provinciales navarros carlosoctavistas más próximos al gobernador eran Marco, Plaza y Fortún. En una carta dirigida al ministro Arrese por el vicesecretario general del Movimiento Salas Pombo de 8 de junio de 1956 le propuso nombrar jefe provincial de Navarra a Jesús Fortún, de familia tradicionalista, diputado foral, alcalde de Cárcar, alférez provisional y jefe local de FET (AGUN-JLAM-Archivo reservado-N a V-6Bc3).

[233] Carta a José M.ª Comín de 8 de abril de 1950. Santa Cruz, 1950: 183-184.

[234] Santa Cruz, 1950: 183-184.

[235] Santa Cruz, 1950: 187-190.

[236] Santa Cruz, 1950: 190-192.

[237] Era alcalde de Pamplona el cedista Gortari Errea (1949-1952), que había participado en el gobierno de Gil Robles en la República.

[238] AGUN/MFC/133/182/11.

[239] El gobernador Valero en su informe de 18 de octubre de 1951 constataba que el grupo carlosoctavista «no ha sido llamado a la coalición y sus dirigentes permanecen al margen de estas especulaciones», y que se había separado a Zubiaur que «durante el periodo anterior se significó por su oposición y entorpecimiento a la labor de las autoridades del régimen». El gobernador observó en su informe de 14 de noviembre que «carecen absolutamente de hombres con el suficiente prestigio para representarlos ante la opinión pública. [...] cuatro personas carecen de fuerza y prestigio personal para la acción política, salvo que les apoye el gobernador civil o la Jefatura del Movimiento». En carta de Carlos VIII a Deán Guelbenzu de 15 de noviembre de 1951 se refirió a las «buenas migas» de Rodezno y el gobernador y «dan cierta prioridad en las elecciones a los amigos del cacique», previendo fuese elegido Esparza y lamentando no tener «más amigos que puedan ir a algunos cargos» (AGUN-FJLI 167/70/1).

[240] AGUN-AFC-Cronológica 7. Villanueva, 1998a: 460 y 463-469.

[241] Borbón-Parma y otros, 1997: 197.

[242] En carta del presidente de la Diputación de Álava, de Cura, al ministro Arrese, de 31 de maro de 1944, remitió un informe de su hermano sobre los «integristas, que muchas veces les llama intriguista», en la que se refirió a Fal como «un místico incapaz de actuar en política y de conducir masas y su misión como autoridad termina a la muerte de Alfonso Carlos» (AGUN/JLAM/6Ag2).

[243] Heras, 2004: 222-223.

[244] ARMA-FIPE-2. La publicación oficial carlosoctavista ¡Volveré!, 80, de 25 de julio de 1952, informó del encuentro de Carlos VIII con Franco, «inspirada en naturales deseos de conocimiento personal, la entrevista les permitió cambiar impresiones acerca de problemas del mayor interés y de palpitante actualidad».

[245] AGUN/FJLI/167/70/3. Carta de Carlos a Del Burgo desde su veraneo en Espinosa de los Monteros de 25 de agosto de 1952.

[246] AGUN/AFC/Correspondencia E-1.

[247] J. de Cora y Liria, *Estudio jurídico-histórico y político. El futuro caudillo de la Tradición española*, Madrid, Imprenta Martosa, 1932. Constituye un folleto de 61 páginas, formado por introducción, trece epígrafes y cinco conclusiones. Otras publicaciones que defienden la tesis carlosoctavista fueron las de G. A. de Izaga y Ojembarrena (*Modestinus*), *La sucesión legítima en la monarquía de España, según el pensamiento de la Prince-*

sa de Beira en sus cartas íntegras o fragmentariamente reproducidas, con introducción, notas y apéndices, Madrid, 1935. «El barón de la lealtad», *Monarquía y legitimidad, ¿Don Juan o Don Carlos?*, Madrid, 1944. Tras la muerte de Alfonso Carlos y la guerra civil, con la presencia de Carlos de Habsburgo en Barcelona, se produjeron otras publicaciones: J. de Cora y Liria, «Prólogo» a F. J. de Lizarza Inda, *La sucesión legítima a la Corona de España*, Pamplona, Editorial Gómez, 1951; ídem, *Carlos VIII. Monarca tradicionalista. Pensamiento religioso e ideario político y social del actual representante de la Dinastía Legítima española. Su visión de los grandes problemas de nuestra patria*, Madrid, ¡Volveré!, 1953. J. Fernández Gasparini, *Cartas a un tradicionalista*, Pamplona, Gómez, 1951/ Palma de Mallorca, s.i, 1951, edición de Soler Antich, con dos cartas más que en la anterior. BURGO, 1978, 240 y 348. I. BOLINAGA IRASUEGUI, «El carloctavismo», *Historia 16*, 370, 2007: 78-87. Santa Cruz, 1941: 27; 1942: 144-173.

[248] S. e., Madrid, 1932. AGUN/MFC/133/175/16.

[249] *¡Volveré!*, 69, 1953.

[250] Madrid, Imprenta Martosa, 1933.

[251] AGUN-FJLI 167/076/15. Formado por 57 cuartilla y una 34 bis.

[252] Pamplona, Editorial Gómez, 1950. Es una pequeña publicación de 92 páginas que resumió la tesis doctoral del autor. En una segunda edición de 1951 incorporó textos de los Borbón-Parma sobre cuestiones de Francia para demostrar su condición de franceses, procedentes de Prince Sixte de Bourbon, *Chambord et la Maison de France*, París, Champion, 1920; *La Republique de tout le monde*, París, Éditions Amicitia, 1946; *Les accords secrets franco-anglais de decembre de 1940*, París, Plon. Santa Cruz, 1946: 121-133; 11, 1949: 158-162, recoge su repercusión en la política española. Santa Cruz, 1942: 173-187.

[253] Las exclusiones se aplican por complicidad con la usurpación liberal, incluidos los descendientes de Francisco de Asís (Alfonso XII, Alfonso XIII, D. Juan); la de la rama Borbón-Parma la explicó por la ley IV, descendientes de Luis XIII y Ana de Austria, con excepción de la de Carlos IV.

[254] Lizarza Inda, 1951: 49-51.

[255] En sentido contrario se manifestó el testigo Fal Conde en carta al sacerdote San Miguel de 31 de octubre de 1940, informándole de las honras fúnebres y otros acontecimientos, destacando la frialdad que les manifestó el archiduque, no interesándose ni por la marcha de la guerra ni por la CT (AGUN/MFC/133/178/14). En otra de agosto de 1943 calificó el comportamiento del archiduque de «desdén, frialdad, indiferencia» (AGUN/MFC/133/172/17).

[256] Lizarza Inda, 1951: 58.

[257] Lizarza Inda, 1951: 67-78.

[258] Lizarza Inda, 1951: 88.

[259] Lizarza Inda, 1951: 91-92.

[260] Pudo ser redactado por Fal, aunque por el estilo parece más propio del historiador Ferrer. Se ha utilizado una copia en calco del archivo del primero (AGUN/MFC/133/308/2).

[261] Curiosamente, uno de los nombres que recibían los partidarios del archiduque Carlos en el conflicto sucesorio fue, además de «imperiales» y «aguiluchos», el de «carlistas» por su nombre, mientras que los partidarios de Felipe de Anjou eran «borbónicos» y «felipistas». Ahora se vinculaba a los nuevos carlistas de Carlos V y sucesores, todos eran «carlistas» a partir de 1833.

[262] Santa Cruz, 1941: 32-33. Ferrer, 1979: 296.

[263] ¡Volveré!, 174, 15 de septiembre de 1957.

[264] En «¡Carlistas! Alerta nacional del requeté al servicio voluntario, incondicional (y no subvencionado) de Dios, España, los Fueros y el Rey Legítimo», septiembre 1958. Citado por Rodón, 2015: 67-169.

[265] Carta de Carlos VIII a Deán Berro de 26 de octubre de 1944 (AGUN-FJLI 167/070/005).

[266] Preocupación social que se explica por la presencia entre los principales dirigentes de personas que, como Del Burgo, habían sido activistas de la AET de Navarra y redactores de su publicación AET, cuyos artículos sociales críticos con los capitalistas y socialistas provocaron enfrentamientos con los conservadores miembros de la Comunión Tradicionalista de Navarra.

[267] Heras, 2004, 92-98.

[268] Actuación simultánea, no coincidente en lo ideológico, con la que se produjo en la Comunión Tradicionalista por parte de la AET y el MOT contra el colaboracionismo con el régimen.

[269] Rodón, 2015: 172-173. En una entrevista al New York Times del 14 de junio de 1951 expuso su régimen económico-financiero. Santa Cruz, 1951: 170-175.

[270] Boletín Carlista, 64, de mayo-junio 1951. Santa Cruz, 13, 1951: 56-59. Santa Cruz, 1962: 160-168.

[271] A. Lizarza Iribarren, Exposición de la doctrina foral carlista, Vitoria, 17 de junio de 1951. Santa Cruz, 1951: 159-170.

[272] Santa Cruz, 1953: 155-158.

[273] Texto titulado «Regencia y Legitimidad»: Santa Cruz, 1943: 49-56.

[274] AGUN-FJLI 167/060/0012: «Dictamen histórico sobre la nacionalidad española de los infantes de Parma», conforme al art. 17 Código Civil, el DL de 29 de diciembre de 1948 reconociéndola a los sefardíes y la Ley de 15 de diciembre de 1938 devolviéndola a Alfonso XIII. Se recogen textos de

H. Pinoteau, *Monarchie et avenir*, París, Nouvelles éditions latines, París, 1960, pp. 136, 150 y 188. Fue un tema recuente en la justificación por Franco de su exclusión al trono de España.

275 Santa Cruz, 1946: 121-133; 1949: 158-162; 1958: 171-179. Se utilizaron sus obras: *La Republique de tout le monde*, París, Éditions Amicitia, 1946; *Les accords secretes franco-anglais de decembre de 1940*, París, Plon, 1949; *Les chevaliers du Saint Sepulchre*, París, Fayard, 1957.

276 ARMA-FIPE-1.

277 Carta de Carlos VIII a Lizarza Inda de 28 de febrero de 1953 (AGUN-FJLI 167/070/011 1 015).

278 Carta de Carlos VIII a Deán de 8 de noviembre de 1950 (AGUN-JLI 167/070/001).

279 Carta de Carlos VIII a Del Burgo de 22 de octubre de 1945 (AGUN-JLI 167/70/3).

280 Esposo de doña Margarita hija de Carlos VII.

281 Carta de Carlos VIII a Plazaola de 9 de enero de 1952 (ARMA-FIPE-2). En carta a Deán Guelbenzu de 5 de diciembre de 1951 se refirió a que el viaje de D. Javier había sido promovido por Gran Bretaña, Francia y el Benelux para una unión monárquica en favor de D. Juan (AGUNA-FJLI167/060/001).

282 Carta de Carlos VIII a Plazaola de 10 de enero de 1952 (ARMA-FIPE-2).

283 Carta de I. Plazaola a Carlos VIII de 16 de enero de 1952. En otra de 26 de julio de 1962 a Careaga reconoció las «orientaciones de nuestra masa hacia un hijo del Príncipe Javier que es francés, y tanto del padre como del hijo, sólo se puede esperar alguna intriga política que atraerá a la larga la repulsa de nuestras buenas y honradas gentes (ARMA-FIPE-4).

284 Carta de Carlos VIII a Plazaola de 10 de noviembre de 1952 (ARMA-FIPE-2).

285 Informe de 6 de abril de 1945 (AGUN-JLAM-6Ag1).

286 En nota recordó el alcance de las pretensiones de la Junta Central Carlista de Guerra de Navarra para participar, «la entrega de todos los ayuntamientos de la Provincia, es decir, los resortes de la política pequeña y caciquil de vía estrecha». La corporación provincial, tras la guerra y durante el franquismo, colocó en sus dependencias y servicios a gran número de excombatientes, repartiendo los empleos entre personas de confianza por riguroso turno de reparto entre los diputados forales merindanos, que fue la practica caciquil más notoria.

287 En nota 2) afirmó el autor: «A propósito le oí decir muchas veces que la Unificación le había dado resuelta, en bandeja de plata, la disolución del partido carlista que constituiría una rémora y un lastre pesado para gobernar. Su teoría entonces era la de que había que constituir tan solo una

minoría dirigente del gobierno. Era cuando se confiaba todavía en que Serrano tendiera un cable hacia Villandrando, residencia de Fal cerca de Burgos» [durante la guerra].

288 Villanueva (1998a: 173-174) recogió la crisis provocada en el Ayuntamiento de Pamplona por la protesta de los concejales carlistas que se dieron de baja en FET y de las JONS, destituidos por el gobernador, que formó una nueva corporación con carlistas colaboracionistas y octavistas, que fueron muy criticados, en particular Del Burgo. Se provocó un nuevo conflicto entre la organización y esta tendencia. Larraza, 2006: 17-50.

289 En la nota 3) se refirió «a la organización descubierta por entonces, al servicio del espionaje inglés. Andaban en ello, tres sacerdotes carlistas conocidísimos en Navarra: Don Fermín Erice, Don Pascasio Osácar y Don José M.ª Solabre». Las actuaciones de control y sanción se realizaron a principios de 1943. Alli Aranguren, 2021, 999-1040.

290 Carta de Fal a Lizarza de 25 de agosto de 1952 (AGUN/MFC/133/16/4).

291 AGUN/JLAM/277/274.

292 El acto tuvo lugar el 12 de mayo de 1944 (AGUN-JLAM 277-218).

293 En informe del gobernador de 14 de junio de 1945 comunicaba al ministro que la «compañía de excombatientes que en Pamplona se había aportado al Movimiento para servir de base a la Guardia de Franco, se ha disuelto. […] El triunfo del conde de Rodezno ha sido pleno y absoluto. Porque destruido lo que él consideraba un peligro, en Navarra ya no hay autoridad». Puso de ejemplo la actitud de [D. Juan] Cruz Ancín que se negó a salir para el confinamiento y una reunión en Estella en la que, «bajo juramento, se acordó la eliminación de ocho destacados colaboradores», que eran los carlosoctavistas Marco, Del Burgo, Hermanos Ciganda, Múgica, Ozcoidi, Millaruelo y Esparza. En una entrevista con Ancín, ese lo negó: «sólo se trataba de un consejo para enjuiciar la actuación política de ciertos excarlistas que habían hecho traición a la causa», añadiendo el gobernador: «la traición que se atribuye a esos ocho camaradas es la de colaborar con el régimen e intentar encauzar por sanos derroteros a la gran masa del carlismo navarro» (AGUN/JLAM/Archivo secreto-legajo 23).

294 En el «Informe sobre la situación política», confidencial, elaborado por el Gobierno Civil en octubre de 1944, dedicado fundamentalmente a la situación provocada por la presencia del maquis, se informó que «se montó con afiliados de FET una agrupación de informadores al frente de la cual se ha colocado un policía de toda confianza, que controla el servicio en evitación que prejuicios o deseos personales de venganza o temor equivoquen la acción de la justicia» (AGUN/JLAM-archivo secreto-legajo 23). Se les dio el estatuto de «auxiliares honorarios de la autoridad y voluntario cerca del Cuerpo de Investigación y Vigilancia», colaboradores de la «Brigada de Investigación y Vigilancia de FET y de las JONS».

[295] El llamado maquis blanco organizado por Lizarza Iribarren tras una entrevista con el general Yagüe y dentro del Movimiento. El gobernador civil López-Sanz comunicó a Arrese el 8 de noviembre de 1943 una entrevista con Lizarza para utilizar su experiencia en la organización del requeté para crear una «segunda línea» en la estructura de FET y JONS (AGUN-JLAM-277/231).

[296] Acompañaba el texto, pero no hay constancia de que se editase. Replicaba a la «manifestación» de cien oficiales de requetés del 18 de julio de 1940 crítica con el Régimen al que acusaban de traición, de la imposición de la Falange y practicar una «ruin política».

[297] Se refería a José López-Sanz Alamán, gobernador y jefe provincial del Movimiento desde el 30 de mayo de 1941 hasta el 5 de marzo de 1945.

[298] Para el falangista histórico Yzurdiaga en carta a Arrese de 20 de septiembre de 1942 «el conde de Rodezno se mueve más que nunca en un completo caciqueo, a ciencia y paciencia del pobre Pepe [el gobernador López-Sanz], que le tiene un excesivo respeto». «Hemos de tratar un día seriamente de la actuación "falangista" de Pepe, el Gobernador» (AGUN-JLAM-277-274).

[299] Añadió en nota un comentario posterior del gobernador: «El Gobierno camina hacia la democracia y hay que mostrar al mundo que sabemos adelantarnos para preparar así las elecciones municipales. La guerra fue un episodio y en FET cabe todo el mundo. Ya no interesa la Falange como fuerza combativa, ni tampoco el Requeté. El Decreto de Unificación integró a varios grupos más templados que son los que pueden regir ahora las corporaciones. Dicen que el Ayuntamiento es de la CEDA, es de FET y basta». Una hoja que circuló por Pamplona con el título «Se ha traicionado al 19 de julio», los calificó de «facción minúscula, con afanes de dinero y de lucro, de honores mundanos y de apetitos rastreros». Marco transmitió al ministro su protesta el 9 de diciembre de 1944, manifestándose «Con el Caudillo Franco y a lo que quiera Franco», ofreciéndose con los excombatientes a desvirtuar «la idea general de que Navarra está dispuesta a secundar cualquier acción de hostilidad al régimen» (AGUN/LJAM/272/231). Yzurdiaga informó a Arrese desde la perspectiva falangista de la situación en carta de 23 de marzo de 1943: «El mismo "grupo de Marco" se rompe. Me han visitado Jaime del Burgo y Esparza, acusando a Marco de inanidad, aparte de irregularidades de orden moral –querindongas, etc.– y de su entrega absoluta al conde de Rodezno. [...] el conde me ha llamado, hasta tres veces, buscando cables, en su soledad, no sé si para colaborar lealmente, o como gancho monárquico». En otra de 12 de diciembre de 1944 expresa que la crisis del Ayuntamiento al quitar a un alcalde «sin prestigio, sin altura, sin iniciativa, sin nada, se soluciona sacando a toda esta representación del Movimiento en Navarra. El nuevo responde política y totalitariamente a la CEDA» (AGUNA/JLAM/277/274).

300 El nuevo alcalde Nagore (1944-1946) y la Comisión Gestora fueron nombrados por el ministro de la Gobernación a propuesta del gobernador López-Sanz. Era exmiembro de la CEDA, sustituido por Iruretagoyena (1946-1947), que dimitió con motivo de la Ley de Sucesión. El nuevo alcalde fue Gortari (1949-1952) cedista y alto cargo en el gobierno de Gil Robles. Le sustituyó el falangista Pueyo (1952-1958).

301 Aportó en la nota 7) el documento publicado por la CT en diciembre de 1944, en la que se utilizaban como argumento las palabras del gobernador para disolver el Ayuntamiento de Pamplona sobre el camino a la democracia y la superación de la Falange y el Requeté.

302 «Informe sobre situación política» del gobernador al ministro Arrese de 11 de octubre de 1944 (AGUN/JLAM-archivo secreto-legajo 23).

303 Fue una de las últimas personas que llevaron la boina roja en Pamplona en los años 60 y uno de los detenidos en los incidentes del 3 de diciembre de 1945 en la plaza del Castillo, que provocaron el cierre del círculo carlista.

304 Lo identifica como Elizalde, «hijo de un conocido agente de Fal», refiriéndose a D. Juan Elizalde al que se hacía responsable de propaganda. Parece una identificación errónea, porque los hijos de este no se implicaban, siendo más verosímil que se tratara de otro del mismo apellido, miembro de la peña Muthiko Alaiak, apodado «el morros»/«Morrison».

305 (AGUN-JLAM-6Ag2). Coincide en términos literales con el emitido por Del Burgo el 6 de abril de 1945 con el título «Situación política de Navarra», En el que existe la anotación «Informe de Jaime del Burgo» (AGUN-JLAM 6Aag1-Tadicionalismo).

306 AGUN-JLAM6Ag1-Tradicionalismo.

307 Carta de Plazaola a Margarita de Habsburgo de 11 de mayo de 1966 (ARMA-FIPE-5).

308 Carta de Carlos VIII a Plazaola de 2 de febrero de 1947 (ARMA-FIPE-2).

309 El subjefe del Movimiento y diputado foral Marco Ilincheta realizó en mayo de 1944 un viaje a Andorra, con Del Burgo, Millaruelo y Ciganda. Del primero decía: «Es hombre de confianza y más cauto que todos los de la expedición, aun cuando le gusta la idea no va más allá de lo que le mandemos, no renuncia a lo seguro por lo probable». Del segundo: «carece en absoluto de personalidad, es ambicioso, pero siempre que para medrar no se le exija ningún esfuerzo». Del Ciganda médico, «sin intención definida claramente, pero con un deseo inusitado de emular a Cordero». En la información transmitida al gobernador y ese al ministro Arrese en carta de 27 de mayo: «el asunto va dando guerra y no consiguen ponerse de acuerdo los tradicionalistas». El importe de los gastos se lo abonó a Marco el gobernador en cuantía de 4000 pesetas, de las que devolvió cien, pendiente de rendir cuentas. Marco informó al gobernador y este al ministro en carta de 27 de mayo de 1944, recogiendo lo que le habían transmitido: «Carlos afirmó que Cora estaba en

íntima y directa relación con Franco y que por lo tanto habían de seguirse rigurosamente sus instrucciones». Para Cora «el acuerdo con el Caudillo es fomentar la línea de esta restauración en Navarra para que el Caudillo lo pueda presentar como un deseo de gran presión ante el País». Carlos les dijo «que había que apoyar a Franco para no hacer estéril el sacrificio de España y secundarle en su gobierno. España necesita una institución que garantice la continuidad del Movimiento de julio, al que se siente vinculado el carlismo». También se refirió «a la plena identidad entre este (Carlos) y el Caudillo. «Se podrá decir Viva Carlos VIII siempre que, a continuación, se vitoree a Franco» (AGUN-JLAM-6Ag2-Carlos VIII).

[310] Como es común opinión: Santa Cruz, 1943: 9. Heine, 1982: 182 y 281. Payne, 1965: 192-193; 1987: 338. Riquer, 2010: 115.

[311] Carta de Carlos VIII a Plazaola de 16 de agosto de 1946 (ARMA-FIPE-1).

[312] Carta de Carlos VIII a Plazaola de 4 de septiembre de 1946 (ARMA-FIPE-1).

[313] Carta de Carlos VIII a Plazaola de 26 de septiembre de 1946 (ARMA-FIPE-1).

[314] *Ibidem.*

[315] Información procedente de la carta de Plazaola a Antonio de Habsburgo de 16 de junio de 1955, temiendo que, como Cora «es hombre de mala intención, procurará enfrentarnos con el Generalísimo», lo que confirma que era quien mantenía las relaciones con el Pardo (ARMA-FIPE-3). El boletín *¡Firmes!*, portavoz de la Comunión Carlista, 37-38, de junio-julio de 1955, publicó la carta y los acuerdos de la Diputación Nacional, observando las «gravísimas y personalísimas intervenciones de éste (Cora) sobre miembros de la Real Familia para decidirles a tomar determinadas actitudes merced a ciertos beneficios tan irrisorios como precarios que pondrían en entredicho, además, el honor de la Causa».

[316] Burgo, 1970: 485. Plazaola coordinó la recaudación para la estancia de D. Carlos en Andorra y Barcelona y gestionaba el abono de los fondos en bancos españoles y extranjeros a D.ª Blanca y su hija Dolores con la ayuda de Bilbao y del embajador Doussinague (carta de 19 de mayo de 1944, (*ibidem*, p. 7).

[317] AGUN/MFC/133/183/2.

[318] AGUN/MFC/133/183/6.

[319] Carta de Lizarza a Martínez Rubio de 23 de diciembre de 1955. En carta a Antonio de 24 de diciembre le informó de contactos y condiciones, y de que Cora propiciaba la candidatura del archiduque Francisco José (ARMA-FIPE-3).

[320] RMA-FIPE-2.

[321] «Nota confidencial» remitida por Lizarza a Plazaola el 31 de octubre de 1956 (ARMA-FIPE-3).

[322] La idea del Compromiso de Caspe se recuperó en noviembre-diciembre de 1962 en un artículo de la revista de la AET *Azada y Asta*, que defendía

el diálogo nacional para una transición del régimen y una nueva regencia conducente a una monarquía, en un momento en que la presencia y actividad de Carlos Hugo, designado heredero por Javier, empezaba a suscitar rechazos en la Comunión Tradicionalista (Santa Cruz, 1963: 339-382). También fue propuesta por Ferrer en el conflicto surgido con Zamanillo en junio de 1963 sobre su propuesta negociadora con los seudotradicionalistas y la separación de los Borbón-Parma (Vázquez de Prada, 2016: 186-192). El día 1 de noviembre de 1963, por iniciativa del exjefe regional de Vizcaya Gaviria, se reunieron en Zaragoza, al margen de sus organizaciones de pertenencia, varias personas para estudiar «la situación del tradicionalismo», con la idea de sentar las bases para un proceso de unión ideológica, pero la presencia de estorilos supuso el veto por parte de Sivatte y terminó en fracaso (Santa Cruz, 1963: 21-29).

[323] AGUN-FJLI 167/062/004.

[324] En carta de Plazaola a Christa/Cristina, señora Sandor, exesposa de Carlos VIII, de 21 de marzo de 1964, describió a los pretendientes del momento: «Don Hugo, que aquí le llaman Don Carlos, que tiene a su lado a los requetés y parte de Falange. Don Alfonso que es el jefe de la casa Borbón, por ser primogénito del infante Don Jaime, Duque de Segovia, [...] muy bien situado con Falange, muchos carlistas y es muy querido en el Ejército [...] y queda Don Juan Carlos, cuyo matrimonio no ha sido del agrado ni tan siquiera de sus amigos, y al que la gente considera tonto [...] es indiscutible que el Ejército resolverá la cuestión» (ARMA-FIPE-5).

[325] AGUN-FJLI 167/063/001. Santa Cruz, 1958: 208.

[326] ARMA-FIPE-3.

[327] Santa Cruz, 1957: 219, 221-224.

[328] Carta-circular de Lizarza Iribarren de diciembre de 1957 (ARMA-FIPE-3).

[329] Santa Cruz, 1958: 199-201.

[330] Santa Cruz, 1958: 203-294.

[331] ARMA-FIPE-4. Zita, hermana de D. Javier y viuda del último emperador de Austria, se refugió en España tras el fin del imperio y la proclamación de la república, siendo acogida y protegida por D. Alfonso XIII.

[332] AGUN-FJLI 157/063/001. Santa Cruz, 1958: 208-210.

[333] AGUN-FJLI 157/063/001. Santa Cruz, 1958: 210-212. El jefe de familia era el archiduque y heredero del Imperio, Otto de Habsburgo y Borbón-Parma, sobrino de Javier.

[334] Carta a los jefes de la Comunión Carlista de 19 de octubre de 1959: «renuncio a cualquier pretensión propia, o en mi nombre, a la jefatura carlista. Siento desilusionaros, pero es el único camino que puedo seguir con sinceridad» (AGUN-FJLI 167/062/004).

[335] AGUN/MFC/133/28/6.

336 Santa Cruz, 1960: 70-87.

337 AGUN/JMVS/127/52/2.

338 ARMA-FIPE-3.

339 Los firmantes iniciales fueron Paulo, Hernández Illán, Suárez Kelly, Gassió y Echeverría; posteriormente lo hicieron De Cura, Olabarría, Brú y Gómez Carrasco; esperaban lo hicieran Lizarza Iribarren, Loma, Ginés y Liñán; consideraban a Lizarza Inda el «enemigo de menor beligerancia de la que se le atribuye». Hubo correspondencia de muchos de ellos con Valiente sobre las condiciones y voluntad de adhesión. El jefe regional de Navarra Astrain expuso la escasa afiliación octavista en Navarra y la dificultad que planteaba la presencia de los Lizarza (AGUN/JMVS/127/52/2). Santa Cruz, 1961: 144-146; 1962, 158-159.

340 Fue la expresión de la actitud contraria del grupo de Navarra representado por los Lizarza (AGUN/JMVS/127/52/2).

341 Santa Cruz, 1964: 205-207. En unas declaraciones a *La Vanguardia*, Barcelona 8 de mayo de 1966, se presentó como el pretendiente carlista.

342 Doña Alicia de Borbón, princesa von Schönburg Waldenburg, luego señora del Prete, nacida en Pau el 29 de junio de 1876, falleció en Il Colle Bargecchia el 20 de enero de 1975.

343 Así lo expuso en una visita a Pamplona a las personas de distintas tendencias que le acompañaron. Aparecían como sus anfitriones Lizarza Iribarren, Del Burgo y el javierista Baleztena, acompañados de jóvenes de la AET y el Muthiko. Santa Cruz, 1964: 87-88. En los círculos de la familia y de los carlosoctavistas se consideró a Alfonso un candidato adecuado a la mano de la hija de Carlos VIII, Inmaculada. Lo veían «como una solución futura de la Monarquía. No se trata de ninguna discordia, sino el unir dos ramas que hasta ahora han estado en guerra». Carta de Plazaola a Christa/Cristina Sandor, exesposa de D. Carlos, de 18 de junio de 1964 (ARMA-FIPE-5).

344 Ibáñez, «Notas...», *op. cit.*: 12.

345 AGUN/MFC/133/183/2. Santa Cruz, 1954: 30-34.

346 AGUN/MFC/133/183/2.

347 AGUN/MFC/133/183/3.

348 Carta de Fal a Carlos Hugo de 24 de mayo de 1962 sobre su acompañamiento para una audiencia con Franco que serviría para demostrar que no había rencor por su parte, a la que se negó a acudir. AGUN/MFC/133/28/6).

349 AGUN/MFC/133/183/6.

350 AGUN/MFC/133/183/4.

351 Sobre el cese de Fal Conde como jefe delegado, comunicada el 11 de agosto de 1955, asumiendo Javier la jefatura, lo comunicó por circular

del día 16. Formaron parte de la nueva organización Zamanillo y Sáenz Díez. Santa Cruz, 1955: 123-210. El 6 de enero de 1968 se produjo el cese de Valiente y con él del «colaboracionismo» con el régimen. Terminó expulsado por desviarse de la línea política y crear con Zamanillo, Fagoaga y Forcadell un grupo carlista contrario. En febrero de 1971 constituyeron la Hermandad del Maestrazgo, que se incorporó a la asociación política Unión Nacional Española (UNE) en la transición política, junto con Asís Garrote, De Miguel, Sáenz Díez, Márquez de Prado y otros de origen carlosoctavista. Algunos participaron en mayo de 1986 en el Congreso de Unidad Carlista para organizar la Comunión Tradicionalista Carlista.

[352] En documento de 14 de junio de 1956 entregado por Valiente al ministro Arrese proponía las bases y condiciones de la colaboración con el Movimiento: «Esta fuerza política podría conectarse con la realidad política actual aún dentro del Decreto de Unificación, con la interpretación que acaban de darle las autoridades para los actos conmemorativos de Montserrat y Montejurra. Sería también utilísima para ayudar a la creación de un ambiente monárquico popular» (AGUN/JLAM/Archivo reservado-6Bc3). Suárez (2005: 641) calificó de «radicales del tradicionalismo» a los colaboracionistas Valiente, Zamanillo, Fagoaga o Elías de Tejada que «se mostraban cada vez más duros; lo único importante en toda esta cuestión era la defensa de los principios y resultaba evidente que el conde de Barcelona no estaba dispuesto a defenderlos. Aunque fuesen pocos los miembros de este grupo, hablaban con tanta energía que suscitaban abundantes inquietudes entre los adictos al Movimiento».

[353] AGUN/MFC/133/173/10.

[354] El documento y su versión abreviada respondían a la propuesta contenida en la «nota confidencial» de finales de agosto de 1955, sobre la presencia de D. Javier en España y las reuniones de la Junta de Jefes y Consejo del día 17 de agosto. La redactó, por el estilo y método, Fal Conde, con un argumentario contrario al colaboracionismo que con un método filosófico diferenció entre el fin y los medios, basada en el rechazo al generalísimo y su régimen. Se difundió entre las bases una versión reducida con los aspectos más políticos. AGUN/MFC/133/173/10; 133/186/6.

[355] Miranda y otros, 1990: 469-480.

[356] Santa Cruz, 1958: 9-10. Esta nueva situación terminó de consolidar la escisión que supuso la Regencia Nacional y Carlista de Estella (RENACE) de Sivatte, proclamada el 20 de abril de 1958 (*ibidem*: 10-26).

[357] Suárez, 2005: 480-481, 492, 500-501.

[358] La calificación referida a los carlistas fue utilizada por Preston, 1995: 10.

[359] AGUN/JMVS/127/34/1.

[360] Informe de Valiente de 10 de octubre de 1956 (AGUN/JMVS/127733/1).

[361] Carta de Javier de Borbón-Parma a Fal Conde de 6 de abril de 1957. AGUN-MFC-Cronológica.

[362] AGUN/JMVS/127/33/2.

[363] Santa Cruz, 19 (I), 1957 (II): 176-188.

[364] Massó, 2008: 106-107. La incorporación de Carlos Hugo a la dirección del carlismo se inició con su nombramiento el 7 de mayo de 1950 como presidente de la AET. El 5 de mayo de 1957 presidió el acto de Montejurra. Había pasado largos periodos en España: vivió en Bilbao en 1956, trabajó en una mina en Asturias, residió en Madrid y viajó por el país para contactar con los dirigentes y militantes.

[365] Carta de Valiente a Javier de 2 de julio de 1957 (AGUN/JMVS/127/33/1).

[366] Santa Cruz, 1950: 159-160. Martorell, 2014: 43-44.

[367] Hubo acciones violentas internas. Antes de que los GAC atentaran contra *El Pensamiento Navarro* por su juanismo y no devolución por algunos consejeros de las acciones a la CT, el miembro de la AET de Pamplona, De Diego Arteche, vestido con sotana, agredió a Valiente el 25 de julio de 1957 por colaboracionista, causándole pequeñas lesiones, suficientes para que se organizase un escándalo interno. El jefe regional de Navarra, Astrain, comunicó a Valiente el 22 de septiembre de 1957 su entrevista en la comisaría de Pamplona con el interrogador y la entrega de dos fotografías policiales, que remitió. Contestó Valiente el 24 de septiembre reconociendo en ellas al agresor, informando a la Dirección General de Seguridad, que procedió a ordenar su detención (AGUN/JMVS/127/33/4). Santa Cruz, 1957: 121-138. En la publicación carlosoctavista *Lealtad* de diciembre de 1961, criticando el comportamiento del javierismo con el colaboracionismo de aquellos, hizo un comentario humorístico y sarcástico sobre el incidente: «¿Recuerdan Vds. aquel celoso "cura navarro" que hace unos años cumplimentó, con un garrote, a José M.ª Valiente? Pues bien; este señor "cura" ha sido absuelto en la causa que, por "caricias sin vaselina", se le incoó». Recogió que se le absolvió en la primera causa, añadiendo: «Pasó algún tiempo y el chaqueta de turno, jefe javierista de Navarra, curado de su fanatismo antifalangista, secundado por el astrinizado "Círculo V. Mella", de Pamplona, se "chivó" y la Poli se encargó de lo demás. En el registro se le encontraron, no las octavillas temidas y denunciadas, sino unas hojas más "críticas" que el "tiempo", y... a la Sala de Audiencia». Hubo absolución. «Enhorabuena a defensores y defendido, y ¡palo a los chivatos y chaquetas!» (AGUN/JMVS/127/52/2). Un miembro de la AET de Pamplona redactó unos versos sobre la agresión: «Juanito se hizo "curica" / y se largó p'a Madrid, / para darle un escarmiento / al poco "valiente" jefe / del carlismo falangí. / Se escandalizó el cotarro / del carlismo caciquil / lo denunció un jefe propio / hubo desagravios mil. / Juanito tuvo indulgencia / del juez y del alguacil. / Y todos lo celebraron / merendando en el Muthiko / con güevos y chacolí».

368 Valiente lo comunicó con satisfacción a D. Javier en carta de 18 de mayo de 1961, añadiendo que también había nombrado Jaime del Burgo, que fue secretario de Fal y «estaba bien relacionado con los octavistas y que recientemente ha mostrado inclinación hacia nosotros». Le informó que el día de constitución de las Cortes se reunirían todos a comer con Esteban Bilbao (AGUN/JMVS/127/37/2).

369 Recogido en la circular del servicio de Información de FET de 14 de diciembre de 1956. (AGUN/JMVS/127/10/10).

370 Franco Salgado-Araujo, 1976: 240 y 287.

371 AGUN/JMVS/127/13/5. Lo ideológico no se trataba porque se movía dentro del Régimen para hacer efectiva una decisión personal a favor de un candidato, conforme a la previsión de la Ley de Sucesión.

372 AGUN/JMVS/127/34/6. Consta en el documento, sin firma, una anotación manuscrita, «Sr. Zamanillo».

373 El jefe regional era Astrain y el pariente próximo al que se refirió era su hijo Ignacio, que pertenecía a la misma AET y peña de Pamplona que De Diego.

374 AGUN/JMVS/127/33/2.

375 *Ibidem.*

376 AGUN/JMVS/127/54/1.

377 AGUN/JMVS/127/35/1.

378 AGUN/JMVS/127/36/2.

379 AGUN/JMVS/127/36/3.

380 AGUN/JMVS/127/36/9; 127/64/3.

381 Massó, 2008: 174: «Creo que lo veía [el colaboracionismo] como el único instrumento posible de hacernos con el poder. La colaboración era el instrumento».

382 Melgar, 1964: 139. López Rodó (1990: 275) recoge una conversación con Oriol en la que le transmitió la mantenida con el ministro Solís sobre financiación del acto de Montejurra de 15 de mayo de 1961: «Tenemos que mantener diferentes opciones y así prestamos un gran servicio a Franco». También opinaba López Rodó que Solís financiaba la operación Carlos Hugo, lo que niega Massó, afirmando que lo hacía su familia: Massó (2008: 195) se refiere a los apoyos desde medios sindicales a los grupos monárquicos: «Solís si no podía a estas alturas declararse republicano, sí contribuía, en la medida de sus posibilidades, a hacer lo más confusa posible, la cuestión monárquica». Recoge que Solís presumió de haber traído a España a Carlos Hugo, lo que Massó niega señalando que toda la operación fue financiada por los Borbón-Parma y su propia familia (pp. 222, 525).

[383] AGUN/JMVS/127/37/13.

[384] AGUN/JMVS/127/54/5G.

[385] AGUN/JNVS/127/55/5.

[386] AGUN/JMVS/127/39/3.

[387] Santa Cruz, 1964: 139-161.

[388] Santa Cruz, 1965: 65-66.

[389] Santa Cruz, 1964: 171-181. Recoge anotaciones sobre la necesidad de proceder a la ruptura con Franco, a la que Valiente se opuso minimizando el alcance de la presencia de D. Juan Carlos en la tribuna del desfile, que demostraba lo ilusorio de sus objetivos.

[390] Carta de Valiente a D. Javier de Borbón-Parma de 16 de enero de 1965.

[391] Fraga, 1980: 150, anotación de 25 de mayo de 1964. Santa Cruz, 1964: 173-181.

[392] Fue el primer secretario general del Partido Carlista (1965-1979), al que siguieron Zufía (1979-1983), Cordero (1983-1987), Martín de Aguilera «el conde» (1987-2000), Olcina (2000-2009), Aragón (2009-2021) y Lázaro (2021).

[393] Santa Cruz, 1952: 32-34; 1965: 6-44.

[394] AGUN/JMVS/127/57/1.

[395] Santa Cruz, 1965: 6-44.

[396] Informe de Valiente a D. Javier de Borbón-Parma de 16 de enero de 1965 (AGUN/JMVS/127/41/2). Santa Cruz, 1966: 51-59.

[397] Santa Cruz, 1965: 59-61.

[398] AGUN/JMVS/127/57/1.

[399] Editorial de *Vanguardia Obrera*, 1, 1966. Santa Cruz, 1966: 193-198.

[400] Santa Cruz, 1966: 23. AGUN/MFC/133/184/12.

[401] Santa Cruz, 1966: 26-28.

[402] Santa Cruz, 1966: 64-72.

[403] Santa Cruz, 1966: 95-114.

[404] Santa Cruz, 1966: 140-152. La Regencia Nacional Carlista de Estella (RENACE) se opuso al mismo.

[405] Santa Cruz, 1966: 163-168.

[406] Borbón-Parma, 1979: 132.

[407] AGUN/JMVS/127/41/8.

[408] AGUN/JMVS/127/41/8.

[409] AGUN/JMVS/127/57/3.

[410] AGUN/JMVS/127/57/4.

411 https://insurgenciacarlista.wordpress.com/2009/05/03/manifiesto-a-los-carlistas-de-d-javier-i-de-borbon-parma-con-motivo-de-la-designacion-de-juan-carlos-de-borbon-como-sucesor-de-franco-a-titulo-de-rey-25-de-julio-de-1969/ (acceso 16 de octubre de 2020).

412 Santa Cruz, 1966: 49.

413 AGUN/MFC/ 133/185/9-10.

414 De los dos asesinados, Aniano Jiménez lo fue por «el hombre de la gabardina», el comandante retirado José Luis Marín García-Verde; Ricardo García Pellejero, por los disparos de ametralladora de los sixtinos que ocuparon la cumbre. El complot fue diseñado desde las estructuras del Estado con participación de los generales directores del SECED Valverde, de la Guardia Civil Campano y Bujanda, del presidente del Consejo de Estado Oriol Urquijo, que la financió, del presidente de la Diputación de Guipúzcoa Araluce, del gobernador civil de Navarra Ruiz de Gordoa y algunos personajes de la extrema derecha de Pamplona.

415 Clemente, 1992: 414-417.

416 Denominación que se atribuye al dirigente de Unión Nacional Española-UNE Fernández de la Mora, que se reunió en Pamplona con el gobernador civil cuatro días antes de la celebración.

417 I. López Muñoz, «Carlos Hugo y Sixto Enrique se disputan el carlismo», *El País*, 9 de mayo de 1976.

418 *El País*, 30 de mayo de 1987: «Un hombre "clave" en la conexión entre servicios secretos españoles y la guerra sucia contra ETA. El dirigente de la "internacional fascista" Stefano Delle Chiaie, junto con miembros de la triple AAA y de la OAS participaron en los sucesos de Montejurra».

419 Partido Carlista, *Informe Montejurra 76*, edición de difusión clandestina conocido como «Libro negro de Montejurra 76», Bayona: Imprimerie Gayaumet, 1977. Se recogen los hechos y las personas implicadas, de los distintos ámbitos del poder institucional, de carlistas miembros de la Comunión Tradicionalista contrarios al Partido Carlista. La operación se diseñó en el despacho del entonces general director general de la Guardia Civil, el navarro Campano, miembro del bunker y amigo del vicepresidente de la Diputación Foral Marco, el subdirector general Bujanda y el gobernador civil Ruiz de Gordoa.

420 Carcedo, 2003: 148-155 y 220.

421 Blinkhorn, 1979: 252, 238-253.

422 Informe de la Jefatura Delegada (AGUN/MFC/259.

423 En una carta de D. Javier de Borbón a Fal Conde de 1 de diciembre de 1936 advirtió: «La ayuda que los alemanes nos dan es preciosa ciertamente, es indispensable, pero cuida que con las armas impondrán el Nacional Socialismo. El neopaganismo materialista de Hitler es tan peligroso cuan-

to el paganismo rojo. Eso es un «veneno que puede encontrar un suelo favorable en la Falange» (AGUN/MFC/137/170).

424 Informes de la Jefatura Delegada de 1941 (AGUN/MFC/259).

425 AGUN/MFC/ 133/258.

426 Franco Salgado-Araujo, 1976: 274 y 286, anotaciones de 3 de diciembre de 1959 y 18 de abril de 1960.

427 Sirva de ejemplo la no aceptación de la condición de consejero que Franco otorgó al jefe-delegado Fal Conde, ni la embajada ante el Vaticano y el contenido de su carta de 28 de noviembre de 1937, oponiéndose «a la idea del partido como medio de unión nacional, base del Estado e inspiración del gobierno, la cual entiendo contraria a nuestra doctrina tradicionalista, a nuestros antecedentes y a nuestro mismo temperamento racial». Santa Cruz, 1945: 95-96.

428 Conde de Rodezno, *Veinte...*, *op. cit.*: 156-159.

429 En referencia a Rodezno, Arellano, y otros. AGUN/MFC/Caja Cronológico 3. 1937-1939.

430 Conde de Rodezno, «Notas», *op. cit.*: 46.

431 AGUN/MFC/133/182/1. Santa Cruz, 1950: 126-129.

432 Santa Cruz, 1950: 58-60.

433 AGUN/MFC/133/178/9.

434 Santa Cruz, 1939: 21-101.

435 Santa Cruz, 1940: 5-17, 87-93.

436 Santa Cruz, 1940: 5-17; 1942: 91-96, 39-43; 1943: 173-219; 1944: 65-98; 1947: 5-25; 1950: 66-92; 1951: 18-21.

437 Santa Cruz, 1955: 161-165.

438 Vázquez de Prada y Caspistegui, 1988: 219-232.

439 Canal, 2004: 22-24: Se refiere al «carácter amalgamático» de referentes ideológicos y de distintos apoyos, que «combina procesos parciales de crecimiento y de desintegración» y posiciones más concordantes en lo negativo que en lo positivo.

440 Declaración de la Comunión Tradicionalista Carlista del día de los «Mártires de la Tradición» de 10 de marzo de 1988. Citada por Canal, 2004: 16.

441 Otras hijas, Cecilia y María Nieves, participaron en las actividades del Partido. No lo hicieron la hija mayor, Francisca, y el hijo menor, Sixto, que lideró en 1976 el intento de «reconquista» de Montejurra de la mano del gobierno y la extrema derecha fascista.

442 En carta a Valiente para que la transmitiera a Carlos Hugo, le anunció su apartamiento de la acción política «a la vista del inmovilismo de las circunstancias» (AGUN/JMVS/127/39/2).

[443] AGUN/JMVS/127/41/5.

[444] AGUN/JMVS/127/52/4.

[445] AGUN/JMVS/127/52/4.

[446] AGUN/JMVS/127/52/4.

[447] AGUN/JMVS/127/52/4.

[448] En carta de Massó a Zavala de 5 de octubre de 1967 se hizo eco de la información que le había transmitido sobre el fin de Valiente como jefe delegado: «¡Ya era hora! Se han perdido cinco años y todo por haber dejado a medias la operación Zamanillo-Valiente. Ahora es más urgente el activar los contactos con los grupos de oposición al Régimen, máxime cuando todos vemos tan próximo el final de Franco». Le advirtió de las diferencias entre Carlos Hugo y su hermano Sixto y de la conveniencia que no trascendiesen.

[449] *Arriba* de 27 de febrero de 1955. Santa Cruz, 1988: 77.

[450] C. H. Borbón-Parma, «Los carlistas y el futuro», en *Le Monde*, 18 de noviembre de 1975, recogido en M. T. de Borbón-Parma, 1979, 109, 261-268.

[451] M. T. de Borbón-Parma, «Un consensus nuevo», en *El País*, 15 de enero de 1977. Recogido en M. T. de Borbón-Parma, 1979: 285-289.

[452] Recogido en M. T. de Borbón-Parma, 1979: 269-275.

[453] C. H. Borbón-Parma, «El carlismo en la Transición española», *El País*, 15 de julio de 1976. Recogido en M. T. de Borbón-Parma, 1979: 279-284.

[454] J. M. de Zavala, *Informaciones de Andalucía*, 10 de noviembre de 1977.

[455] C. H. de Borbón-Parma, «¿Socialdemocracia o socialismo autogestionario?», *El País*, 30 de mayo de 1978, p. 9.

[456] CHAO, R.L., "Entrevista a "Don Francisco Javier de Borbón-Parma. El carlismo, hoy", *Triunfo*, 694, 15 de mayo de 1976, p. 76.

[457] *L´Humanité*, 23 de septiembre de 1976. Recogido por Borbón-Parma, M. T., 1976: 153.

[458] Carta del carlosoctavista Gassió a Plazaola de 10 de agosto de 1965 (ARMA-FIPE-5). Nada nuevo en la historia carlista si tenemos en cuenta que Mella acusó de «liberal» y «socialista» a D. Jaime.

[459] Domingo-Arnau, 1998: pp. 83-84.

[460] R. L. Chao, *Entrevista...*, *op. cit.*: 76: «Sixto ha quedado fuera de la dinastía por desobediencia y por propia decisión, al no aceptar a su hermano mayor como jefe de la familia y responsable legítimo al abdicar yo en él. ha quedado también fuera de la disciplina del carlismo y de su partido. [...] Cualquier afirmación, comentario o noticia referente al problema de mi hijo Sixto en relación con el carlismo, con la dinastía y conmigo personalmente, carecerán de valor si no se ajustan a lo aquí expuesto».

[461] Su formulación más reciente fue la realizada el 8 de diciembre de 1964 en el I Congreso de estudios tradicionalistas. Santa Cruz, 1964: 57-60.

[462] Entrevista de Alfredo Amestoy en *La Actualidad Española*, 1314, 4 de marzo de 1977, pp. 34-39.

[463] Los siete primeros árboles genealógicos que se incorporan corresponden a J. del Burgo Torres, *Carlos VII y su tiempo*, Pamplona, Gobierno de Navarra-Fundación Larramendi, 1994, pp. 366, 367, 371, 372, 377 y 380. El octavo procede del Fondo de Ramón Muruzabal-Ignacio Plazaola, correspondiente a la «Genealogía de Carlos VIII» en las casas de Habsburgo y Borbón, que figuraba encartado en un documento integrado por una carpetilla de cuatro páginas de 70x48, en cuya cubierta titula «Manifiesto Nonato del Proto-Carlismo a los Españoles», de 10 de abril 1833. En la última consta que procedente del Archivo de Simancas, sección «Estado», legajo 8212, folio 115-B, correspondencia diplomática de D. Antonio López de Córdova, encargado de negocios en Londres, con D. Francisco de Zea y Bermúdez, primer secretario de Estado y de Despacho, despacho 233 de correspondencia reservadísima. Fue exhumado por Don Joaquín Isern Fabra de Gerona y editado en Barcelona el 27 de octubre de 1945, con el patrocinio de D. José Tapiolas Castrillet, de Olessa de Montserrar-Barcelona, «gran Mecenas de las Artes y de las Letras que esmaltan la Tradición española». Fue difundido por el movimiento carlosoctavista con autorización de la «Censura de la Vicesecretaría de Cultura Popular. Expte 6326».

Índice onomástico

Habsburgo, F. J., 79, 95, 97, 98, 170, 172, 174, 178, 179, 218, 324, 325
Habsburgo, L. S., 79, 83, 170, 334
Habsburgo, R. C., 62
Habsburgo, M., 162, 321, 323, 324, 341
Habsburgo, O., 81, 89, 92, 140, 187, 321, 343
Habsburgo-Lorena, L., 276
Habsburgo-Lorena y Borbón, A., 7, 77, 79, 83, 84, 85, 86, 87, 88, 89, 90, 91, 92, 93, 95, 96, 97, 98, 115, 142, 143, 153, 165, 166, 168, 170, 171, 172, 173, 174, 177, 178, 183, 218, 320, 321, 322, 323, 324, 325, 342
Habsburgo-Lorena y Borbón, Carlos VIII, 7, 10, 18, 26, 31, 37, 43, 50, 58, 60, 61, 62, 63, 65, 66, 73, 74, 75, 77, 79, 80, 81, 82, 83, 84, 90, 92, 93, 94, 96, 97, 98, 99, 100, 101, 102, 103, 104, 105, 107, 108, 109, 110, 112, 113, 114, 115, 116, 117, 118, 119, 120, 121, 122, 123, 124, 125, 126, 127, 128, 128, 130, 131, 132, 134, 135, 136, 137, 138, 139, 140, 141, 142, 144, 145, 148, 149, 150, 151, 152, 153, 154, 159, 161, 162, 163, 165, 166, 167, 171, 174, 176, 177, 178, 179, 180, 191, 193, 195, 199, 201, 202, 205, 208, 209, 211, 212, 217, 218, 219, 225, 227, 229, 230, 231, 232, 233, 234, 240, 243, 244, 246, 249, 258, 261, 262, 277, 278, 279, 280, 281, 282, 284, 285, 289, 319, 320, 321, 322, 323, 324, 325, 326, 327, 328, 329, 330, 331, 332, 333, 334, 335, 336, 337, 338, 341, 342, 343, 344, 350, 357
Habsburgo Satzger, 81, 90, 281
Hedilla, 19, 269
Heine, 119, 261, 342
Heras, de las, 98, 261, 320, 321, 329, 332, 335, 337
Hernández, 344
Hernando de Larramendi, 62, 69, 359

Herrera, 199
Herreros de Tejada, 186
Hitler, 105, 161, 268, 349
Hoare, 222, 261
Hobsbawm, 261
Hohenzollern-Gotha, 83

I
Ibáñez, 21, 97, 262, 320, 321, 324, 325, 344
Inda, 120
Induráin, 318
Irurita, 13
Issaresku, 83
Iturmendi, 28, 53, 77, 81, 82, 97, 98, 111, 166, 183, 186, 187, 189, 193, 201, 320, 325, 329
Iturri, 13
Izaga, 98, 262, 335

J
Jiménez, 349
Jimeno, 13
Jordana, 21
Jornadas de estudio del carlismo, 264, 272
Juan XXIII, 228
Juaristi, 262
Juncosa, 240, 262
Junquera, 36, 128, 284, 320, 333
Juventudes Carlistas, 262

K
Kelly, 344

L
Larrainzar, 318
Larramendi, 184, 187, 254
Larraya, 165, 284, 285
Larraza, 262
Larraz, P., 262, 266
Larrea, 159, 319, 333
Lasmartre, 110
Lasuén, 98, 153